职业教育
电子商务专业
实战型
规划教材

总主编　刘春青

网店运营与管理实务

主　编◎肖丽平
副主编◎许晴晴　方德花
焦建红

WANGDIAN YUNYING
YU GUANLI
SHIWU

中国人民大学出版社
·北京·

图书在版编目（CIP）数据

网店运营与管理实务 / 肖丽平主编．—北京：中国人民大学出版社，2018.3
职业教育电子商务专业实战型规划教材
ISBN 978-7-300-25106-6

Ⅰ．①网…　Ⅱ．①肖…　Ⅲ．①网店-运营管理-高等职业教育-教材　Ⅳ．①F713.365.2

中国版本图书馆 CIP 数据核字（2017）第 265303 号

职业教育电子商务专业实战型规划教材
网店运营与管理实务
主　编　肖丽平
副主编　许晴晴　方德花　焦建红
Wangdian Yunying yu Guanli Shiwu

出版发行　中国人民大学出版社
社　　址　北京中关村大街 31 号　　　**邮政编码**　100080
电　　话　010－62511242（总编室）　　010－62511770（质管部）
　　　　　　010－82501766（邮购部）　　010－62514148（门市部）
　　　　　　010－62515195（发行公司）　010－62515275（盗版举报）
网　　址　http://www.crup.com.cn
经　　销　新华书店
印　　刷　山东百润本色印刷有限公司
规　　格　185 mm×260 mm　16 开本　　**版　　次**　2018 年 3 月第 1 版
印　　张　18.75　　　　　　　　　　**印　　次**　2022 年 2 月第 7 次印刷
字　　数　428 000　　　　　　　　　**定　　价**　39.00 元

前言

近年来，电子商务发展迅猛，开网店作为电子商务众多渠道当中一个较为行之有效的手段被广泛使用。电子商务专业也开设了众多与开网店有关的课程，如“网上开店与创业”“网店运营”等，但高质量的实用性强的网店运营方面的教材奇缺。为此，我牵头编写了这本《网店运营与管理实务》，希望为职业院校提供一本高质量而又实用的教材。

本书以就业为导向，以能力为本位，突出实际业务的实战。所有编写人员具备丰富的教学经验和实际操作能力及操作经验，并引入了企业人员参与编写，根据每个编写人员各自的特长优势进行分工。在体例上，考虑到职业院校侧重实践和技能的教学特色，主要采用项目主导和任务驱动的方法，设置任务情境，强调实操。本书的主要特色如下：

1. 项目驱动，情境导入

本书强调项目的具体实施，各项目均设计项目综述、项目目标、项目任务、项目总结、项目检测等。部分项目还制定了具体岗位的说明书。全书内容新颖、通俗生动，突出知识的系统性和实用性，强调实践能力的培养。

本书按照电子商务专业人才岗位能力需求编写，以具体工作项目为载体，设计、组织教材内容，以工作任务为中心，以技术实践知识为焦点，以网店经营管理应用为导向，使独立、分散的知识点得到有机串接，实现了学科向工作（任务）体系的跨越。

2. 理论先行，职业并重

本书在每个项目都尽量穿插理论说明，尽量让每一个读者做到“知其然并知其所以然”。本书不仅可提高学生的专业操作技能，还注重学生的职业岗位的设定和职业精神的培养。

3. 开放创新，能力至上

本书奉行“开放创新”，各项目的内容能够兼收并蓄、博采众长，创新结合实际，紧跟时代的步伐。并设置了“合作实训”环节，让教师和学生可以根据自己的实际情况设计实训内容。

本书的具体分工如下：郑州财税金融职业学院肖丽平负责统筹安排，编写了项目一，并与徐鑫庆共同编写了项目四；郑州财税金融职业学院方德花编写了项目二，并与浮学军共同编写了项目十；河北工程技术学院赵志斌编写了项目三；河南工业贸易职业学院许晴晴编写了项目五；郑州财税金融职业学院宁艳编写了项目六；河北交通职业技术学院焦建红编写了项目七、项目八；河南广播电视大学石玺编写了项目九。主编肖丽平还将多年来收集的优秀电商专业学生的实际创业和网店运营事迹整理为案例，供学生参考学习。本书既可以作为职业院校、应用型本科院校电子商务专业的教材，也可作为网店经营与管理人员的参考书。

最后要特别感谢本系列丛书的总主编刘春青，他在编写之前为本书提供了很多建议，在编写过程中给予了悉心的指导和耐心的帮助，他提出的“培养诚信的电子商务意识，让天下没有难做的生意”令人印象深刻。

肖丽平

2017 年 12 月

网店运营与管理实务案例

目 录

项目一
网店运营岗位认知

项目综述

目前，电子商务发展迅猛，很多商家都借助电子商务渠道开展销售业务。开网店是众多电子商务渠道中较为有效的一种方法。要成功运营一家网店必须了解什么是网店运营、网店运营团队成员的岗位职责及应具备的职业能力、网店运营团队的组织架构，这些都是我们在本项目中要解决的问题。

小徐毕业于电子商务专业，毕业后从事过很多与电商有关的工作，如网店的客服、推广，甚至仓储和物流。此次他应聘到一家做中老年女装的公司担任网店运营经理。小徐结合自己以往的工作经历，迅速理清网店运营人员应该如何定位，应该具备哪些职业能力和承担哪些岗位职责，以及如何管理团队成员等。

项目目标

知识目标

- 了解什么是网店运营；
- 学习网店运营各岗位的岗位职责和应具备的职业能力；
- 理解网店运营人员的职业操守。

技能目标

- 了解网店运营各岗位；
- 掌握网店运营各岗位人员应该具备的岗位职责。

情感目标

- 培养诚信的网店运营意识；
- 培养良好的职业操守；
- 结合自己的特长选择适合自己的网店运营岗位。

任务一　网店运营经理岗位认知

【情境导入】

小徐虽然也从事过与网店运营相关的工作，但究竟什么是网店运营、网店运营需要做什么，他还没有一个系统的了解和全面的把握。为此，他专门在网上进行查询并咨询了很多从事网店运营的朋友。

活动一　了解网店运营

建网店的目的是希望网店能逐步发展，市场的占有率越来越高，实现良好的社会效益和经济效益。企业网店的管理水平直接反映着企业的管理水平，体现了企业的文化。

我们利用百度搜索到的网店运营的定义是这样的：网店运营指基于网络店铺的运营工作，主要包括市场调研、市场开店、官方网店运营、品牌营销、资金流、物流、分销体系的建设与维护、会员营销、数据分析等。

目前业内专业的解释为：网店运营指在电子商务体系中一切与网店的运营管理有关的工作，也可以称为网店运作、网店营运，主要包括网店流量监控分析、目标用户行为研究、网店日常更新及内容编辑、网络营销策划及推广等。

活动评价：通过以上学习，我们明白了一个网店运营经理好像是一个店长，他应该是这个网店的主心骨和管家，统领网店的一切事物。但是一个网店要想持续经营并取得逐步发展，单单依靠一个人的力量远远不够。网店运营目前早已脱离了个人单打独斗的时代，只有依靠一个团队才可以经营好。

活动二　熟悉网店运营经理岗位的工作内容

网店运营经理的工作可以分为基础性和推广性两大类。基础性的工作包括起店名、编写宝贝标题、编写宝贝细节描述、装修店铺、店铺日常的维护和产品的更新工作等；推广性的工作包括促销活动的设计、网店的推广活动等。

基础性的工作非常重要，直接影响顾客的产品体验。很多顾客购买产品的时候会通过类目进行导购，也有一部分顾客会通过搜索直接查询。那么，如何吸引顾客到店铺里面来就是一件很重要的事情了。但是在做这件事情之前，网店的装修和设计一定要做好。网店可以设置相关岗位进行网店装修，也可以借助专门从事网店装修外包的人员来完成。下面重点介绍宝贝标题和宝贝细节的描述。

一、宝贝标题

编写宝贝标题非常重要，一般店铺的宝贝标题都是默认为 30 个汉字（60 个字节），所以要好好地利用这 30 个字，千万不要浪费。要想编写一个好的宝贝标题，首先要掌握买家常用的搜索方式和搜索心态。买家一般会通过以下几种方式来搜索产品：

（一）搜索产品名称

产品的名称一定要和产品所属类目的名称保持一致，并且要尽量体现产品的特性。比如：买家在搜索一件“名优良品的草莓奥钻耳钉”的时候，一般会搜索“名优良品　奥钻　韩版耳钉”或者“名优良品　耳钉　超闪奥钻”。也就是说“奥钻”这个词是核心的关键字，在标题中是一定要出现的。

（二）搜索品牌名称

专门购买某品牌的买家目标很明确，他们也希望能够买到便宜的东西。对于此类产品，网店除了在价格上一定要有优势外，还需要在宝贝的标题和细节描述上下功夫，首先要给宝贝验明正身。比如，一个顾客想要购买“名优良品的正品奥钻水晶耳钉”，他最担心的是网店里面卖的产品是不是名优良品的正品，他一般会搜索“名优良品　专柜正品”，这时候，若你的宝贝中没有“专柜正品”这样的关键字，那么你的宝贝就会错失商机。诸如此类的词还有“名优良品　专柜正品”“名优良品　厂家授权”“名优良品　厂家直销”等，一般的规律都是“品牌＋正品”（或者是厂家的授权之类的词语）。

（三）搜索热点功能词

现在许多网店为了吸引顾客，会搞一些促销活动，例如秒杀活动。“秒杀”现在已经是搜索频率最高的关键词，此外，好评、包邮、冲钻、清仓、人气、特价、特卖、热卖、正品、促销、赠品等也是此类买家常用的搜索关键词，所以在宝贝的标题中一定要有所体现。当然并不是这些关键词都要用上，只是店铺在举办某种促销活动的时候，可以选择合适的关键词体现在标题中。

（四）组合搜索

已经积累了一些购买经验的买家一般会将“品牌”和“功能特征”组合起来搜索，抓住这类买家的“抓手”是店铺的质量和服务。要想留住顾客不仅仅产品和价格要有吸引力，服务也要比其他店铺更胜一筹。

综合上述四类搜索习惯，可以总结出一般的标题编写模板：“品牌＋宝贝关键字一＋宝贝关键字二＋促销信息＋款号＋其他”，“宝贝关键字一”就是宝贝的基本类目属性，“宝贝关键字二”是宝贝的功能属性。

二、宝贝描述

商品细节描述起到的作用除了告知商品的基本事项以外，还要能够消除售后顾虑、促进购买。好的商品细节描述不仅可以节省客服大量回答顾客提问的时间，而且可以留住不想咨询的“懒惰”顾客。

(一) 宝贝描述必须满足的几个基本条件

1. 字体设置要比其他内容更抢眼

字体应该比系统默认的其他字体更大一些，需设置有特点的颜色或背景色。

2. 内容要全面

一定要站在顾客的角度去思考，自己购买这样的宝贝时会关心哪些问题，比如材质、尺寸、市场价、优惠价、重量、颜色、适合人群、寓意、使用与保养注意事项、宝贝相关文化、基础知识、真假辨别方式、赠品、服务承诺、支付方式等。

3. 描述要条理清晰

很多人描述商品时都会使用现成的模板，做得比较精美，给人的感觉很舒服，一个个项目都列得清清楚楚。这样做确实比较省事，但不建议大家都去套用模板，毕竟描述页面的任务是对宝贝进行详尽的说明，尽量减少顾客的疑问，做到这一点就可以了，也可以适当地用简单的美工加以修饰。在大家都去使用模板的时候，简洁可能就是特色。

(二) 宝贝描述的几类写法

1. 知识型描述

宝贝的寓意、使用与保养注意事项、宝贝相关文化、基础知识、真假辨别方式等都属于知识型描述。知识型描述要尽量简短、条理清楚，让顾客有阅读的欲望，最好能读完以后还有意犹未尽之感。这些内容可以让顾客对店铺产生信赖，能吸引顾客回头，甚至介绍更多新顾客。估计大家都遇到过不少这样的顾客：挑选了很长时间的宝贝，却没有非常合意的，但却被宝贝描述中的寓意、文化所打动，最终还是决定购买，可见文字的力量不可轻视。

2. 提醒型描述

适合人群、赠品、服务承诺、支付方式等都属于提醒型描述。适合人群其实是在对宝贝基本要素和特征进行描述之后的再次提醒，等于是换个角度让顾客容易对号入座，从而知道自己属不属于适合使用此宝贝的范围。赠品、服务承诺属于促销、激励消费的内容，很多顾客会在犹豫不决的时候看到这些便头脑一热下了购买决心。服务承诺的目的是打消顾客的后顾之忧，告诉顾客在发货、质量保障、退货、换货、售后支持等方面店家都做得很好，增强顾客对店家的信任。

支付方式这一点，很多人认为在淘宝里是多余的，认为在淘宝买东西的顾客几乎都是用支付宝支付，而事实上很多时候会遇到一些不使用支付宝而选择银行汇款的顾客。尤其是产品针对的人群属于中老年人，这些顾客来淘宝里搜索、浏览商品，可能并没打算在网上购买，而当他们被店铺和宝贝描述深深吸引的时候，就会心动并决定马上购买宝贝，此时就需要一个明确的支付方式了。

活动评价： 运营一个网店，就是要将网店的各个要素统筹规划，一个个突破和提升，让每一个细节都发挥出最大的作用。

活动三　确定网店运营目标

网店运营的总体目标是要把所经营的店铺管理好，使店铺走向正轨，销售额与客户数量等都保持一个持续增长和上升的态势。要达到这个总体目标，各项的分项目标应该清晰、明确、可执行。表1－1－1是郑州某公司2014年4月—2015年3月网店专营店开业一年的年度销售目标，表中具体列出了开业后一年内每个月的分解目标。这些目标是根据该专营店的实际情况制定的，清晰、明确、可执行。

表1－1－1　　郑州某公司网店专营店年度销售目标

周期	2014年4月	2014年5月	2014年6月
主题营销	开业有你，一路相伴	来自红枣发源地的关怀！	为了孩子的健康
常规促销规划	开业盛惠（前100免单10元），春季新品季	健康生活，劳动者创造，劳动者最光荣！	六一儿童节特惠套餐
固定促销规划	新品主题展、新品上架必有优惠	关怀最基层劳动者，打造每天有红枣的健康生活！满减活动，还有五一节特别礼品相送！	六一特惠套餐，给你的孩子每天两颗枣
预计销售额	2万元	5万元	11万元
日销量（按客单价50元统计）	约13单	约33单	约73单
周期	2014年7月	2014年8月	2014年9月
主题营销	暑假狂抢	暑假狂减	真的在乎你
常规促销规划	主题城市：上海	主题城市：南方城市	满减活动和特惠套餐
固定促销规划	针对单品进行优惠	单品、套餐优惠	准备单品上聚划算
预计销售额	15万元	21万元	33万元
日销量	约100单	约131单	约220单
周期	2014年10月	2014年11月	2014年12月
常规促销规划		双十一大战	年货际
固定促销规划		双十一配合淘宝做大规模促销	聚年货，多种年货套餐满减
预计销售额	37万元	43万元	43万元
日销量	约247单	约287单	约287单
周期	2015年1月	2015年2月	2015年3月
常规促销规划			
固定促销规划			
预计销售额	36万元	20万元	34万元
日销量	约240单	约133单	约227单
综合：考虑到第一年运营的难度较大，是团队培养的第一年。所以年度总销售额预计为300万元	品牌优劣势： 品牌优势：库存多，客单价低； 品牌劣势：品牌知名度低	运营发展阶段： 目标：一、做整套关联销售，提高客单价； 二、培养第二阶段产品，抢占类目排行； 三、加大广告投放力度，为双十一、双十二大活动抢占资源，配合淘宝促销活动，取得更多的销售额	推广方向： 一、做流量，找主推产品，依托品牌活动做爆款； 二、体验口碑产品引流量，打造符合品牌定位的爆品； 三、主推特卖特惠套餐组，主推爆款、特惠套餐

表1－1－2是该公司淘宝项目年度及各月的销售目标，该指标也是清晰、明确、可执行的。

表 1-1-2　　郑州某公司淘宝项目年度及各月的销售目标

<table>
<tr><th colspan="2">考核指标</th><th>指标目标</th><th colspan="2">指标诠释</th></tr>
<tr><td colspan="2">年收入</td><td>300 万元</td><td colspan="2">销售收入完成率</td></tr>
<tr><td colspan="5">各月度营销目标</td></tr>
<tr><th colspan="2">时间</th><th>月度目标</th><th>比重</th><th>备注</th></tr>
<tr><td rowspan="9">2014 年</td><td>4 月</td><td>2 万元</td><td>0.66%</td><td rowspan="3">前三月试运营，无法参加淘宝大型活动</td></tr>
<tr><td>5 月</td><td>5 万元</td><td>1.66%</td></tr>
<tr><td>6 月</td><td>11 万元</td><td>3.66%</td></tr>
<tr><td>7 月</td><td>15 万元</td><td>5%</td><td rowspan="3">打造店铺热卖款式，使店铺主推产品可以长期占领搜索前列</td></tr>
<tr><td>8 月</td><td>21 万元</td><td>7%</td></tr>
<tr><td>9 月</td><td>33 万元</td><td>11%</td></tr>
<tr><td>10 月</td><td>37 万元</td><td>12.3%</td><td></td></tr>
<tr><td>11 月</td><td>43 万元</td><td>14.3%</td><td>淘宝站内大型活动</td></tr>
<tr><td>12 月</td><td>43 万元</td><td>14.3%</td><td>淘宝站内大型活动</td></tr>
<tr><td rowspan="3">2015 年</td><td>1 月</td><td>36 万元</td><td>12%</td><td></td></tr>
<tr><td>2 月</td><td>20 万元</td><td>6.6%</td><td></td></tr>
<tr><td>3 月</td><td>34 万元</td><td>11.3%</td><td></td></tr>
<tr><td colspan="2">合计</td><td>300 万元</td><td>100%</td><td></td></tr>
</table>

备注：全网食品一级类目成交转化为 5%～6%，新店前期转化均值为 2%～3%。

活动评价： 要做好网店运营的各个分项目标不仅需要扎实的专业知识、丰富的实践经验，最为关键还需要团队的相互配合、良好的执行力等。只有这样，店铺才能得到很好的运营和发展。

活动四　了解网店运营人才发展前景

在互联网时代，电子商务高速发展，网络贸易突飞猛进，在互联网上开店使企业电子商务化，成为越来越多个人创业和企业经营的选择，随之产生的实战型网络销售人才的需求也越来越大。很多大型的电子商务网络公司高薪都难以招聘到合适的有电子商务经验的人才，网店客服、网店美工、网店店长、网店运营经理等职位的短缺明显地制约了电子商务的发展。在这种情况下，能够胜任网店运营的电商专业人才就显得“一将难求”了。有网络运营专长的电商人才就业前景良好。

活动评价： 电商运营人才需要在学校学习专业知识，也需要在实践中锻炼，需要熟悉网店运营各个岗位的工作并且具备良好的管理能力、组织能力和运营专业知识。所以要想成为一名优秀的网店运营人才，学生在校期间应尽量在一些电商岗位进行实习或者实践，去真正切身体验一些电商岗位的实际工作；另外，学校要尽量培养学生拥有一个管理者的综合素质，能够带领一个团队向着一个共同目标去努力。

活动五　关注网店运营要点

在网店运营工作中，很多是细节性的工作，却也是网店运营者容易忽视的地方。具体来说有以下几个方面。

一、货好也需巧打扮

顾客在网上购物时，一般会青睐有名气、有实力、信誉度高的网店。如果是本身就有固定经营地址的网店，商家不妨把现实公司的信誉转移到网上来，将公司的办公场地、厂房等硬件，以及消费者协会等部门颁发的荣誉证展示于网页上，以此增强顾客对商家的信任。在网上购物，顾客见不到商品实物，一般靠商品图片决定购物意向，一幅模模糊糊、细节不突出的商品图片很难引起顾客的兴趣。所以，网页上的商品图片一定要用分辨率高的数码相机，找准角度，再配以适当的灯光和布景进行拍摄，或者干脆花钱请专业广告摄影人员对商品进行“包装”。这样，在保证物美价廉的情况下商家就不愁顾客不购买了。

二、与客户沟通很重要

经过一番精心打扮，好不容易有人看上了你的宝贝，而且掏了钱，这时“煮熟的鸭子千万不能让它飞了”。首先必须用最快的速度处理订单，并按照服务流程为顾客提供优质服务。如果承诺 24 小时之内发货，那就绝对不能是 25 个小时。一笔交易完成，除了挣到一笔利润之外，顾客的联系电话、电子信箱等信息也是一笔“无形财富”，商家可以充分利用这些信息对顾客进行跟踪式服务。比如询问顾客是否在规定时间内收到货物；隔上几天再用电子邮件、电话、短信等形式询问顾客对所购商品是否满意，并可借机介绍新产品。对购物一定金额以上的顾客还可以赠送贵宾卡，给予适当优惠，让顾客感受到被重视。

三、信誉是个无价宝

诚信经营是任何经济行为必须遵循的法则。相对实物店铺来说，诚信更是网店的生命。现在个别经营者认为网店的远程服务是“一锤子买卖”，网上配送不是当面交易，即使有点质量问题或短斤少两，顾客也无可奈何，所以在经营中一切从利润出发，忽视企业信誉。中国有句老话叫“店欺客一时，客欺店一世”，网上购物受一些客观因素的局限，顾客有可能上当，但他们绝对不会上第二次当，商家在赢得眼前小利的同时，也就永远失去了这个顾客。所以，网店在组织货源、货物发送等环节要确保货物质量，宁可不挣钱也不能让假冒伪劣、残次品流向顾客。只有形成了诚信经营的良好口碑，网店才能取得长足的发展。

四、店小也要严管理

网店的员工虽然不多，但也要以人为本，建立科学的管理机制和激励机制，让员工从被动型优质服务向主动型优质服务转变。可以在网站上设立一个“服务台”，展示店主和员工的照片、视频，注明员工的服务星级，这样可以激励员工努力工作、提高服务质量。同时，也可设立“投诉台”，公布投诉电话和总经理信箱，当消费者对服务不满意时，可以方便、顺畅地向管理层反映，从而不断地改进网店的服务。严格的制度、科学的管理能让网店更具生命力。

活动评价：网店运营工作琐碎而又重要，稍不留心，可能会酿成大祸。但只要做好一点一滴的日常工作，就会获得意想不到的收获。网店运营最能够体现“一分经营一分收获”的理念。

任务二 网店运营团队组建

【情境导入】

河南某公司是一家经营本地特产的传统企业，该公司看到电商发展的强劲势头，想进军电商领域，开通线上销售渠道。公司当务之急就是建立自己的电商团队，公司领导为此专门聘请在高校有着多年电商教学经验及实践经验的肖老师作为电商运营咨询顾问。

肖老师在接到这个任务后，经过认真的思考和统筹的考虑，决定从外部招聘大部分人员。因为公司目前的主要业务方式是传统销售，公司大部分人员不懂电商或者只是浅显接触过，缺乏根本的认识，若去紧急培训既浪费时间又会付出比较大的代价。但对产品比较了解的产品经理和物流仓储人员可以由公司原有成员转化。

活动一 网店运营团队组织架构确立

要想把电商团队组建起来，首先需要了解电商团队由哪些成员组成，每个成员需要做哪些工作，以及需要具备哪些技能等。

根据公司目前的情况，初期公司电商团队由 6 个人组成，其中产品经理和发货物流人员由公司原有人员中产生，另外 4 个人从外部招聘。初步确定公司网店运营组织架构图如图 1-2-1 所示。

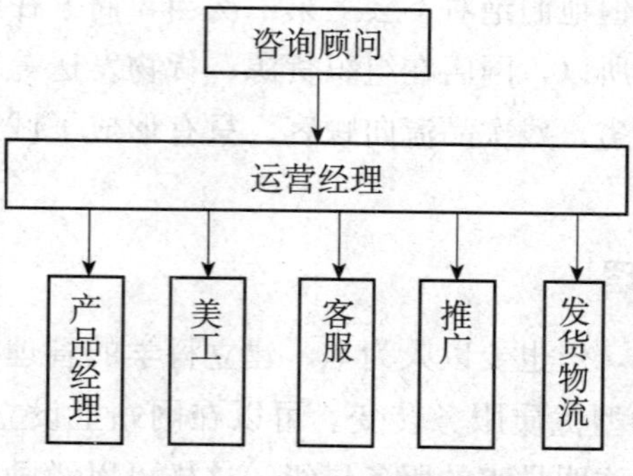

图 1-2-1 公司网店运营组织架构图

不同于以往的电商组织架构图，在该组织架构中多出了一个咨询顾问。该咨询顾问主要负责组建公司的电商团队并且保证在该团队中的每位成员都能胜任工作，具备岗位所需要的职业能力。

该公司本来就有人力资源部门，为什么要从外部聘请一名顾问来帮助公司组建电商团队呢？主要原因是公司原有人力资源部门人员对电商不了解，无法正确估计所招聘的人员是否适合公司需要。另外，公司电商部门是一个团队，每个团队成员都应该在团队中发挥应有的作用。团队配合好，才能形成合力。所以单靠人力资源部门无法去协调其中的关系。咨询顾问一般拥有电商领域多年的工作及实战经验和资源优势，可以发挥其优势和资源，更好地组建电商团队。

4个需要从外面招聘的岗位分别是运营经理、美工、客服、推广。这4个岗位在网店运营中起至关重要的作用。对于客服岗位，肖老师经过考虑决定聘用一位刚毕业的电子商务专业大学生。为什么不找个有经验的客服呢？一是有经验的客服工资要求较高，会增加公司初期的运营成本；二是他们所谓的“经验”无非是对上一个产品的了解，不一定和目前公司的产品相关联，而且可能既有的思维定式很难改变并不利于工作的开展。综合考虑，决定聘用一位刚毕业的大学生。美工、推广和运营经理岗位必须寻找有工作经验的人来担任，特别是运营经理岗位是重中之重，必须有多年运营经验并且对该公司产品或同类产品比较了解，责任心强而且能吃苦耐劳。一般情况下可以利用一些行业人脉资源和招聘平台来寻找合适人选。如果实在找不到特别合适的人选，也可以尝试聘用刚毕业的大学生来做推广岗位，前期先由运营经理带带他，让其逐步胜任。

活动评价：通过以上活动，大家可以看出，电商人才的招聘必须有一个全局的概念，在招聘之前要对每个人进行定位，要考虑彼此之间的性格及配合度，所以最好由一个人去统筹完成，而且公司要充分放权，不要干涉。电商团队成员当中有些岗位要求必须有工作经验，比如运营经理和美工，必须有丰富的经验。有些岗位可以大胆选用毕业生进行培养，比如客服人员或者推广人员。因为刚毕业的人员如同一张白纸，没有任何企业文化的熏陶和定位，没有固有的观念逻辑，有工作的热情和动力，也比较听话，由有经验的员工带领着容易进入工作状态，能达到良好的工作效果。

活动二 明确网店运营团队成员岗位职责

具体每个岗位到底需要完成哪些工作，应该具备哪些岗位职责呢？企业可以将每个岗位职责用表格列出来，并打印出来贴在各岗位的办公桌上，这样每天上班时一抬头就可以看到。各岗位要深入学习，逐条明确，有不明确的地方，及时提出来与领导讨论。具体见表1-2-1至表1-2-8。

为了满足公司长远发展的需要，还应该把客服岗位细分成客服主管和客服专员，把美工岗位细分成美工主管和美工专员。当然，在公司业务扩大之前，客服岗位一般同时负责客服主管和客服专员的职责，而美工岗位也同时负责美工主管和美工专员的职责。

表 1-2-1　　**运营经理岗位说明书**

<table>
<tr><td>岗位名称</td><td>运营经理</td><td>所在部门</td><td>电商部</td><td>直接上级</td><td>总经理</td><td>直接下级</td><td>整个电商部</td></tr>
<tr><td colspan="8">工作职责：制订团队目标与计划，并协调各岗位完成目标。</td></tr>
<tr><td colspan="2">内部协作</td><td colspan="2">整个电商部门</td><td colspan="2">外部协作</td><td colspan="2">外部客户</td></tr>
<tr><td colspan="8">职责与工作内容</td></tr>
<tr><td rowspan="4">职责一</td><td colspan="7">制定本店年度目标，并且分解为季度、月度计划</td></tr>
<tr><td rowspan="3">工作内容</td><td colspan="6">1. 制定年销售目标，并制订季度销售计划（计划落实到每月，并安排计划）</td></tr>
<tr><td colspan="6">2. 针对目标列出实施方案，落实到月</td></tr>
<tr><td colspan="6">3. 明确当月目标与计划实施过程中所遇到的问题，提前做出对策（如货源、资金周转、其他硬件设施）</td></tr>
<tr><td rowspan="6">职责二</td><td colspan="7">负责网店整体规划、营销、推广、客户关系管理等系统经营性工作</td></tr>
<tr><td rowspan="5">工作内容</td><td colspan="6">1. 负责网店日常改版策划、上架、推广、销售、售后服务等经营与管理工作</td></tr>
<tr><td colspan="6">2. 负责网店日常维护，保证网店的正常运营，优化店铺及商品排名</td></tr>
<tr><td colspan="6">3. 负责执行与配合公司相关营销活动，策划店铺促销方案</td></tr>
<tr><td colspan="6">4. 负责收集市场和行业信息，提供有效应对方案</td></tr>
<tr><td colspan="6">5. 负责客户关系维护，处理相关客户投诉及纠纷问题</td></tr>
<tr><td rowspan="5">职责三</td><td colspan="7">负责整个店铺经营状态，协调和管理各岗位人员</td></tr>
<tr><td rowspan="4">工作内容</td><td colspan="6">1. 每天不定时观察店铺数据、量子、直通车、钻展的消耗，做出适当的调整与对策</td></tr>
<tr><td colspan="6">2. 监督并指导客服工作行为</td></tr>
<tr><td colspan="6">3. 配合并指导美工优化店铺形象、广告图制作</td></tr>
<tr><td colspan="6">4. 整理和分析快递与发货部的交接问题，提出有效意见反馈到各部门</td></tr>
<tr><td rowspan="7">职责四</td><td colspan="7">负责老客户关系维护，促进重复购买率</td></tr>
<tr><td rowspan="6">工作内容</td><td colspan="6">1. 建立老顾客群、帮派、掌柜说等与客户互动的 SNS</td></tr>
<tr><td colspan="6">2. 整理出不同级别的老顾客，对不同级别的顾客做出相应的维护</td></tr>
<tr><td colspan="6">3. 整理和分析在客户关系处理中的问题和改善方法，提出有效意见反馈到公司客服部（可用会员关系管理软件，以及表格）</td></tr>
<tr><td colspan="6">4. 针对店里贵宾顾客做不定期的回访</td></tr>
<tr><td colspan="6">5. 逢营销活动或节日（生日），以短信或电话形式向老顾客发通知或祝贺（可用软件或让售前或售后去做）</td></tr>
<tr><td colspan="6">6. 每周要统计老顾客同比增长数据并做调整与相应对策</td></tr>
<tr><td>附加职责</td><td>工作内容</td><td colspan="6">视情况而定（如客服请假，客服下班，其他因素造成的人员短缺）</td></tr>
<tr><td colspan="8">工作时间：根据工作需要；
工资制度：基本工资＋岗位工资＋标准绩效工资×个人绩效系数×部门绩效系数＋奖惩</td></tr>
</table>

表 1－2－2　　　　**产品经理岗位说明书**

<table>
<tr><td>岗位名称</td><td>产品经理</td><td>所在部门</td><td>产品部</td><td>直接上级</td><td>运营经理</td><td>直接下级</td><td>产品部专员</td><td rowspan="4">绩效／权重</td></tr>
<tr><td colspan="8">工作职责：产品需求信息收集以及新产品开发预测</td></tr>
<tr><td colspan="2">内部协作</td><td colspan="2">客服、美工</td><td colspan="2">外部协作</td><td colspan="2">渠道</td></tr>
<tr><td colspan="8">职责与工作内容</td></tr>
<tr><td rowspan="4">职责一</td><td colspan="7">通过市场调查、数据分析、用户行为分析及对用户反馈意见的收集和筛选，准确捕捉用户需求</td><td></td></tr>
<tr><td rowspan="3">工作内容</td><td colspan="6">1. 通过网站发布用户产品调研专题</td><td></td></tr>
<tr><td colspan="6">2. 通过预约用户了解并挖掘用户的真正需求</td><td></td></tr>
<tr><td colspan="6">3. 研究用户行为，收集用户需求并做出产品的对应调整</td><td></td></tr>
<tr><td rowspan="4">职责二</td><td colspan="7">在公司整体规划下，创造性推出和改进产品，进行产品定位、制定实施策略、制订实施计划等</td><td></td></tr>
<tr><td rowspan="3">工作内容</td><td colspan="6">1. 根据公司的整体规划立项新产品的开发</td><td></td></tr>
<tr><td colspan="6">2. 就新产品的开发进行人员安排、人员招聘，制订可行性产品开发计划</td><td></td></tr>
<tr><td colspan="6">3. 安排人员进行产品开发</td><td></td></tr>
<tr><td rowspan="3">职责三</td><td colspan="7">通过业务数据和用户反馈，分析用户需求、行为，改进产品易用性，优化用户体验</td><td></td></tr>
<tr><td rowspan="2">工作内容</td><td colspan="6">1. 根据运营过程中的用户反馈进行 BUG 的修复</td><td></td></tr>
<tr><td colspan="6">2. 坚持“不让用户去思考”理念</td><td></td></tr>
<tr><td rowspan="4">职责四</td><td colspan="7">对网站上新产品进行可行性研究和分析，对用户需求以及市场数据进行分析评价</td><td></td></tr>
<tr><td rowspan="3">工作内容</td><td colspan="6">1. 对新产品跟踪、回访，考察产品的价值、可用性、可行性</td><td></td></tr>
<tr><td colspan="6">2. 收集用户需求，筛选用户需求，完善补充产品内容与服务</td><td></td></tr>
<tr><td colspan="6">3. 产品的运营、维护、推广，施行产品生命周期管理，实现产品目标</td><td></td></tr>
<tr><td>附加职责</td><td>工作内容</td><td colspan="6">通过先进的互联网技术了解产品的一些趋势及行情</td><td></td></tr>
<tr><td colspan="9">根据产品选择及销售情况进行打分，占 75%。月底进行自我鉴定，占 25%</td></tr>
<tr><td colspan="9">工作时间：星期一至星期六。早上 8 点到晚上 1 点
工资制度：底薪＋产品提成＋奖惩
知识增值：产品经理应在平时积极探讨产品知识，参加相应会议了解相关产品趋势和行情</td></tr>
</table>

表 1－2－3　　　　**推广岗位说明书**

<table>
<tr><td>岗位名称</td><td>推广人员</td><td>所在部门</td><td>营销部</td><td>直接上级</td><td>运营经理</td><td>直接下级</td><td>营销部专员</td></tr>
<tr><td colspan="8">工作职责：完成运营经理下达的各项营销任务，完成公司各项销售与流量指标</td></tr>
<tr><td colspan="2">内部协作</td><td colspan="2">客服部、策划部</td><td colspan="2">外部协作</td><td colspan="2">淘宝站外、站内等</td></tr>
<tr><td colspan="8">职责与工作内容</td></tr>
<tr><td rowspan="8">职责一</td><td colspan="7">负责网络交易平台 SEO 与优化相关工作</td></tr>
<tr><td rowspan="7">工作内容</td><td colspan="6">1. 利用有关软件，对商品关键字进行 SEO 处理</td></tr>
<tr><td colspan="6">2. 研究消费者的心理需求，优化对应商品描述文案</td></tr>
<tr><td colspan="6">3. 侦测竞争对手运营情况及市场最新动态，发掘新的商机或商品</td></tr>
<tr><td colspan="6">4. 研究平台类目及搜索引擎，提炼有用信息促进店铺经营</td></tr>
<tr><td colspan="6">5. 利用淘宝网店自带各种软件，对店铺进行常规性的优化</td></tr>
<tr><td colspan="6">6. 研究店铺统计数据，发掘隐含的内在问题并及时处理</td></tr>
<tr><td colspan="6">7. 每星期整理分销职责一的工作汇报，上报给运营经理</td></tr>
</table>

职责二	负责网络交易平台内部营销	
	工作内容	1. 有价流量的获取（直通车等）的日常优化
		2. 淘宝论坛发帖、顶帖，“帮派”的建立与促销活动的策划和实施
		3. 店铺内部活动（增加成交转换率与客单价活动）的策划和实施
		4. 交易平台促销活动（增加店铺信誉度及新顾客）的策划和实施
		5. 每星期整理分销职责二的工作汇报，上报给运营经理
职责三	负责网络平台外部营销	
	工作内容	1. 各大博客、微博的建立与宣传，以及活动策划和实施
		2. 有关行业的门户、论坛的发帖、顶帖及活动的策划和实施
		3. 百度贴吧、百度知道等宣传推广活动的策划和实施
		4. 每星期整理分销职责三的工作汇报，上报给运营经理
职责四	完成与其他岗位的交接管理	
	工作内容	1. 积极配合策划部的工作，对策划部所需的素材（商品文案，设计要求等）在不影响自身职责的情况下优化处理
		2. 积极配合财务部的工作，对财务部所需的资料（费用细则，活动预算等）在不影响自身职责的情况下优化处理
		3. 客服部是最直接面对终端的部门，故要积极向客服部咨询及调查最新的顾客需求及意见，了解市场最新情况
		4. 每星期整理分销职责四的工作汇报，上报给运营经理
附加职责	工作内容	根据网站最新需要与发展，网站会下发一些自愿性的工作任务，可按照兴趣来担任相关职务
工作时间：根据工作需求调整； 工资制度：基本工资＋岗位工资＋标准绩效工资×个人绩效系数×部门绩效系数＋奖惩		

表 1－2－4　　**发货物流岗位说明书**

岗位名称	物流人员	所在部门	物流部	直接上级	运营经理	直接下级	发货部专员
工作职责：完成运营经理下达的各项仓存及采购、发货任务							
内部协作	物流部、客服部		外部协作		外部客户		
职责与工作内容							
职责一	负责商品采购与供应商关系管理						
	工作内容	1. 根据订单及仓库的状况及时进行当天商品入库（下午 6 点截止）					
		2. 积极与公司客服部联系，搞好关系；密切关注公司整体库存情况					
		3. 定期整理现有库房的数量和质量，制定在表格内					
		4. 每月整理现有库存和保质期情况的工作汇报上报给运营经理					

职责二	负责商品挑选、质检与发货管理	
	工作内容	1. 发货前检查商品是否有质量或者损坏等问题，如有一律不予寄出，并及时联系晚班客服告知客人(晚上 8—9 点)
		2. 遇到因为货物无法订购或者已经断货导致当天不能发出的订单，需联系晚班客服与客人协商退款或者换货处理（晚上 8—9 点）
		3. 遇到快递延误或者其他事项导致部分订单或者全部订单不能及时发出，应及时联系晚班客服告知客人协商处理（晚上 8—9 点）
		4. 当天遇到任何问题不能发出的订单，都应在其订单旁标示相应旗帜并告知晚班客服注意（晚上 8—9 点）
		5. 在工作日内及时进行订单的打包处理
		6. 定期检查发货部的建设，维护各环节，每星期整理和分析商品挑选、质检、发货流程问题，上报给运营经理
职责三	负责商品更新与品类优化管理	
	工作内容	1. 每星期注意观察市场的最新需求、竞争对手、批发市场及客服部的汇报，分析出有竞争力的品类或者商品进行上架更新，商品种类起码 30 种以上，并整理登记上报给运营经理
		2. 每星期对性价比不高的商品（自己都觉得不怎么划算的）或滞销的商品进行下架处理
		3. 每星期整理上架与下架等的工作汇报，上报给运营经理
职责四	负责网站商品信息维护与各部门的对接管理	
	工作内容	1. 每天留意仓库中的宝贝和违规中的宝贝，对需要修改属性的宝贝进行处理，并及时将其重新上架
		2. 及时处理客服部有关商品订单的问题，以及退款的确认处理（上午 10 点和晚上 8 点）
		3. 每天根据财务部的指引进行有关采购成本、营销收入与支出的统计（上午 11 点）
		4. 及时观察店铺的销售状况，并分析其中有潜力的非人气宝贝，及时告知营销部门对其进行宣传和推广
		5. 每星期整理和分析与网站商品、各部门的交接问题，并提出有质量的意见上报给运营经理（以文档的形式汇报）
附加职责	工作内容	根据网站最新需要与发展，网站会下发一些自愿性的工作任务，可按照兴趣来担任相关职务
工作时间：根据工作需求调整； 工资制度：基本工资＋岗位工资＋标准绩效工资×个人绩效系数×部门绩效系数＋奖惩		

表 1-2-5　　美工主管岗位说明书

<table>
<tr><td>岗位名称</td><td>美工主管</td><td>所在部门</td><td>美工部</td><td>直接上级</td><td>运营经理</td><td>直接下级</td><td>美工人员</td></tr>
<tr><td colspan="8">工作职责：商城装修的模板设计与统筹管理工作，做好本部门及其他部门的平面设计工作</td></tr>
<tr><td colspan="2">内部协作</td><td colspan="2">客服部、营销部</td><td colspan="2">外部协作</td><td colspan="2">公司其他部门</td></tr>
<tr><td colspan="8">职责与工作内容</td></tr>
<tr><td rowspan="6">职责一</td><td colspan="7">协助运营经理管理好本部门，认真完成运营经理交办的各项工作</td></tr>
<tr><td rowspan="5">工作内容</td><td colspan="6">1. 监管公司产品的拍摄工作，前期处理和后期图片的应用</td></tr>
<tr><td colspan="6">2. 带领团队负责店铺的详情页设计、图片处理，要求对户外用品有一定敏感度，能用简洁文案表达产品的卖点</td></tr>
<tr><td colspan="6">3. 熟悉关于商城的各种信息，对详情页和店铺首页布局有丰富经验；对色彩敏感，能处理各种视觉冲突，有良好的审美观</td></tr>
<tr><td colspan="6">4. 负责每款商品的统筹设计和后期更新，包括拍照及图片修改和制作，海报图、轮播图等的设计，产品展示模板的设计</td></tr>
<tr><td colspan="6">5. 每星期整理职责一的工作汇报，上报给运营经理</td></tr>
<tr><td rowspan="5">职责二</td><td colspan="7">熟悉操作规程，根据设计要求，保证质量，按时完成，随时进行检查</td></tr>
<tr><td rowspan="4">工作内容</td><td colspan="6">1. 综合参考营销的调研数据与自身设计理念，对商城各种页面构建要表达的效果进行分析和描述</td></tr>
<tr><td colspan="6">2. 根据分析出来的结果，利用淘宝软件或让美工专员进行制作，并进行调试安装，最后对效果进行监督和测试</td></tr>
<tr><td colspan="6">3. 定期或不定期对网店的整体美工进行审核、改进</td></tr>
<tr><td colspan="6">4. 每星期整理职责二的工作汇报，上报给运营经理</td></tr>
<tr><td rowspan="4">职责三</td><td colspan="7">负责加强与内部其他相关部门的沟通，达到认知的一致性，促进工作效率的提高，同时提高本部门的有效执行力</td></tr>
<tr><td rowspan="3">工作内容</td><td colspan="6">1. 对部门员工进行考勤、工作安排及考核，按制度奖惩</td></tr>
<tr><td colspan="6">2. 收集美工素材，统筹思路，提前做好下一期美工设计的准备工作</td></tr>
<tr><td colspan="6">3. 每星期整理职责三的工作汇报，上报给运营经理</td></tr>
<tr><td rowspan="4">职责四</td><td colspan="7">完成督导员工维护工作环境，商城各类活动的气氛营造和设计等工作</td></tr>
<tr><td rowspan="3">工作内容</td><td colspan="6">1. 协助社区推广团队进行社区推广工作</td></tr>
<tr><td colspan="6">2. 定期召开部门会议传达上级指示，掌握员工思想</td></tr>
<tr><td colspan="6">3. 每星期整理职责四的工作汇报，上报给运营经理</td></tr>
<tr><td rowspan="3">职责五</td><td colspan="7">反馈与考勤</td></tr>
<tr><td rowspan="2">工作内容</td><td colspan="6">1. 每星期把职责一、二、三、四的工作情况以文档的形式向运营经理汇报</td></tr>
<tr><td colspan="6">2. 美工部不受时间的限制，但内部部门会议及运营经理会议要进行考勤</td></tr>
<tr><td>附加职责</td><td>工作内容</td><td colspan="6">根据商城最新需要与发展，商城会下发一些自愿性的工作任务，可按照兴趣来担任相关职务</td></tr>
<tr><td colspan="8">工作时间：根据工作需求调整；
工资制度：基本工资＋岗位工资＋标准绩效工资×个人绩效系数×部门绩效系数＋奖惩</td></tr>
</table>

表 1-2-6　　　　美工专员岗位说明书

岗位名称	美工专员	所在部门	美工部	直接上级	美工主管	直接下级	无
工作职责：完成已拍出的图片的优化与平面设计等工作							
内部协作		客服部、营销部		外部协作		公司其他部门	
职责与工作内容							
职责一	完成网站商品图拍摄与商品文案的整合						
	工作内容	1. 根据不同商品选择不同的布局、环境以便拍摄商品实物图					
		2. 根据不同商品结合营销部编写的文案，把商品实物图与针对性的文案结合，制做出具有较强竞争力的商品描述					
		3. 利用稳定性强的相册对拍摄的图片进行存储管理，并做好相应的备份措施					
		4. 根据需要对商品图片进行一定的美化，或者特效处理，如统一写好“促销”“新品上架”“清仓特卖”等字样，并附上水印					
		5. 每星期整理职责一的工作汇报，上报给美工主管					
职责二	负责网站 VI 设计与印刷						
	工作内容	1. 设计网站的名片、传单、海报等对外宣传印刷用具					
		2. 设计网站网络活动的推广宣传活动图片					
		3. 负责网站宣传用品的印刷或者购置					
		4. 每星期整理职责二的工作汇报，上报给美工主管					
职责三	负责网站各种页面构建的设计与装修						
	工作内容	1. 综合参考营销部的调研数据与自身设计理念，对网站各种页面构建要表达的效果进行分析和描述					
		2. 根据分析出来的结果，利用淘宝软件及聘请专业网页设计师进行制作，并进行调试安装，最后对效果进行监督和测试					
		3. 每星期整理职责三的工作汇报，上报给美工主管					
职责四	负责网站各类活动的气氛营造和设计等工作						
	工作内容	1. 协助社区推广团队进行社区推广工作					
		2. 聚集社区关注度和影响力，增加社区的人气					
		3. 每星期整理职责四的工作汇报，上报给美工主管					
职责五	反馈与考勤						
	工作内容	1. 每星期把职责一、二、三、四的工作情况以文档的形式向美工主管汇报					
		2. 美工部不受时间的限制，但内部部门会议及运营经理会议要进行考勤					
附加职责	工作内容	根据商城最新需要与发展，商城会下发一些自愿性的工作任务，可按照兴趣来担任相关职务					
工作时间：根据工作需求调整； 工资制度：基本工资＋岗位工资＋标准绩效工资×个人绩效系数×部门绩效系数＋奖惩							

表 1-2-7　　　　客服主管岗位说明书

<table>
<tr><td>岗位名称</td><td>客服主管</td><td>所在部门</td><td>客服部</td><td>直接上级</td><td>运营经理</td><td>直接下级</td><td>客服专员</td></tr>
<tr><td colspan="8">工作职责：完成运营主管下达的各项客户服务任务，为客户提供满意的售前售后服务</td></tr>
<tr><td colspan="2">内部协作</td><td colspan="2">物流部、营销部</td><td colspan="2">外部协作</td><td colspan="2">外部客户</td></tr>
<tr><td colspan="8">职责与工作内容</td></tr>
<tr><td rowspan="4">职责一</td><td colspan="7">带领客服团队完成销售业绩，负责销售目标的分解、落实</td></tr>
<tr><td rowspan="3">工作内容</td><td colspan="6">1. 制定月、季、年销售目标，并按照目标和时间完成</td></tr>
<tr><td colspan="6">2. 通过例会、考评等方式督促所属员工做好对顾客的服务工作，为顾客和商户提供优质服务</td></tr>
<tr><td colspan="6">3. 每月上报月度工作计划和周分解计划，并负责其具体分配落实，每周对客户的投诉、问题、建议等信息进行统计汇报</td></tr>
<tr><td rowspan="6">职责二</td><td colspan="7">负责客服团队的日常管理、监督、指导、培训和评估；制定客户服务规范、流程和制度；负责带领客服团队处理日常客户咨询、解答及投诉</td></tr>
<tr><td rowspan="5">工作内容</td><td colspan="6">1. 制定员工排班表，合理安排所属人员的调配</td></tr>
<tr><td colspan="6">2. 监管评价系统，针对不良评价和评论，在两个工作日内做出相应处理</td></tr>
<tr><td colspan="6">3. 定期就客服中遇到的问题召集客服专员开会交流，统一客服标准，并负责对客服有关投诉与意见处理过程的督办及结果进行反馈</td></tr>
<tr><td colspan="6">4. 完成所有商户的走访调查工作，为改进客服工作及监理数据库提供真实有效的依据</td></tr>
<tr><td colspan="6">5. 每周汇总商户打折、促销、活动等信息。将此信息通告顾客，并将顾客的意见、要求及时反馈给运营经理加以整改完善</td></tr>
<tr><td rowspan="5">职责三</td><td colspan="7">制订客服培训计划并组织落实，通过培训不断提高客服人员的业务技能；对售后客服人员（退换货、退款、查件）的工作组织和技能进行指导</td></tr>
<tr><td rowspan="4">工作内容</td><td colspan="6">1. 做好所属员工的各项培训工作，提高员工服务意识和服务水准，检查客服专员的客服工作流程，确保客户满意</td></tr>
<tr><td colspan="6">2. 不断增加、改进客户服务的手段和方法，为客户提供公司各项优质的增值服务</td></tr>
<tr><td colspan="6">3. 建立客户档案、质量跟踪记录等售后服务信息管理系统，对老客户进行分门别类服务</td></tr>
<tr><td colspan="6">4. 负责突发事件的处理，完成上级交办的其他工作</td></tr>
<tr><td rowspan="4">职责四</td><td colspan="7">负责带领执行促销活动，并进行分析和总结，及时反馈促销结果</td></tr>
<tr><td rowspan="3">工作内容</td><td colspan="6">1. 定期把促销计划通过旺旺、短信发送给老客户</td></tr>
<tr><td colspan="6">2. 针对官方活动提前做好相应的准备工作（快递、物流和工作人员安排等）</td></tr>
<tr><td colspan="6">3. 做好与物流部、财务部的沟通、协调，促进工作流程更加顺畅、简单、严密</td></tr>
<tr><td rowspan="3">职责五</td><td colspan="7">反馈与考勤</td></tr>
<tr><td rowspan="2">工作内容</td><td colspan="6">1. 每个星期把职责一、二、三、四分类别以文档的形式向运营经理汇报</td></tr>
<tr><td colspan="6">2. 根据出勤情况、请假次数确定考勤分数</td></tr>
<tr><td>附加职责</td><td>工作内容</td><td colspan="6">根据商城最新需要与发展，商城会下发一些自愿性的工作任务，可按照兴趣来担任相关职务</td></tr>
<tr><td colspan="8">工作时间：根据工作需求调整；
工资制度：基本工资＋岗位工资＋标准绩效工资×个人绩效系数×部门绩效系数＋奖惩</td></tr>
</table>

表 1-2-8　客服专员岗位说明书

<table>
<tr><td>岗位名称</td><td>客服专员</td><td>所在部门</td><td>客服部</td><td>直接上级</td><td>客服主管</td><td>直接下级</td><td>无</td></tr>
<tr><td colspan="8">工作职责：完成客服主管下达的各项客户服务任务，为客户提供满意的售前售后服务</td></tr>
<tr><td colspan="2">内部协作</td><td colspan="2">物流部、营销部</td><td colspan="2">外部协作</td><td colspan="2">外部客户</td></tr>
<tr><td colspan="8">职责与工作内容</td></tr>
<tr><td rowspan="4">职责一</td><td colspan="7">处理商城客人售前咨询，引导其完成交易</td></tr>
<tr><td rowspan="3">工作内容</td><td colspan="6">1. 严格按照售前流程表（见客服流程表）引导顾客完成咨询购买内容（重点流程介绍内容、地址确认、评价提醒）</td></tr>
<tr><td colspan="6">2. 对于咨询购买的客人，接手客服帮其查询快递事项；与没有咨询自动购买的客人，以值班时间为准帮其查询，并标注旗帜说明</td></tr>
<tr><td colspan="6">3. 整理和分析交易过程中发现的商品问题（如描述不符、邮费设置、图片等），反馈到客服主管</td></tr>
<tr><td rowspan="6">职责二</td><td colspan="7">实行顾客问责制，处理网站客人有关售后的问题</td></tr>
<tr><td rowspan="5">工作内容</td><td colspan="6">1. 严格按照售后解决准则表（规章内附表），处理售后相关问题</td></tr>
<tr><td colspan="6">2. 及时查看评价管理，遇到不良评价，在两个工作日内做出相应处理</td></tr>
<tr><td colspan="6">3. 售后问题统一记录在特定的位置，并及时告知物流部处理问题</td></tr>
<tr><td colspan="6">4. 遇到有问题的单子，根据物流部的回复及客人的要求，及时进行备注的再记录</td></tr>
<tr><td colspan="6">5. 定期检查服务网点的规划、建设、维护各环节，整理和分析售后服务过程中反馈的数据和信息，及时反馈给主管，保证售后服务质量</td></tr>
<tr><td rowspan="5">职责三</td><td colspan="7">疑难快递处理及物流部对接关系处理</td></tr>
<tr><td rowspan="4">工作内容</td><td colspan="6">1. 早班客服每天处理疑难快递（下载快递软件查看及打电话沟通）</td></tr>
<tr><td colspan="6">2. 晚班客服每天协助处理物流部当天发货有关问题（晚上 7 时左右）</td></tr>
<tr><td colspan="6">3. 遇到任何不能解决的问题，应及时使用通信工具（QQ、旺旺、手机、固定电话）与物流部联系解决，并隔时联系物流部是否处理完毕，直到处理好为止</td></tr>
<tr><td colspan="6">4. 整理和分析快递与物流部的交接问题，提出有效意见反馈给客服主管</td></tr>
<tr><td rowspan="4">职责四</td><td colspan="7">负责客户关系处理</td></tr>
<tr><td rowspan="3">工作内容</td><td colspan="6">1. 把已经购买的客人加入 QQ 群、旺旺群、飞信内</td></tr>
<tr><td colspan="6">2. 根据商城内容定期发送促销消息给老客户，并以值班时间为准，对群内客人咨询做出处理</td></tr>
<tr><td colspan="6">3. 整理和分析在客户关系处理中的问题和改善方法，提出有效意见反馈给客服部主管</td></tr>
<tr><td rowspan="3">职责五</td><td colspan="7">反馈与考勤</td></tr>
<tr><td rowspan="2">工作内容</td><td colspan="6">1. 每个星期把职责一、二、三、四分类别以文档的形式向主管汇报</td></tr>
<tr><td colspan="6">2. 根据出勤情况、请假次数确定考勤分数</td></tr>
<tr><td>附加职责</td><td>工作内容</td><td colspan="6">根据商城最新需要与发展，商城会下发一些自愿性的工作任务，可按照兴趣来担任相关职务</td></tr>
<tr><td colspan="8">工作时间：根据工作需求调整；
工资制度：基本工资＋岗位工资＋标准绩效工资×个人绩效系数×部门绩效系数＋奖惩</td></tr>
</table>

活动评价：通过明确岗位职责，让电商团队中每个成员都明白自己应该负责的具体工作内容，同时也给电商团队的绩效考核打下了基础。团队成员各司其职，以免有问题时出现相互推诿的情况。团队成员通过这个过程也增强了责任心和团队意识，为以后打造卓越的电商团队打下了坚实的基础。每个同学在学习这部分知识时，也可以对号入座，思考自己以后想从事哪一个网店运营岗位，应该做哪些准备工作。

任务三　熟悉网店运营从业者的职业操守

【情境导入】

小A是一家公司天猫店的运营经理，最近小A由于种种原因离职了。但是他离职后却窃取公司的商业秘密拿去售卖，还盗取公司的财务账号威胁公司拿钱购买，使公司遭受了重大的财务损失。

职业道德是同职业活动紧密联系的符合职业特点所要求的道德准则、道德情操和道德品质的总和，它既是对本职人员在职业活动中的行为标准和要求，又是职业对社会所负担的道德责任与义务。网店运营从业者应该遵守相应的职业道德，这是作为一名职业人和“电商人”应具有的最基本的道德素养。具体如下：

一、坚持原则，忠于职守

职业道德的一条主要规范是忠于职守。作为网店运营人员，忠于职守就是要忠于网店运营这个特定的工作岗位，自觉履行电子商务人员的各项职责，要有强烈的事业心和责任感，坚持原则，注重社会主义精神文明建设，反对不良思想和作风。

二、求实务新，勤劳踏实

网店运营的工作性质决定了从业人员不仅要在理论上有一定的造诣，还要具有实干精神，能够脚踏实地、埋头苦干、任劳任怨，能够围绕网店运营开展各项活动，招之即来，来之即干。

三、谦虚谨慎，秉公办事

网店运营人员要谦虚谨慎、办事公道，对领导、对群众都要一视同仁，秉公办事，平等相待。切忌因人而异，亲疏有别，更不能趋附权势。只有谦虚谨慎、公道正派的网店运营人员，才能做到胸襟宽阔，在工作中充满朝气和活力。

四、廉洁奉公，正直诚信

廉洁奉公是高尚道德情操在职业活动中的重要体现，是网店运营人员应拥有的思想道德品质和行为准则。它要求电子商务人员在职业活动中坚持原则，不利用职务之便或假借领导名义谋取私利，要以国家、人民和本单位整体利益为重，自觉奉献，不为名利所动，正直诚信，以自己的实际行动抵制和反对不正之风。

五、恪守信用，严守机密

网店运营人员必须恪守信用，维护企业的商业信用，维护自己的个人信用。要遵守诺言，遵守时间；言必信，行必果。严守机密是网店运营人员的重要素质。

六、实事求是，端正思想

网店运营人员要坚持实事求是的工作作风，一切从实际出发，理论联系实际。网店运营人员收集信息、提供意见、拟写文件，都必须端正思想，坚持实事求是的原则。

七、提升自我，勤奋学习

网店运营人员要有广博的知识，做一个“通才”和“杂家”。作为电子商务人员，对自身素质的要求应更严格、更全面，甚至更苛刻一些。因此，网店运营人员必须勤奋学习、刻苦钻研，努力提高自身的思想素质和业务水平。

项目总结

网店运营岗位认知和团队组建是公司开展电子商务的第一步，也是很关键的一步。团队组建不好，公司网上销售就不可能获得好的业绩。所以公司电子商务人员的岗位认知和团队建设很重要，必须由专人来负责。

项目检测

1. 某公司想在网上销售自己的产品，需要组建电商团队。

（1）电商团队中常见的岗位包括（　　）。（多选题）

A. 客服　　B. 美工　　C. 运营　　D. 推广

（2）客服需要做的工作有（　　）。（多选题）

A. 售前　　B. 售中　　C. 售后　　D. 产品上下架

（3）电商团队当中需要人人都有思想。（　　）

A. 正确　　B. 错误

（4）电商团队中的人只需要把业务做好就可以了，不需要什么职业道德。（　　）

A. 正确　　B. 错误

2. 张老板想请一个运营经理，但不知道应该让运营经理做哪些工作，张老板希望运营经理把店铺运营好，增加客户体验度。

（1）一个标准的运营经理需要具备哪些条件？（　　）（多选题）

A. 丰富的知识储备　　B. 用数据说话的能力

C. 长远发展的眼光　　D. 良好的沟通协调能力

（2）运营经理日常应该做哪些工作？（　　）（多选题）

A. 产品更新　　B. 店铺日常维护

C. 编写宝贝标题　　D. 编写宝贝细节描述

(3) 运营经理可以通过对顾客能力的挖掘从而获得客户需求。(　　)

A. 正确　　B. 错误

(4) 客户体验可以通过哪些方面提升？(　　)(多选题)

A. 服务　　B. 专业度　　C. 人性化　　D. 性格

(5) 客户应该从哪些维度来锁定？(　　)(多选题)

A. 性格　　B. 收入　　C. 年龄　　D. 职业

3. 淘宝卖家小北主要经营潮流女装，产品都是在国内生产，多为“小清新”风格，开店已经半年了，每天的流量不错，但是询问卖家和下单的客户却寥寥无几，甚至经常会有投诉。他向一些朋友求助，若你是他的朋友，请从以下几个方面给出合适的建议。

(1) 小北为了凸显“小清新”女装的风格，店铺的装修颜色以白色、淡绿色的浅色系为主。(　)

A. 正确　　B. 错误

(2) 以下的网店首页布局，哪些方面存在问题？(　　)(多选题)

A. 店招为不停闪烁的Flash图片，十分抢眼

B. 首屏放置一张大幅的模特服装展示照片，照片延伸至第二屏

C. 为了显得产品丰富，设置了很多类目，但有些类目没有对应产品

D. 轮播为三张图片，一张为店铺介绍，一张为主打产品模特展示，一张为促销活动

(3) 小北对“雪纺连衣裙”的宝贝详情页的排版顺序如下：①产品大版面风格图片展示，产品价格告知；②销售记录，售后保障；③宝贝详细信息，如服装尺寸等；④本款连衣裙多种风格搭配。请你根据客户的浏览习惯和心理，帮助小北排列出最优的顺序。(　　)

A. ①②④③　　B. ②③④①

C. ①④③②　　D. ③④②①

(4) 小北将这个雪纺连衣裙的产品标题设置为“韩国代购清新风显瘦雪纺连衣裙包邮”，下面哪一个词语不应该出现在产品标题中？(　　)

A. 清新风　　B. 包邮　　C. 显瘦　　D. 韩国代购

(5) 为了吸引客户，小北在网上找了目前最火的一名小清新风格的女明星的一张照片在店内展示，这种做法正确吗？(　)

A. 正确　　B. 错误

4. 趣味挑战：如果让你来选择网店运营岗位，你选择哪一个？为什么？

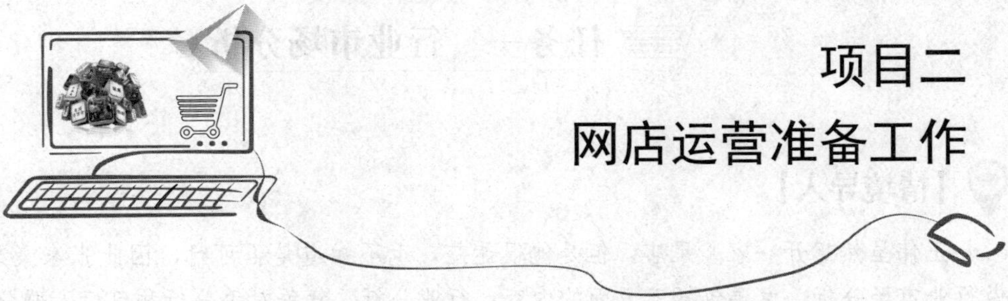

项目二 网店运营准备工作

项目综述

王伟是一家主营休闲食品公司的工作人员，已从业 5 年，他看到网络销售很火爆，而自己经过几年的努力，已经有了一定的原始资金，于是决定辞职自己创业，开设一家经营坚果的网店。但是他之前没有接触过网店，于是便请来了就职于电子商务代运营公司的朋友张家豪，向他请教相关问题：坚果在互联网上的销售如何？货源怎么选择？在哪个平台上开店？开店都需要具备什么条件？张家豪为他一一做了解答。

项目目标

知识目标

- 掌握行业市场分析的主要内容；
- 掌握各类货源的特点；
- 了解网上开店的各类平台；
- 了解网上开店前的软件和硬件准备；
- 掌握网上开店平台的规则。

技能目标

- 能够进行行业市场分析；
- 掌握货源选择的方法；
- 了解各网商平台的特点；
- 能够做好开设网店的前期准备。

情感目标

- 培养认真、诚信的网店经营态度。

任务一　行业市场分析

【情境导入】

王伟虽然想开一家坚果店，但是他很迷茫，也不知道是否可行，因此张家豪建议他先做行业市场分析，主要包括三方面的内容：行业分析、竞争对手分析和目标人群分析。

活动一　行业分析

坚果，闭果的一个分类，包括巴达木、腰果、杏仁、松子等果实。坚果营养丰富，对人体生长发育、增强体质、预防疾病有较好的功效。坚果类休闲食品经过极少的加工，保留了原材料很大一部分的营养，是健康类休闲食品的典型代表，符合现代人类健康化的消费趋势。

一、宏观分析

随着人们生活水平的不断提高，在满足了基本的生理需求后，人们寻求更高层次的健康诉求，低热量、低脂肪的健康食品成为主流。因此近年来在我国休闲食品中，坚果炒货类的市场增长最快，市场规模逐渐增大，而且品种和种类也日益增多，2014—2016年，中国坚果类零食中的新品最多，占17.5%，高于全球的平均占比15.3%

据《零食消费趋势——中国2017》报告显示，健康零食的流行趋势将会延续到未来，在中国零售零食市场上，坚果类零食是市场份额最大的零食品类，其市场销售额在2016年达2 637亿元人民币。预计该品类在2015—2020年间将保持10.7%的年均复合增长率，在2020年销售额将达3 456亿元人民币。40%的中国消费者比半年前吃了更多的坚果，且消费者广泛地认为坚果好吃（占58%）且方便（占44%），由此可见坚果类食品将继续保持较高的消费需求。

另外，随着收入水平的提升，国民对于坚果的品质要求逐步提升，高端坚果市场发展迅速。传统坚果市场以瓜子、花生等品类为主，而高端坚果主要是树坚果，包括碧根果、杏仁、腰果、夏威夷果、松子等品类。以树坚果为代表的高端坚果占坚果销售额的比重近年来不断提升，占比已经超过20%。近年来主要坚果进口量和进口金额显著增加。其中，夏威夷果进口量从8 442.8吨上升到2.01万吨，同比增长138.20%，而进口金额也从3 106.8万美元增加至7 845.5万美元，同比增加152.53%，国内高端坚果需求旺盛。

二、微观分析

百度、淘宝网是网民经常访问的平台，通过这两个平台的海量网民行为数据，可以观察网民需求变化并分析市场趋势，从而把握坚果市场的行情。

在百度指数中输入坚果，可以看到“坚果”这一关键词的搜索量从 2011 年 1 月的 516 逐渐增长到 2015 年 8 月的 13 387，呈逐年增长的态势，如图 2-1-1 所示，可以看出人们对坚果的关注度持续提升。

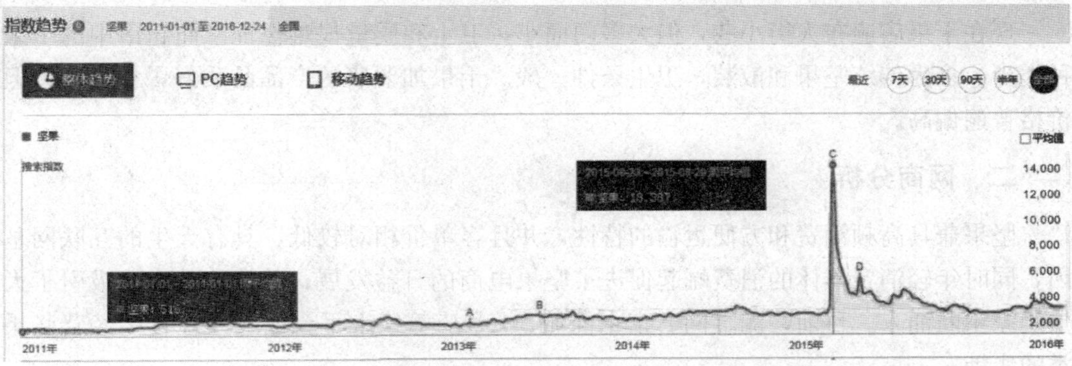

图 2-1-1　百度指数“坚果”关键词指数趋势

在网页地址栏输入“https：//alizs. taobao. com”，进入阿里指数，在“行业指数”中选择“热门地区”，选择“坚果/炒货”类目，可以看出目前线上坚果消费主要区域集中在东部地区和一线城市，而华北、华南以及西部地区的空间巨大，坚果电商渗透率较低，如图 2-1-2 所示。随着二三线城市的进一步扩张，坚果电商的渗透率有望进一步提升，发展潜力巨大。

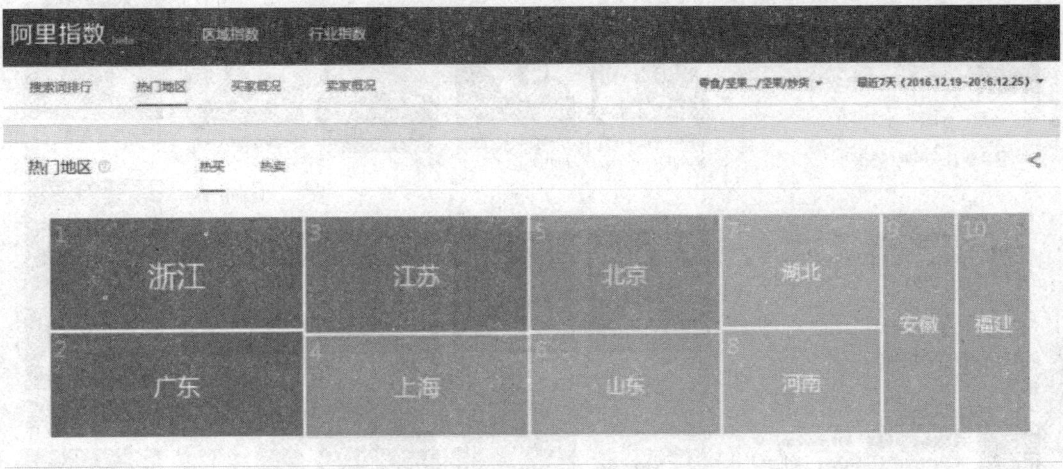

图 2-1-2　阿里指数坚果类产品热门地区分析

通过上述查询和分析，可以看出国内坚果市场处于上升阶段，坚果消费将保持快速增长的势头，市场潜力巨大。伴随着人口消费能力提升以及健康消费趋势影响，高端坚果仍处于消费培育阶段，未来增速空间更大。

活动评价： 通过行业分析，王伟认识到坚果市场特别是高端坚果市场发展潜力巨大，坚定了在互联网上开一家坚果店的决心。

活动二　竞争对手分析

一、实体店分析

现在干果店遍布大街小巷，但大多门面小，卫生和质量很难保证。而超市中的干果种类少，多为传统坚果和散装，卫生条件一般。干果加盟店的产品品质好，种类多，但价格普遍偏高。

二、网商分析

坚果兼具高频消费和方便运输的特性，并且客单价相对较低，具有天生的互联网基因，同时年轻消费群体的消费崛起促进了坚果电商的日益发展，并快速壮大，吸引了大量卖家不断涌入。目前，淘宝网、京东商城、1 号店等线上平台已经入驻较多经营坚果类的店铺。

如图 2-1-3 示，淘宝网平台已经有 35 356 家店铺，除天猫超市外，店铺销量最高可达 3 177 338 件。

图 2-1-3　淘宝网坚果类店铺

以京东商城为例，搜索“坚果”这一个关键词，可以搜到 5.3 万件商品，如图 2-1-4 所示。

经过几年的发展，休闲食品电商品牌优势已经凸显，行业格局渐趋稳定。在坚果类网店中排名前三名的店铺为三只松鼠、百草味和良品铺子，并且每年销量增长迅猛，如

图 2-1-5 所示。2013—2015 年，三只松鼠、百草味和良品铺子线上收入年均增速分别为 177.48%、135%和 216.23%。据天猫发布的 2017 年各行业 TOP20 品牌以及各品类增长率数据显示，2017 年三只松鼠销售额已达 45.9 亿元，百草味为 26.1 亿元，良品铺子为 19.6 亿元。

图 2-1-4　京东商城坚果类商品展示量

通过上述分析，可以看出网上销售坚果相对于实体销售具有优势，但随着电商市场的不断扩大，竞争也会更加激烈。坚果市场已经涌现出一批品牌店铺，新进卖家要想在坚果市场占有一席之地，就要在营销、包装、价格、产品质量等方面下足功夫。

图 2-1-5　三家坚果店铺全年线上销售额（亿元）

活动评价： 虽然坚果市场竞争日趋激烈，但总体来说还是电商行业的一片蓝海，通过互联网销售坚果将是休闲食品类企业的一种经营趋势。

活动三　目标人群分析

通过消费者网购坚果产品的调查，我们发现购买坚果的人群年龄大多集中在 18～30 岁，如图 2－1－6 所示。“80 后”“90 后”新生力量逐渐成为休闲食品的主流群体，受生活水平提高以及互联网等科技影响，年轻消费群体个性化消费属性较强，“吃货”“宅”“娱乐至上”“有内涵”等成为新一代年轻群体的文化标签，他们在消费中更关注产品的品牌和品质，拥有强烈的消费个性化需求和分享精神。

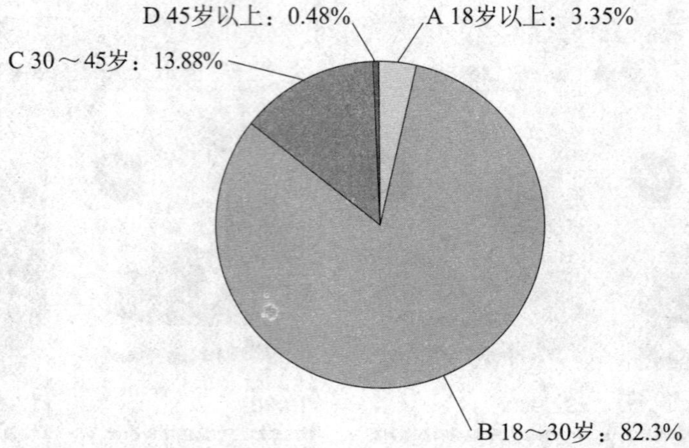

图 2－1－6　坚果市场消费人群年龄占比

活动评价：受目标人群影响，坚果销售应以品牌化、品质化和个性化为主流。王伟决定为目标客户打造专属的干果搭配，使他们既吃得满意，又突出自我个性，满足其对食品多方面的需求。

【合作实训】

每 4 个学生为一组，选定一类商品做开店前的市场分析，分别分析行业、竞争对手和目标人群，并撰写网上开店分析报告。

任务二　货源选择

【情境导入】

通过对坚果的市场分析，王伟决定要开一家经营坚果的网店，并得到了朋友张家豪的支持。接下来，张家豪提醒他，在确定了卖什么之后，就要去找合适的货源，这样才能有竞争力。但是从哪些渠道来找呢？张家豪给出了建议，进货渠道主要有批发市场、电子商务批发网站、产品原产地及其他渠道。

活动一　从批发市场购货

无论是实体店还是网店，批发市场都是最方便和最快捷的进货渠道。开店初期，销量不是非常大的时候，没有必要从生产厂家进货，批发市场就可以满足网店发货需求。

一、批发市场的特点

(1) 商品数量多，品种全，挑选余地大，而且能够“货比三家”。

(2) 商品看得见、摸得着，如果肯花时间和精力，每次都可以购买到物美价廉的商品。

(3) 批发市场分布广，许多城市都会有多家批发市场。

二、从批发市场进货要注意的问题

(1) 与批发商建立良好的关系。批发商会及时将新品推荐给网店店主，长期合作还能继续压低进货价，不好卖的商品可以及时调换。甚至可以先赊账，销售出去后再结账，这样不仅商品不会大量积压，也不会占用资金。

(2) 少量多品种。如果一家批发商的商品不错，也不要急于大批量进货，可以多尝试几个品种，看看用户的反应，以避免商品积压。

(3) 把好质量关。因为大多数批发市场的产品良莠不齐，有的虽然商品比较便宜，但质量不过关，如果在网上销售，会严重影响店铺信誉和顾客回头率。尤其是食品，更要注重质量。

温馨提示：批发商一般比较欺生，所以进货时需要准备一些行头和术语。例如，带个黑色大塑料袋，询问时不要问这个怎么卖，而应该说拿货价多少、怎么拿、这个怎么批、拿多少还能优惠等业内行话。

活动评价：由于在批发市场进货很方便，并且能够对产品的质量进行把控，因此很多网店都以批发市场作为进货渠道。

活动二　从电子商务批发网站购货

批发市场主要集中在稍大规模的城市里，一些乡镇和小城市的卖家没有条件千里迢迢地去这些批发市场购货，阿里巴巴、行业批发网站等网络批发平台可以为这些卖家提供货源。阿里巴巴网站如图 2-2-1 所示。

一、电子商务批发网站的优势

电子商务批发网站相对于传统进货渠道有以下优势：

(一) 成本优势

网上批发可以节省大量来回批发市场的时间成本、交通成本等。

(二) 选购时间更自由

批发市场有上下班时间，不可能长时间地挑选，有些商品也许并不满意，但由于时间限制也不得不选购，而网上批发可以二十四小时进行对比采购。

图 2-2-1　阿里巴巴网站

(三) 批发数量优势

大部分网上批发是 10 件起批，有的甚至是一件起批，并且对于花色和品种还支持混批，大大增加了选购的自由度。

(四) 商品上架优势

网上批发商通常可以提供精美的、多样的、没有水印的图，即使摄影和 PS 技术不好，也能做出漂亮的产品详情页。

除此之外，网络进货比较方便，轻点鼠标就能完成大部分进货环节，价格透明，商品更新较快。

二、网上批发要注意的问题

(1) 注意正规网站和钓鱼网站的区别。网络上有一些钓鱼网站，名字和页面都与正规网站很相近，网店店主一定要仔细辨认，以免上当受骗。

(2) 要注意选择的供应商是否正规，公司有没有注册，其信誉度是否较好。

(3) 选择产品更新速度快的供应商。因为只有厂家和大批发商才有能力拿到最新最潮流的商品，这些商家一般实力雄厚，能够保证持续供货。

活动评价： 随着电子商务的发展，网上进货已成为一种主流的方式。对于一个新手来说，这是进货的首选途径，因为门槛比较低，不需要与厂家联系，也无须花太多的时间和精力跑批发市场就可以送货到家，非常方便快捷。

活动三　从产品原产地购货

传统进货渠道中，最便宜合算的方式应该是从产品原产地进货。有些地区有特色产品，并且有一定的知名度，已经形成了产业集聚，并有专业市场。例如，焦作温县的铁棍山药（如图2－2－2所示），新疆的大枣、巴达木，河北迁西的板栗，福建的桂圆，等等。如果进货量比较大，可以直接从这些产品原产地拿货，采购价格一般比较低。

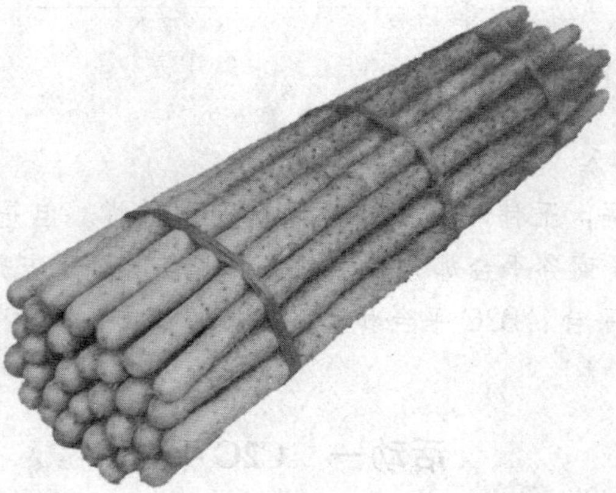

图2－2－2　焦作温县的铁棍山药

活动评价：最好从正宗的生产厂商处购买商品，如果进货渠道不好，商品的质量就没法保证。

活动四　从其他渠道购货

还有一些货源是可以考虑的，如工厂货源、外单尾货、换季清仓和品牌库存等。

一、工厂货源

工厂货源的优势是价格低，省去了中间渠道，能得到最低的价格，相对应的网店的利润也会比较可观。但工厂一般批发量比较大，而且产品比较单一，适合规模较大且资金比较充裕的网店。

二、外单尾货

外单尾货指外商在中国国内工厂下订单时，为了保证次品率不影响货物数量，一般会按照5%～10%的比例多生产一些，这些多出来的产品就是外单尾货。它的特点是性价比高，但缺点也很明显，很多产品颜色尺码不全，并且有些产品会有瑕疵。

三、换季清仓和品牌库存

由于商家急于处理这类商品，所以一般价格较低，网店如果能够利用地域或时间差价则可以获得丰厚的利润，但也存在一些有瑕疵或不合时宜的商品。

活动评价：以上进货渠道都各有利弊，卖家应结合自身情况综合考虑。

【合作实训】

以任务一分好的小组为单位，每个小组根据任务一选定的商品分别调查不同进货渠道的优缺点，总结出这类商品适合采用哪种采购方式，为后面开店做好准备。

任务三　平台选择

【情境导入】

通过对货源的了解，王伟决定先从产品原产地进货。但是又面临另外一个新的问题，网上的第三方电子商务平台那么多，在哪个平台上面开店呢？朋友张家豪为他做了介绍，主要包括C2C平台、B2C平台和全网多渠道销售。

活动一　C2C平台

C2C平台主要有淘宝网、易趣网等。目前淘宝网是全国最大的C2C网站，截至2016年6月，淘宝网在中国C2C的市场份额占据了95.1%，大多数创业的人都选择淘宝网来淘第一桶金，淘宝网首页如图2－3－1所示。

图2－3－1　淘宝网首页

一、淘宝网的优点

为什么大家都选择淘宝网作为创业的起点呢？因为淘宝网有以下几个优点：

（一）门槛低

创业者只需要缴纳几千元保证金就可以在淘宝网开一个网店，再花几百元就能使用网店模板把自己的网店布置得很漂亮，其开店费用较低，大多数创业者都能接受。

（二）知名度高

淘宝网经过多年的宣传和推广，已经成为网购的代名词，通过站长工具分析发现，淘宝网在电商网站中排名第一，每天有大量的访问者访问该网站，这样有利于创业者在初期聚拢网店的人气。如图 2－3－2 所示。

图 2－3－2　通过站长工具分析淘宝网

（三）有保障

经过多年的发展，支付宝已经非常成熟，成为国内最大的第三方支付平台。支付宝对卖家和买家都有一定的保障，降低了交易时的信用风险。

二、淘宝网的缺点

（一）推广成本高

因为淘宝网知名度高、门槛低，在淘宝网开店的人较多，选择在淘宝网开展电子商务，其背后需要支付巨大的推广成本，否则商户信息将会淹没在浩瀚的信息海洋中。

（二）利润低

在淘宝网，除非是特色非常鲜明的商品，否则很快就会被人模仿，并且容易陷入低价恶性竞争的怪圈中。

活动评价：通过分析，王伟选择了在淘宝网平台开店。为了发挥该平台的优势，规避风险，王伟决定进行差异化经营，不与同类网店打价格战，而是创立一个自己的品牌，走中高端路线。他的目标对象客户是以公司白领为主的“80 后”“90 后”，因为这些人对生活品质的要求比较高，更关注健康营养、个性化。王伟根据目标人群的需求设置了不同的套餐，如养颜套餐、减肥套餐、护肝套餐等，决心慢慢打造自己的品牌。

活动二　B2C 平台

由于在淘宝网上开网店有一定的局限性，张家豪建议王伟在公司有了一定的经营基础和规模后，可以向 B2C 领域进军。通过图 2－3－3 所示的 B2C 市场交易份额占比可以看出，B2C 平台主要有天猫、京东商城、唯品会、苏宁易购、当当网、1 号店等。

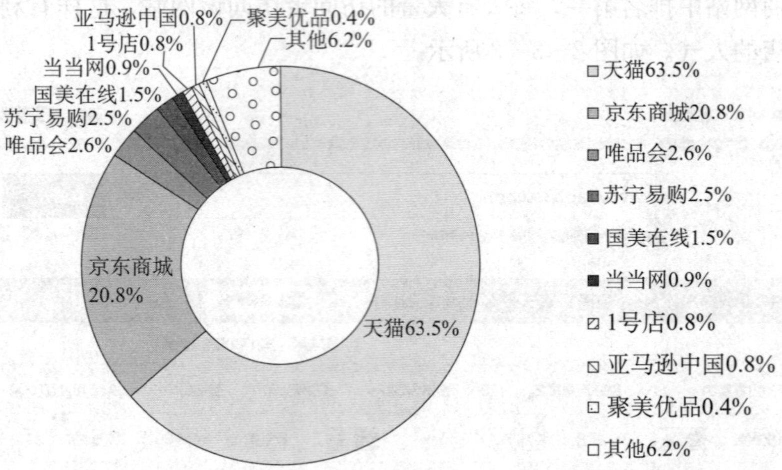

图 2－3－3　2015 年第 4 季度中国网络零售 B2C 市场交易份额

在 B2C 上开店一般要求经营者的网店必须具备实体店铺或者达到公司资质，并且每年都需要交几万元至十几万元不等的保证金和服务费，入驻要求较为严格。由于淘宝网上的商品参差不齐，网店要想长期发展壮大，最终需要选择在 B2C 平台上开店。

天猫占据 B2C 63.5%的市场份额，访问流量比较大，其主要为商家提供展示机会和流量来源，推广、仓储、配送、售后等需要商家自己完成，相对于京东商城来说入驻费用较高。用户登录天猫后不仅关注想购买的商品，也会对店铺进行综合考察，多维度的对比加上和卖家的沟通对最终的购买有着极大的影响。所以卖家要想提高自己的销量，就要用心做好店铺装修、产品详情展示和客户服务等方面的工作。天猫首页如图 2－3－4 所示。

图 2－3－4　天猫首页

京东商城就好比传统意义上的超市，相对天猫来说入驻费用较低，卖家可以使用京东商城自己的仓储和物流配送，发货速度较快，卖家体验度较好。但京东商城上的用户一般要求较高，更注重的是服务和质量。京东商城首页如图 2－3－5 所示。

活动评价： 规模较大或者是想打造品牌、走中高端路线的卖家适合在 B2C 平台上开店。

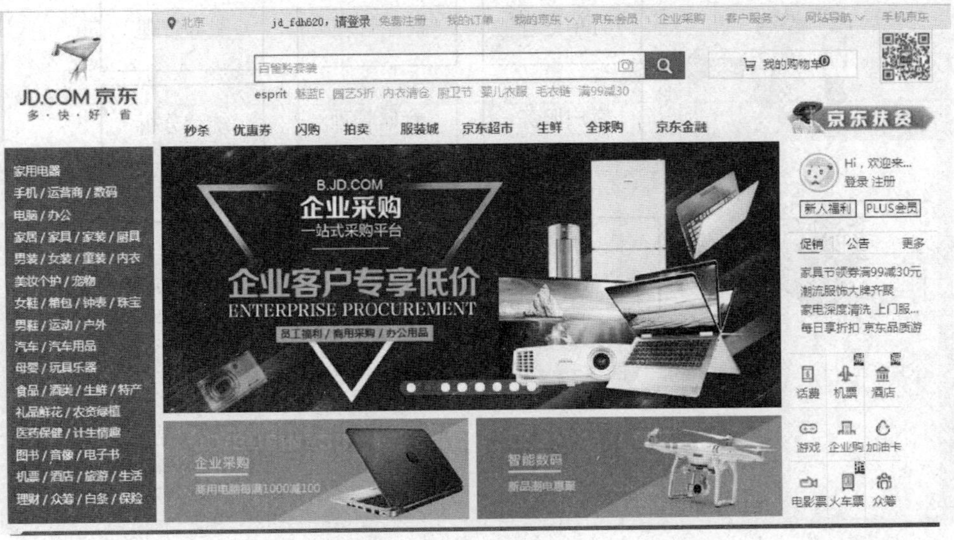

图 2－3－5　京东商城首页

活动三　全网多渠道销售

全网多渠道销售，指企业为了满足消费者任何方式购买的需求，扩大企业的销售渠道，入驻多个电商平台，通过渠道整合的方式销售商品或服务，如图 2－3－6 所示。

消费者在哪儿，卖家就出现在哪儿；网上哪些平台能宣传展示商家的产品，商家就布局到哪里。

全网多渠道销售不仅给企业打开了千万条销路，同时能将企业的资源进行深度的优化整合，从员工、财务管理到商品推广、订单处理、客户服务、仓储管理以及数据的统计分析，均实现统一管理和控制，既节省了企业资源，提高了企业效率，同时也为客户提供了更好的购物体验。

活动评价： 企业要想做大、做强，就要实现全网多渠道销售，如果企业自身无法兼顾，可以与电子商务代运营公司进行合作。

【合作实训】

以任务一分好的小组为单位，对淘宝网、天猫、京东商城、1 号店等网络销售平台进行分析，确定要入驻的平台。

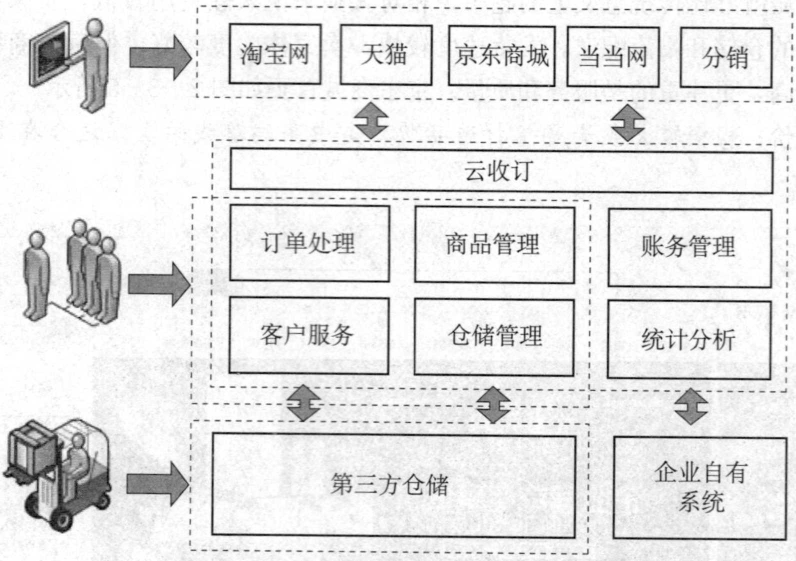

图 2-3-6　全网多渠道销售

任务四　网店开业准备

【情境导入】

王伟确定了网店的入驻平台，就该准备开业了，但在此之前他还需要做一些准备工作，包括硬件准备和软件准备。

活动一　硬件准备

一、电脑及网络

首先要有几台电脑，并且保证电脑能够上网，安装杀毒软件，做好电脑的安全防护工作。

二、照相器材

开设网店，不可避免地要对产品进行拍照，照片的美观度直接影响顾客对于商品的评价度和购买欲望。比较专业的照相器材和高超的摄影技术可以使拍摄的产品图片效果更好。如果资金有限，可先只添置一台数码单反相机，随着规模扩大和资金的充裕，再购买摄影灯、反光板、拍摄台、幕布等，如图 2-4-1 所示。

三、银行卡

网上开店一般都采用电子交易，需要进行实名身份认证以及银行账户认证，需要卖

图 2-4-1　摄影器材

家办理一张银行卡并开通网上银行。

四、手机

由于电脑受场地和体积的限制，不方便携带，容易错过一些订单，因此手机成为网上开店的必备工具。利用手机可以方便地与客户交流。卖家可以下载阿里旺旺手机卖家版等手机客户端，及时接收、发送信息，即使出门在外也可以与买家进行无缝沟通。

活动评价：上述硬件设备是最基本的硬件要求，如果卖家有条件的话，还可以准备一个办公场所和仓库。

活动二　软件准备

一、基本技能

首先要熟练操作电脑，并掌握网络的基本使用方法。其次要熟练使用阿里旺旺、QQ、微信等社交软件，这样才能与顾客进行顺利的沟通。最后要掌握照相设备和图片处理软件的使用，把商品尽量拍摄和处理得更好看一些。

二、专业知识

要了解所经营商品的相关知识，比如，商品的特色、商品的种类与规格、商品的使用和维护、行业同类商品的特点等。

三、交易安全知识

目前，网络上病毒木马层出不穷，网络诈骗花样百出，对自己信息的保密和对交易安全的保护非常重要。经营者要不断去了解和学习，以避免造成重大财产损失。

四、心态

经营网店首先要有一个良好的心态，要积极乐观。互联网上竞争激烈，开店前期知名度不高，可能会出现几个月都没有生意的状况。卖家要有恒心和毅力，积极查找问题，寻求解决办法。

另外，经营网店要有耐心、爱心和责任心。网上购物只能看到图片，不能看到实物，买家一般会问许多问题，要尽量给顾客解释清楚。而爱心也是必须拥有的，如果卖家能让整个交易变得人性化，让顾客感觉到卖家的用心、贴心和尊重，会获得较多的好评和很多回头客。有责任心是指要对所销售出去的商品负责到底，商品出现问题要及时解决处理，保持良好的信誉度。

活动评价：技能、知识准备是一个长期的过程，不仅需要在开店前做足功课，在开店后也要不断学习、积累。

【合作实训】

根据以上所学，每个小组在开店前分析自身已经具备了哪些条件，目前还有哪些条件不具备，讨论应该如何处理和应对。

任务五　店铺规则学习

【情境导入】

在任何平台开店都要先了解该平台的规则，如果不了解规则，很容易因触犯规则而遭到店铺降权、商品禁售、禁止参加活动等处罚，辛辛苦苦攒的信誉也会付之东流。张家豪建议王伟先了解开店平台的规则，防止误触雷区，并以淘宝网为例，介绍了其平台主要的规则，包括禁售商品规则、违规规则和评价规则。

活动一　禁售商品规则

为保障用户的权益，维护市场的正常秩序，淘宝网规定卖家禁止出售国家法律法规禁止出售或淘宝平台管理要求禁止出售的商品，禁限售商品如下：

（1）仿真枪、军警用品、危险武器类；

（2）易燃易爆，有毒化学品、毒品类；

（3）含有反动、破坏国家统一、破坏主权及领土完整等破坏性信息类；

（4）色情低俗用品类；

（5）涉及人身安全，隐私类；

（6）药品、医疗器械类；

（7）非法服务、票证类；

（8）动植物、动植物器官及动物捕杀工具类；

（9）涉及盗取等非法所得及非法用途软件、工具或设备类；

（10）未经允许违反国家行政法规或不适宜交易的商品类；

（11）虚拟类；

（12）其他类。

如果卖家发布了违规商品或信息，淘宝网会根据情况做出相应的处理。卖家的首次或者非故意实施的违规行为，淘宝网将视情形给予纠正和教育，并要求其进行自检自查。每个自然年内，会有“自检自查”机会。自检自查的总体适用原则为：

（1）严重违规行为所有扣十二分情形下：一日。

（2）严重违规行为所有扣六分情形下：一日。

（3）严重违规行为所有扣二分情形下：累计两日。

（4）一般违规行为所有扣十二分情形下：一日。

自检自查的提醒可以在“卖家中心—体检中心”的记录页中查看，如图 2－5－1 所示。

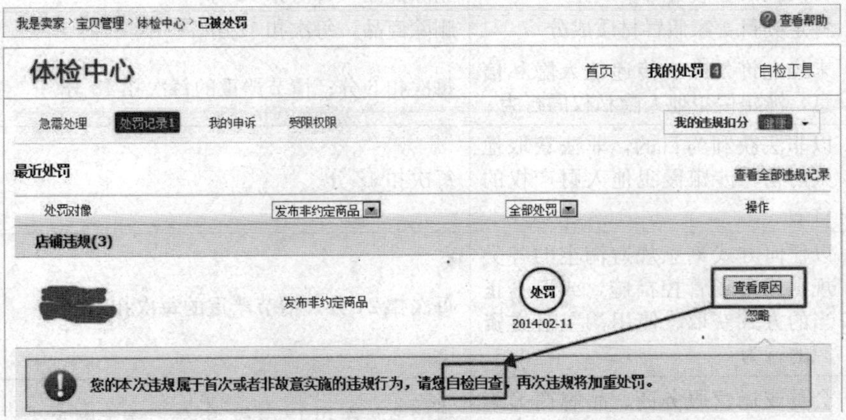

图 2－5－1　淘宝卖家自检自查提醒

卖家也会收到自检自查的相关邮件、站内信或旺旺消息提示。卖家在收到提醒后应及时整改。

活动评价：卖家在发布商品或信息前，应仔细阅读关于淘宝禁售商品及信息的相关规则，以防出现商品搜索屏蔽、下架、删除，账户扣分、限权、冻结等情况。具体可以查看《淘宝禁售商品管理规范》《禁发商品及信息名录及对应违规处理》进行详细了解。

活动二　违规规则

违规行为根据严重程度分为严重违规行为和一般违规行为，两者分别扣分、分别累计、分别执行。卖家因出售假冒商品的严重违规行为的扣分将单独累计，不与其他严重违规行为合并计分。严重违规行为是指严重破坏淘宝网经营秩序或涉嫌违反国家法律法规的行为，具体违规情况及扣分/处罚一览表见表 2－5－1。严重违规行为以外的违规行为是一般违规行为，一般违规行为的具体违规情况及扣分/处罚一览表见表 2－5－2。

表 2-5-1　　淘宝网严重违规行为具体违规情况及扣分/处罚一览表

违规行为	具体违规情况	扣分/处罚
不当注册	通过软件、程序等方式，批量注册淘宝账户的行为	视情节采取临时性管控措施，批量注册而成的账户每次扣 48 分
出售假冒商品	出售假冒、盗版商品且情节特别严重的	每次扣 48 分
	出售假冒、盗版商品且情节严重的	每次扣 24 分
	卖家出售假冒、盗版商品，通过信息层面判断的	每件扣 2 分（3 天内不超过 12 分）
	为出售假冒、盗版商品提供便利条件的	每次扣 2 分；情节严重的每次扣 12 分
假冒材质成分	首次假冒材质成分	删除商品，扣 6 分
	再次及以上假冒材质成分	删除商品，每次扣 12 分
	特定类目卖家假冒材质成分	删除商品，每次扣 12 分
泄露他人信息	未经允许发布、传递他人隐私信息，涉嫌侵犯他人隐私权的行为	每次扣 6 分；情节严重的每次扣 48 分
骗取他人财物	以非法获利为目的，非法获取他人财物，涉嫌侵犯他人财产权的行为	每次扣 48 分
扰乱市场秩序	以任何方式刻意规避淘宝的各类规则或市场管控措施，或以不正当的方式获取、使用淘宝官方资源的行为	每次扣 24 分；情节严重的每次扣 48 分
不正当牟利	会员或运营服务商、品牌商等第三方采用不正当手段牟取利益或采用其他手段牟取不正当利益的行为	视情节每次扣 12 分或 48 分；淘宝网永久不向其提供或接受其提供的任何产品或服务；限制或禁止该会员店铺及其关联店铺参加淘宝网营销活动
拖欠淘宝贷款	拖欠淘宝贷款	每次扣 48 分，永久不得参加淘宝网营销活动

表 2-5-2　　淘宝网一般违规行为具体违规情况及扣分/处罚一览表

违规行为	具体违规情况	扣分/处罚
发布未经准入商品	未经淘宝网备案或审查，发布需要准入类目所属的商品或信息	每次扣 12 分，同时淘宝网视情节做出相应处理措施
虚假交易	第一次或第二次进行虚假交易	违规交易笔数未达 96 笔，2 分/次；若达 96 笔以上，12 分/次
	第三次进行虚假交易	违规交易笔数未达 96 笔，12 分/次；若达 96 笔以上，48 分/次
	第四次及以上进行虚假交易	48 分/次
	短期内进行大规模虚假交易	48 分/次

违规行为	具体违规情况	扣分/处罚
描述不符	符合淘宝网规则第六十一条描述不符情形（一）的行为	删除该描述不符的商品，12分/次
	符合淘宝网规则第六十一条描述不符情形（二）的行为	第一次下架扣3分；第二次删除扣6分
	符合淘宝网规则第六十一条描述不符情形（三）的行为	第一次下架不扣分；第二次下架扣3分；第三次删除扣6分
违背承诺	符合淘宝网规则第六十二条违背承诺第一项行为的	6分/次
	符合淘宝网规则违背承诺第二项行为的	4分/次
	符合淘宝网规则违背承诺第三项行为的	向买家支付该商品实际成交金额的5%作为违约金，视情况扣3分
恶意骚扰	对他人实施骚扰、侮辱、恐吓等，妨害他人合法权益的行为	12分/次；情节严重的，48分/次
未依法公开或更新营业执照信息	未在淘宝网规定的期间内公开或及时更新其营业执照信息的行为	12分/次
不当使用他人权利	不当使用他人权利的行为	2分/次
	不当使用他人权利的行为，情节严重的	6分/次
	情节特别严重的	48分/次
提供虚假凭证	会员为牟取利益向淘宝网提供伪造、变造的资质证明材料的行为	12分/次；情节严重的，48分/次；收回不当得利，视情形采取市场管理措施

活动评价：以上只是简要介绍了严重违规行为和一般违规行为，经营者要想把店铺经营好，不受处罚，还需要详细阅读淘宝网规则。另外，淘宝网对会员违规行为（除出售假冒商品外）采取节点处理方式，根据违规累计的不同扣分值，给予店铺屏蔽、限制发布商品、限制发送站内信、限制社区功能及公示警告等不同的处理。

活动三　评价规则

买卖双方的评价是交易中非常重要的环节，它能为其他消费者在购物决策过程中提供参考，帮助其做决策。卖家如果能够在经营过程中了解和利用好评价，可有效提升店铺的信誉度和订单量。

评价是指买卖双方基于真实的交易在支付宝交易成功后15天内进行的相互评价。淘宝网评价包括“店铺评分”和“信用评价”。店铺评分由买家对卖家做出，包括对商品/服务的质量、服务态度、物流等方面的评分指标。买家填写的评价单如图2-5-2所示。

图 2-5-2　淘宝网买家评价填写单

每项店铺评分均为动态指标，是此前连续六个月内所有评分的算术平均值。每个自然月，相同买家和卖家之间交易，卖家店铺评分仅计取前 3 次。淘宝网卖家店铺动态评分如图 2-5-3 所示。

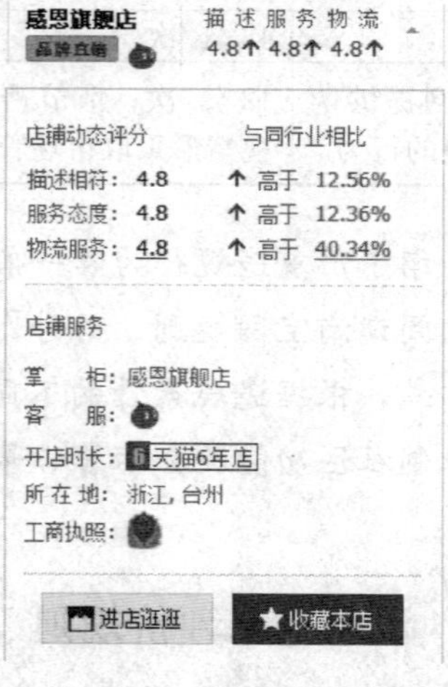

图 2-5-3　淘宝网卖家店铺动态评分

信用评价和店铺评分是并存的，店铺评分仅是买家对卖家的评分，而信用评价则是买卖双方互评。虽然两者的体现内容不一样，但都是为买家提供更多维度的参考价值。卖家信用评价如图 2-5-4 所示。

在信用评价中，评价人若给予好评，则被评价人信用积分增加 1 分；若评价人给予差评，则被评价人信用积分减少 1 分；若评价人给予中评或 15 天内双方均未评价，则被

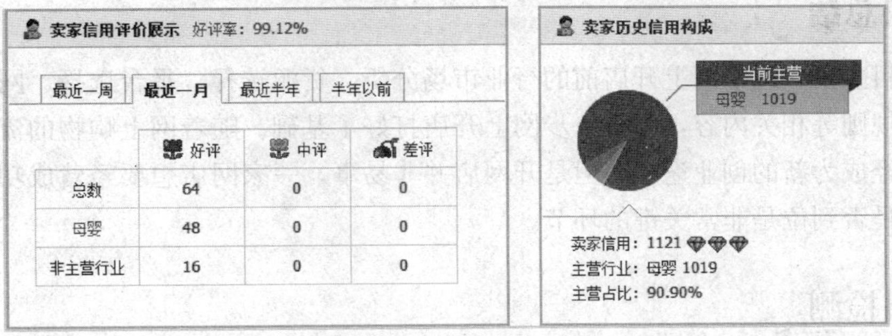

图 2-5-4　卖家信用评价展示

评价人信用积分不变。

买家也可通过查看“店铺 30 天内服务情况”来判断该店铺的售后质量优劣，如图 2-5-5 所示。

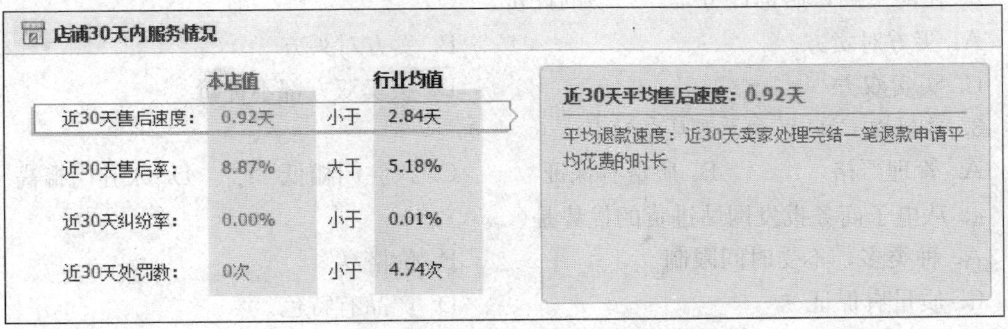

图 2-5-5　卖家店铺 30 天内服务情况

每项售后评分均为动态指标，是该店铺近 30 天内所有评分的算术平均值。如一笔订单涉及多笔交易，每笔符合入口开放条件的交易都可进行一次售后评价。每笔订单仅取最先生效的评分，计入前述算术平均值中。

活动评价：店铺评价在网上店铺经营中起着非常重要的作用，不但会影响店铺的整体流量和转化率，也决定着店铺是否可以健康发展，淘宝网是否会给予店铺更多扶持和曝光。卖家应高度重视，从描述切合实际、产品质量严格把控、加强客服培训以及完善物流体系和发货速度等方面提高店铺评分。

温馨提示：淘宝网为适应市场和用户的需求，会经常对规则进行调整，并发布一些新的规则，导致以前的一些运营方法和运营技巧都不再适用，卖家应经常关注新规则，对店铺及时调整。

【合作实训】

1. 查看淘宝网规则，网址为 https：//rule. taobao. com，查看近期发布的新规则、营销活动规则以及行业市场的相关规则。

2. 仔细查看并了解天猫、京东商城、当当网等平台的规则。

项目总结

本项目主要介绍了网上开店前的行业市场分析、货源选择、平台选择、网店开业准备和店铺规则等相关内容，为下一步网上开店打好了基础。随着网上购物的流行，开网店显然已经成为新的创业途径，但是开网店并非易事，一家网店想要经营成功，前期的准备工作是否到位是非常关键的环节。

项目检测

一、单选题

1. 在淘宝网，交易成功后的（　　）天之内，双方均有权对对方交易的情况做一个评价。

A. 10　　B. 15　　C. 20　　D. 30

2. 在淘宝网，店铺评分是（　　）的评价。

A. 买方对卖方　　B. 卖方对买方

C. 买卖双方　　D. 买卖双方都不评价

3. 选择在 C2C 平台上开店的优势是（　　）。

A. 管理严格　　B. 质量有保证　　C. 入驻门槛低　　D. 入驻门槛高

4. 从电子商务批发网站进货的优势是（　　）。

A. 种类多，不受时间限制　　B. 价格高

C. 质量有保证　　D. 产品有特色

5. 下列哪种商品不能在网上销售？（　　）

A. 考试用书　　B. 警用强光手电

C. 婚介所提供的中介服务　　D. 景点门票

二、多选题

1. 在网上开店可以选择哪些进货渠道？（　　）

A. 电子商务批发网站　　B. 批发市场

C. 产品原产地　　D. 工厂货源

2. 以下哪个平台属于电子商务 B2C 平台？（　　）

A. 淘宝网　　B. 天猫　　C. 京东商城　　D. 当当网

3. 网店开业前应准备的物品是（　　）。

A. 电脑　　B. 手机　　C. 照相机　　D. 银行卡

4. 店铺评分包括以下哪几个方面？（　　）

A. 店铺设计美观度　　B. 描述相符度　　C. 服务态度　　D. 物流服务

5. 在淘宝网上开店，属于严重违规行为的是（　　）。

A. 提供虚假凭证　　B. 拖欠淘宝欠款　　C. 泄露他人信息　　D. 出售假冒商品

三、判断题

1. 批发市场产品种类很多，但质量良莠不齐。　　（　　）

2. 在淘宝网上开店竞争者相对较少。（　　）

3. 全网多渠道销售是企业为了扩大销售渠道，入驻多个电商平台，通过渠道整合的方式销售产品和服务。（　　）

4. 以任何方式刻意规避淘宝网的各类规则或市场管控措施，或以不正当的方式获取，使用淘宝网官方资源的行为每次扣 12 分，情节严重的扣 24 分。（　　）

5. 在网上开店不仅要准备一些硬件设备，更要从心态、知识技能上进行调整和储备。（　　）

四、简述题

1. 网上开店前应该从哪几个方面进行市场分析？

2. 在网上开店有哪些进货渠道可供选择？各自有什么特点？

五、趣味挑战题

在淘宝网上注册一个账户，完成支付宝实名认证，并申请免费开店。

项目三
网店视觉营销

项目综述

网络经济时代，注意力成为最稀缺的资源。如何把商品真实、清晰地呈现在买家面前是一项基本技能，如何吸引买家的注意力成为电子商务成功的关键。美途电商是一家以互联网销售为主的电子商务公司，该公司先后在淘宝网、天猫、京东商城等电商平台创建了多家网络店铺。小艾是这家公司的美工（视觉营销）主管，他所在的美工（视觉营销）设计部门主要负责商品图片拍摄、商品信息采编、网店装饰美化，主要职责是塑造良好的网络店铺形象，吸引顾客的注意力，从而增加店铺浏览量，促进商品销售。

项目目标

知识目标

- 了解网店视觉营销的意义；
- 理解商品信息采编不同岗位的技能要求；
- 了解网店美工与视觉营销流程和方法。

技能目标

- 掌握网店商品的拍摄方法；
- 能够使用工具软件进行图片处理；
- 掌握商品详情页制作的流程和方法；
- 掌握网店店铺装修流程和方法。

情感目标

- 培养学生的审美观念；
- 培养学生的团队意识；
- 培养学生的自信心。

任务一　商品图片拍摄

【情境导入】

美途电商经过市场调研分析，决定推出一款儿童卡通书包新产品，小艾所在的视觉营销设计部门接到的任务是负责这款儿童书包的商品信息采编工作。

小艾将工作任务分成两个主要部分：一是了解产品、确定风格、准备器材等，做好产品拍摄的前期准备；二是进行拍摄产品时的布景、布光等，即拍摄前期准备和拍摄实施。

活动一　拍摄前期准备

网上店铺与传统店铺的区别在于网上店铺没有实物可供买家挑选，买家仅能通过观看图片来做出购买决定，因此商品图片是网店经营的关键环节，一张漂亮的商品图片可以直接刺激买家的视觉感官，让他们产生了解商品的兴趣和购买的欲望，高品质的商品图片如图 3-1-1 所示。

图 3-1-1　高品质商品图片

一、了解网拍商品特点

从广义上来说，网络商品拍摄对象指的是一切可以出售的物品，包括花卉、瓜果、蔬菜、日常用品、工业用品、手工艺品等。

(一) 对象静止

商品拍摄区别于其他摄影的最大特点是它所拍摄的对象都是静止的物体。

(二) 摆布拍摄

摆布拍摄是商品拍摄区别于其他摄影的一个显著特点，图片要有一个明确的主题内容，取景不能过于杂乱，画面要简洁，要主次分明。

(三) 还原真实

拍摄时不必过于追求意境而失去物品的本来面貌，一定要真实。拍摄完成后要及时核对照片，避免出现与实物太大的色差，引起不必要的售后纠纷。

二、拍摄器材准备

五花八门的商品是很难用统一的技术和方法来处理的，每一类商品都有其特点，要拍摄好商品，必须仔细研究商品本身的特点，根据构思的拍摄要求，确定拍摄器材，这样才能在商品拍摄过程中得心应手。

(一) 数码相机

拍摄网店商品图片对相机的像素值没有太高的要求，300 万像素的相机即可胜任，但为了确保图像对焦准确、画面清晰而且色差少，建议使用单镜头反光相机（即单反相机）。单反相机一般要求在 300 万像素以上，3 倍光学变焦以上，具有微距拍摄及手动挡功能，卖家根据自己的实际能力及需求选择类型即可。如采用如图 3-1-2 所示的佳能 70D 单镜头反光相机。

(二) 三脚架

不少卖家在拍摄商品图片过程中由于没有拿稳相机或者身体有抖动，容易导致所拍摄的照片模糊不清，使用三脚架则可以增加稳定性，解决此类问题。选择三脚架的时候，建议使用带有伸缩支架和云台的三脚架，因为其拍摄的俯角更大，拍摄出来的商品更全面、大气。如图 3-1-3 所示。

图 3-1-2 佳能 70D 单镜头反光相机

图 3-1-3 三脚架

(三) 灯光设备

如果在室外拍摄，使用的光源为自然光；如果在室内拍摄，此时使用的光源就是各种灯光。节能灯、摄影灯和外置闪灯等都是室内用光的优选。如图 3-1-4 所示。

(四) 拍摄台

拍摄台是商品拍摄时必备的器材，但也可以因陋就简、灵活运用。办公桌、家庭用的茶几、方桌、椅子和大一些的纸箱，甚至光滑平整的地面均可以作为拍摄台。如图 3-1-5 所示。

图 3-1-4　灯光组合

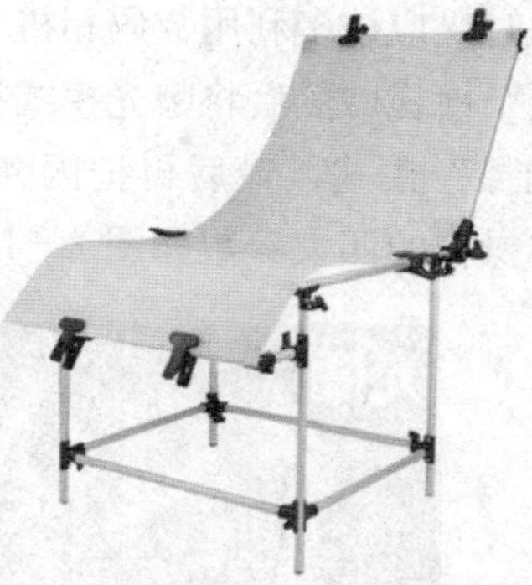

图 3-1-5　产品拍摄台

（五）背景

拍摄图片时，好的背景可以造就清晰干净的图片效果。商家可以根据商品的颜色、特点等，将商品放置在一个合适的背景里进行拍摄，这样可事半功倍。常使用的背景道具有各种颜色的背景纸和背景布。

活动评价： 小艾的团队在进行商品拍摄任务前，学习了网拍商品的特点，做好了商品拍摄的准备工作。在正式拍摄之前，需要明确拍摄目的、手法等，这样在实施过程中更轻松、更有方向。

活动二　拍摄实施

使用相机时不要只凭感觉和习惯操作，而应该通过研究相机的说明书来理解其正确的操作方法和基本功能，最后确定拍摄所需要的器材，给出最佳的布光和构图，并在拍摄过程中进行严格的技术控制，以取得理想的效果。

在拍摄之前，需要掌握相机的握法，如图 3-1-6 所示。

图 3-1-6　单反数码相机的握法

一、相机的基本操作

（一）参数设定

在初学的时候应该多利用数码相机本身的程序曝光拍摄功能，首先将功能模式按钮调整到“拍摄”模式，然后将曝光模式按钮调整到“自动”选项，再将拍摄模式选择调整到“单张拍摄”模式，最后再把闪光灯模式选择为“自动”，接下来就是取景工作。数码相机基本操作的四大参数如图3－1－7所示。

图3－1－7　数码相机基本操作的四大参数

（二）取景

在选择好被拍摄的对象后，就要进行取景，可以使用LCD液晶显示屏取景的方式来观察拍摄对象，这样在液晶显示屏中显示的画面就会是“所见即所得”，最后拍摄出来的画面就是液晶显示屏上看到的画面。在取景的时候，眼睛要和液晶显示屏保持垂直角度，远近和大小通过机身后面的缩放控制按钮来调节，通过观察液晶显示屏确定最后的取景效果。

（三）快门

先半按快门对焦，在取景器或LCD液晶显示屏上看到获焦成功的提示后，再接着按下快门，即完成了一次照片的拍摄。按快门的时候手一定要稳，不要晃动，特别是使用慢速快门拍摄的时候，需要屏住呼吸，尽可能保持拍摄的稳定性。

只需上述这三个步骤，就可以拍摄出一张清晰的数码照片，这是拍摄工作的第一步。如果想要拍出更漂亮的商品照片，商家需要对功能操作非常熟悉，学会熟练运用各种摄影技巧。

二、布景

商品的摆放是陈列艺术，同样的商品用不同的造型和摆放方式会呈现不同的视觉效果，而视觉感受会直接影响顾客购买的决定。商品采用什么摆放角度和组合最能体现其产品性能、特点及价值，是商家在拿起相机拍摄前要思考的问题，因为商品摆放决定了照片的基本构图。

（一）摆放角度

在拍摄商品照片之前，要为拍摄时的构图和取景做好前期准备工作。先将所要拍摄的商品、道具、外包装等进行合理的组合，设计出一个最佳的摆放角度来体现商品的性能、特点及价值，如图 3-1-8 所示。

图 3-1-8　商品的摆放角度

（二）商品外形的二次设计

卖家在拍摄同种类型的多款商品时，简单的排列方式通常难以创作成功的造型设计。并列排列只是几个物体的简单罗列，缺乏彼此之间相互关系的看点和造型的美感。因此，在拍摄同种类型的多款商品时，应尽可能地将商品摆放得错落有致，避免死板地并列摆放物体。拍摄者还可以根据商品的外部形态，重新进行造型设计，使商品呈现出独有的设计感和美感，如图 3-1-9 所示。

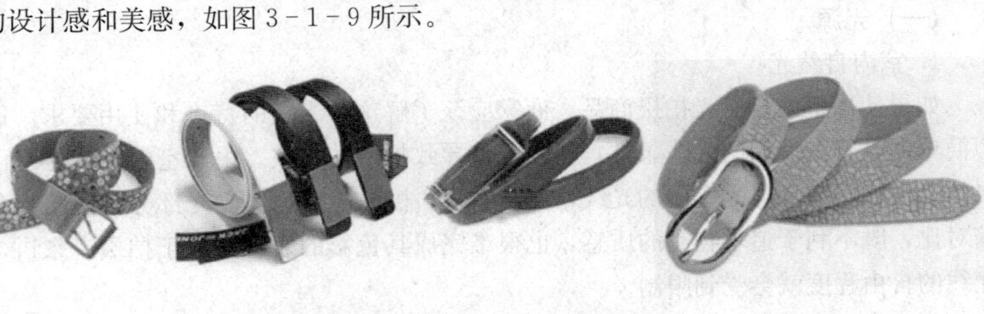

图 3-1-9　商品外形二次设计

（三）摆放的疏密与序列感

摆放多件商品将画面铺满，可以给人一种豪华的感觉，但是如果掌握不好或是摆放不当，容易让人感觉凌乱不堪。所以有序的、疏密相间的摆放可以使画面饱满，而又不失韵律感，如图 3-1-10 所示。

图 3-1-10　摆放疏密与序列感

(四)展示商品内部结构

买家在购买商品时，除了关注商品外观形态，更会注重商品内部的结构和其他细节，比如钱包里有几层，可以放置多少张银行卡；书包内里是否有隔层，内部面料是什么材质；等等。商家在拍摄时可以把商品打开进行摆放，将内部结构展示给买家，消除买家的担忧与顾虑，如图 3－1－11 所示。

图 3－1－11　商品内部结构展示

三、布光

图片是商品的灵魂，一张漂亮的商品图片可以直接刺激顾客的视觉感官，让他们产生了解的兴趣和购买的欲望，而一张成功的商品图片又与拍摄时的布光密不可分。商品拍摄的对象多数放在拍摄台上，物体的质感表现，画面的构图安排，较其他的摄影题材表现要求更高。而且拍摄中灯光使用较多，自然光使用较少，所以在画面布局和灯光处理方面比较复杂。

(一)光源

1. 室内自然光

如果使用室内自然光拍摄商品，商家应该了解这种光线的特点和使用要求。这种看似简单而且容易使用的光线条件，非常容易导致拍摄的失败。由于室内自然光是由户外自然光通过门窗等射入室内的光线，方向明显，极易造成物体受光部分和阴暗部分的明暗对比，既不利于追求物品的质感，也很难完成其色彩的表现。对于拍摄者来讲，运用光线的自由程度就会受到限制。

2. 人工光源

人工光源主要是指各种灯具发出的光。这种光源是商品拍摄中使用非常多的一种光源。它的发光强度稳定，光源的位置和灯光的照射角度，可以根据自己的需要进行调节。如何使用人工光源进行拍摄，要根据拍摄对象的具体条件和拍摄者对于表现方面的要求决定。

(二)光的特性

(1) 光质：指拍摄所用光线的软硬性质，可分为硬质光和软质光。硬质光即是强烈的直射光，如晴天的阳光、人工灯中的聚光灯或回光灯的灯光等；软质光是一种漫散射性质的光，没有明确的方向性，在被照物上不留明显的阴影，如大雾中的阳光、泛光灯光源等。硬质光展现商品表面质感，软质光展现商品细节。

(2) 光比：光比是指被摄物体上亮部与暗部受光强弱的差别。光比大，被摄物体上亮部与暗部之间的反差就大；反之，亮部与暗部之间的反差就小。其可以简单理解为不同光源之间的亮度比值，调整光源的亮度，可以改变光比。

（3）光位：在拍摄过程中，光线还有方向之分，按照照射的方向不同，大致可分为：顺光、逆光、侧光、顶光、底光。光线的照射方位不同，光线产生的画面效果也不同，光线水平角度如图 3－1－12 所示。

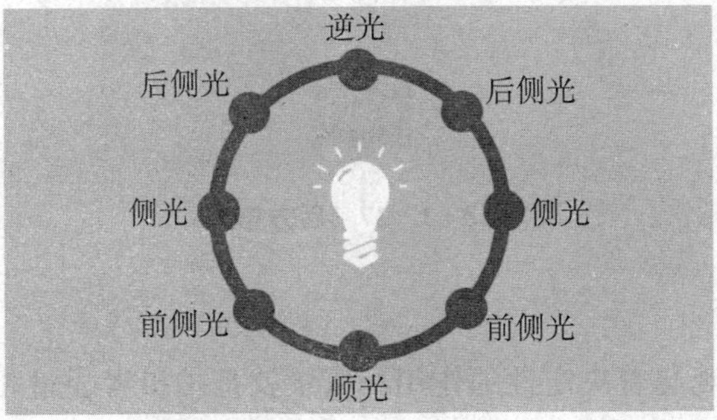

图 3－1－12　光线水平角度

（三）常见布光方式

（1）正面均衡布光：是商品拍摄中最常用的布光方式。正面投射出来的光线全面而均衡，商品表现全面、不会有暗角，如图 3－1－13 所示。

（2）顶部 45°角布光：使商品的顶部受光，正面没有完全受光，适合拍摄外形扁平的小商品，不适合拍摄立体感较强且有一定高度的商品，如图 3－1－14 所示。

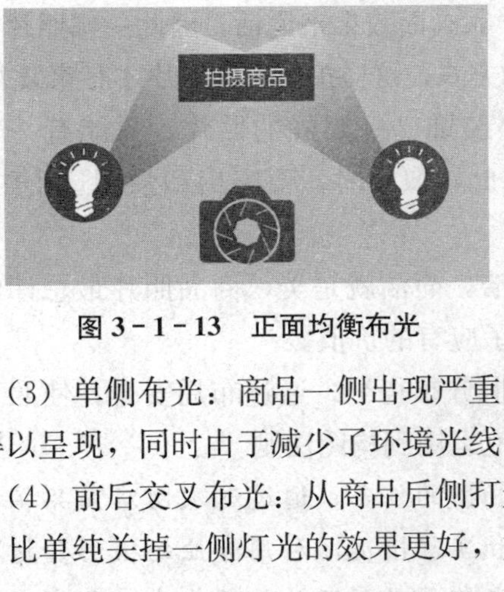

图 3－1－13　正面均衡布光

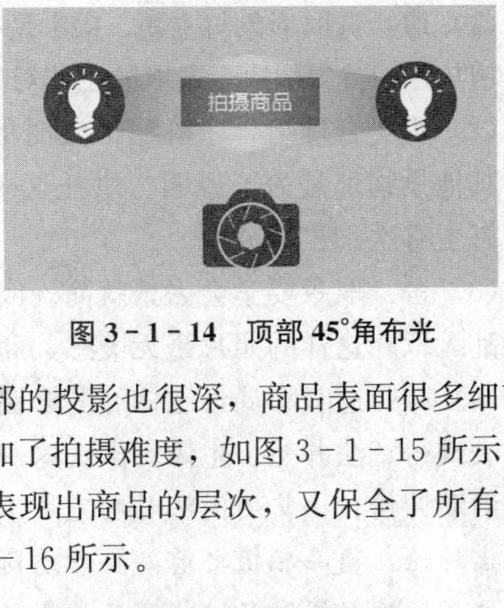

图 3－1－14　顶部 45°角布光

（3）单侧布光：商品一侧出现严重阴影，底部的投影也很深，商品表面很多细节无法得以呈现，同时由于减少了环境光线，反而增加了拍摄难度，如图 3－1－15 所示。

（4）前后交叉布光：从商品后侧打光既可以表现出商品的层次，又保全了所有的细节，比单纯关掉一侧灯光的效果更好，如图 3－1－16 所示。

图 3－1－15　单侧布光

图 3－1－16　前后交叉布光

(5) 后方布光：商品的正面因没有光线而产生大片的阴影，无法看出商品的全貌，因此除拍摄通透性的商品外，不要轻易尝试这种布光方式，如图 3-1-17 所示。

图 3-1-17　后方布光

四、取景

取景对照片的美观起着决定性的作用，取景就是拍摄者通过相机的取景器，观察、选取景物，拍摄者通过改变拍摄距离、选取角度、运用光线、精心组合，使原来并不起眼的线条、块面和明暗，拍摄得悦目动人，将原来杂乱的影像和景物组合得井然有序，使画面产生应有的美感，以便打动消费者。

在按下快门之前，商家首先要明确拍摄的主题是什么，如果自己都不清楚，就很难让人看得明白。当然，要拍出一张好的商品照片，取景仅仅是第一步，后期的画面处理、裁剪调整也很重要。究竟怎样取景才算好呢？简单归纳就是要做到取、组、舍、布。

(1) 取：选取形象与主题。摄影是视觉艺术，靠画面效果来说话，因此一幅照片拍摄得成功与否，首先取决于选取的主体对象和表现的方式，这样拍出来的照片才有感染力。

(2) 组：合理组合、搭配拍摄时的背景和小装饰。一幅好的照片，只能有一个中心，其他景物都是为了说明、烘托这个中心。因此，取景时，要突出和强调这个中心，做到有主有次、主次分明。

(3) 舍：取景要学会去繁就简。成功在于简洁，简洁就是美，商品照片最忌讳的就是杂乱无章，这样的照片毫无美感，商品也失去了应有的价值。

(4) 布：适宜布局，主体和配饰在画面比例上分布得当。通过布局安排，使照片的画面表现得章法井然、主体突出，这一点会更多地运用到构图法则。

活动评价：小艾的团队顺利完成了网店商品拍摄的任务，通过这次网店商品拍摄任务得出结论：商品拍摄之前，要考虑商品的特性和实际情况，利用专业的摄影器材和拍摄方法多角度拍摄商品，将商品的各种信息和特点都尽量用照片体现出来，让商品呈现最佳效果。

【合作实训】

实训任务：网店商品拍摄。

实训要求：

1. 用相机或者手机拍摄一组符合网店要求的商品图片，所拍摄商品选择范围有男士腰带、水杯、化妆品、运动鞋等。

2. 拍摄角度要求右侧 45°图、正面图、左侧 45°图、背面图、正侧面图、底图。

3. 注意拍摄出商品的角度、质感，要避免出现表面杂质、曝光过度、褶皱等问题。

4. 商品如有特殊功能或特点，需拍照展示及提供相应说明。如皮带类商品需提供皮带扣正、背面细节特写图；所拍摄的商品注意构图，需拍摄商品场景图为 3～5 张。

实训实施：

实训任务以小组为单位，采用实际商品为案例，通过对拍摄计划的制订、拍摄器材的选择、拍摄环境的搭建，进一步提升动手实践能力，掌握商品拍摄的基本流程。

任务二　网店商品图片美化

【情境导入】

小艾的团队通过共同努力，顺利完成了商品信息采编的第一步——商品图片拍摄，在进行第三步商品详情页制作之前还有个重要的任务，就是对商品图片进行美化。前期拍摄的图片，无论是尺寸大小、颜色还原还是细节展示都不能完全符合设计的需要，因此需要对商品图片进行美化。

商品图片美化是电商美工需要掌握的最基本的技能，小艾的团队里所有新进成员都是从商品图片美化这个岗位做起的。

Photoshop 是 Adobe 公司开发的一个专业的图像编辑处理软件，是专业设计人员的首选软件。Photoshop 是图像处理软件，对已有的位图图像进行编辑、加工、处理以及运用一些特殊效果，Photoshop 是处理网店美工图片时必不可少的图像处理软件。Photoshop CS5 以上版本都可以满足图片美化使用。Adobe Photoshop 的欢迎界面如图 3－2－1所示。

图 3－2－1　Adobe Photoshop 欢迎界面

一、软件界面的介绍

Photoshop 典型的界面组成如图 3－2－2 所示，由菜单栏、属性栏、工具箱、浮动面板、编辑区等组成。

（1）菜单栏。集合了软件所有的命令，并将命令进行相应的分类，如编辑、图像、图层、滤镜等，每项命令下都含下拉菜单。

（2）属性栏。是工具箱里每一个工具的属性设置，随着使用的工具不同，工具选项栏上的设置项也不同，以配合工具箱的工具使用。

（3）工具箱。是软件所有的常用工具集合，几乎每种工具都有相应的键盘快捷键，工具下有三角标记，是工具组。

（4）浮动面板。包括图层、路径、通道等工具的调板，调板在其中只显示名称，单击后才出现整个调板，这样可以有效利用空间，防止调板过多挤占图像的空间。

(5) 编辑区。要进行编辑的图像在这个区域显示。

图 3-2-2　Photoshop 的界面组成

二、Photoshop 操作基础

商家对图片进行美化处理，需要掌握 Photoshop 操作基础知识，这也是灵活运用 Photoshop 时必须要掌握的要点。

(一) 新建、打开文件

(1) 新建文件。选择“文件” | “新建”命令或按快捷组合键 Ctrl+N，也可按住 Ctrl 双击 Photoshop 工作界面空白区（空白区指的是没有图像也没有调板的地方），此时需要设置图像的名称、宽度和高度大小（网店图片设计单位通常为像素）、分辨率、颜色模式和背景内容，如图 3-2-3 所示。

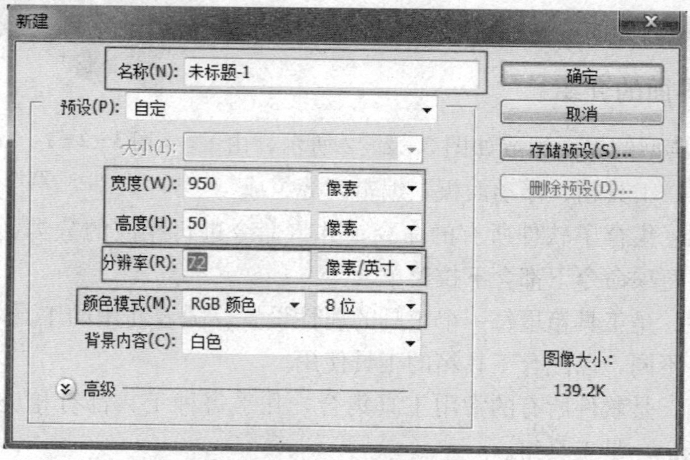

图 3-2-3　“新建”对话框

（2）打开文件。选择“文件”｜“打开”命令或按快捷组合键 Ctrl+O，如图 3-2-4 所示，选择需要打开的图像，即可打开图像文件。在“打开”对话框中选择查看菜单大图标可以直接显示图片。

图 3-2-4 “打开”对话框

（二）保存、关闭文件

（1）保存文件：图片处理后需要进行保存，选择“文件”｜“存储”命令或按快捷组合键 Ctrl+S，或选择“文件”｜“存储为”命令或按快捷组合键 Shift+Ctrl+S，打开对话框，设置文件保存的位置、文件名、图像格式，如图 3-2-5 所示。

通常需要将图像保存成两种格式：一种是便于修改的 PSD 格式；一种是可以在网店中使用的 JPEG/GIF 格式。

（2）关闭文件：需要关闭所有编辑区的文件时，选择“文件”｜“关闭”命令或按快捷组合键 Ctrl+W，关闭一个文件；选择“文件”｜“关闭全部”命令或按快捷组合键 Ctrl+Alt+W，关闭编辑区内所有文件。

（三）视图缩放、还原

在图片处理过程中，需要不断观察、对比图像，进行视图缩放、平移、还原是必不可少的，如图 3-2-6 所示。缩放图像可以将图像成比例放大或者缩小，选择“视图”｜“放大”命令或按快捷组合键 Ctrl++、“视图”｜“缩小”命令或按快捷组合键 Ctrl+-。

选择“视图”｜“按屏幕大小缩放”命令或按快捷组合键 Ctrl+0、“视图”｜“实际像素”命令或按快捷组合键 Ctrl+1、按空格键平移视图。

图 3-2-5 “存储为”对话框

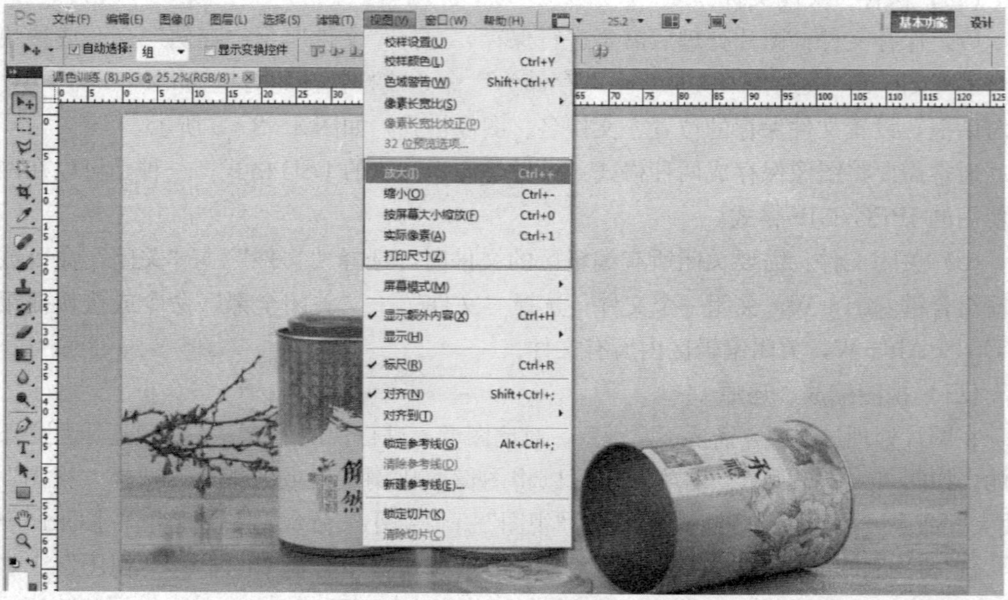

图 3-2-6 视图操作界面

活动评价：作为网店美工，如何使产品在竞争日益激烈的电子商务市场中脱颖而出非常关键。通过 Photoshop 制作出具有吸引力、宣传力的图片，提高店铺的视觉营销效果，是网店美工必备的技能。新入行新手了解并掌握 Photoshop 的基本使用方法是进行其他操作的前提。

任务三　商品详情页制作

【情境导入】

经过大家的共同努力，小艾的团队顺利完成了儿童卡通书包产品的图片拍摄和图片美化工作，图片拍摄、图片美化是商品详情页设计的基础工作。所有的准备工作就绪后，团队开始进行下一个商品详情页制作的任务。

小艾的团队顺利完成前两个任务之后，对于完成商品详情页制作的任务信心十足，团队成员针对儿童卡通书包产品进行了仔细分析和研究。任务的核心内容是将美化以后的商品图片以及产品相关信息进行适当的组合排版，制作出图文混排的产品信息图片，为此制定了以下活动。

活动一　认识商品详情页

商品详情页是提高网店转化率的重要入口，是网店中最容易与买家产生交集的页面，一个好的商品详情页胜过一位优秀的销售专员，美工要从买家的需求出发，站在消费者的角度考虑问题。

一、商品详情页概述

商品详情页又称为宝贝描述页，顾名思义，是指淘宝网、京东商城等电子商务平台中对所售商品以图片、文字、视频等各种手段进行展示的表现形式，如图 3－3－1 所示。

二、商品详情页的作用

商品详情页就像一页详细的产品说明书，买家可以通过浏览页面来了解商品信息。除此之外，商品详情页也是商品的形象展示，通过它买家能够直观地看到商品的整体形象、细节、构造等。

一个严谨的详情页，带有驱使性的直观阐述能够使买家在停留的短暂时间里产生购买欲望，优化宝贝详情有提高转化率的作用。

(1) 引发买家兴趣和激发买家的消费欲望。

(2) 通过商品详情页的图片和文字介绍让买家全面了解商品。

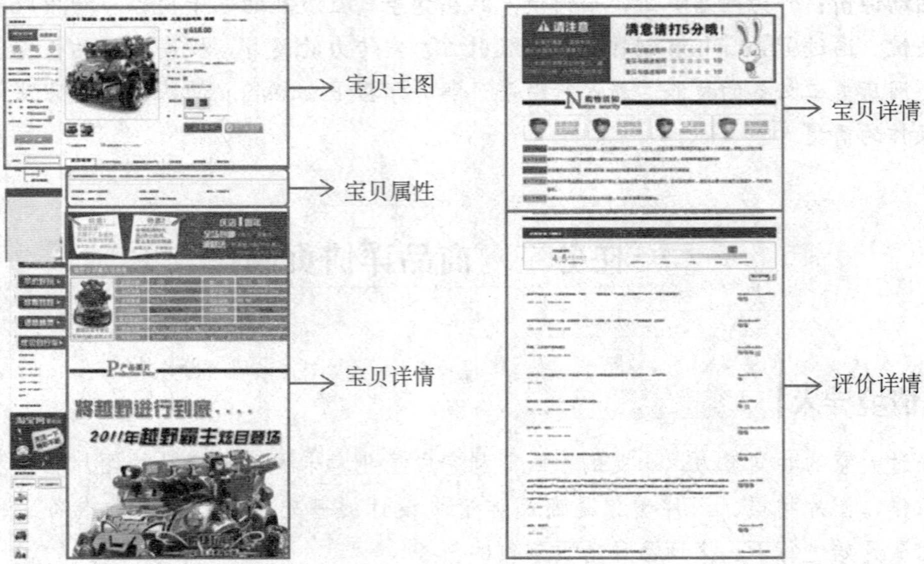

图 3-3-1　商品详情页

（3）树立买家对商品的信任感，打消其消费疑虑，促使买家下单。

（4）降低服务成本、提升客单价。

三、商品详情页规格

各个电子商务平台的商品详情页的标准略有不同，有各自的尺寸和标准，主流平台详情页图片建议尺寸见表 3-3-1。

表 3-3-1　主流平台详情页图片建议尺寸

电商平台	详情页建议图片宽度/像素	详情页单张图片高度
淘宝网	≤750	≤1 500像素
天猫商城	≤790	≤1 500像素
京东商城	≤790	自定义
速卖通	≤710	自定义

淘宝网官方对详情页图片的建议：电脑端宝贝描述页面图片大小建议不超过 2MB，图片宽度不超过 750 像素，支持 JPG、JPEG、PNG、GIF 格式。手机端上传图片格式要求尺寸为宽度 480～1 242 像素，高度不超过 1 546（像素），仅支持 JPG、GIF、PNG 格式（建议尽量使用静态图片），一个宝贝详情的图片、音频和文字大小不能超过 2 560KB。

活动评价：商品详情页的装修在店铺装修中至关重要，只有做好详情页，才能进一步提高店铺成交量与转化率。

活动二　学习商品详情页制作要点

制作商品详情页的目的是用图文混排的视觉语言传达商品的特性与属性，对网络消费者的购买行为产生影响。商品详情页的设计制作一定要根据流程要点执行。

一、商品信息

在正式制作商品详情页之前，需要仔细阅读厂家提供的产品介绍资料或者在互联网查询类似商品的参考数据，了解产品的名称、材质、颜色、用途、重量等基本属性信息。

二、市场调研

在众多的网络商品以及商家面前，买家的购物行为习惯是需要调研的重要内容，了解买家是如何进行挑选、对比再确定购买的。因此制作产品详情页就要在众多商品中找到与自己属性差不多的产品进行对比分析，通过查看同类同档次且销量在前 10 的宝贝详情页，收集主要卖点、细节特写、基本属性、页面风格、售后服务、独特好评、独特差评等信息。

三、卖点挖掘

商品的卖点就是指吸引消费者购买产品的理由，没有卖点的详情页只会让进来的流量白白地浪费掉。“挖不出产品卖点，打不到买家痛点”，就卖不出去商品。通常可采用 FAB 产品卖点挖掘法，如图 3-3-2 所示。

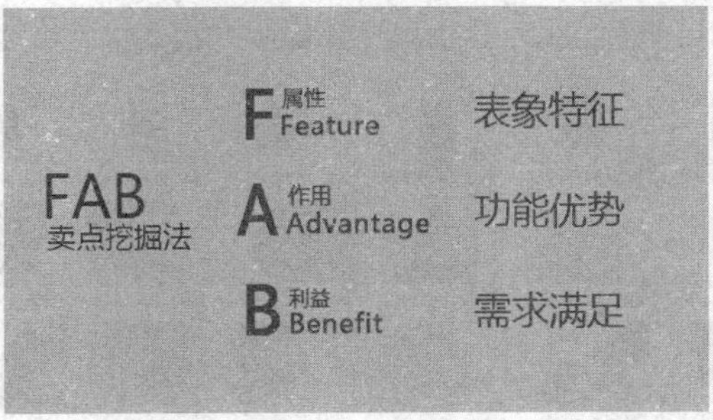

图 3-3-2　FAB 卖点挖掘法

（一）FAB 卖点挖掘法

F 是 Feature，表象特征的意思，也叫属性。A 是 Advantage，功能或优势的意思，也叫作用，作用是由前面一个要素 F 属性延伸出来的。B 是 Benefit，满足需求或者有好处，即有益处的意思，也叫利益。利益是根据前两个要素，立足于买家的需求得出来的。

（二）FAB 卖点提炼

在做产品卖点提炼时采用 FAB 表述逻辑，同时体现 F、A、B 这三个要素，卖点呈现才会独特并且有说服力，如图 3-3-3 所示。

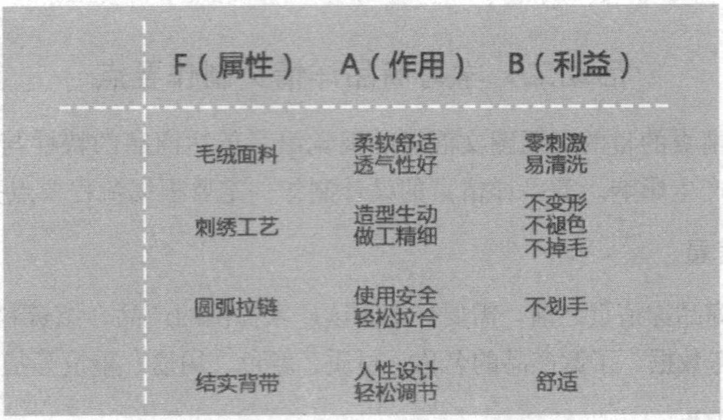

图 3-3 FAB 卖点挖掘法案例

四、素材收集

素材收集是商品详情页制作过程中重要的环节，收集素材可以参考前期市场调研时的页面，这个参考并不是抄袭，而且取其精华、去其糟粕，形成大概思路和框架，然后再去收集和整理相关素材。一个专业的美工都会有自己的素材库，平时工作中要养成收集整理素材的习惯。

商品详情页的制作需要收集的素材一般包括：经过美化处理的白色背景图；商品场景图、模特图、细节图等；互联网上收集到的相关商品的网络素材等，如图 3-3-4 所示。

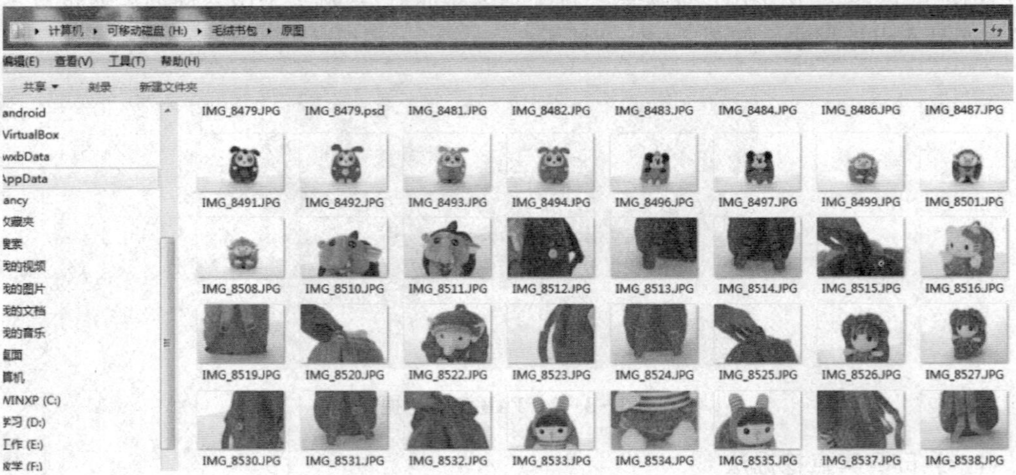

图 3-3-4 制作详情页收集的素材

五、页面设计

商品详情页的设计制作是商品信息采编的重要环节，详情页设计时要进行消费者分析，根据自身产品的卖点定位商品风格，结合所用的文案配色、字体、排版等，营造出符合商品特性的氛围。

（一）确定页面风格

页面风格主要是根据产品来确定的，一般为利润产品的属性、产品的功能以及客户人群。

如图 3－3－5 所示，产品名称：儿童卡通毛绒书包；使用人群：2～4 岁儿童；颜色特征：鲜艳亮丽。根据这些信息，可以把页面风格定位为可爱。

图 3－3－5　儿童卡通毛绒书包产品

（二）构建内容框架

根据前期市场调研的结果，从消费者心理学的角度分析，把儿童卡通毛绒书包的详情页分割成 6 个部分，并形成布局框架，如图 3－3－6 所示。

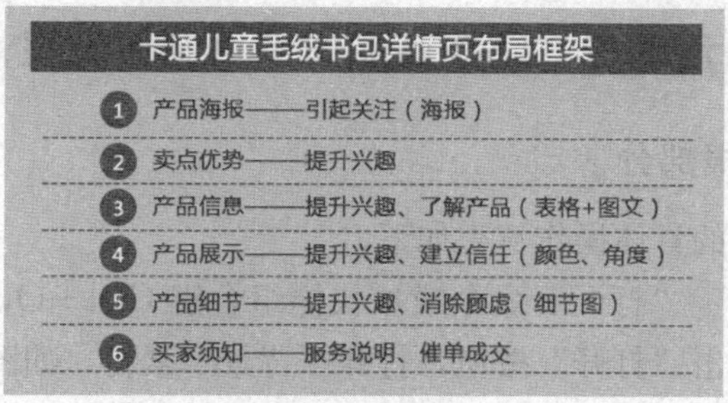

图 3－3－6　书包详情页布局框架

（三）确定配色方案

对于店铺已经有视觉规范的情况，可以继续沿用已有的配色方案。下面对于没有视觉规范、无从下手的情况，提供几种配色的技巧：

（1）从 LOGO 提取。从 LOGO 提取配色方案比较适合已有店铺 VI 系统或者线下知名品牌。

（2）从产品本身属性提取，从产品本身提取颜色。

（3）从产品的联想属性提取。

（四）选择合适的字体

字体在详情页中起着对商品的解释说明作用，以及方便买家阅读和作为重要信息引导的作用，而且会在整个内页从上到下延续使用。字体规范使用要求如下：

（1）一般不超过 3 种字体。

（2）重点的部分要比较突出。

（3）字体颜色的深浅，不宜过于复杂，以免影响阅读。

（4）字体选择要符合产品的定位。

（5）字号要大于正常的12号字体。

（五）页面上线

制作完成的商品详情页面需要相关部门进行审核。如果不符合运营要求，需要再进行局部修改；如果通过审核确认符合要求就可以进入发布流程。发布之前需要对整个页面进行校稿，主要是检查错别字、多漏字、违禁词等，确保万无一失。

页面通过审核以后需要上传到电商平台，一定要进行切图处理，如果整张大图直接上传发布，会由于图片太大导致买家打开速度很慢，增加页面的跳失率。根据平台要求并兼顾无线端页面，每张图片不超过200K（K数越小越便于快速呈现），图片总数不超过20张。

（六）修改完善

页面发布后要进行测试，要测试电脑端、手机端打开速度，结合运营相关数据对页面进行优化调整，保证页面完善。

活动评价： 商品详情页不仅能向买家展示商品的规格、颜色、细节、材质等具体信息，还能向买家展示商品的优势，促使其下单购买。

活动三　掌握商品详情页制作流程

一、制作产品海报部分

制作产品海报部分的具体操作流程如下：

（1）选择“文件”｜“打开”命令或按快捷组合键Ctrl＋O，在“打开”对话框中选择“背景”素材，单击“打开”按钮，打开“背景”素材，如图3-3-7所示。

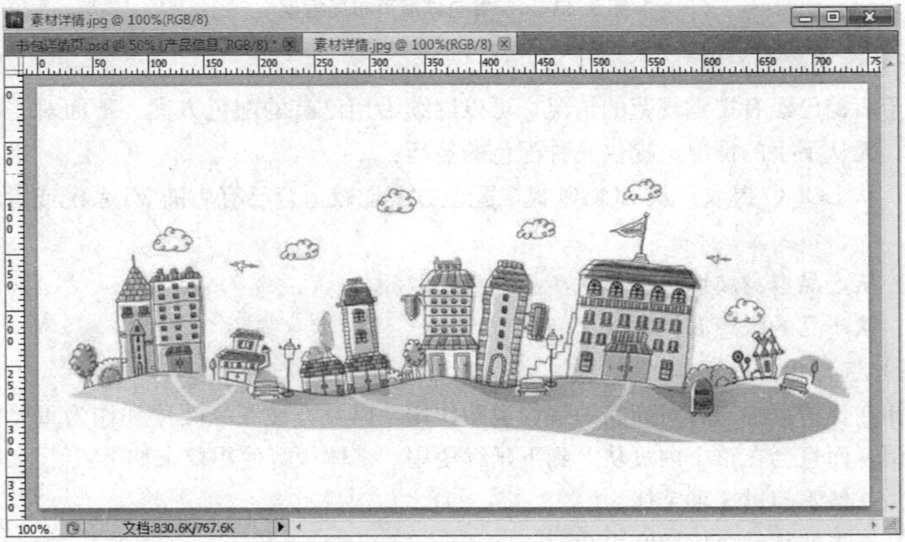

图3-3-7　打开“背景”素材

（2）选择工具箱的“移动”工具，直接把“背景”素材拖到书包详情页主页中，合理调整大小、位置，效果如图 3-3-8 所示。

图 3-3-8　将“背景”素材拖到书包详情页主页面

（3）选择“文件”｜“打开”命令或按快捷组合键 Ctrl＋O，在“打开”对话框中选择“书包 1～3”素材，单击“打开”按钮，打开 3 个“书包”素材；选择工具箱“魔术棒”工具，设置容差为“32”，图层解锁，单击画面白色区域，按 Delete 键，删除画面白色区域；选择“选择”｜“反向”命令，选择工具箱“移动”工具，将已经抠图的书包拖到主页中，合理调整大小和位置，三个书包依次重复操作，效果如图 3-3-9 所示。

图 3-3-9　抠图后移动到合适位置

（4）选择工具箱“文字”工具，设置字体为儿童类相关字体，字体大小为标题 77

点、副标题为 35～28 点，字体颜色为 RGB（255：51：153）/ RGB（0：204：255），输入文字信息“萌宠来袭　2016‘萌包’来袭”，调整位置，效果如图 3-3-10 所示。

图 3-3-10　输入海报文字信息内容

（5）选择工具箱的“移动”工具调整背景、书包、字体的位置关系；选择“背景”素材图层降低透明度至 50%；选择“圆角矩形”工具设置圆角灰色背景，完成产品海报部分的制作，效果如图 3-3-11 所示。

图 3-3-11　详情页海报的效果

二、制作卖点优势部分

制作卖点优势部分的具体操作流程如下：

(1) 新建图层，选择工具箱“矩形选框”工具，绘制矩形，在前景色填充颜色 RGB (102：102：102)，设置宽度为750像素、高度为100像素；用钢笔工具绘制弧形，转化成选区后删除弧形部分，效果如图 3－3－12 所示。

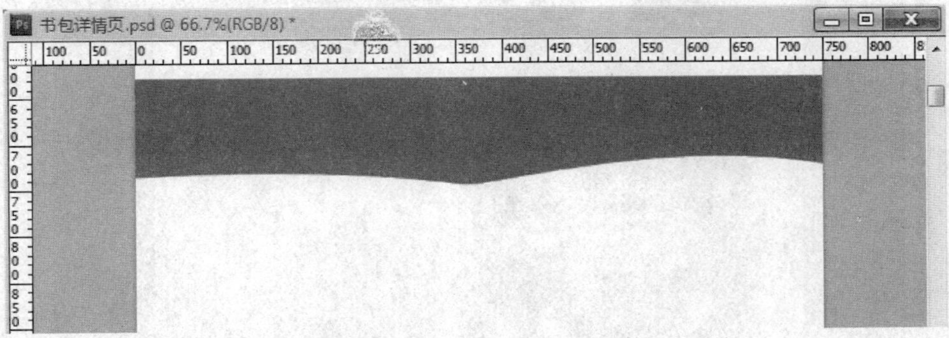

图 3－3－12　新建“背景”素材

(2) 选择工具箱的“文字”工具，设置字体为汉仪中圆简体，字体大小为 55 点，字体颜色为 RGB (0：204：255)，输入文字信息“一款适合 1～3 岁宝宝的背包”，调整位置，效果如图 3－3－13 所示。

图 3－3－13　输入文字信息

(3) 选择“文件” | “打开”命令或按快捷组合键 Ctrl＋O，在“打开”对话框中选择“产品卖点素材”素材，单击“打开”按钮，选择工具箱的“魔术棒”工具，设置容差为“32”，图层解锁，单击画面白色区域，按 Delete 键，删除画面白色区域；选择“选择” | “反向”命令，选择工具箱“移动”工具，将已经抠图的“书包”素材拖到主页中，合理调整大小和位置，效果如图 3－3－14 所示。

(4) 选择“文件” | “打开”命令或按快捷组合键 Ctrl＋O，在“打开”对话框中选择“PSD 素材”素材，单击“打开”按钮，选择工具箱“移动”工具，将素材中的对比图拖到主页中，合理调整大小和位置，效果如图 3－3－15 所示。

图 3-3-14　将“书包”素材抠图后拖到书包详情页主页面

图 3-3-15　增加对比图片素材

（5）选择工具箱“文字”工具，设置字体为微软雅黑，字体大小为 32 点，字体颜色为 RGB（255：255：255），输入文字信息“可放下 500ml 矿泉水 A4 书本放不下哦!”，调整位置；选择工具箱的“形状”工具，使用圆角矩形工具，设置半径为 30 像素，设置前景色 RGB（255：102：153），设置宽度为 680 像素、高度为 50 像素，调整位置，效果如图 3－3－16 所示。

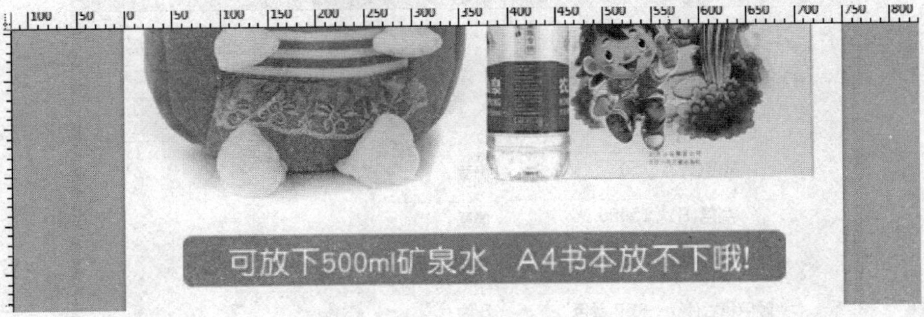

图 3－3－16　制作标题栏

（6）选择工具箱的“移动”工具调整背景、书包、字体的位置关系，完成卖点优势部分的制作，效果如图 3－3－17 所示。

图 3－3－17　卖点优势的效果

三、制作产品信息部分

制作产品信息部分的具体操作流程如下：

（1）选择“文件”｜“新建”命令或按快捷组合键 Ctrl＋N，打开“新建”对话框，设置名称为“书包详情页”，设置宽度为 750 像素、高度为 15 000 像素，分辨率为 72 像素/英寸，颜色模式为 RGB 颜色 8 位，背景内容为白色，单击“确定”按钮，创建文件完成，如图 3－3－18 所示。

（2）选择工具箱的“形状”工具，使用圆角矩形工具，设置半径为 50 像素，设置前景色 RGB（255：51：153），设置宽度为 550 像素、高度为 45 像素，调整位置，效果如图 3－3－19 所示。

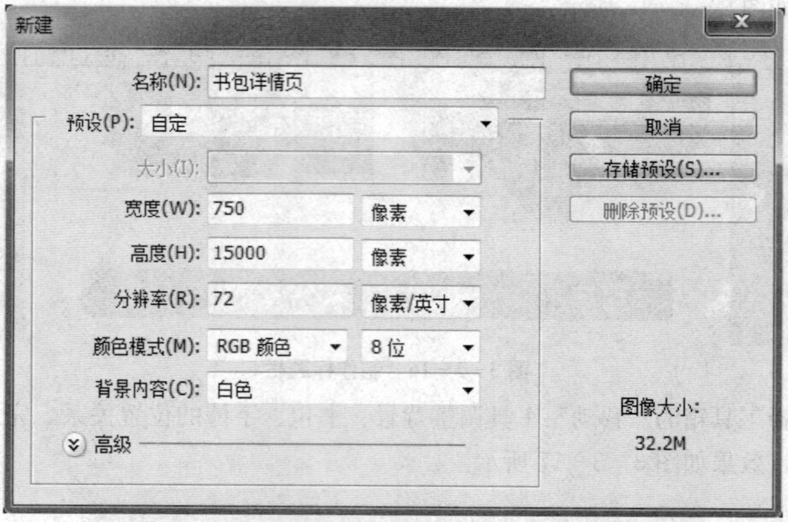

图 3-3-18　新建“书包详情页”文件

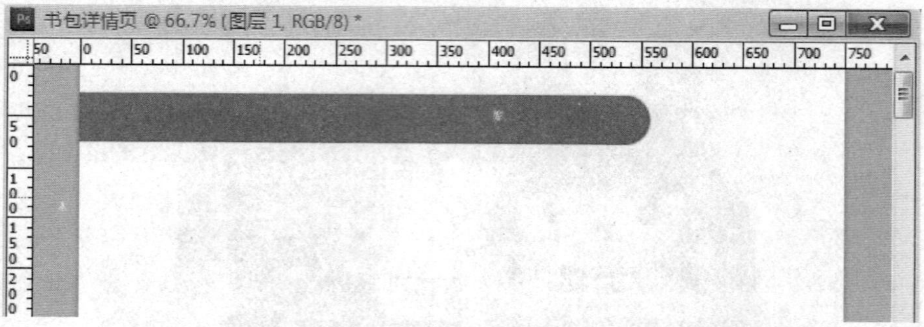

图 3-3-19　产品信息部分新建圆角矩形并填充颜色

(3) 选择工具箱的“矩形选框”工具，绘制矩形，设置填充颜色为 RGB (150∶153∶153)，设置宽度为 200 像素、高度为 45 像素，调整位置，效果如图 3-3-20 所示。

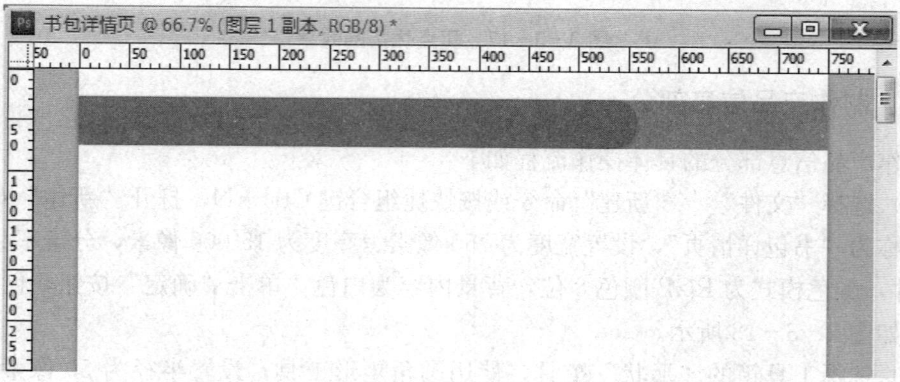

图 3-3-20　新建矩形并填充颜色，调整位置

（4）选择工具箱的“文字”工具，设置字体为汉仪中圆简体，字体大小中文为25点/英文17点，字体颜色为RGB（255∶255∶255），输入文字信息“产品信息 Product information”，调整位置，效果如图3-3-21所示。

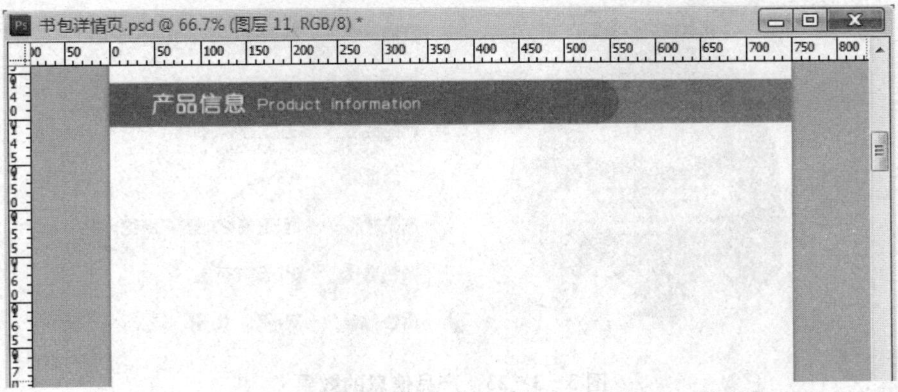

图3-3-21　输入文字信息内容

（5）新建图层，设置字体为微软雅黑，字体大小为16点，颜色为RGB（102∶102∶102），输入品牌名称、产品尺寸、适合年龄、产品结构、产品重量、产品材质、颜色选择、适合对象等信息，设置行距为42点，调整位置，效果如图3-3-22所示。

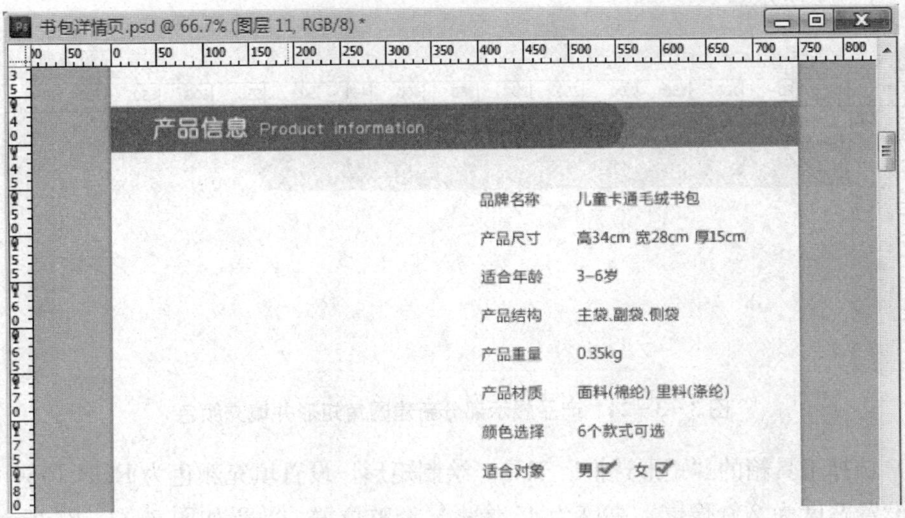

图3-3-22　输入产品信息的文字内容

（6）选择“文件”｜“打开”命令或者按快捷组合键Ctrl+O，打开“书包”素材，双击图片图层解锁。拖动素材图片至主文件中，选择“编辑”｜“自由变换”命令或者按快捷组合键Ctrl+T，按住Shift键等比例合理调整大小和位置，效果如图3-3-23所示。

图 3-3-23 产品信息的效果

四、制作产品展示部分

制作产品展示部分的具体操作流程如下：

(1) 选择工具箱的“形状”工具，使用圆角矩形工具，设置半径为 50 像素，设置前景色 RGB（255：51：153），设置宽度为 550 像素、高度为 45 像素，调整位置，效果如图 3-3-24 所示。

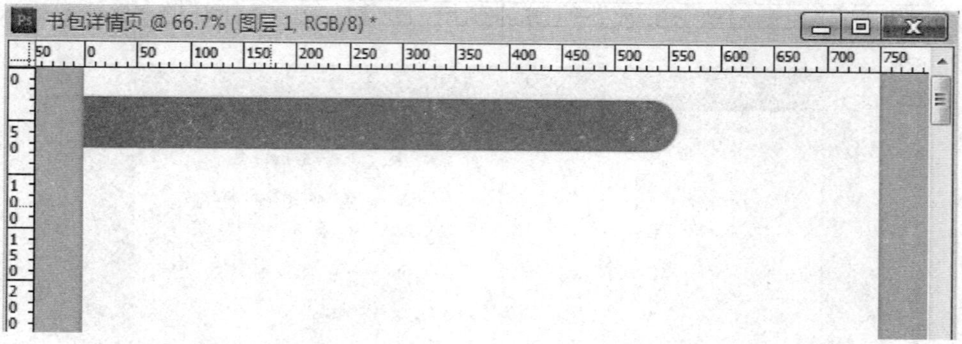

图 3-3-24 产品展示部分新建圆角矩形并填充颜色

(2) 选择工具箱的“矩形选框”工具，绘制矩形，设置填充颜色为 RGB（150：153：153），设置宽度为 200 像素、高度为 45 像素，调整位置，效果如图 3-3-25 所示。

(3) 选择工具箱的“文字”工具，设置字体为汉仪中圆简体，字体大小中文为 25 点/英文 17 点，字体颜色为 RGB（255：255：255），输入文字信息“产品展示 Product Show”，调整位置，效果如图 3-3-26 所示。

(4) 选择“文件” | “打开”命令或者按快捷组合键 Ctrl+O，打开素材，如图 3-3-27 所示，书包素材已经经过图片美化抠图处理，素材为 PSD 文件。

(5) 把小猴素材图拖动至详情页主文件中，选择“编辑” | “自由变换”命令或者按

快捷组合键 Ctrl＋T，按住 Shift 键等比例调整合适大小和位置，效果如图 3－3－28 所示。

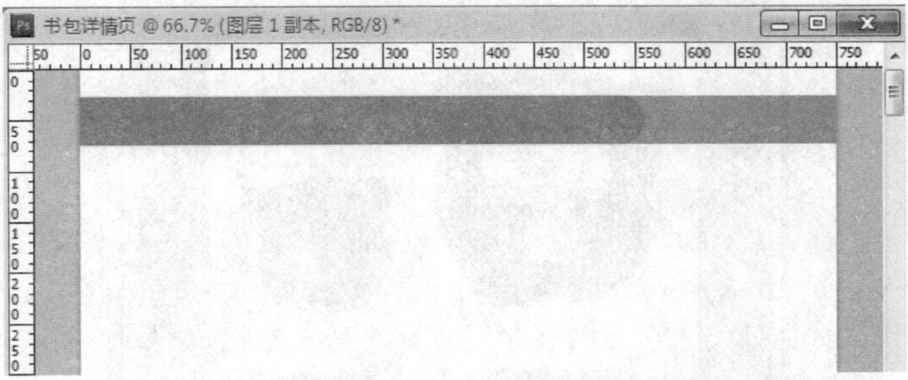

图 3－3－25　新建矩形并填充颜色，调整位置

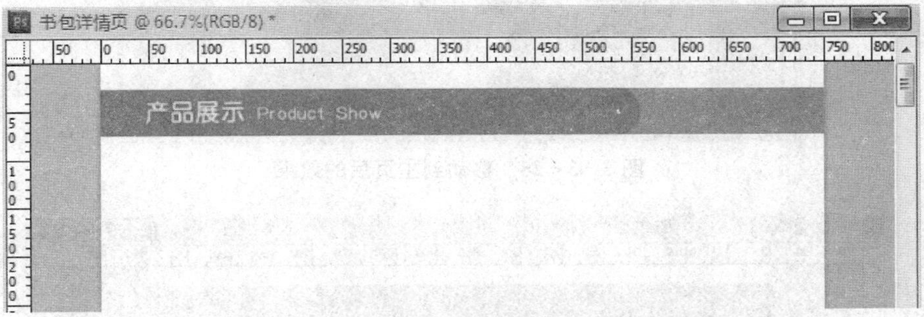

图 3－3－26　输入产品展示部分的文字信息

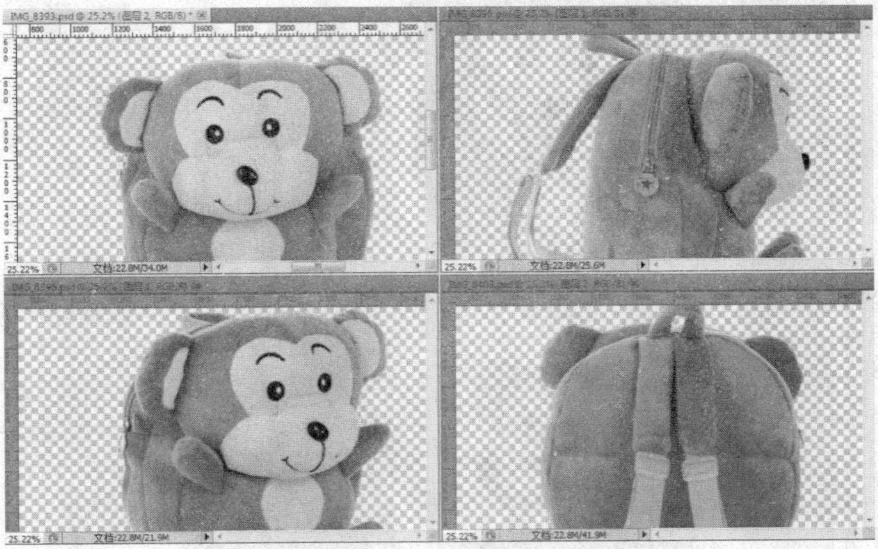

图 3－3－27　打开素材图片

（6）选择工具箱的“文字工具”，设置字体为微软雅黑，字体大小为 24 点，颜色为 RGB（102：102：102），分别输入文字“书包正面”“书包侧面”“书包背面”，调整位置，效果如图 3－3－29 所示。

图 3-3-28　移动到主页后的效果

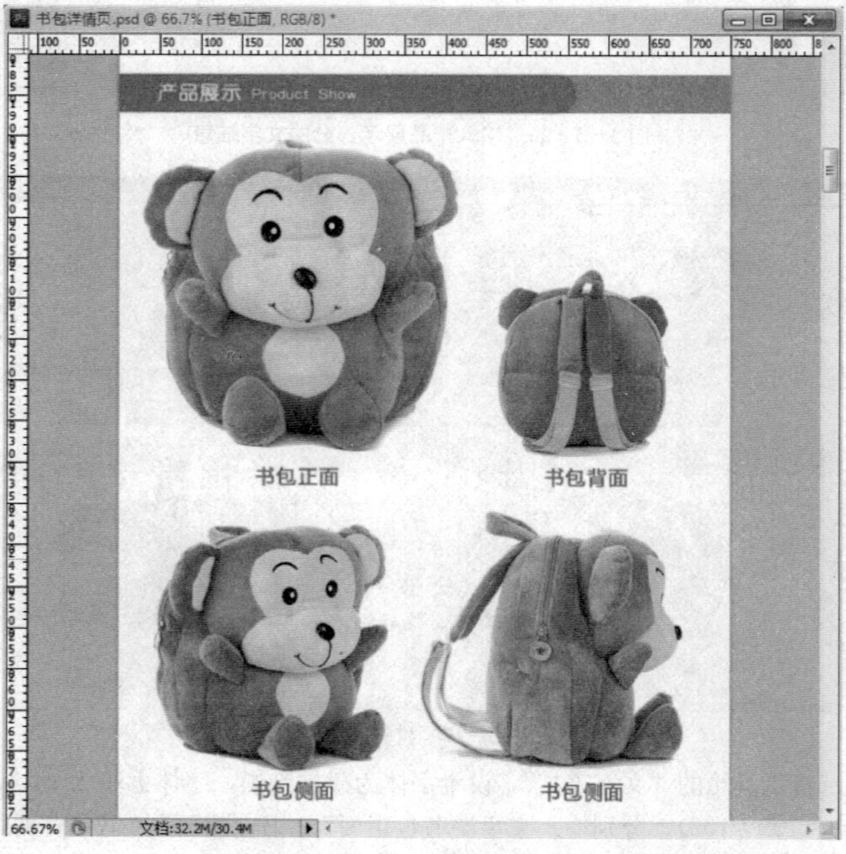

图 3-3-29　标注文字信息

(7) 选择工具箱的“椭圆选框”工具，新建图层，按 Shift 键绘制两个正圆形，设置填充颜色为 RGB (102：102：102)，位置如图 3-3-29 所示。选择工具箱的“文字”工具，设置字体为胖头鱼体，字体大小为 55 点，颜色为 RGB (255：255：255)，分别输入文字“猴”“子”，调整合适位置，效果如图 3-3-30 所示。

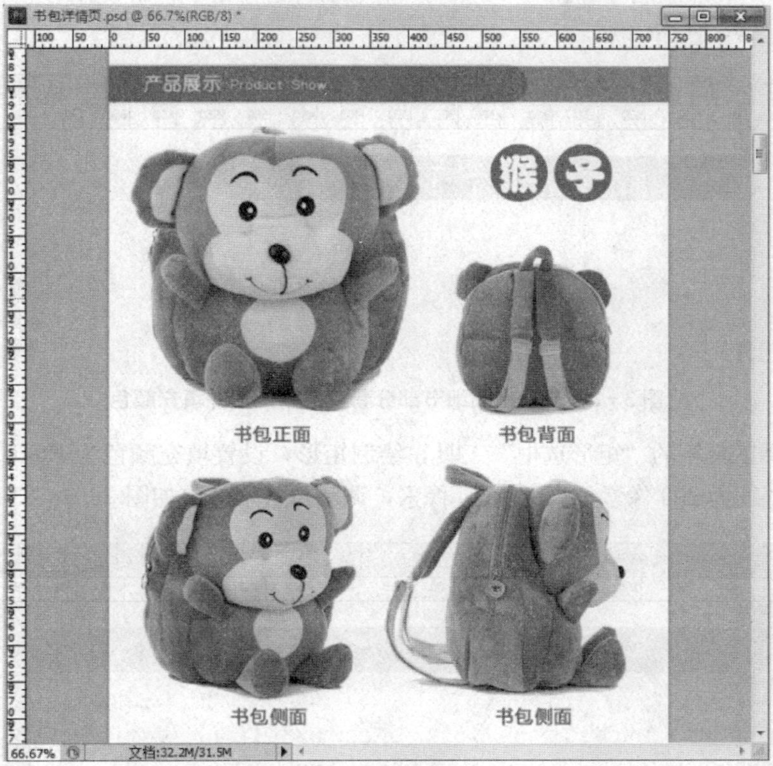

图 3-3-30 输入文字“猴”“子”

(8) 按照 (4) ～ (7) 的流程，完成大象书包、Kitty 猫书包的制作。在产品与产品之间选择工具箱“文字”工具，设置字体为微软雅黑，字体大小为 11 点，颜色为 RGB (102：102：102)，输入减号“—”，调整到合适位置，效果如图 3-3-31 所示。

图 3-3-31 产品展示部分的效果图

五、制作产品细节部分

制作产品细节部分的具体操作流程如下：

（1）选择工具箱“形状”工具，使用圆角矩形工具，设置半径为50像素，设置前景色为RGB（255：51：153），设置宽度为550像素、高度为45像素，调整位置，效果如图3-3-32所示。

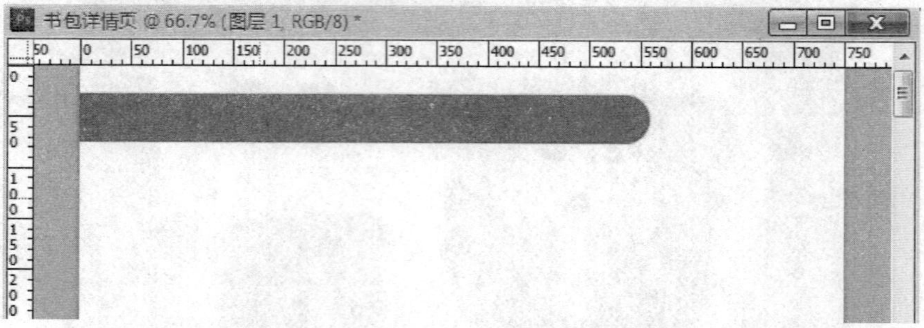

图3-3-32　产品细节部分新建圆角矩形并填充颜色

（2）选择工具箱的“矩形选框”工具，绘制矩形，设置填充颜色为RGB（150：153：153），设置宽度为200像素、高度为45像素，调整位置，效果如图3-3-33所示。

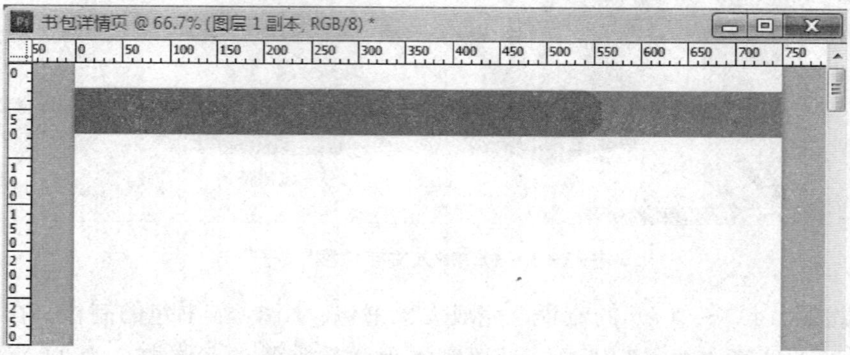

图3-3-33　产品细节部分新建矩形并填充颜色，调整位置

（3）选择工具箱的“文字”工具，设置字体为汉仪中圆简体，字体大小中文为25点/英文17点，字体颜色为RGB（255：255：255），输入文字信息“细节展示 Product Show”，调整位置，效果如图3-3-34所示。

图3-3-34　输入产品细节部分的文字信息

（4）选择“文件”｜“打开”命令或者按快捷组合键 Ctrl＋O，打开素材，如图 3－3－35 所示，素材已经经过图片美化抠图处理。

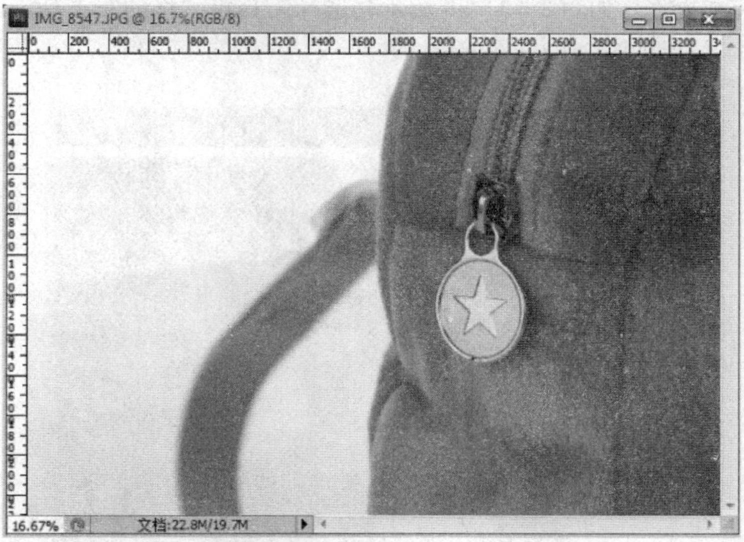

图 3－3－35　图片美化过的素材

（5）把素材图拖动至详情页主文件中，选择“编辑”｜“自由变换”命令或者按快捷组合键 Ctrl＋T，按住 Shift 键等比例调整到合适大小和位置，效果如图 3－3－36 所示。

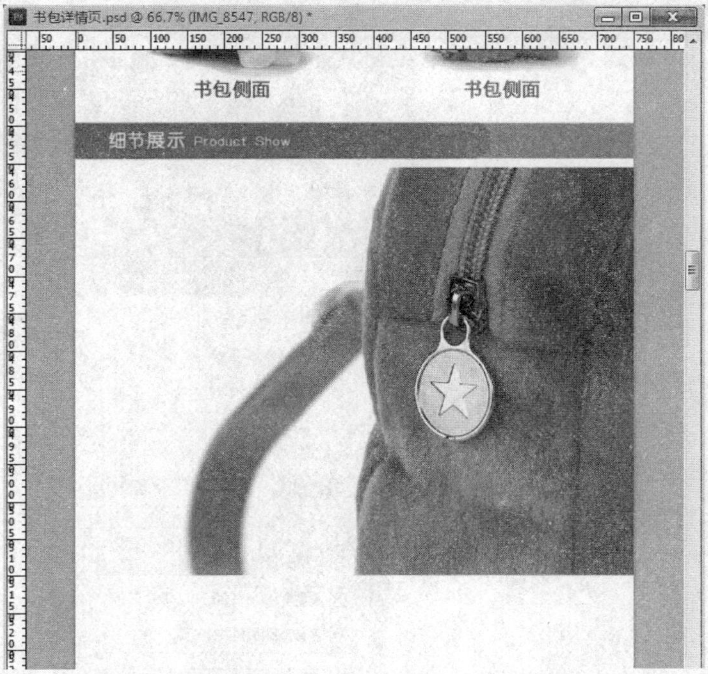

图 3－3－36　自由变换调整大小、位置

（6）新建图层，选择工具箱“矩形选框”工具，绘制矩形，如图3－3－37所示；选择“编辑”｜“描边”命令，设置参数宽度为2PX、颜色为白色、位置为局外，单击“确定”按钮完成操作，如图3－3－38所示；选择工具箱“移动”工具，调整白色描边至合适的位置，效果如图3－3－39所示。

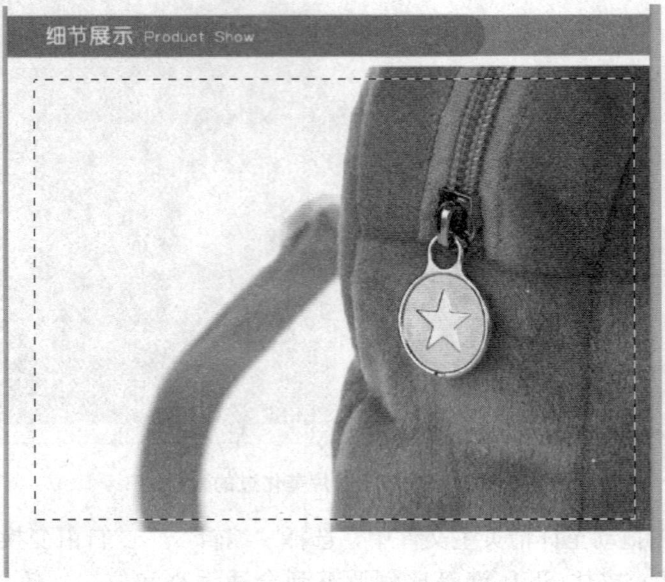

图3－3－37　矩形选框工具

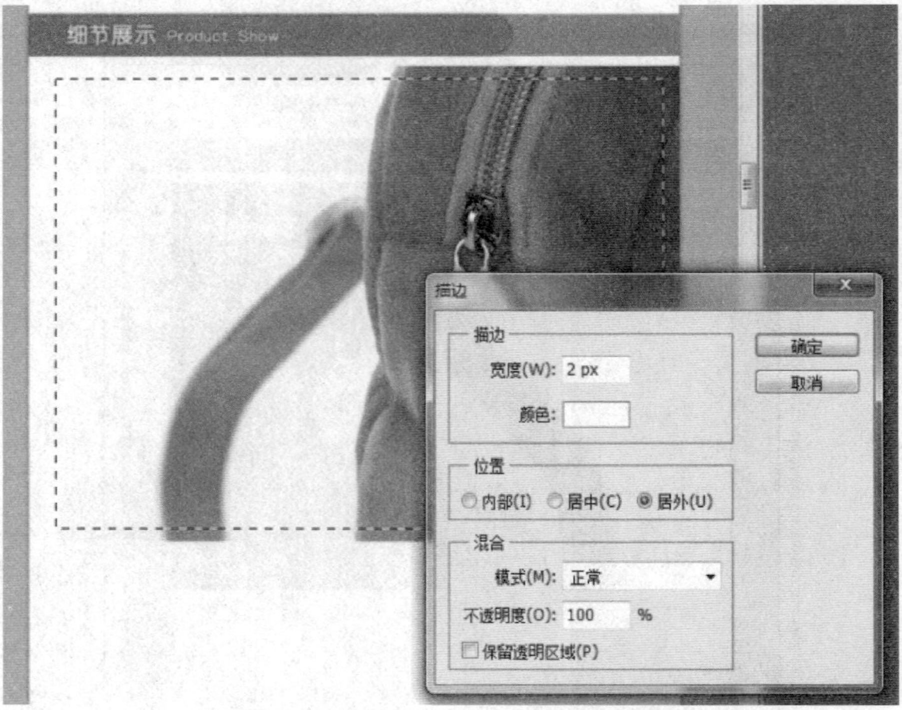

图3－3－38　描边

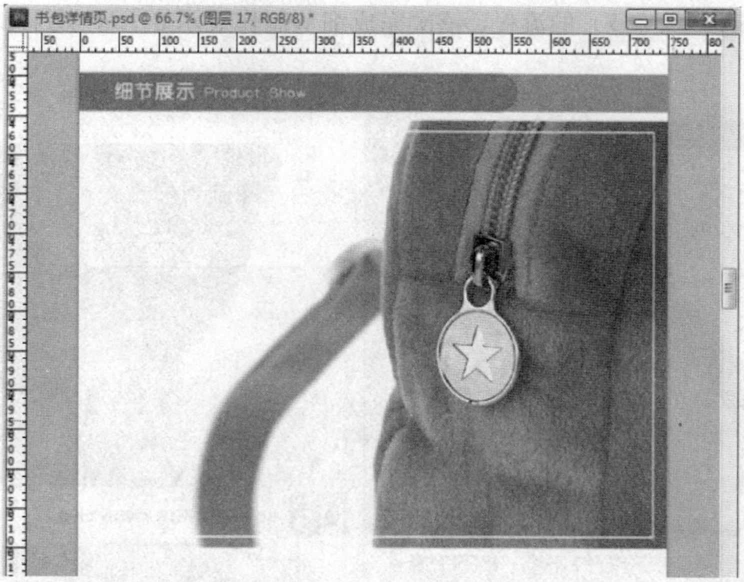

图 3-3-39 描边完成后的效果

（7）选择工具箱的“圆角矩形选框”工具，按 Shift 键绘制正方圆角矩形，设置填充颜色为 RGB（255：51：153），设置宽度为 65 像素、高度为 65 像素；选择工具箱的“文字”工具，设置字体为微软雅黑，字体大小中文为 69 点，字体颜色为 RGB（255：255：255），输入文字信息“01”，调整位置；选择工具箱的“文字”工具，设置字体为微软雅黑，字体大小中文为 20 点，字体颜色为 RGB（0：0：0），输入文字信息“采用优质拉链头，不卡带，寿命长。立体可爱造型，呵护宝贝娇嫩的小手。”调整位置，效果如图 3-3-40 所示。

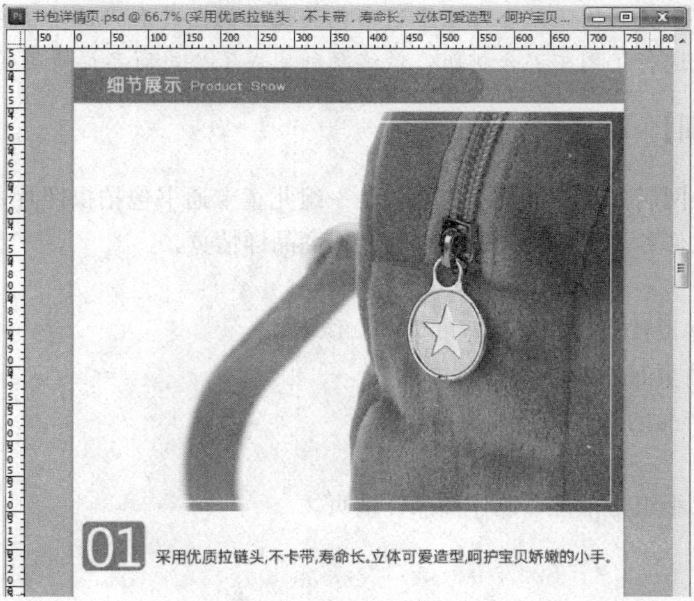

图 3-3-40 输入细节展示文字信息

（8）按照（4）～（7）的流程，依次完成细节制作展示 2～4，效果如图 3-3-41 所示。

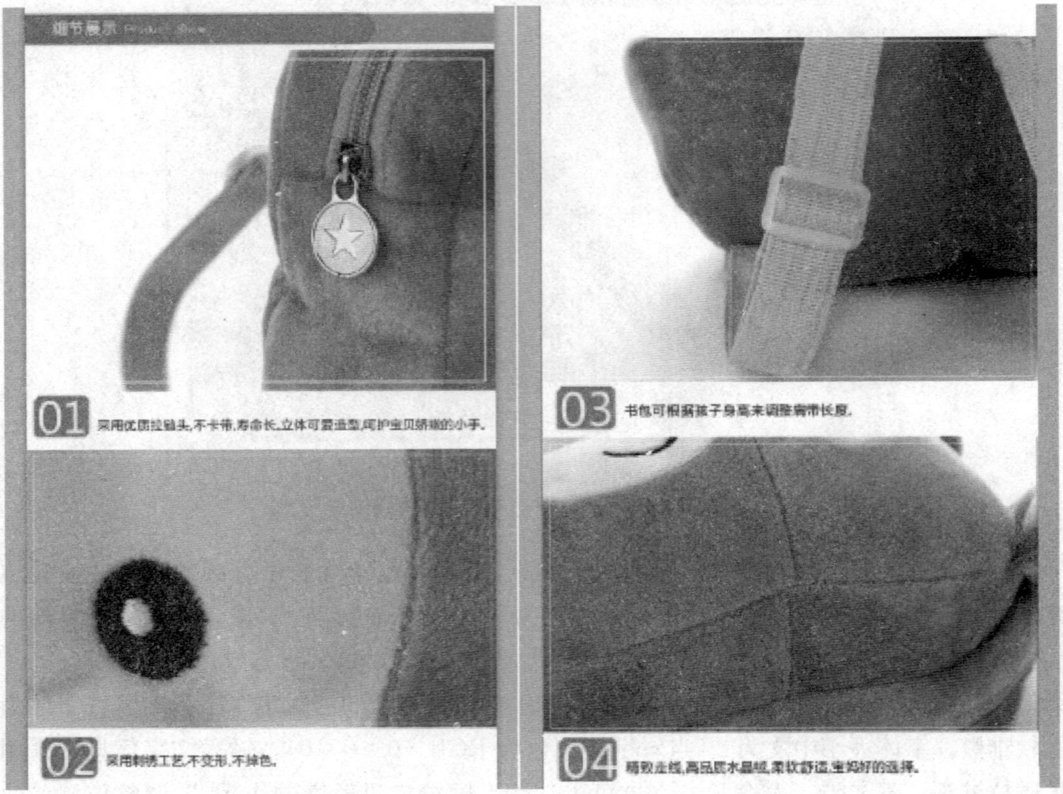

图 3-3-41　细节展示制作完成效果

活动评价： 小艾的团队结合儿童卡通书包美化后的图片和产品卖点内容，根据详情页的布局框架，进行了图文混合排版，最终顺利完成了公司商品详情页的制作。

【合作实训】

实训任务： 网店商品详情页制作素材是一组儿童卡通书包拍摄照片，在任务二中已经完成图片美化任务，现在利用这些素材制作商品详情页。

实训要求：

1. 符合基本设置规范，产品宽度为 750 像素。
2. 符合详情页布局要求。
3. 展示出产品的基本特征和独特卖点。

实训实施：

实训任务以小组为单位，制作商品详情页。

任务四　网店店铺首页装修

【情境导入】

小艾的团队顺利完成了商品信息采编的工作任务，但是在网购盛行的今天，网商之间的竞争越来越激烈，想要赢得一席之地必须不断完善店铺页面，装修一个页面精美、功能完善的店铺首页是非常重要的，因此公司决定让小艾的团队完成店铺首页装修的任务。

网店店铺首页装修不同于商品信息采编，店铺装修是一个综合性工作任务，涉及美工设计、装修后台等内容，为了更好地完成工作任务，小艾制定了以下活动。

活动一　明确网店店铺装修目的

人们在生活中经常会被一些装修漂亮精致、风格独特的店铺吸引入店参观进而购买商品，同样的道理，网店也需要精致装修，其最简单直接的目的就是吸引消费者浏览店铺并购买商品。

网店页面装修得漂亮别致首先能打动买家的心，让买家感觉到卖家对店铺的用心，从而增加对店铺商品的信任感。卖家把所有的关于店铺的基本信息都展示在店铺首页让买家能第一时间很清晰地了解店铺的所有信息，同时也能加深买家对店铺的印象，促使买家购买店铺内的商品，促进商品的成交量。店铺的漂亮装修能很好地提升店铺的形象，增加消费者对店铺的关注度，提高店铺点击率。如图 3－4－1 所示。

图 3－4－1　网店店铺首页

如果网店装修得漂亮精致，那么必定会吸引买家，让买家在浏览店铺时感觉很轻松，自然就会很认真仔细地浏览卖家的店铺，也就会关注店铺里的商品。只要店铺里的商品质量好，是买家需要的，买家也就一定会购买商品。

一旦买家喜欢并且记住了卖家的网店装修，也就意味着他们记住了卖家的店铺，如果买家同时也收藏了该店铺，店铺在买家心目中的形象肯定非常好，自然会多次光顾。

活动评价：店铺首页是店铺形象的展示窗口，决定了店铺的风格，好的网店装修像专卖店，容易赢得买家的信任。

活动二　了解网店店铺首页构成

网店首页的一般结构由店铺招牌、店铺导航、轮播海报、产品推荐、产品分类、左侧栏、产品展示、店铺尾部组成，如图 3－4－2 所示。

店铺首页真实案例如图 3－4－3 所示。

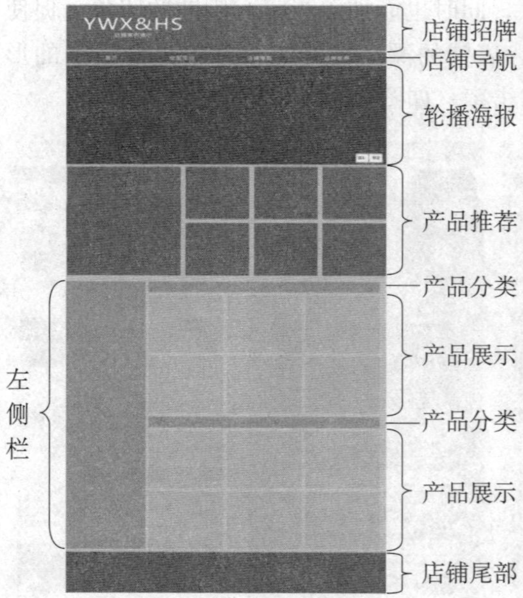

图 3－4－2　店铺首页模块布局

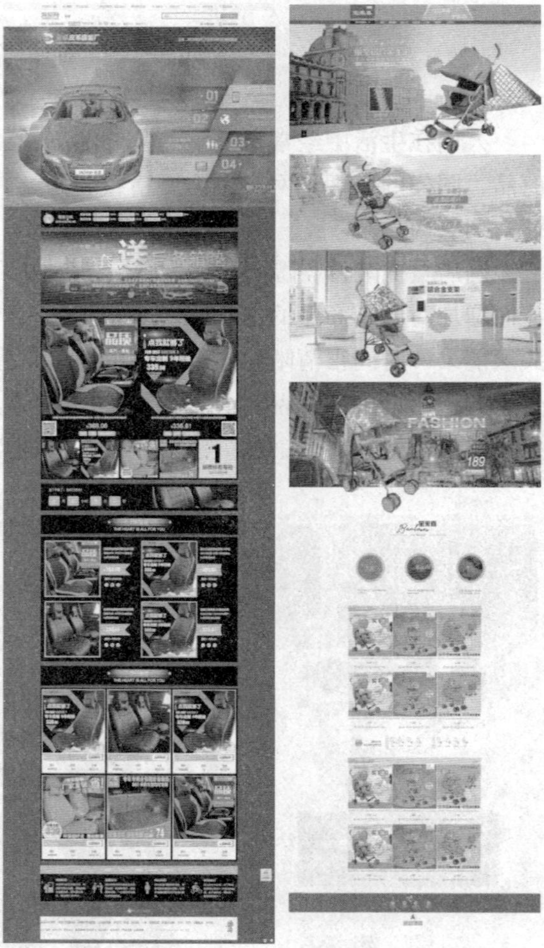

图 3－4－3　店铺首页案例

活动评价： 店铺的模块布局并非是将所有装修模块直接排放到店铺中，而是根据自己店铺的风格、促销活动，以及客户的浏览模式、需求和行为习惯合理地组合与布局。

活动三　掌握网店店铺装修流程

如何装修店铺首页并上线安装？下面根据小艾团队的任务进行讲解。

一、网店首页页面设计

对待淘宝店铺的装修，很多卖家可能会把重点放在如何优化详情页上，而认为店铺首页只要将产品一类一类地简单堆积就可以了，殊不知这样的首页只会让买家一扫而过。

一个没有精心设计的首页是留不住买家目光的，如果想要设计出吸引买家的首页，需要遵守以下几点：

（一）简约不简单的店招

店招，顾名思义就是店铺的招牌。店招信息不宜过多，要以品牌为主，然后结合店铺的经营类目、品牌调性、总体套色等几个方面进行设计。

（二）清晰明了的导航栏

首页的用途之一是把流量合理地分配给主推的页面或商品页面，引导买家找到合适的产品，并促使最终产生订单成交。导航栏在首页中起分类引导的作用。

（三）呼之欲出的轮播海报

轮播海报数量一般以 3 张为佳，既可以丰富页面内容，又在买家阅读新鲜感和视觉耐性的时间内。毕竟过多的滚屏会分散吸引力，起到适得其反的作用。

（四）热点活动、产品推荐

热点活动、产品推荐一般为店铺活动，或者是主推产品，这是个值得好好利用的位置，可以让卖家的活动内容丰富多彩，让买家找到自己关注的“热点”。

（五）规规矩矩的产品陈列

网店商品陈列同线下一样都非常重要，买家对视觉的要求越来越高，陈列显得尤为重要，要遵守显而易见、重点突出、整齐统一、色彩对比、关联有序的原则。

（六）容易被忽视的店尾

店尾往往是容易被卖家忽视的模块，店尾的主要作用是形成首页访问闭环、加强用户印象、提升首页分流导向。

小艾的团队按以上原则完成的儿童书包店铺首页设计稿如图 3－4－4 所示。

图 3-4-4　儿童书包店铺首页设计稿

二、网店页面上线安装

按以上原则完成店铺首页页面设计后，下面介绍将首页上线安装的具体操作。

（1）在淘宝网卖家中心，通过“店铺管理/店铺装修”进入卖家装修后台，如图 3-4-5 所示。

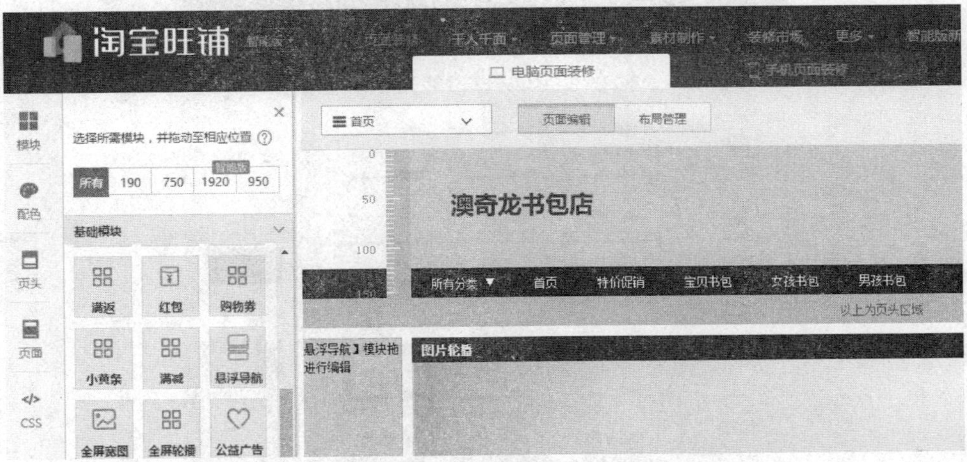

图 3-4-5　淘宝网店铺装修后台

（2）选择“店铺装修”|“模板管理”选项，专业版店铺新模板支持以下功能：页头背景、页面背景设置，页尾自定义装修，通栏布局，装修更大气，免费预置 3 套官方系统模板，装修分析、装修效果数据可实时查看，模块管理，可订购添加第三方模块，一般使用第一款官方系统模板，如图 3-4-6 所示。

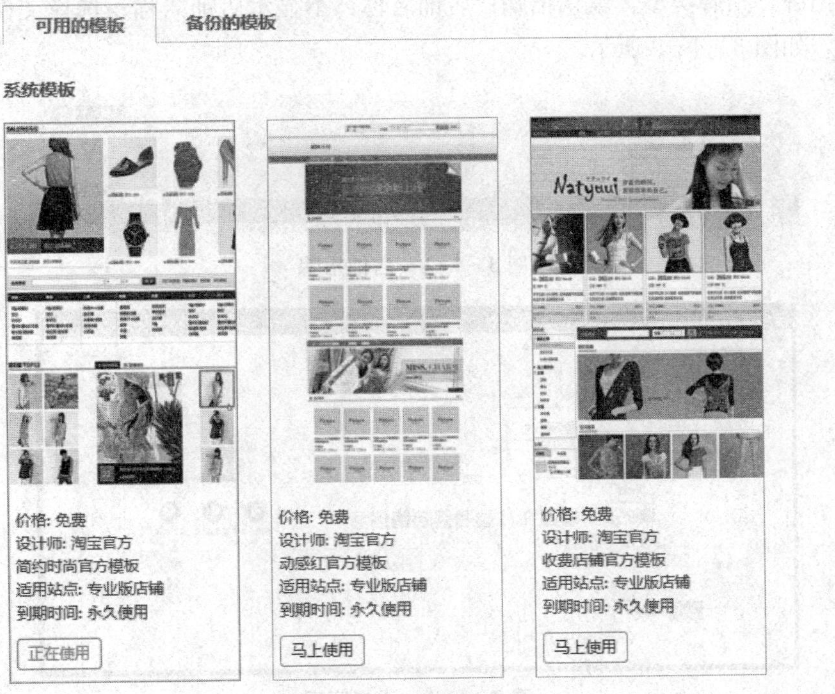

图 3-4-6　内置系统模板

（3）选择“店铺装修”｜“页面装修”｜“配色”选项，如果选择的是第一款系统模板，此处会有 24 款配色供选择，为当前模板可以选择的整体配色方案，修改将应用所有页面，如图 3－4－7 所示。

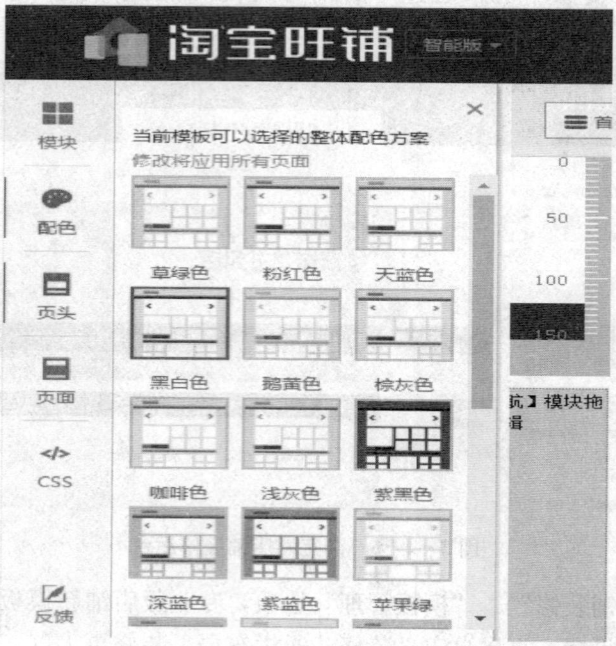

图 3－4－7　选择店铺配色方案

（4）鼠标移动到“店招模块”上，单击右上角的“编辑”按钮，如图 3－4－8 所示。设置店铺招牌。招牌类型：默认招牌；店铺名称：不显示店铺名称；选择文件：到空间选择文件，如图 3－4－9 所示。

图 3－4－8　店铺招牌

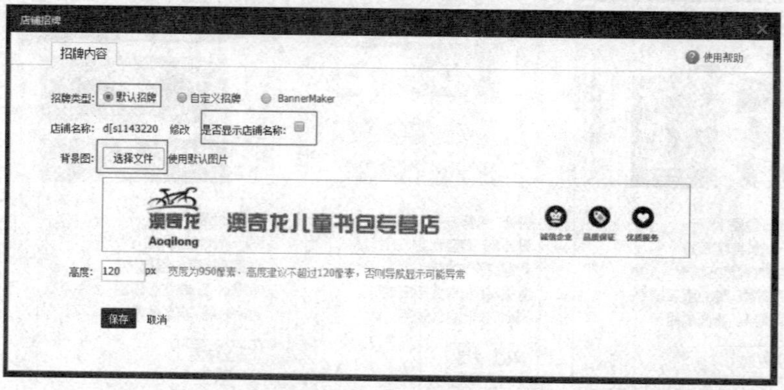

图 3－4－9　设置店招

(5) 选择"店铺装修"|"页面装修"|"页头"选项，更换图片，设置不平铺，居中对齐，完成通栏店铺背景的设置，如图 3－4－10 所示。

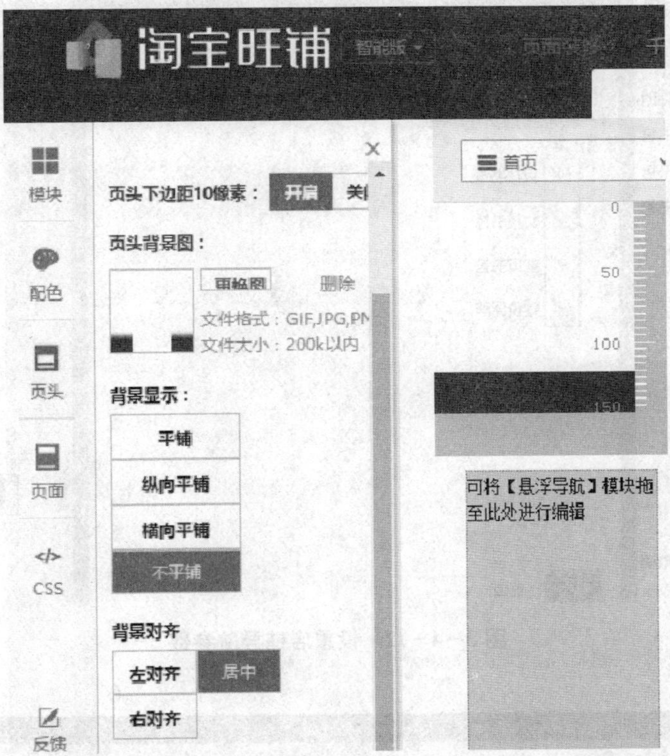

图 3－4－10　设置通栏店铺背景

(6) 在淘宝网卖家中心，通过"店铺管理/店铺装修"进入卖家装修后台，鼠标移动在"导航模块"上，单击右上角的"编辑"按钮，如图 3－4－11 所示。

图 3－4－11　店铺导航

单击右下角的"添加"按钮，单击"宝贝分类"按钮，在"管理分类"下需要显示的导航页面名称前"打对钩"，最后单击"确定"按钮，如图 3－4－12 所示。完成效果如图 3－4－13 所示。

(7) 在淘宝网卖家中心，通过"店铺管理/店铺装修"进入卖家装修后台，将左侧"模块"|"基础模块"里的"图片轮播"拖到导航栏下方，如图 3－4－14 所示。

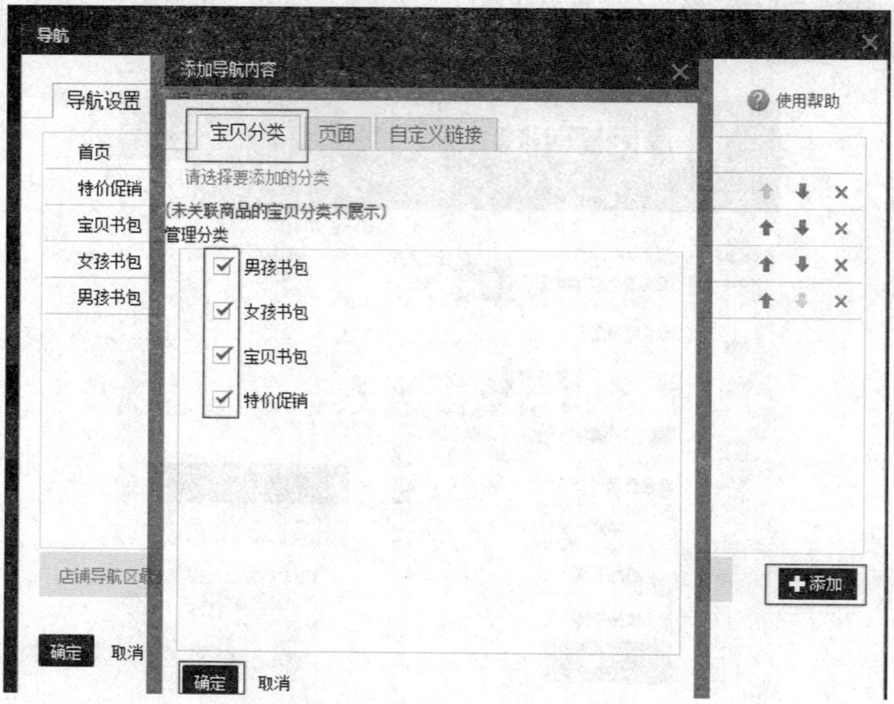

图 3-4-12　设置店铺导航参数

图 3-4-13　店铺导航设置完成效果

图 3-4-14　图片轮播

在淘宝网卖家中心，通过“店铺管理/店铺装修”进入卖家装修后台，鼠标移动在“图片轮播”模块上，单击右上角的“编辑”按钮，如图 3－4－15 所示，一共可以添加 5 张图片，一般建议添加 3 张以下。

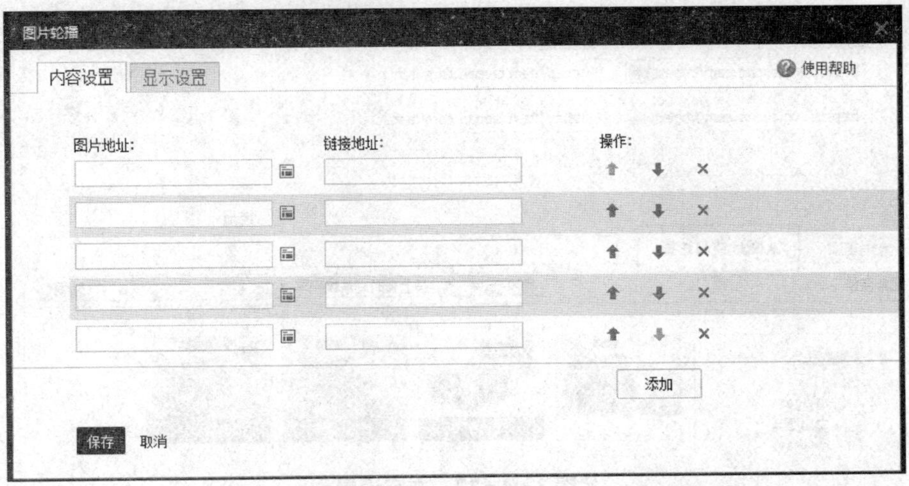

图 3－4－15　设置图片轮播

在“内容设置”中单击“添加”按钮，进入“上传新图片”，然后“添加图片”至图片空间，如图 3－4－16 所示。

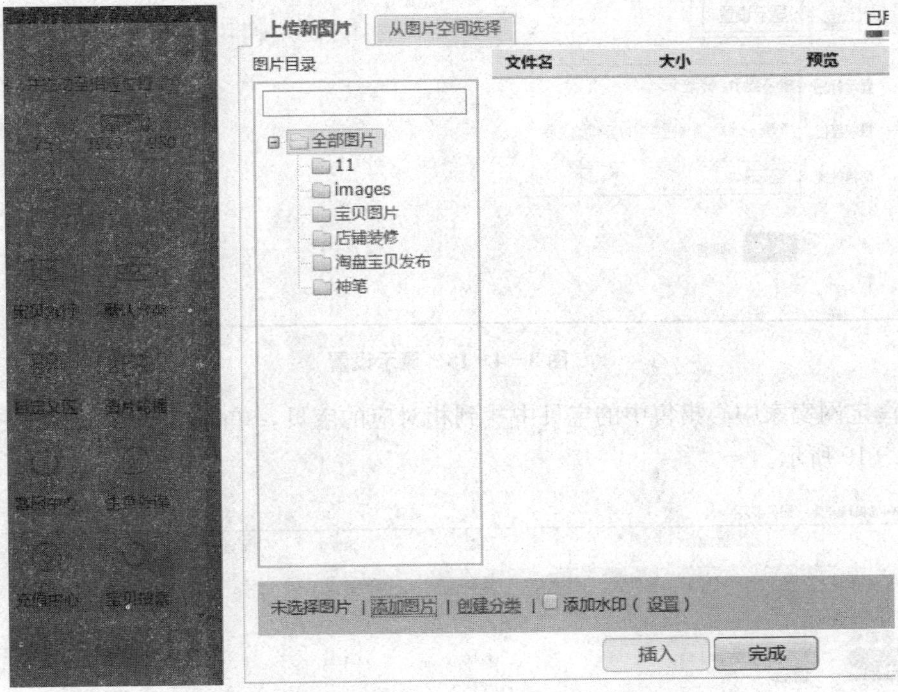

图 3－4－16　上传新图片

单击“从图片空间选择”按钮，找到对应的海报并单击，加完“图片地址”后加入“链接地址”，如图 3－4－17 所示。

图 3-4-17　内容设置

在“显示设置”中设置对应的参数，最后单击“保存”按钮，如图 3-4-18 所示。

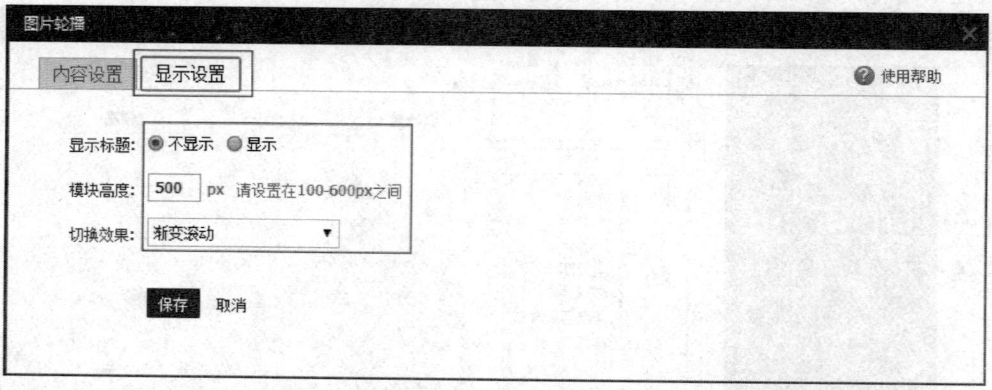

图 3-4-18　显示设置

在淘宝网卖家中心出售中的宝贝中找到相对应的宝贝，单击“复制链接”按钮，如图 3-4-19 所示。

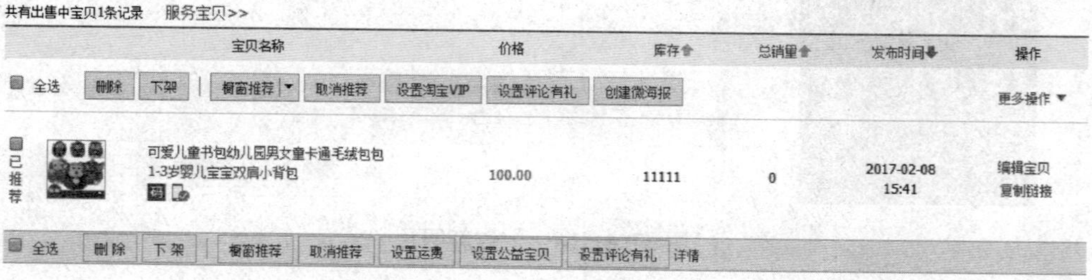

图 3-4-19　获取商品链接

单击“确定”按钮，“图片轮播”设置完成，效果如图 3－4－20 所示。

图 3－4－20 “图片轮播”设置完成效果

(8) 在淘宝网卖家中心，通过“店铺管理/店铺装修”进入卖家装修后台，将左侧“模块”｜“设计师模块”里的“特价专区”模块拖到“图片轮播”模块下方，如图 3－4－21 所示。

图 3－4－21 特价专区

鼠标移动在“特价专区”模块上，单击右上角的“编辑”按钮，单击“选择宝贝”，在“宝贝选择”中确定要做特价的产品，如图 3－4－22 所示。

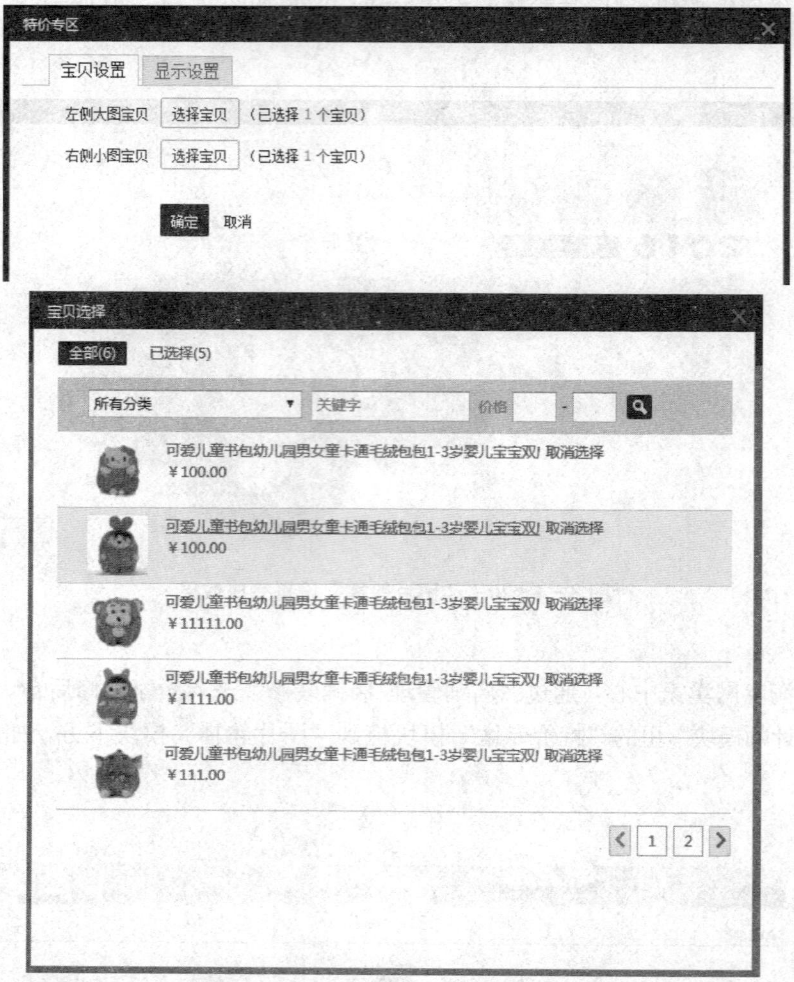

图 3－4－22　设置“特价专区”模块

选定特价产品后，单击“确定”按钮，“特价专区”模块设置完成，如图 3－4－23 所示效果。

图 3－4－23　“特价专区”模块设置完成效果

（9）在淘宝网卖家中心，通过“店铺管理/店铺装修”进入卖家装修后台，将左侧“模块”｜“基础模块”里的190像素宽的“客服中心”“本店搜索”“宝贝分类”“收藏店铺到手机”模块拖到店铺页面左侧栏，如图3－4－24所示。

图3－4－24　设置左侧栏

（10）在淘宝网卖家中心，通过“店铺管理/店铺装修”进入卖家装修后台，将左侧“模块”｜“基础模块”里的750像素宽的“宝贝推荐”模块拖到店铺页面左侧栏右边，如图3－4－25所示。

图3－4－25　“宝贝推荐”模块

鼠标移动在“宝贝推荐”模块上，单击右上角的“编辑”按钮，如图 3－4－26 所示。

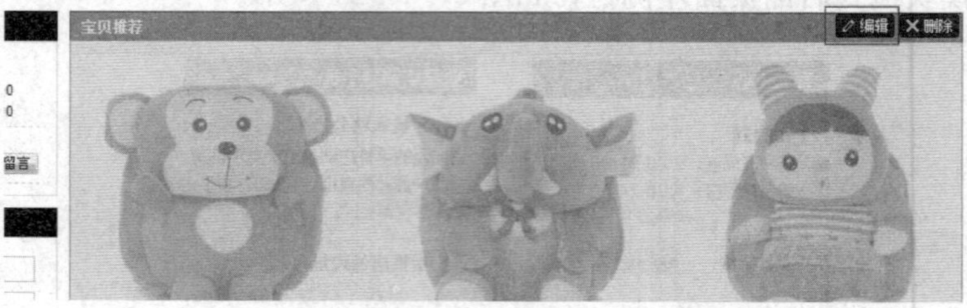

图 3－4－26　设置“宝贝推荐”模块

进入“宝贝推荐”设置，分别设置“宝贝设置”：推荐方式、自动推荐排序、宝贝分类、关键字、价格范围、宝贝数量等内容，如图 3－4－27 所示。

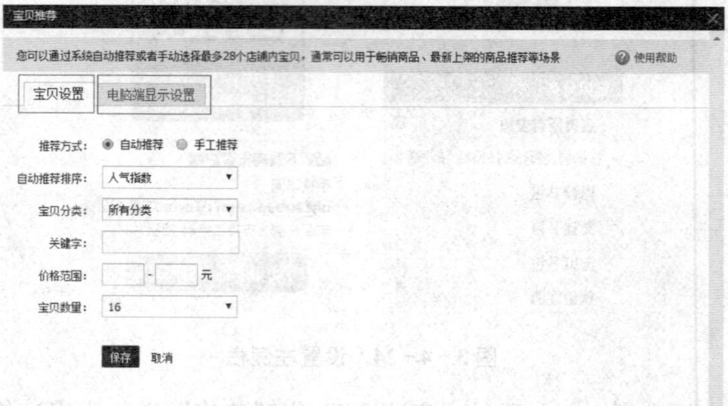

图 3－4－27　设置宝贝

在“电脑端显示设置”对话框中设置显示标题、展示方式、是否显示相关信息等，如图 3－4－28所示。

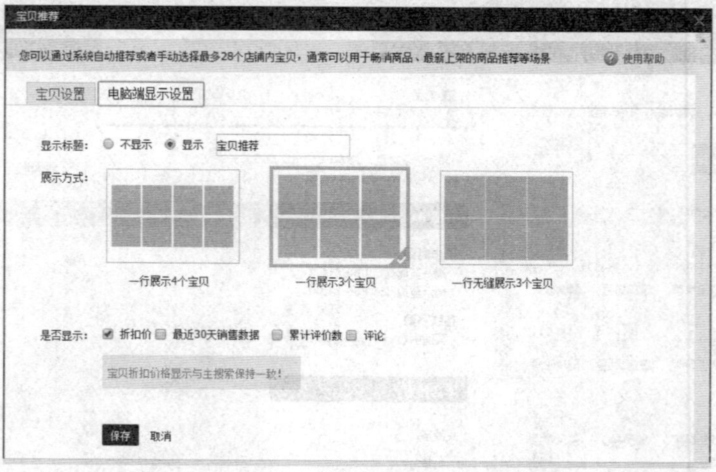

图 3－4－28　“电脑端显示设置”对话框

单击“确定”按钮，“宝贝推荐”模块设置完成，效果如图 3－4－29 所示。

图 3－4－29　“宝贝推荐”模块设置完成效果

（11）在淘宝网卖家中心，通过“店铺管理/店铺装修”进入卖家装修后台，将左侧“模块”｜“基础模块”里的 950 像素宽的“自定义区”模块拖到店铺页面底部，如图3－4－30 所示。

图 3－4－30　“自定义区”模块

单击淘宝网卖家中心的“店铺管理”，进入“图片空间”，单击“上传图片”按键，将提前准备好的店铺尾部素材上传至图片空间，获得图片链接地址，如图3－4－31所示。

图3－4－31　图片空间

鼠标移动在“自定义内容区”模块上，单击右上角的“编辑”按钮，进入“自定义内容区”编辑，如图3－4－32所示。

图3－4－32　设置“自定义内容区”模块

在“自定义区”选择插入图片，粘贴在图片空间复制的图片地址，单击“确定”按钮；“自定义内容区”显示标题设置为不显示，如图3－4－33所示。

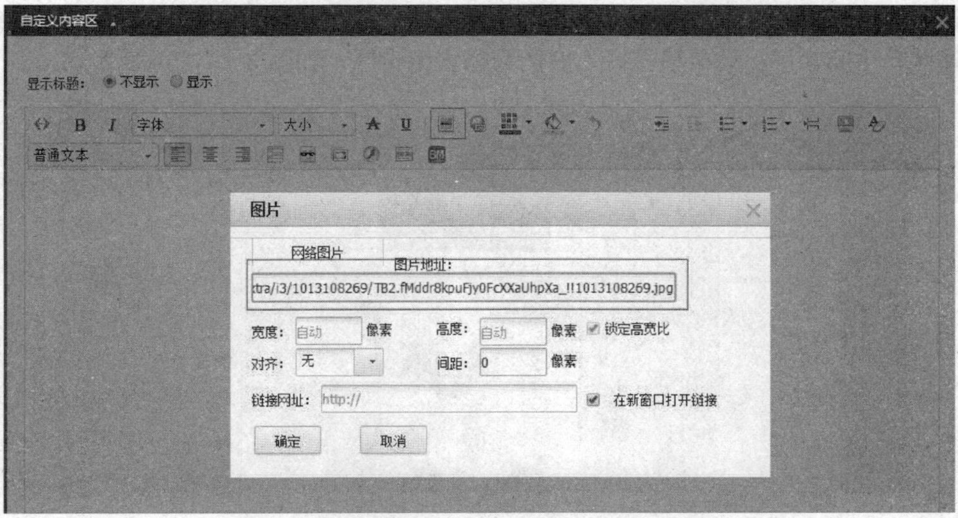

图 3-4-33 设置“自定义内容区”模块参数

单击“确定”按钮，“自定义内容区”模块设置完成，效果如图 3-4-34 所示。

图 3-4-34 “自定义内容区”模块设置完成效果

三、手机淘宝首页装修

随着淘宝无线端的不断发展，手机淘宝店首页装修越来越重要。

(一) 认识首页模块

在淘宝网卖家中心，通过“店铺管理/手机淘宝店铺”进入无线运营中心，选择“无线店铺” | “店铺装修”，如图 3-4-35 所示。

图 3-4-35 无线运营中心

进入无线装修后台以后，可看到无线装修界面一共由三部分组成，在界面左侧为模块选择区，中间为手机效果模拟区，右侧为模块编辑区，如图 3-4-36 所示。

图 3-4-36　无线装修后台界面

（二）首页框架搭建

手机端的首页和网店首页页面搭建原理基本一致，前面已经做了介绍，这里就不再重复。手机店铺首页风格要和电脑端风格保持统一，再根据无线端后台模块来搭建首页框架，如图 3-4-37 所示。

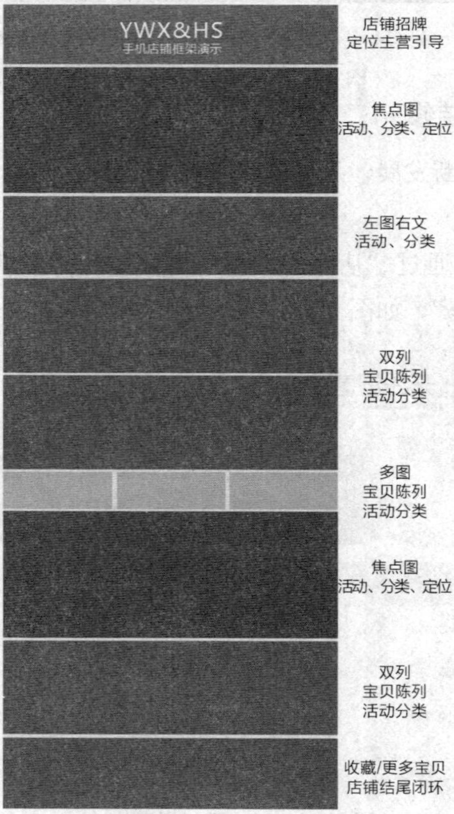

图 3-4-37　通用手机淘宝首页框架

（三）手机店铺装修流程

（1）把设计好的手机店招上传至卖家中心的“图片空间”，进入无线运营中心，进入无线装修后台，单击“店招”，在店招右侧出现“店铺头模块”，在此可以设置店招相关信息，如图 3－4－38 所示。

图 3－4－38　店招头模块

单击“从图片空间选择”，找到“店招”设计图所在文件夹，单击选择店招图片，如图 3－4－39 所示。在弹出的对话框中对“店招”进行裁切，直接单击“上传”按钮。在“店铺头模块”单击“确定”按钮，完成店招设置，如图 3－4－40 所示。

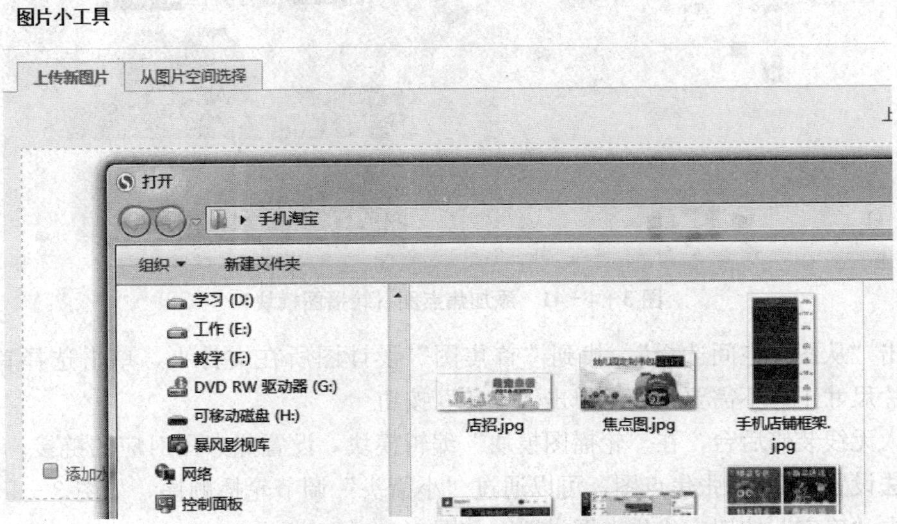

图 3－4－39　从图片空间中选择店招图片

图 3－4－40　完成店招设置

（2）进入无线装修后台，单击“图文类”，把“轮播图模块”拖进手机预览区，如图 3－4－41 所示。

图 3－4－41　添加焦点图（轮播图模块）

单击“从图片空间选择”，找到“首焦图”设计图所在文件夹，单击选择首焦图。如果图片尺寸正好不需要裁切，单击“上传”按钮。

进入无线装修后台，在“轮播图模块”编辑模块，设置焦点图对应的链接；按照同样的方法设置第 2～4 张焦点图，可以通过“小箭头”调节轮播顺序，如图 3－4－42 所示。单击“确定”按钮完成焦点图设置，如图 3－4－43 所示。

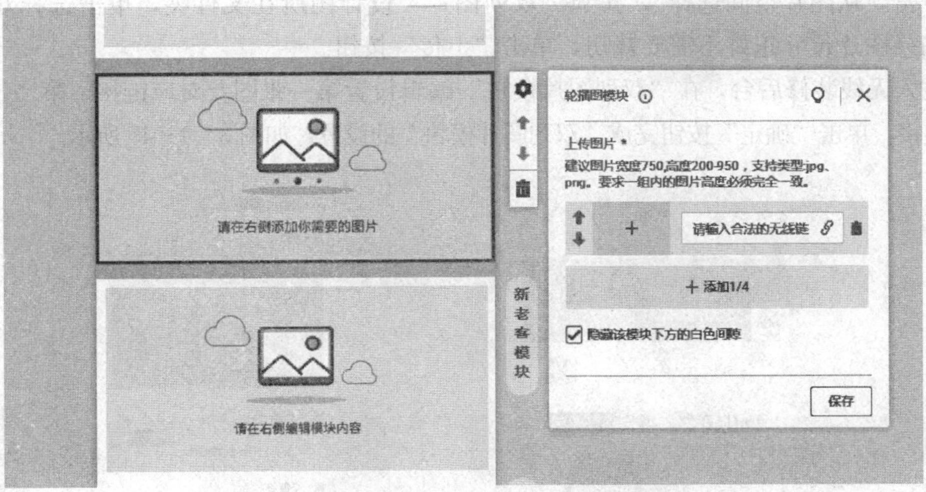

图 3-4-42　“轮播图模块”设置

图 3-4-43　完成焦点图的设置

(3) 进入无线装修后台，单击“图文类”，把“双列图片模块”拖到手机预览区，如图 3-4-44 所示。

图 3-4-44　添加“双列图片模块”

单击“从图片空间选择”，找到“双列图片”设计图所在文件夹，单击选择双列图片，如果图片尺寸正好不需要裁切，单击“上传”按钮。

进入无线装修后台，在“双列图片模块”编辑设置第一张图及对应链接、第二张图及对应链接，单击“确定”按钮完成“双列图片模块”的设置，如图 3－4－45 所示。

图 3－4－45　“双列图片模块”设置完成

（4）进入无线装修后台，单击“宝贝类”，把“宝贝排行榜”拖到手机预览区，在右侧进行“宝贝排行榜”设置，如图 3－4－46 所示。

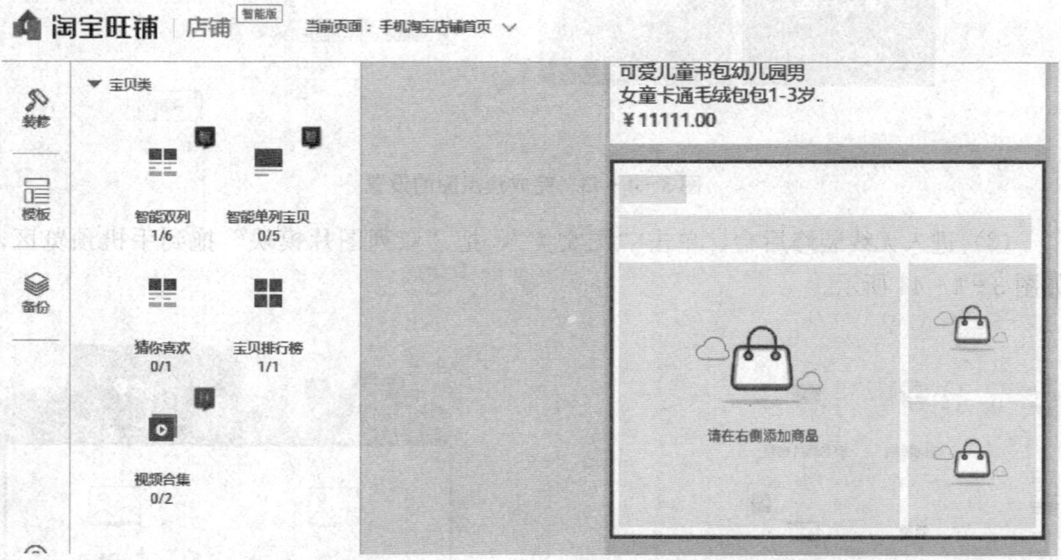

图 3－4－46　“宝贝排行榜”设置完成

（5）进入无线装修后台，单击“宝贝类”，可以设置宝贝推荐的相关模块。这里需特别注意部分模块需要升级到智能版才可以使用，宝贝类模块设置完成效果如图 3－4－47 所示。

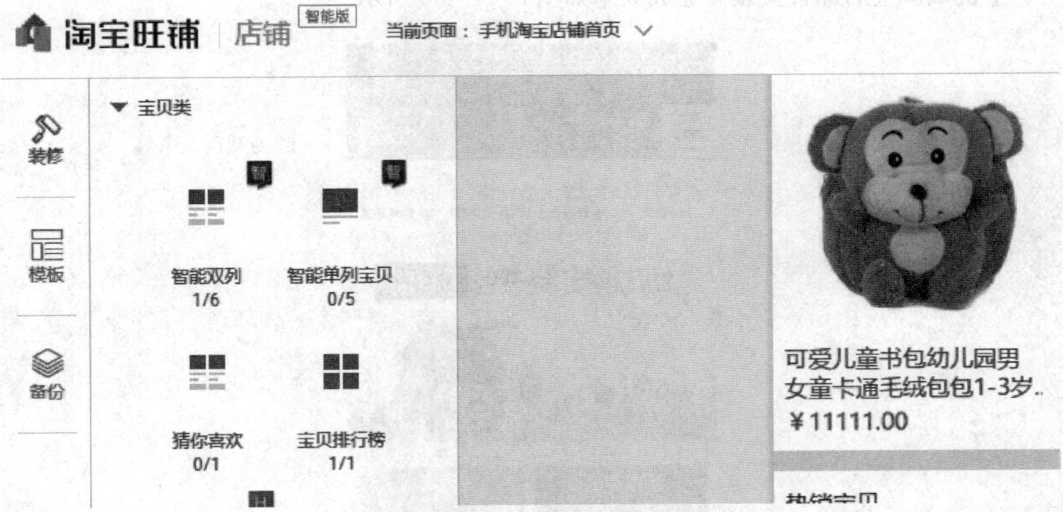

图 3－4－47　宝贝类模块设置完成

（6）进入无线装修后台，单击“图文类”，把“自定义模块”拖到手机预览区底部，设置三排尺寸（608 像素×228 像素），双击确认选择位置，如图 3－4－48 所示。

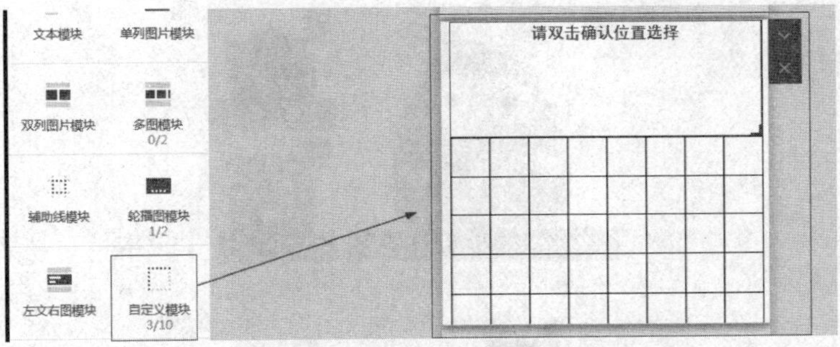

图 3－4－48　自定义模块设置

单击“从图片空间选择”，找到“店铺尾部”设计图所在文件夹，单击选择“店铺尾部”图片，如果图片尺寸正好不需要裁切，单击“上传”按钮，在模块参数设置中单击“确定”按钮，完成店铺尾部设置，如图 3－4－49 所示。

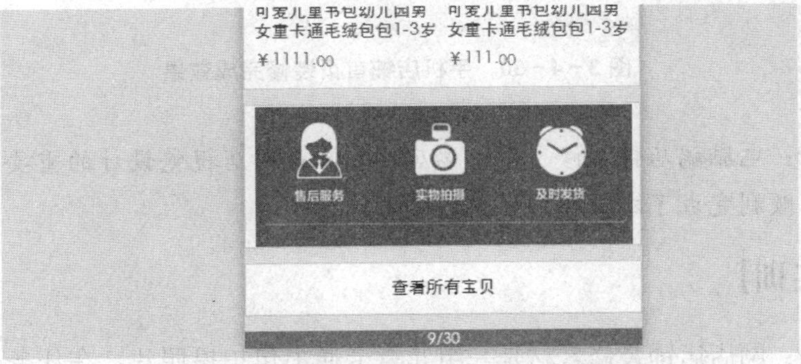

图 3－4－49　店铺尾部设置完成

手机端淘宝店铺首页装修完成效果如图 3－4－50 所示。

图 3－4－50　手机店铺首页装修完成效果

活动评价：电脑端店铺装修、手机端店铺装修是网店视觉设计的重要内容，团队通过共同努力，顺利完成了本次工作任务。

【合作实训】

实训任务：网店店铺装修素材是一组儿童卡通书包拍摄照片，在任务二中已经完成图片美化任务，现在利用这些素材制作网店店铺装修设计图。

实训要求：

1. 符合店铺装修的基本要求。

2. 店铺设计要布局合理、功能完善。

实训实施：

实训任务以小组为单位，完成网店店铺装修首页设计图。

项目总结

本项目首先介绍了网店商品拍摄，其次介绍了商品图片美化方法，再次讲解了商品详情页的制作方法，最后对电脑端和无线端店铺装修方法进行了详讲。最终小艾的团队经过日日夜夜的努力终于完成了所有工作任务，大家异常兴奋，为公司新项目顺利上线运营打下了坚实的基础。

项目检测

一、单选题

1. 在表现产品的社会认同方面，不包括的方式是(　　)。

A. 专家推荐　　B. 达人推荐　　C. 媒体推荐　　D. 店长推荐

2. 对优秀产品详情页的理解，说法不合理的选项是(　　)。

A. 详细的产品说明书

B. 方方面面都要完美展示，因此不必考虑页面长度

C. 是一个优秀的销售员

D. 是完美的形象展示

3. 天猫店铺的主图背景颜色选择(　　)。

A. 白色　　B. 灰色　　C. 红色　　D. 彩色

4. 下列符合宝贝主图尺寸要求的是(　　)。

A. 520×280dpi　　B. 160×210dpi　　C. 800×800dpi　　D. 300×250dpi

5. 主图优化产品使产品颜色变亮的工具是(　　)。

A. 曲线　　B. 滤镜　　C. 曝光度　　D. 色相/饱和度

6. 主图的放大功能至少需要让图片满足(　　)像素。

A. 600×600　　B. 800×800　　C. 400×400　　D. 1 200×1 200

二、多选题

1. 拍摄鞋类商品，常用的拍摄风格是(　　)。

A. 突出商品色彩　　B. 商品优化摆放

C. 情景展示商品　　D. 真人秀商品

2. 商品主图设计常见的错误是(　　)。

A. 有边框　　B. 深色背景

C. 长与宽比例非 1∶1　　D. 促销信息遮盖商品主体

3. 图片从设计完成到上传的流程是(　　)。

A. 切片　　B. 上传图片空间

C. 调试代码　　D. 测试优化

三、判断题

1. 宝贝主图可以是长方形的，也可以是圆角矩形的。(　　)

2. 产品内页中放入关联商品的目的是提供给客户更多选择，减少跳失率，增加访问深度。(　　)

3. 首页只能设置一个客服区，并且只能放在左侧栏。(　　)

4. 广告图设计中过于修饰会减弱传达，过多细节会对主题造成干扰。(　　)

5. 宽 1 000 像素、高 1 000 像素以上，才可以实现放大镜功能。(　　)

项目四
网店运营活动策划及执行

项目综述

开展店铺活动，几乎是所有网店运营中最常用和最重要的一种形式，打开任何一家网店，都可以看到各式各样的店内活动。开展店铺活动的主要意义在于提升店铺品牌影响力并提高店铺转化率。开展店铺活动也是店铺活力的一种体现，是维护老客户和开发新客户的一种途径。开展店铺活动的作用如下：

（1）与老客户进行互动；

（2）增加店铺的曝光度；

（3）让新客户更好地了解店铺的营销模式和主推方向。

项目目标

知识目标

- 了解平台常规活动；
- 了解平台各种活动的基本信息、招商要求；
- 分析活动间的区别，选择适合自己的活动。

技能目标

- 掌握活动报名技巧；
- 掌握报名各阶段的注意事项，提高报名成功率；
- 掌握常规活动、大促销活动的策划；
- 掌握活动数据收集整理、效果分析。

情感目标

- 培养依法、诚实经营网店的意识；
- 培养创业精神和创业意识。

任务一　网店运营活动平台的选择及投放

【情境导入】

小萍是一家网络原创女装公司的活动策划经理，2017 年年初，运营经理就让小萍拿出店铺第一季度的活动方案。针对这个任务，小萍认为应该先全面客观地了解各种平台上都有哪些免费和收费活动，应该怎么去申报。基于此，小萍进行了任务分解。

小萍先对各种平台 2017 年的活动做了一个全面的整理，并且根据自己产品的特色选择了几个适合自己店铺的活动平台。

活动一　了解活动平台

对于商家来说，天猫、淘宝网平台是帮助店铺成长的一剂“良药”，据 Hishop 天猫开店统计，在天猫、淘宝网的平台上，总共有 191 个活动频道，包括 127 个淘系活动频道和 64 个第三方活动频道，如限时抢购等，如图 4-1-1 所示。

图 4-1-1　限时抢购活动

一、聚划算的活动

在聚划算平台上，大型节日活动有三八、六六系列活动、九九、双十一、双十二和年货节等；全生命周期的活动有上新、热卖和清仓促销等；按类型分类的活动有单品团和品牌团等。

二、天猫的官方活动

天猫的官方活动分为电脑端官方活动和天猫手机端的活动，其中电脑端以腊八年货节、春装热销、夏季商品上新、年中大促、世界杯、夏季清仓、秋季上新、双十一和双十二等形式为主，而手机端凭借瞄一眼独撑大梁。

三、淘宝网的官方活动

淘宝网的活动有淘金币、天天特价、品牌特卖、免费试用等促销活动，在手机端还有手机抢购、周末疯狂购、淘夜市等活动，具体情况可登录淘宝官方营销活动中心（yingxiao. taobao. com）查看。

以上是聚划算、天猫、淘宝网上的主要活动，这些活动能给商家带来极大的优势资源，能帮助商家快速挖掘新顾客，通过自身优质的服务、产品来积累一批老顾客，成为店铺长久流动的血液，持续带来业绩的提升。

活动评价：很多刚刚入行的淘宝卖家对淘宝网营销活动不熟悉，不敢去尝试，其实这个观念是非常错误的。商家想在淘宝网上生存和发展，是离不开淘宝营销活动的，而做好一个活动会比天天做免费推广或付费推广更有效，通过淘宝营销活动打造爆款的卖家数不胜数。但是商家不能盲目去参加淘宝营销活动，需要先了解自己适合做哪些营销活动，再做具体的活动策划和实施。

活动二　中小卖家活动投放

在淘宝平台上的商家大多数是中小卖家，但是淘宝网很多活动并不适合中小卖家参与，为了提高活动效果，我们需要了解哪些是适合中小卖家的营销活动。

一、淘宝试用中心

淘宝试用中心分两种活动形式：免费试用和付费试用。参加淘宝试用中心的活动一般可达到以下效果：

（一）打造爆款

试用中心的付费试用模式，即只要买家支付 10 元邮费就可以免费领取商品，如此大的诱惑力可以迅速地将一款新品成功地打造成爆款。

（二）进行关联营销

参与试用中心活动，最关键的就是进行相关的连带销售，以带动其他产品的销售，从而完成从单品销量暴涨到店铺销量暴涨的飞跃。

（三）获得客户资源

巨大的客户资源是没有办法用金钱买到的。从“申请理由”页面中可以看到对该产品感兴趣的客户 ID。商家得到宝贵的客户资源，就可以规划活动结束后的二次营销了。

（四）实现口碑营销

参与免费试用活动后，一些试用过的买家会提交试用报告，据此可以使商品正式上架，不用再担心该产品的口碑。这些试用报告比任何推广都更具有说服力。

二、二次营销

淘宝网试用中心活动完成后，商家可以针对申请试用的落选者策划二次营销方案，从而抓住这部分客户，并最终把他们培养成店铺的忠实FANS。主要的活动形式如下：

（一）天天特价

天天特价是专门为中小卖家服务的免费活动，虽然不能带来太多的流量，但是如果提前策划好，抓准用户心理，可以取得非常好的效果。例如，针对某些顾客占便宜的心态，做好关联套餐，可提升整体客单价和销售量。

（二）淘金币

店铺销量积累到50件以后，可以尝试报名淘金币活动，这个活动的流量非常大，效果较好。

（三）其他活动

在卖家活动后台的活动报名中可以查看到促销汇、爱购、淘折11、拇指斗价、独畅团、超优汇等活动。商家可以根据自己的需要选择活动的类型。

三、活动准备

在进行任何活动前，都需要做好准备工作。活动准备包括以下几个方面的内容：

（一）做好备货

商家需要做好活动初期的备货准备。第一次参加活动的商家，可能对备货数量心里没底，可以多与淘宝小二进行沟通，了解淘宝网上同类宝贝在活动期间的销量，对比自己的价位，以控制好备货数量。

（二）活动定位要明确

做活动的目的是提高店铺的人气，赚钱是其次的，活动赚的是流量。小卖家在报名参加活动时尽量选择类似于“秒杀”“9.9元包邮”“1～3折包邮”等活动，这类活动最能吸引买家，而且这类活动的入门门槛也是最低的，小卖家入选成功的概率很大。

（三）做好关联营销

一定要做好关联营销，报名活动成功的卖家一定要在上线之前整理好活动宝贝的关联营销，注意选择属性较接近的商品。例如，你是做男士内裤的宝贝活动，应该挑选背心、打底衫等做关联营销；如果做女士丝袜的宝贝活动，可以挑选女士小背心、女士内衣等做关联营销。关联营销做得好的卖家，活动期间不仅不会亏钱，相反还会赚钱，同时也可以带动其他宝贝的销量。

（四）熟悉产品

卖家要熟悉自己的活动宝贝，活动期间，咨询顾客肯定较多，疑惑也会很多，各位卖家一定要详细地给顾客解答，因为这些顾客不会只买一次。卖家要用真诚的服务使顾客变成回头客。

（五）发货要快

发货速度一定要快，活动前就要与快递公司约定好收货时间，保证活动期间无一人投诉发货速度慢。发货之前一定要仔细检查货物。

中小卖家们需要注意，活动不是一个独立的营销行为，而是整个营销行为中的一个环节。

活动评价：在活动实施中，细节是关键，只有把握好细节，活动才能取得良好的效果。做活动不能贪多、贪大，只有选择适合自己的，才是最好的。

任务二 活动策划

【情境导入】

小萍在全面客观地了解了各种平台上都有哪些免费和收费活动以及应该怎么去申报后，认识到淘宝网开展的每一次活动，无论是卖家自主还是受邀组织的大型活动，都离不开活动前期的精心准备和策划，以便尽可能地来扩大店铺知名度，引入更多流量。所以，小萍需要进一步了解淘宝网的活动策划。

活动一 活动方案策划

一、活动规划

活动规划的制定需要有一个全局的观念，需要考虑店铺综合的因素，具体如下：

（一）活动主题

俗话说：好题一半文。一个好的主题能够迅速吸引消费者的眼球，起到很好的宣传效果。活动主题要求简洁、扼要，最好控制在5个字以内，突出新意与特色，避免冗杂与单调，如"天猫新风尚""遇见×秋"等主题。

（二）活动时间

自主发起的活动时间犹如结婚定日子一样，要选一个"良辰吉日"，确保这个活动期间不会与其他的一些活动产生冲突，或者能从官方活动"借力"，保证活动取得好的效果。活动时间一旦确定，最好不要随意更改，以便团队人员有充足的时间做相关的准备工作。

（三）活动产品

商家要确定参加活动的产品、价格、库存等信息，为活动产品进行分类，包括引流款、基础款、形象款等，给消费者呈现不同形式的产品与服务。

（四）促销方式

商家需确定活动的促销方式，如满减、满送、包邮、抽奖等。促销方式要结合当期季节与产品特色进行，促销形式不求多、只求精，否则会让消费者感觉眼花缭乱。

促销形式在结合店铺特色的基础上，还要学会换位思考，从消费者的角度出发，制订切实可行的促销方案，让买家能够积极参与。

（五）推广资源

商家需确定活动期间需要的推广资源支持，如直通车、钻展、短信、淘客等营销媒介，这样可以让推广部门有更多的时间为活动的开展做相应的准备与推广工作。

根据活动方案确定广告的投放形式、位置、数量、预算、时间等，进行有计划、有针对性的投放。对于需要淘宝小二审核的钻展等广告位，需要提前3～5个工作日提交审核。

（六）效果预估

对本次活动的独立访客、转化率、销量、销售高低峰、物流等进行预估，确定活动目标。

二、页面准备

（一）页面视觉

确定活动主题后，需对店铺页面进行设计、调整，以符合活动风格和相关要求，增强客户的体验，提高转化率；做好宝贝描述工作，提高顾客对店铺和产品的信任度，吸引顾客购买；对活动海报进行设计和悬挂，营造活动氛围。

（二）价格修整

活动开始前，对参加活动的商品价格进行统一调整；由专人检查商品首页图片上的价格标签、包邮信息与宝贝详情页、活动方案的价格是否一致，避免因页面前后信息不统一导致顾客投诉。

（三）库存调整

调整商品库存，避免买家拍下后仓库无货，引起客户投诉。

（四）页面测试与复查

活动页面做好后，需要对活动页面的商品链接进行测试。单击商品图片，看是否链接了相对应的宝贝页面或活动页面；对商品的价格、包邮、规格、数量等信息进行仔细检查，确保无差错信息；对活动页面的整体视觉进行二次检查，如有不协调之处，需及时更换。

三、团队准备

（一）运营

运营部门需制定详细可行的活动规划，指定负责人和任务完成时间节点；活动负责人要随时待命，发现问题要及时解决。

（二）客服

根据活动前流量预估，适当增加客服人员，合理安排排班时间，确保活动期间客服在线人数充足；对客服人员进行活动规则培训，要求客服人员熟知活动细则与要求，以便及时有效解决客户的疑问。

（三）设计

设计人员根据活动主题制作符合活动要求的相关页面，做好视觉设计与维护工作。

(四)仓储

根据活动前的预估，提前准备活动商品，进行“预打包”，或者将活动商品统一放置在容易打包的区域，节约拣货时间，提高发货速度。

四、活动总结

活动总结是营销活动非常重要的一环，可以总结活动中的经验与不足，找出团队自身的优势与劣势，以便后期根据活动中所出现的问题进行有针对性的改进。

活动总结需在整个活动结束后的一周内完成，这样可以避免因时间过长，导致部门遗忘细节问题或总结不深刻。活动总结主要包括以下几个方面：

(一)活动指标

(1)流量指标：UV、PV、首页访问数据、分类页访问数据等。

(2)销售指标：销售额、客单价、销售 TOP20 宝贝数据。

(3)转化指标：转化率、访问深度、停留时间、收藏量、静默转化率、询单转化率、全店转化率等。

(4)服务指标：DSR 变动、客服响应速度、投诉量。

需要对以上数据进行汇总、分析，根据数据反映出的一些问题调整相应的工作。

(二)广告效果

根据活动前预备的广告资源，跟踪广告效果，找出在广告投放上的技巧与不足，为下次的广告投放做相应的准备。

(三)活动执行情况

根据活动方案，查看每个环节的执行情况以及所带来的实际效果，进行综合评估，给团队成员进行一个简要考核。对活动前、活动中、活动后遇到的问题进行记录、分析、总结，吸取经验和教训。

(四)活动效果对比

将活动后的效果与活动前的预估效果进行对比，找出差异的原因，这样可以为下次的活动预估提供更加准确的思路和方法。

活动评价：要想做好店铺活动，必须先做好活动策划方案。活动方案做好了，依照方案去执行，才能取得良好的效果。

活动二 网店运营大促销期间的活动策划

下面以一个活动策划方案为例，介绍网店运营大促销期间的活动策划。

淘宝网店双十一营销策划书

一、活动背景

随着互联网的发展，网上购物已经成为一件很普遍的事情，淘宝网成为当今在线电子商务平台的一位领跑者。在消费群体的消费能力与淘宝销售额飞速增长的当下，很多人从电商的市场潜力中看到了商机，也被这块公平的创业乐土所吸引，纷纷加入电商这个行列。由此带来的影响是，即便淘宝网的消费市场足够大，但是竞争的激烈程度也越来越大。因此，在如今的淘宝网环境中，如果没有促销活动的带动，即便是品牌大店，也很难受得住中小型网店价格战的冲击，销售数据就会很惨淡。即将到来的双十一，无疑为一场电商大战拉开了帷幕，在这样的情形下，淘宝店主们要绷紧神经，细致地做好排兵布阵了。

二、活动目的和意义

在双十一电商大促之时，利用各类营销手段吸引消费者的注意，提高网店的流量，增加店内的销售额，最终使本店的销售业绩与在消费者心中的印象得到极大的提升。

三、活动内容

（一）产品相关

1. 选款

用哪个商品去做活动？在选款的时候，要充分考虑商品如果做活动，它的销量会怎样，这一步就是活动评估。商家不能拿店里面没有销量的产品做活动，即便商家想做，淘宝网也不会答应。所以一般情况下，做活动的产品都是本店销售最火爆的产品。

2. 活动价格计算

在淘宝网的活动中，一般要求商品打折。如果该商品参加活动打5折，商家要计算打5折再包邮会不会亏本，亏多少？如果不亏，又可以赚多少？淘宝小二见多识广，看图片就差不多能预估出该产品的成本价，所以“小二同志”会死命地压价。因为“小二同志”有此嗜好，所以，活动商品的最初定价相当重要，商家对活动产品的价格安排也非常重要。

（二）促销相关

商家做促销活动时要有效利用店铺装修、公告和留言营造一种火爆的氛围。有些人做促销，店外宣传做得很不错，可买家进店一看扭头就走，因为店内氛围没做好。促销时和没促销时一个样，冷冷清清的，店铺公告没有促销信息，留言没有促销信息，没有营造促销氛围。促销有以下方式：

（1）直接打折。原价300元，现价5折150元销售，这种打折的方式是最简单明了的，消费者很容易理解。

（2）买一送一。全场任意选择一件宝贝，送另外一件宝贝，以价格最高的作为成交的最后金额。这种促销的方式比较考验消费者的眼光，如果精明的消费者选择得当，等于是享受了差不多5折的优惠。

（3）两件包邮。购买了一件宝贝后，再买一件就可以享受包邮的服务，一般会增加买家购买宝贝的欲望。虽然这种折扣的力度不大，但是很多消费者是愿意买单的。

（4）满就送。满100元送10元优惠券，满200元送20元优惠券，满600元送80元店铺优惠券，这种方式稍微有点讲究。假如一件宝贝刚好99元，不符合满就送的条件，要想获得优惠券，就必须再选择宝贝以达到要求。

（5）搭配套餐。其实这种方式有点“绑架”消费者的意思。例如购买全场任意一件宝贝，加 37 元就可以送一件 100 元以下的宝贝，加 47 元就可以送一件 150 元以下的宝贝。类似方式是以价格高的宝贝带动价格低的宝贝，拉动网店的销售量。据相关数据统计，这种方式比较受消费者欢迎。

(6) 会员、积分促销。一般是购买产品的顾客都可成为网店的会员，会员不仅可享受购物优惠，同时还可以累计积分，用积分免费兑换商品。采用这种促销方式可吸引客户再次来店购买，甚至介绍新客户来店购买，不仅可以使客户得到更多的实惠，还能巩固老客户、拓展新客户，增强客户对网店的忠诚度。

(三) 装修相关

1. 店面的装修与整体感觉

对本店首页和宝贝的内容页进行美工、编排，尽量做到图文并茂，时刻都要充满双十一大促销的气氛，调动消费者的购买欲望。装修阶段基本分为以下三个：

(1) 节前：渲染双十一的气氛，提前吸引消费者对双十一大促的期待心理，甚至可以对一些宝贝进行提前优惠促销，使顾客对本店持续关注。

(2) 双十一：店面要体现出在尽最大力度进行促销的景象，针对商品推出各式各样的促销方式，不管忙或不忙，为每一个顾客做好服务。

(3) 节后：体现“双十一过去，但是促销余热还未褪去”，让迟来的买家或者关注本店的买家，还能享受到双十一带给他们的促销福利，只是相较当日，必然要有很大的收敛，但是凸显了本店以“买家为上帝”的宗旨。

2. 客服

双十一期间消费者的流量一般都会比平时高很多，在这个时候，就要求客服一定要把握好语气和回复速度，在语言里最好加上双十一大促的欢快信息，这对买家的购买欲望也是一种促进。

3. 售后

当顾客购买的宝贝出现了问题要退货时，要及时、有礼貌、和善地处理，不要给顾客留下坏印象。对物品的问题做出适当的调解，确定是退货还是协商，不要让顾客找到淘宝网进行维权。

4. 团队配合

美工：设计以“双十一”为主题的首页，以及活动广告图片。

推广：增加或删除搭配减价以及第三方打折软件设置的折扣，针对互联网上关于本店的问题做好回帖和店铺双十一活动宣传。

客服：做好活动内容细节解释的快捷回复语，修改部分商品价格。

发货员：负责备货以及与快递公司提前联系，做好发货前的准备。

活动评价：促销活动结束之后，运营经理应带领整个团队对促销的结果做一个分析，包括流量、销售量、点击率，了解这一次针对的消费人群是对制定的产品感兴趣，还是对网站上其他的商品更感兴趣。同时，也要对竞争对手的促销活动进行分析和比较，找到可以学习的地方。分析的过程是一个学习的过程，对促销活动进行总结可以有效地提高自己的促销水平，在总结中找到本次促销活动的不足，以便在下一次的活动中进行调整。促销虽然是一种增加销售量的好方法，但是也需要不断地摸索和总结才能够取得预想的效果。

任务三 网店运营常规活动方案策划及执行

【情境导入】

小萍了解了各种活动形式后，决定先从常见的活动入手，如天天特价、淘抢购等，帮公司成功申报了几次常见的活动。

活动一 天天特价

天天特价活动的相关内容如下。

一、商家报名

（1）单击“商家报名”，出现日历页面，商家可根据日期提示，参考每日报名数量，选择适合的活动日期。

（2）选定活动日期后，单击“我要报名”，进入报名信息填写页面，认真填写并确认信息填写无误后，提交报名。

二、系统审核排序

（1）系统根据商品、店铺等综合评分维度进行评分排序。

（2）图片、相似款、授权等不合格情况，系统会在商家报名后3～5天内进行系统通知。接到通知后，商家可重新选择日期报名。

（3）活动开始前2～4天，系统会发送消息通知商家审核结果。如商家没有收到消息，也可自行在商品管理页面查看结果。

（4）审核未通过的商家，可在收到未通过消息后重新选择合适的宝贝报名。

三、编辑、锁定商品准备上线

（1）确定审核通过后，在正式活动开始前两天的下午3时前进行相关设置。

（2）库存修改为报名提供的库存（日常类目活动将不校验库存上限）。分销商取消此商品与经销商的关联，让经销商发布一个与这个商品一样的商品库存并设定为报名的值，分销商重新关联这个商品即可。经销商可以控制与这个商品关联的商家。

（3）取消商品的促销价格，恢复报名时的原价。

（4）保持商品在线状态（2015年1月28日起，天天特价类目活动及10元包邮活动取消定时上架设置要求），预热期间（商品被锁定后）只要商品保持在线即可。商品锁定后，不得修改标题、主图、价格、库存和包邮。活动期间，如果商品是未售罄下架的，系统会自动屏蔽展示直到恢复上架。

活动期间（包括预热）若使用其他优惠工具，打折价格不得低于特价活动价格，否则将取消本次活动资格，情节严重者将根据《天天特价卖家管理细则》取消相应时间的活动参与资格。

（5）设置卖家全国包邮。

（6）标题前面添加“天天特价”。

（7）一口价、库存、标题、主图等内容，在活动前两天的下午 3 时锁定后，不能再进行编辑，商家在此日期前完成必要的宝贝页面装修。

（8）悬挂活动 Banner（横幅、标语、旗帜）。

四、活动开始

（1）商品在正式活动开始前 1 天在预告页面中展示，此时商品状态为立即开始。

（2）活动开始后，商家要积极进行相关宣传。

（3）商品拍下 30 分钟不付款，系统将自动关闭交易，恢复库存。

（4）每个 ID 限以折扣价购买 5 件及以下数量，如超过 5 件，则按照原价计算。

活动评价：天天特价活动是淘宝平台众多活动当中比较优质的一个活动，它比较适合中小型卖家。活动效果好，成本相对较低，是中小型卖家一个比较好的选择。

活动二 淘抢购

淘抢购是淘宝无线端的重要营销活动，它以时间为维度，每天 12 个场次进行商品展示，所有商品限时限量售卖。淘宝网、天猫商户都可以报名参加。目前淘抢购每天的 12 个场次分别是：0 点场、6 点场、8 点场、10 点场、12 点场、13 点场、15 点场、17 点场、19 点场、21 点场、22 点场、23 点场。报名当日可参与 8～13 天后的淘抢购活动。具体内容如下。

一、淘抢购疲劳度计算

活动类型及活动限制见表 4－3－1。

表 4－3－1

活动类型	参加活动限制
日常抢购（含抢洋货，抢大牌）＋今日必抢＋品牌抢购	一个自然月内合计最多 6 次

特殊说明：

（1）品牌抢购以单次活动的商家维度计算，单次品牌抢购有多个商品参加活动计入 1 次。

（2）活动计算方式以最新内容为准。

二、报名要求

(一) 店铺基础要求

(1) 符合《淘宝网营销活动规则》。

(2) 主营类目为消费卡、购物提货券、餐饮美食的店铺开店时长要求在 30 天及以上，其他店铺开店时长要求在 90 天及以上。

(3) 主营类目为消费卡、购物提货券、餐饮美食的店铺信用等级要求在一钻及以上，其他店铺信用等级要求在三钻及以上。

(4) 除主营类目为消费卡、购物提货券、餐饮美食的店铺外，其他店铺实物交易占比 80%且半年正常计分评论数 200 件及以上。

(5) 店铺本年度内无淘宝网严重违规行为扣分 6 分（含）以上的处罚。

(6) 店铺本年度内无出售假冒商品违规处罚。

(7) 店铺本年度内无扰乱市场秩序违规处罚。

(8) 类目若有特殊情况，可根据书面说明，另行处理。

(二) 商品基础要求

(1) 品牌商品必须有品牌方提供的售卖证明，或者商品以报名库存为要求的购买发票，或者有品牌渠道商的资质证明；自有品牌商品提供自有品牌的相关证明。

(2) 报名商品历史销售记录（新品除外）。

a. 商品价格在 500 元（含）以下的，报名商品近 30 天的历史销售记录必须在 20 笔及以上。

b. 商品价格在 500 元以上，3 000 元（含）以下的，报名商品近 30 天的历史销售记录必须在 10 笔及以上。

c. 商品价格在 3 000 元以上的，报名商品近 30 天的历史销售记录必须在 5 笔及以上。

(3) 报名商品的报名价格不得高于此商品在淘宝网、天猫近 30 天最低成交价（含）(若为新品，则不足 30 天的自商品上架之日起算)，最低成交价不包括以下情形下所产生的订单价格：单价低于 5 元（含 5 元）的交易、秒杀、付邮试用、聚划算阶梯价定金与尾款/预售交易、淘金币加钱购、淘金币抵款、使用店铺优惠券、积分加钱购、积分兑换、使用双十一购物券、校园企业专享价等。

(4) 报名商品必须为一口价，若同一商品同期参加淘抢购活动和天猫活动，两边活动价格必须保持一致，否则淘抢购活动将无法发布。若同期活动商品价格不一致导致商品无法正常参与活动，商家需要取消天猫活动或更改活动价格，保证两边活动价格一致。

(5) 报名商品库存要求：报名库存数量下限 ＝ 5 万元/抢购价，同时，活动开始时，商品实际库存不得小于商品报名库存。

(三) 疲劳度控制

(1) 一个商家 1 个自然月内最多可以报名 6 款商品。

（2）从商品报名开始到活动结束前，商品不允许重复报名。在此期间内，若审核未通过或活动取消，可以再次报名。

（3）不同商家的同款商品，一天内只能出现一款，取淘抢购报名价较低者。若商品所有信息都一致，则取报名时间靠前的商品。

（四）审核机制

淘抢购将在商品报名时间截止后的 5 个工作日内完成商品的审核。

本着对消费者负责的原则，针对所有报名商品，淘抢购将根据（包括但不限于）以下维度择优选择高品质商品参加活动：

（1）参加品牌将以国际、国内知名品牌和 TOP 淘品牌进行优先选择。

（2）报名商品从商品日常销售、参加淘抢购历史表现等综合维度考量，不限于商品成交额、无线转化率、店铺主营类目的日销排名等维度。

（3）报名商品备货充足者优先。

（4）店铺主要从店铺日常销售、店铺淘抢购销售和店铺历史活动表现等综合维度进行筛选，但不限于如近 30 天店铺成交额、近次参加淘抢购成交额等维度。

（5）同时参考店铺三项 DSR、参加抢购商品 DSR、纠纷退款率、诚信经营等体现店铺服务和质量水平的指标维度。

（五）商品排期方式

商品实际排期以商品最终在实际页面展示的排期时间为准。

（1）商品预热时间 1 天、展示时间 1 天。

（2）特殊节假日和特殊营销活动的开团时间以淘抢购实际公告为准。

三、淘抢购报名前的活动选品

（1）性价比：相同品牌的同样产品，消费者首选物美价廉者。

（2）质量过关：最直观的是评价和动态评分，消费者会看会对比。

（3）高销量：羊群效应，大多数人在看到同样的产品的前提下会选择购买卖得多的产品。

（4）应不应季：例如内衣的季节性（文胸除外）和库存深度。

四、淘抢购活动开始前需要优化的内容

（1）优化详情页主图：重新优化详情页的 5 张主图，消费者用手机点进来最直接看到的就是那里的几张图（天猫的第一张图除外）。

（2）修改详情页标题：报名标题简洁清晰，标题要写清楚商品规格利益点，如“×条装”“前×免单”或者“满×件减×元”。

（3）第一页的评价取消关联：手机端如果第一页的几个评语太差，会严重影响转化率。

五、手机端详情页

在此页说明买家 30 分钟内未付款自动关闭订单，取消所有关联销售。

（1）排版：前 3 屏激发消费者购买欲望，内容精简，删除与商品本身无关的广告图，只选有价值的内容呈现。

（2）内容：找准消费者需要的信息；商品的详情用途和功能；商品的规格；是否适合自己；用清晰的大图。

（3）速度：详情页打开的速度和清晰度会影响消费者购买的欲望。

六、淘抢购报名前准备的主图和标题

（1）主图：色彩鲜艳，突出商品，可以点击（图片点击率直接在直通车推广后台的推广内容里面查看）。

（2）标题：活动产品的标题非常重要，包括利益点、产品数量、产品特点（24 字以内），如“×条装”“前×免单”或者“满×件减×元”。

（3）报名：报名时要注意店铺的疲劳期（5 天）和单品的疲劳期（15 天）。

七、淘抢购报名步骤

淘抢购的报名周期为 12 天，其中 4 天报名、5 天审核、3 天备货，单品类报名流程如下：

（1）第一步：进入淘抢购商户中心，单击“商家报名”，如图 4－3－1 所示。

图 4－3－1　商家报名界面

（2）进入报名后台后，仔细查看工作台后台及相关公告，如图 4－3－2 所示。

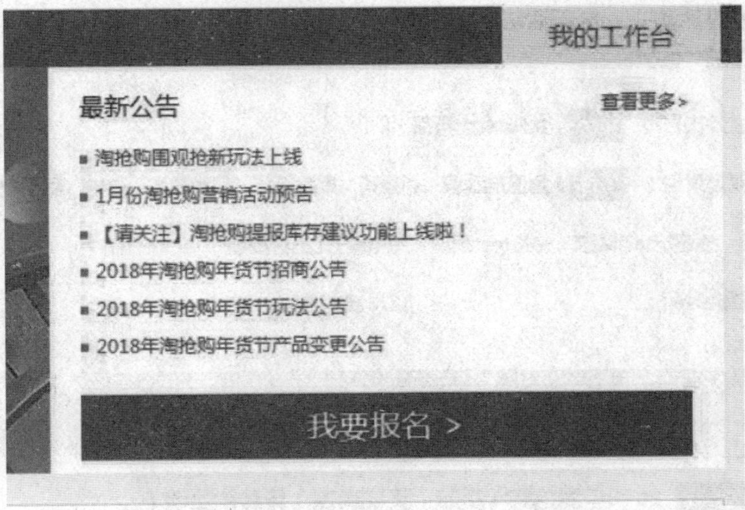

图 4-3-2　商家工作台后台页面

（3）了解相关规则之后，进入淘抢购正在开放的报名入口，点击“我要报名”，如图 4-3-3所示。

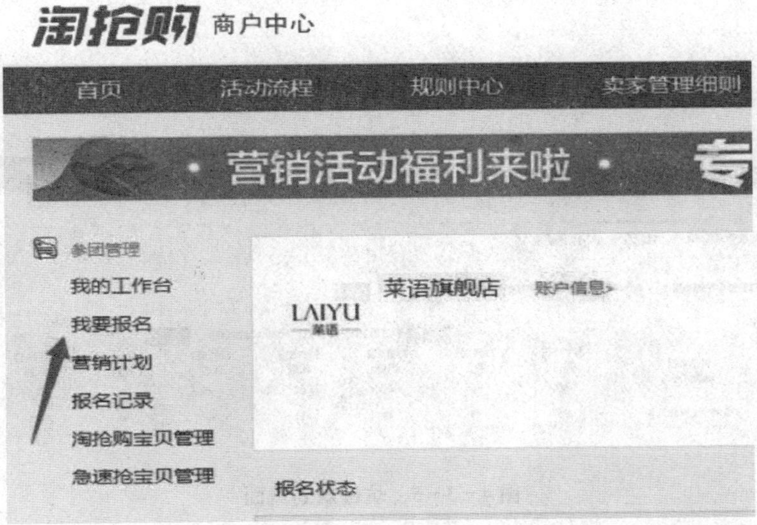

图 4-3-3　淘抢购开放报名入口

（4）找到希望报名的链接，单击查看详情（活动及费用介绍），如图 4-3-4 所示。

（5）查看对应活动的坑位规划，只有有坑位规划的日期才可以报名，如图 4-3-5 所示。

（6）查看对应活动的报名要求，选择具体的活动日期，符合报名规则的即可报名，如图 4-3-6 所示。

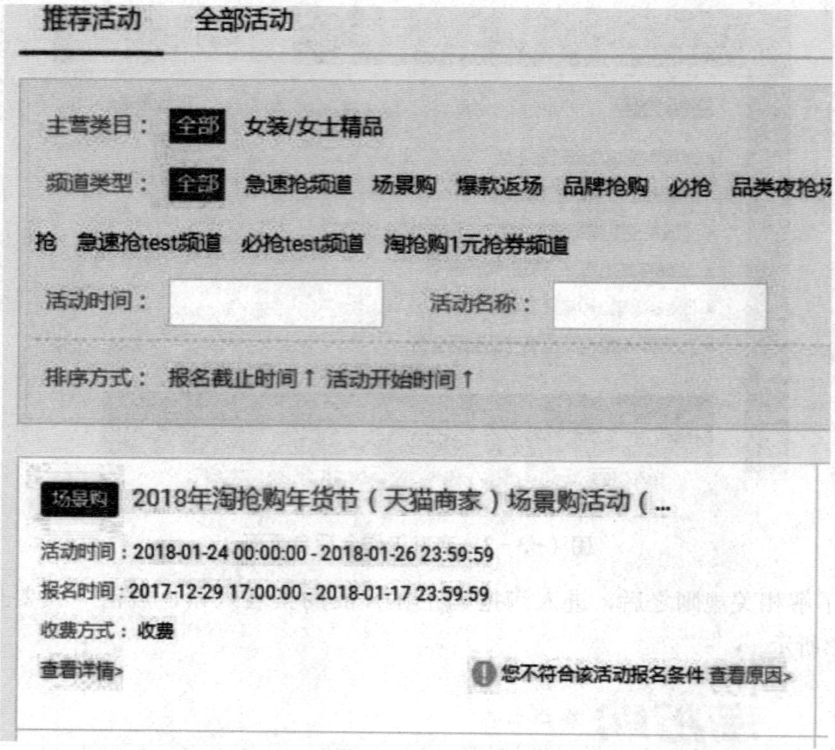

图 4-3-4　查看活动介绍页面

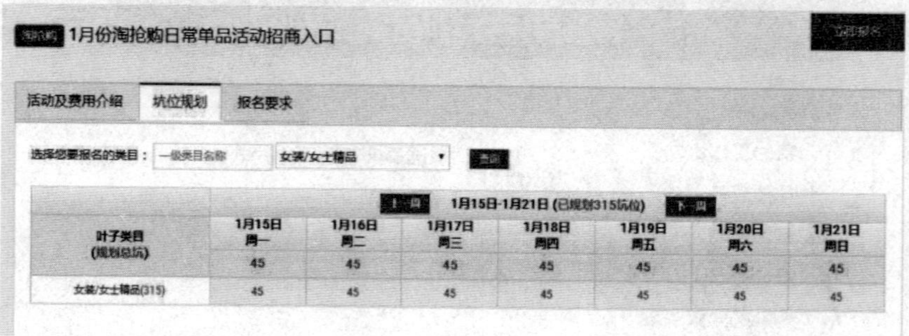

图 4-3-5　坑位规划页面

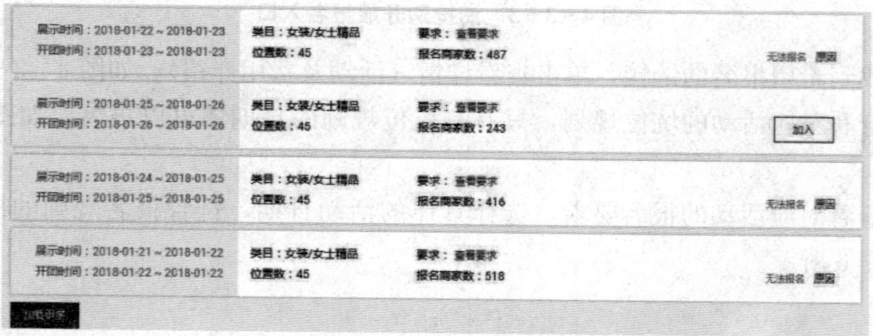

图 4-3-6　活动报名要求

（7）检查商品是否符合报名要求，并提交想要报名的商品，如商品不符合，显示为灰色，点击查看了解不符合原因。如图 4－3－7 所示。

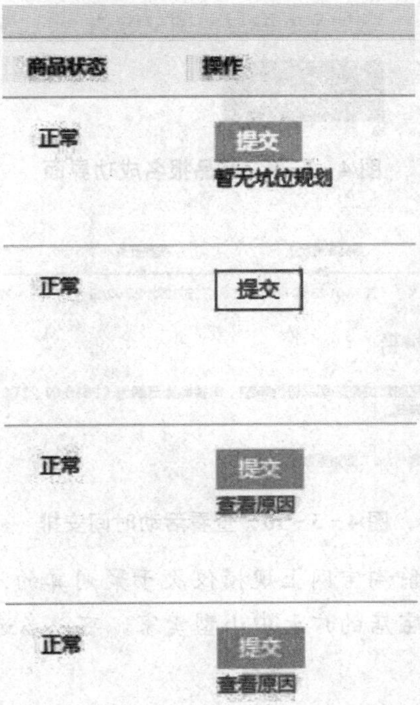

图 4－3－7　检查商品是否符合要求界面

（8）填报报名商品信息，如图 4－3－8 所示。

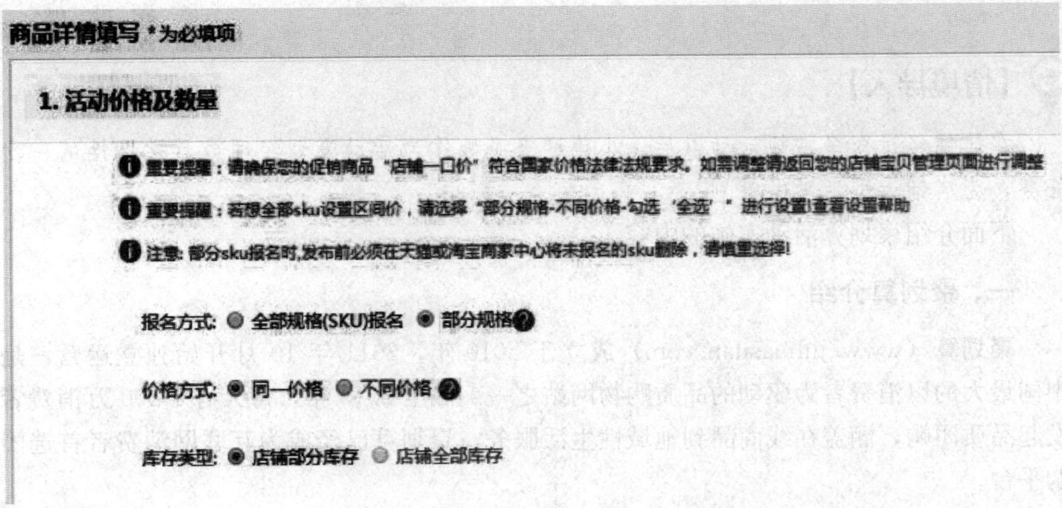

图 4－3－8　填报报名商品信息页面

（9）点击提交，完成报名，报名成功界面如图 4－3－9 所示。

（10）完成报名后，可查看活动时间安排及商品信息，如图 4－3－10 所示。

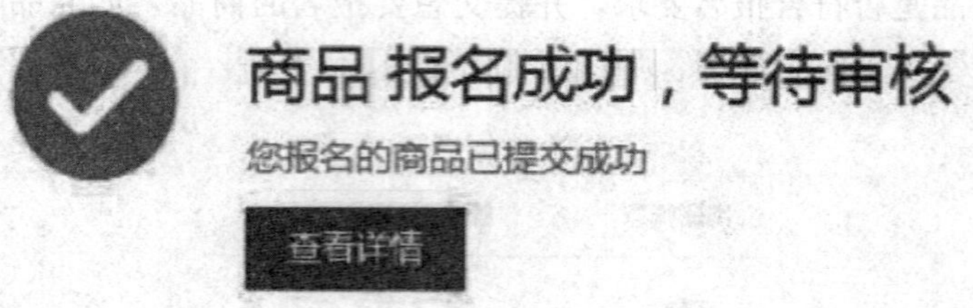

图 4－3－9　商品报名成功界面

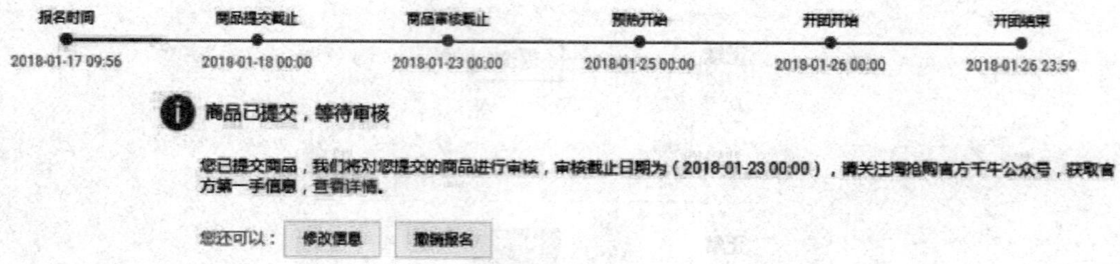

图 4－3－10　查看活动时间安排

活动评价：淘抢购是目前淘宝网上规模仅次于聚划算的活动，效果非常好，非常适合中小型卖家，建议初开淘宝店的广大中小型卖家，可以多选择这样的活动。

任务四　网店运营店铺大型活动实施

【情境导入】

在店铺经过众多常规活动以后，小萍迎来了她作为活动策划经理最具挑战性的一次任务，为店铺大型活动做策划。

下面介绍聚划算活动实施的内容。

一、聚划算介绍

聚划算（www. juhuasuan. com）成立于 2010 年，2011 年 10 月开始独立运营，是中国最大的以消费者为驱动的品质购物网站之一。截至 2015 年，每天有 1 200 万消费者发起品质团购，涵盖在线商品到地域性生活服务，聚划算已经成为互联网消费者首选团购平台。

聚划算的参聚类型有商品团、品牌团、聚名品、聚新品、竞拍团等。

二、招商规则

（一）店铺要求

（1）集市店：五钻以上消保旺铺（化妆品店铺必须加入假一赔三），好评率>98%。

（2）商城店：店铺综合动态评分 4.6 分及以上，“宝贝与描述相符”项 4.6 分及以上。

（3）店铺开店时间大于 90 天。

（4）店铺不得在处罚期，不得涉嫌信用或交易炒作。

（5）店铺有较强运营能力，承诺遵守聚划算活动卖家服务规则。

（6）原则上要求单个报名宝贝的库存数量在 1 000 件及以上（部分情况可酌情降低），报名团购价需是非营利性体验价，需在同等商品中达到最大限度的低折扣。报名团购价根据类目不同有不同的折扣要求。宝贝一个月内销售记录需在 10 个及以上。

（二）商家基本资质

（1）支持淘宝消费者保障服务并支持参团商品的正品保障。

（2）除特殊商品外，必须支持七天无理由退换货，特殊商品如下：

1）消费者定做/定制类的商品，如个性定制、设计服务等。

2）鲜活易腐类的商品，如鲜花绿植、水产肉类、新鲜蔬果、宠物等。

3）在线下载或消费者拆封的音像制品，计算机软件等数字化商品，如网游、话费、数字阅读、网络服务等。

4）交付的报纸、期刊、图书等。

5）服务性质等商品，如本地生活服务、服务市场、家政服务、翻译服务等。

6）个人闲置类的商品。

7）天猫国际海外店铺出售的商品。

8）其他根据法律法规或商品属性不适合退换货的商品。

（3）近 30 天内参加过聚划算的店铺，除主营类目为保险的店铺外，近 30 天参聚订单金额退款率不超过 50%；除特殊主营类目店铺外，其他店铺近 30 天参聚订单未发货金额退款率不超过 30%。

1）主营类目为男装、女装/女士精品、女士内衣/男士内衣/家居服、箱包皮具/热销女包/男包的店铺，近 30 天参聚订单未发货金额退款率不超过 40%。

2）主营类目为医疗及健康服务、保险的店铺，无近 30 天内参聚订单未发货金额退款率的要求。

（4）除特殊主营类目店铺外，其他店铺近 90 天内店铺退款率则必须小于 30%。

1）主营类目为男装、女装/女士精品的，近 90 天内店铺退款率必须小于 40%。

2）主营类目为保险的店铺，无近 90 天内店铺退款率的要求。

（5）非天猫旗舰店需要提供有效的自有品牌（商标）证明、品牌（商标）授权证明或完整的进货链路证明，商家所提供的相关资质文件必须真实完整并确保合作期内持续有效。

（6）商家应合法、合规经营并确保所参聚商品及其来源、售卖（含价格）完全符合国家法律法规等有关规定，确保商品无任何质量、权利瑕疵，并保留所有相关有效凭证。

三、参聚报名流程简化

报名参加聚划算活动只需要填写库存和价格，在发布前完善信息即可，没有完善信息不影响审核结果。

品牌团商品报名时可提供 Excel 导入功能，可实现批量快速报名。

四、单品报名操作

（1）进入聚划算商户中心后台，单击“我要报名”，如图 4－4－1 所示。

图 4－4－1　单击“我要报名”

（2）进入营销中心—活动报名，选择对应的活动入口进行报名，如图 4－4－2 所示。

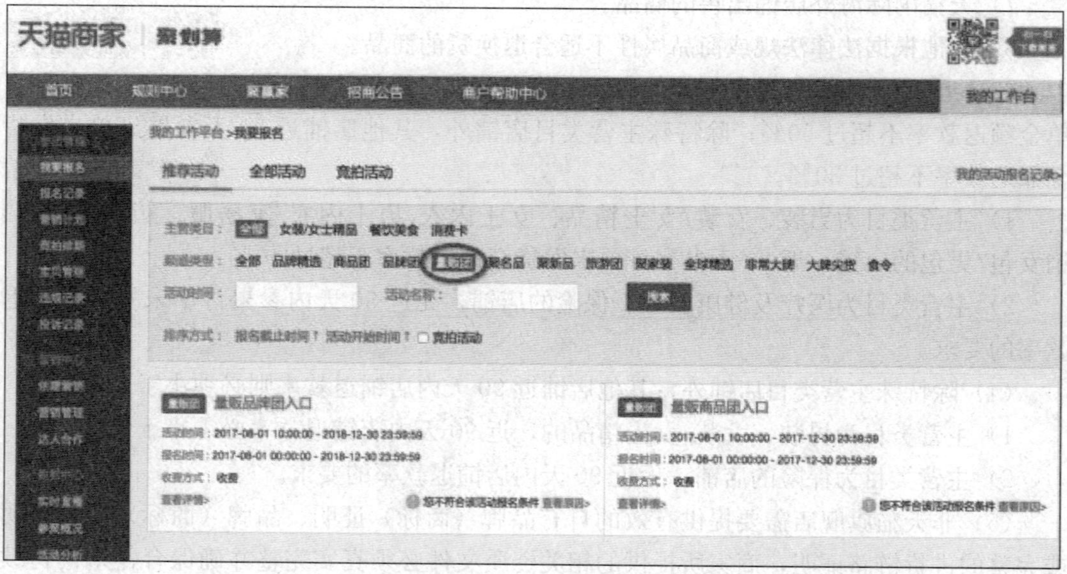

图 4－4－2　进入营销中心

（3）选择主报的频道后，查看活动详情、品类要求、收费规则、坑位规划等信息，如图 4－4－3 所示。

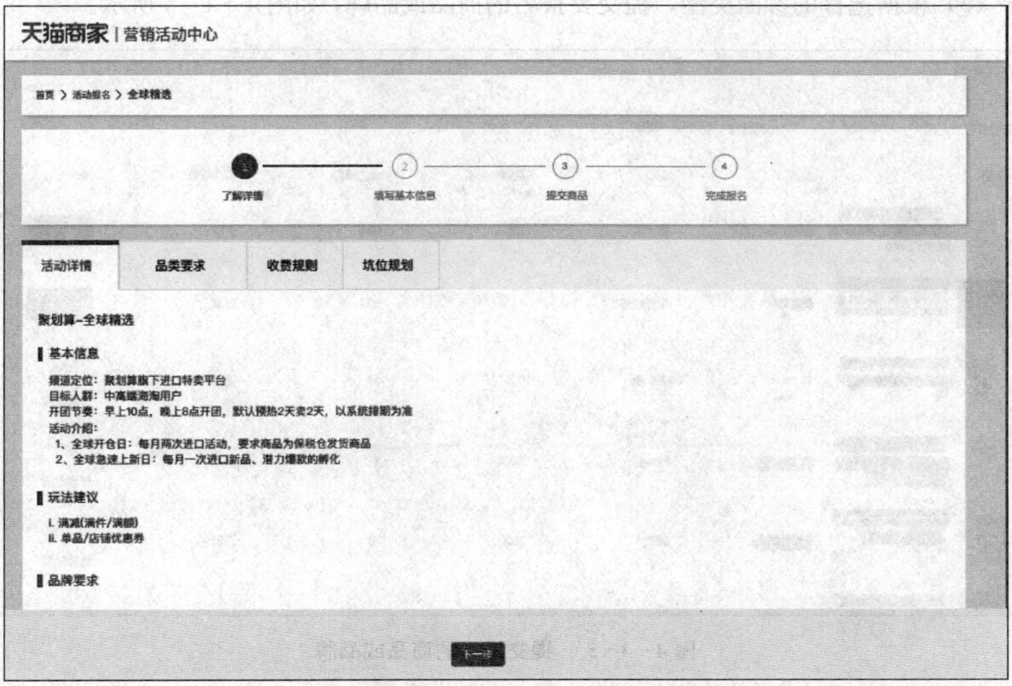

图 4-4-3 选择主报的频道

(4) 选择参团形式，单品团/品牌团（目前营销活动中心暂不支持主题团报名，主题团需通过原入口进入报名），如图 4-4-4 所示。

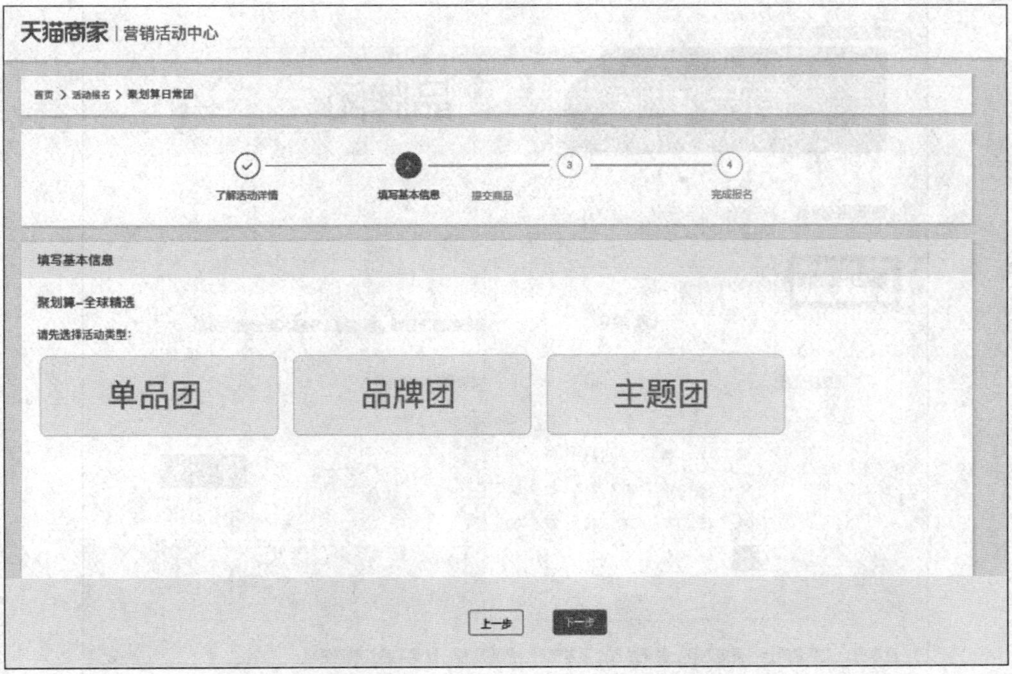

图 4-4-4 选择参团方式

（5）根据选择的参团类型，提交要报名的商品或品牌，如图 4－4－5 所示。

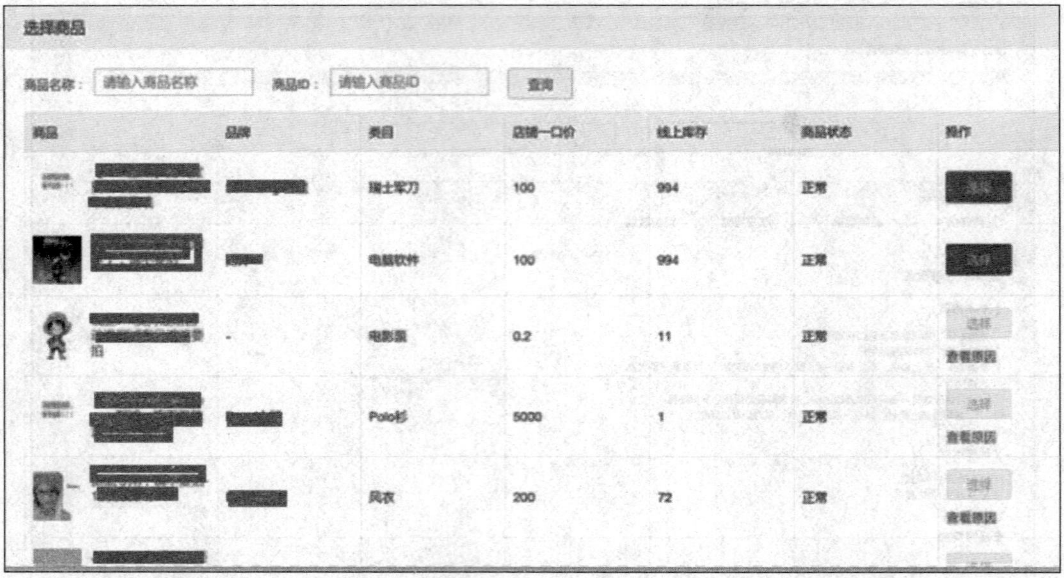

图 4－4－5　提交报名的商品或品牌

（6）选择期望时间，默认接受调剂（接受调剂是指如果系统排期时无法满足期望时间，系统将推荐其他时间），如图 4－4－6 所示。

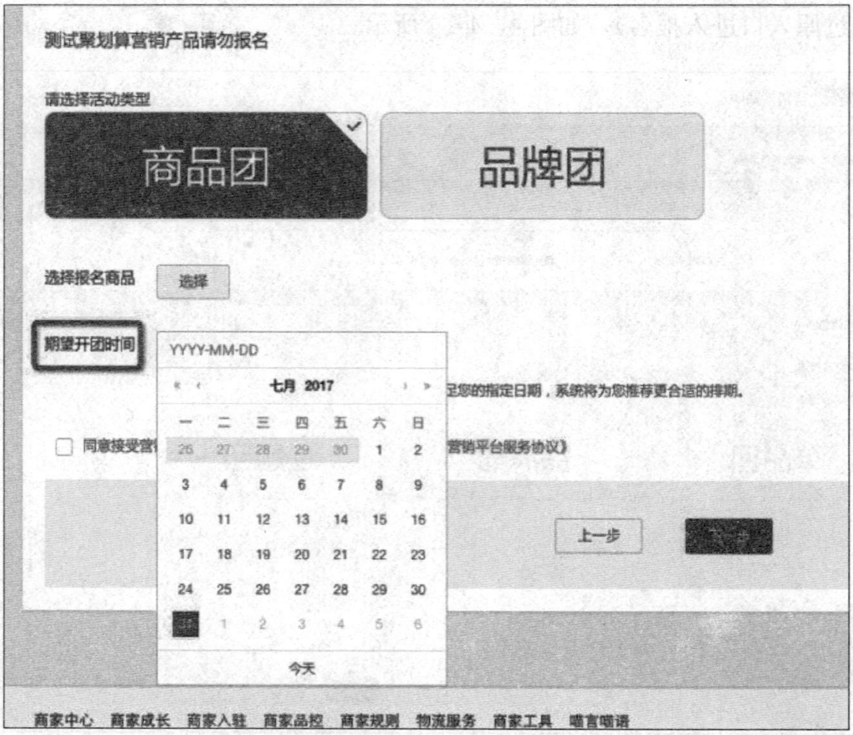

图 4－4－6　选择期望时间

（7）进入报名信息填写页面（以商品团为例），单击“提交报名”，如图4－4－7所示。

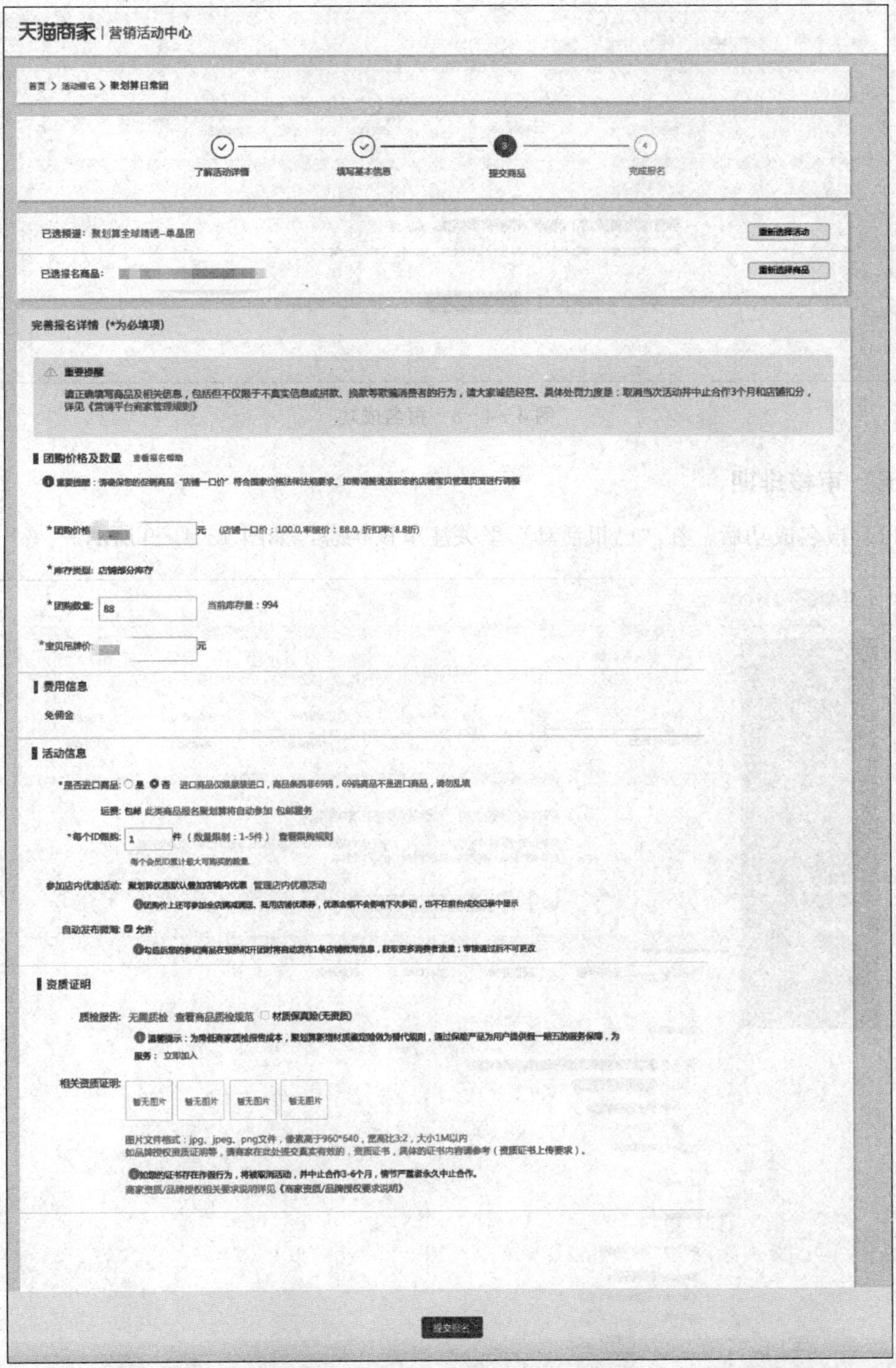

图4－4－7　单击报名

(8) 报名成功，如图 4－4－8 所示。

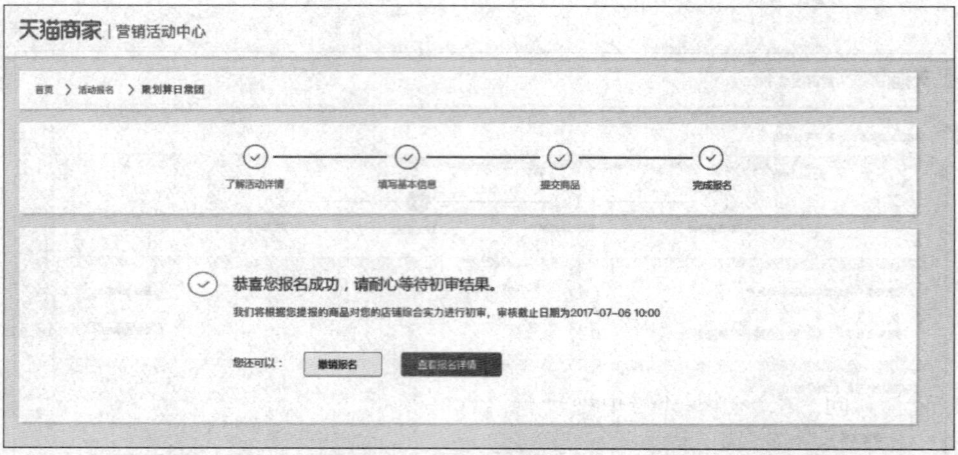

图 4－4－8　报名成功

五、审核排期

(1) 报名成功后，在“已报活动”里关注审核状态，如图 4－4－9 所示。

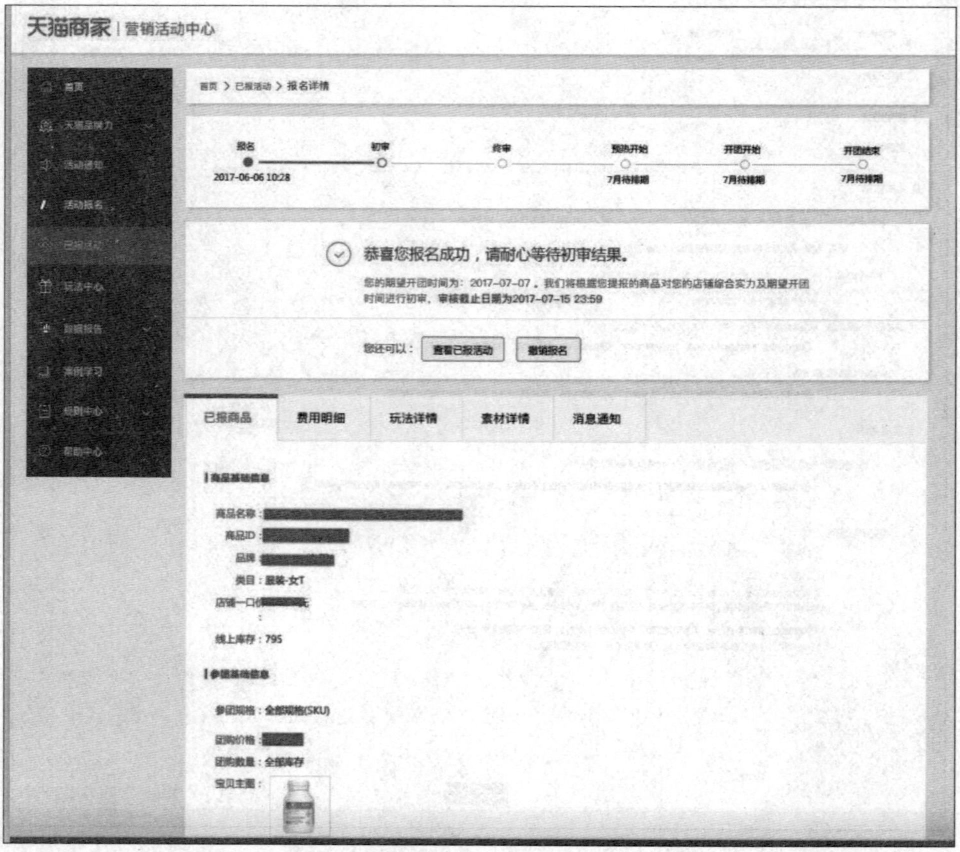

图 4－4－9　关注审核状态

（2）审核共有两轮：初审和终审。初审通过后，会提示等待终审结果，如图 4－4－10 所示。

图 4－4－10　初审通过

（3）终审通过后，若系统排期的开团时间与商家的期望时间不符，需要在 48 小时内做出选择，同意系统排期还是拒绝排期。若商家超过 48 小时未做确认，系统默认商家同意排期。如图 4－4－11 所示。

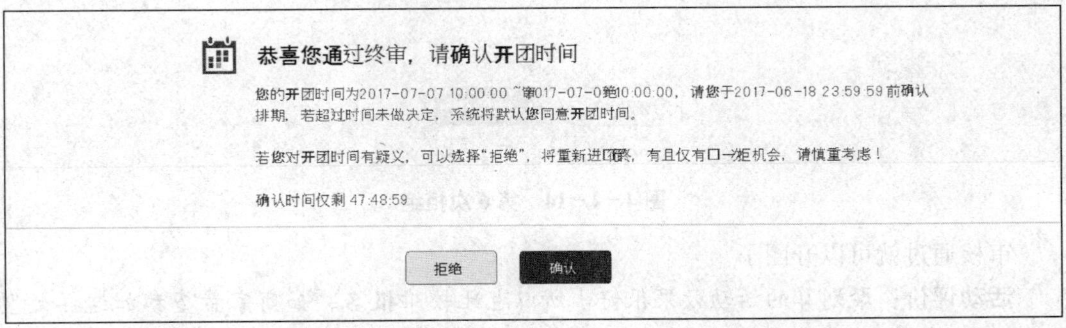

图 4－4－11　通过终审

（4）确认排期后，商家可以开始准备活动了。如图 4－4－12 所示。

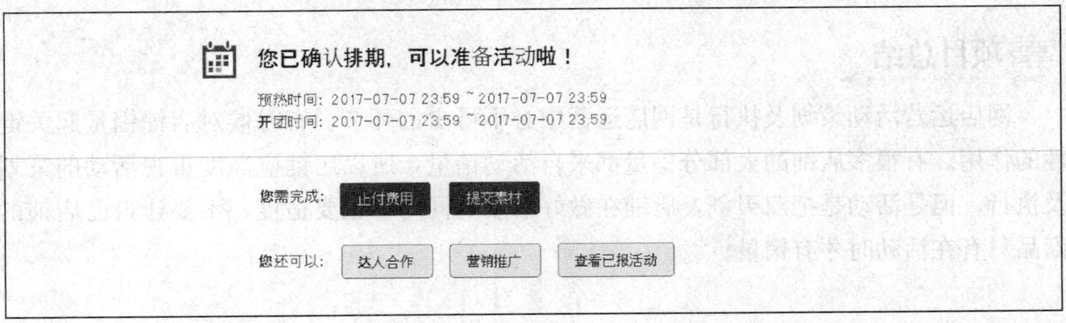

图 4－4－12　确认排期

（5）若商家对排期时间不满意可以拒绝，拒绝后，退回到待终审状态（可能会审核不通过），等待系统再一次排期。

注意：每个报名记录有 6 次拒绝的机会。第 6 次拒绝等同于取消本次活动，取消后需要重新再报名参加活动。第 1 次拒绝如图 4－4－13 所示，第 6 次拒绝如图 4－4－14 所示。

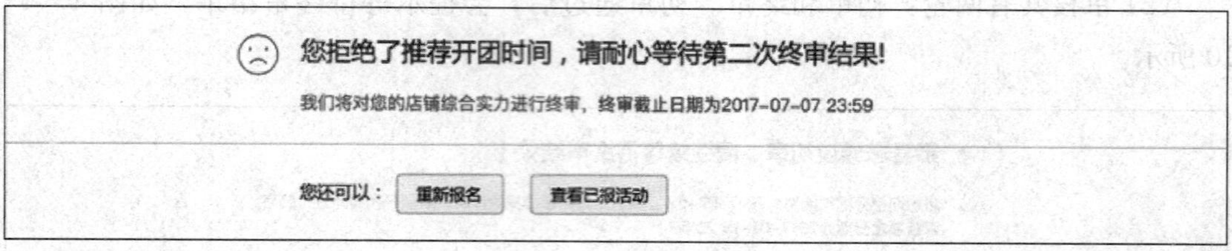

图 4-4-13　第 1 次拒绝

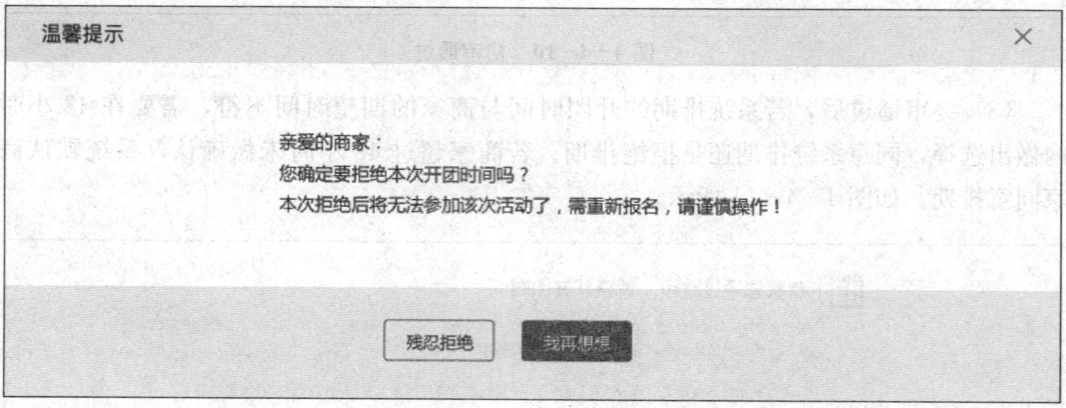

图 4-4-14　第 6 次拒绝

审核通过就可以开团了。

活动评价： 聚划算的活动效果很好，所以也比较难报名。如商家希望参加这样大型的活动，不仅需要让店铺符合聚划算的要求，还得有一定的资金储备。但有时即便顺利参加了活动也不一定取得良好的效果，所以商家要根据自己的实际情况做出选择。

项目总结

网店运营活动策划及执行是网店运营中必不可少的环节，有时候对店铺销量起关键性的作用。有很多店铺的大部分销量都来自活动销量，所以店铺应高度重视活动的策划及执行。但是活动是把双刃剑，店铺在做好活动的同时，也要适度，不要让自己店铺的商品只有在活动时才有销量。

项目检测

1. 王翔是一家网店的店主，目前已经做到 5 颗心。冲钻是他现阶段的主要任务。其店铺经营的主要商品是日用品，如牙刷、牙膏、洗发水、沐浴露等。由于店铺规模不算很大，他自己既是老板也是客服。

（1）在他店里售卖的所有沐浴露中，在进货渠道方面最有优势的是力士沐浴露，因此他把力士沐浴露定为店铺的促销品。促销品最主要的作用是（　　）。

A. 为店铺带来流量　　B. 为店铺带来利润　　C. 为店铺提升形象

(2) 牙刷的价格是他店铺所有商品中比较低的，因此可以作为秒杀品，帮助店铺冲钻。这种观点（　）。

A. 正确　　B. 错误

(3) 一个客户正在挑选洗发水，有点犹豫是买清扬的还是买沙萱的。客户请他帮忙推荐，他的处理方式应该是（　）。

A. 要分析客户的需求　　B. 看自己店铺内这两种洗发水的销量情况

C. 不做推荐，让客户自己挑选　　D. 考虑客户的心理价位

(4) 某天他收到了一个客户投诉下单 3 天了还没有收到货，他的处理方式应该是（　）。(多选题)

A. 要向客户道歉，用良好的态度稳定客户的情绪

B. 迅速从后台查到客户的订单号以及发货详情

C. 尽快帮客户查询快递状况

D. 向客户说明晚到的实情，请客户原谅

2. 某公司主营小家电产品，准备参加淘宝一年一度的双十一大促销活动，为此专门成立了项目组，分别由采购部、资源管理部、营销部、客服部和物流部抽调了精兵来支持这个项目。李亮受命承接了这个重要的任务，带领各部门的同事一起做好活动前、活动中、活动后三个阶段的各项工作。

(1) 针对此次双十一活动，李亮作为项目负责人在产品上应该做的准备工作包括（　）。(多选题)

A. 先了解市场需求，明确目前市场上畅销的小家电有哪些，结合公司的实际情况，主推最具优势的小家电产品

B. 与淘宝 KA 工作人员沟通，更好地配合及评估需要产品的种类和数量

C. 安排采购部根据评估情况备货并提前打包入库

D. 直接把库存中的小家电作为双十一产品

(2) 围绕双十一促销活动，让自己的产品脱颖而出的有效方法有（　）。(多选题)

A. 选一款产品，主打低价折扣策略，抢占新用户

B. 整个活动主页面场景化，例如，厨房配合人物，打造家庭温馨的感觉，引起客户共鸣

C. 主打家庭温情牌，例如，送给在厨房忙碌的妈妈，在感情上获得买家的青睐

D. 时时展示最新销售记录，以限时限量抢购形式造成用户心理上的行动急迫感

(3) 除了销售主打产品以外，公司还希望通过双十一带动整个店铺的销量和其他产品的销售额，李亮可以在整个活动页面中突出主打产品，再根据明确的类别推荐其他产品。这种观点（　）。

A. 正确　　B. 错误

(4) 在双十一来临之前，李亮作为项目负责人，他应该对客服部的同事（　）。(多选题)

A. 针对活动当期所有产品及活动规则进行培训

B. 提前完成对客服部同事的排班调度安排

C. 督促客服人员完成前期筹备工作，设置旺旺咨询，针对常见问题准备相应问题的答案

D. 给每个人制定明确的销售目标

（5）对活动当天客服工作的描述不正确的是（　　）。

A. 只卖东西就行，其他都不用管

B. 需要接待咨询并卖货

C. 需要及时收集用户提出来的问题

D. 需要及时把客户的反馈信息传递给营销同事以进行优化调整

3. 趣味挑战：如果你是一个网店的活动策划人员，请根据店铺实际运营情况，为店铺做一个全年的活动策划。（至少包括一次大型活动、三次小型活动）

项目五 网店运营推广

项目综述

京猫服饰股份有限公司今年准备陆续在天猫、京东商城两大平台上开店。通过网络招聘，京猫服饰股份有限公司成立了以艾美丽为主要负责人的网店运营团队。

京猫服饰股份有限公司先入驻了天猫，逐渐丰富了线上产品类目，并综合运用了多种网店推广方法，使得网店规模和销量稳步上升。通过在运营部的这段短暂日子，小艾学到了很多网店运营与推广的实用技巧，了解了网店定位及产品规划定位、差异化营销的技巧，掌握了淘宝 SEO 和免费推广的多种方法，初步尝试了直通车推广并取得了不错的业绩，还深入学习了钻石展位的相关知识，为下一步制订网店营销计划打下了坚实的基础。京猫服饰股份有限公司网店运营团队对经营好网店充满了信心。

项目目标

知识目标

- 理解网店定位与产品规划定位；
- 理解网店差异化运营策略；
- 掌握网店自然流量引入的 SEO 技巧；
- 熟悉钻石展位相关知识。

技能目标

- 会运用论坛、微博、微信、QQ 等方法免费推广网店；
- 能够熟练根据网店情况开展淘宝 SEO 工作；
- 能有效开展直通车推广工作。

情感目标

- 培养依法、诚实经营网店的意识；
- 培养创业精神和创业意识。

任务一　网店定位及产品规划定位

【情境导入】

艾美丽通过网络招聘被京猫服饰股份有限公司录用为网店运营主管。通过入职培训，得知该公司已经确定了公司官方网店的销售平台。第二天，部门经理安排艾美丽对公司将要开设的网上店铺进行定位和分析，为店铺将要销售的产品进行规划，对用户进行定位，制定产品的价格策略。具体概括起来就是 4 件事：店铺定位、产品规划定位、人群定位、价格定位。

活动一　店铺定位

对于刚刚涉足网上交易的京猫服饰股份有限公司（以下简称京猫服饰公司）来说，需要急迫解决的是网店定位的问题。对网店进行定位的过程就是寻找网店差异的过程，即如何寻找差异、识别差异和显示差异的过程。

一、了解自己网店的优势

京猫服饰公司有通畅而价格低廉的货源，能够以低廉的价格销售相同质量的产品，或以相同的价格水平销售更高质量的产品，这是公司网店的优势。

二、了解商品优势，作为推广重点

通过调查和研究所要出售商品的各种因素，确定商品的优势所在。一个商品通常是多个因素的综合反映，包括性能、构造、成分、包装、形状、质量、品牌、售后服务等。通过综合分析，了解自己所经营商品的优势，然后将优势作为自己推广商品的重点。如图5-1-1所示。

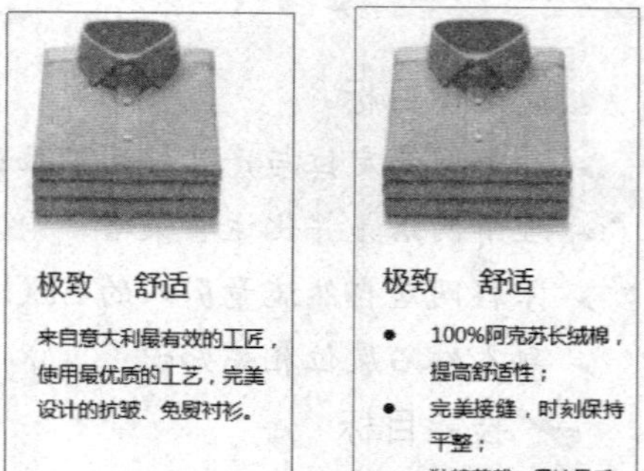

图 5-1-1　分解产品属性

如何在众多的电商中脱颖而出？怎样让人眼前一亮？那就要知己知彼，通过与竞争对手的对比，得出自己的竞争力。将竞争力细化到产品上，挖掘优势和卖点，你有别人没有的特质，那就是你的核心优势。

三、分析网店竞争对手，总结自身优势

通过浏览竞争对手的店铺、查看竞争对手的历史交易记录分析竞争者，了解他们的

商品组成、价格、销售额等，把自己的网店与竞争对手进行综合比较分析，总结自己的优势。

四、一切就绪，确定店铺定位

对自身网店、商品、竞争对手进行分析后，综合各方面结论，为自己的网店确定一个最终的市场定位。

活动评价：经分析，京猫服饰公司有物美价廉的进货渠道，所经营商品的知名度高，消费者对这类商品的购买意向明确，而竞争对手普遍交易量有限。因此，小艾把京猫服饰公司的网店定位为名牌折扣店。

活动二　产品规划定位

京猫服饰公司进驻电子商务平台开网店的目的是提高自身产品的销售额并提升品牌的影响力，如何规划本网店销售的产品并定位对该公司尤为重要。

一、产品属性定位

进行产品属性定位首先要定位行业，最好细分到准确的目标客户群体，如选择女装行业，需要进一步细分到大码女装、白领女装、淑女装等。对网店来说，越准确越好，当然前提是要保证客户群体有一定的数量和消费能力，如针对35岁左右的企事业单位女性，身材略微发福，有小肚子，就可以将产品属性聚焦到不收腰中长款的衣服以方便遮肚子。有些定位看起来范围非常窄，但精准的聚焦容易取得目标客户群体的认同。

商家对自己要销售的产品，还要对它的质量、功能、品牌等进行全方位的考虑。例如，功能怎么样，能否吸引很多人购买，它的质量有多好，性价比有多高，品牌的影响力有多大。此外，产品选择还应该以消费者为导向，对所销售商品进行适当调整。

二、产品功能定位

定位店铺商品哪些是主打商品，哪些是陪衬商品。

小艾进一步细分了京猫服饰公司网店的商品有以下几种：

（1）引流款：吸引流量的商品流量款。

（2）利润款：占商品结构中最高份额，面向目标客户中的小众，注重顾客对款式、风格、价位的需求，而销售的目的就是提升网店的利润，偏精准推广。

（3）活动款：用于做活动的商品，如引流量、冲销量或者清库存的商品。

（4）形象款：高品质、高调性、高客单价的极小众商品。适合目标人群里面的少量细分人群，目的是提升品牌形象。

活动评价：通常在一个店铺里面，80%的产品是用来做陪衬的。店铺的经营者一定要清晰地知道店铺里边的哪些产品是作为陪衬的，哪些产品是主角。主打产品不要轻易降价，要保留充足的库存、良好的口碑、详尽的描述、不错的毛利，所有产品都要尽可能向它们引流。

活动三 人群定位

人群定位是开店前定位中的一个重点。企业开展电商，首先要明确自己的目标在哪里，哪些人群是自己要针对的。二八定律提出，20%的产品占据了80%的销售额，20%的客户消费额是总金额的80%，所以商家就需要明确这20%的客户是谁，他们的性别、年龄层、喜好、需求、购物习惯等，只有了解他们的特点才能做好精准营销。

一、目标群体定位

人群定位就是对所销售商品的消费人群有个定位，主要消费人群是男、女、老、少等都要有个清晰的定位。在这些人群中又有哪些人群是不会或者是不喜欢在网上购物的，也要有定位。因为产品定位是基于客户的特征，这些客户对于产品的属性要求、价格要求、质量要求、风格要求不同，因此不同的客户群体会对产品产生不同的产品定位。有了很好的定位，我们就可对市场进行很好的分析，接下来才会做得更好。

二、赢得用户的策略

（一）差异化策略

在定位的过程中可以采取差异化策略，突出店铺差异点，赢得买家。如描述一款产品时，不要用“这是一款专门为××人群设计的产品”，可以用“这是一款可以帮你做××的产品”，将定位使用到情景里。如图5-1-2。

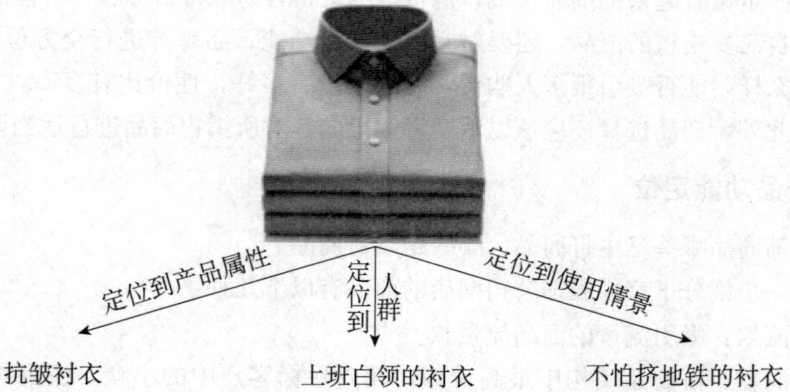

图5-1-2 定位到使用场景

塑造视觉感，可让人联想到具体的情景，如图5-1-3所示，左图只说“夜拍能力强”，很多人不会产生直观的感觉；右图说“能够拍星星”，让读者看到后就能联想到具体的形象，就立即回忆起“看到璀璨星空想拍但拍不成”的感觉。

（二）专注细分市场

专注细分市场，是指将注意力集中于市场的某一特定群体，提高客户黏性，提高产品口碑。如图5-1-4所示。

图 5－1－3 塑造视觉感

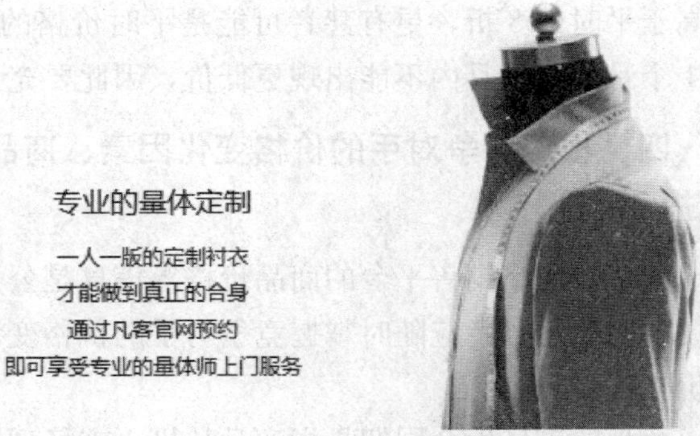

图 5－1－4 专业为用户量身定制

活动评价：实际上，针对互联网产品的特点（品类复杂、人群分散），除了专注细分市场外，我们应该更多地把产品定位到使用情景——用户需要用我的产品完成什么任务？所以，最重要的并不是“我是谁”，而是“我的消费者用我的产品做什么”。

活动四 价格定位

当消费群体已经确定后，商家还要考虑产品价格定在怎样的范围。尤其当下网上销售的产品价格已经相当透明，消费者想要了解某种商品的价格轻而易举。

网络商品定价与传统商品定价思维方式接近，既要考虑到商品成本因素，又要考虑到款式划分、促销活动、与顾客群的消费层次相符合等因素。

小艾针对京猫服饰公司网店做出了以下几种定价策略：

一、根据顾客定位确定价格定位

就拿童装来讲，款式很多，质量相差也很悬殊，价格是肯定不同的。商家要思考的是走高档路线还是走中低档路线，消费群接受的范围如何。不同的价格区间背后对应的是不同消费层次的顾客，通过价格区间就锁定了对应的目标顾客群。

例如，35 岁左右的公务员，有一定社会地位，会觉得实体店两三千元一件的毛衣太贵，但是其对品牌和质量又有一定的产品要求。那么，商家根据其心理，若相关产品平均 300 元左右成本，加上款式优势，可以将价格定位在 500～800 元。

二、根据产品在网店中发挥的功能定价

由于引流款、利润款、活动款、形象款的各自市场定位有所差异，因此要根据其受众和市场定位不同再逐个定价，形象款利润最高，利润款其次，引流款次之。

三、根据活动要求临时定价

在定价的过程中一定不能忽视活动因素的存在，一般而言，对参加淘宝官方活动或者在站外活动的商品，活动组织方对活动价格都会有苛刻的要求，比如要求活动价格不

能高于平时的8折，更有甚者可能是平时价格的3折、5折或更低，而且还要求该产品在1个月或3个月内不能出现更低价，因此要充分地做好价格的策划工作。

四、根据竞争对手的价格变化因素、商品的生命周期、消费者心理因素等情况进行定价

大多数网络销售平台的商品价格等信息是公开的，这为了解竞争对手的价格提供了方便。网店运营者应随时掌握竞争对手的价格变动，调整自己的策略，以时刻保持产品的价格优势。

商品的市场生命周期是指商品从投入市场到退出市场的全过程。在制定价格时，一定要考虑产品的循环周期。从产品的投入、生长、成熟到衰落，每个阶段产品的价格要有相应的调整。在商品投入期，为引起消费者的注意和兴趣，应以较低或较高的价格出售；成长期的商品应维持一个稳定且有适当利润空间的售价；成熟期商品的定价与成长期类似，应注意替代品的出现和竞争者的价格行为，应加大促销力度；衰落期的商品应通过各种方式的促销活动尽快清理库存，及时退出市场。

消费者的心理因素以及消费者对商品价值的判断是定价的主要依据，其对应的定价方法主要有两种：(1) 针对不同的目标顾客采用不同的价格策略；(2) 根据消费者所能接受的价格以及网店的期望利润来控制经营成本并进行定价。

活动评价： 艾美丽如期完成任务，虽然加班过程很辛苦，她的内心还是很快乐、很有成就感的。通过这次网店定位与分析工作，小艾得出：不论是产品定位、人群定位还是价格定位，都不能盲目，要对产品、人群、竞争对手等进行多方面的研究，要集中资源，开创主导类目，赢得消费者的信赖。

【合作实训】

实训任务： 运用所学知识，对自己的网店进行定位。

实训要求： 学生以小组为单位开展实训任务，通过实际调查及实践操作，掌握网店开店前期的调研方法和定位技能，并对自己的网店进行定位，完成实训报告。

实训实施：

1. 进行自身定位，并据此确定网店所售商品的种类。
2. 针对备选商品的类别对网店的顾客及价格进行初步定位。
3. 实训报告应包含的内容如下：

(1) 产品定位——选择网店将要经营的产品。

(2) 人群定位——设计产品对应的顾客群体。

(3) 价格定位——根据顾客群体等因素设计产品的定价。

(4) 货源准备——寻求该产品的最佳货源渠道。

(5) 对网店进行 SWOT 分析。

任务二 差异化运营

【情境导入】

对京猫服饰公司的官方网店进行定位之后，艾美丽在产品摄影及网店装修团队的协助下，顺利完成了商品发布。在体验了网上商品上架的快乐后，小艾又困惑了。由于是刚刚开店，在互联网上没有一点信誉度，一个月了，始终没有订单。更关键的是，网上商品同质化严重，怎样才能在众多网店当中脱颖而出？怎样让人眼前一亮？小艾对此非常烦恼。

为此，她请教了一位经营网店多年的师兄。师兄告诉小艾，如果想要店铺有订单，只把网店开起来是远远不够的，还要对网店进行推广。对于网上商品同质化较为严重的问题，需要分析竞争对手，开展差异化运营。小艾决定先从差异化运营入手。

在电商竞争愈演愈烈的今天，同质化现象成为网店运营中无法避免的事实。这种小至淘宝网，大到整个电商圈的同质化现象，使无数的卖家、企业在同质化竞争中退出舞台，最后只有少数脱颖而出的卖家获得成功、突出重围，他们是如何做到的？他们是如何区别于同质化的？

在当今网店严峻的生存法则下，卖家该如何突出重围呢？答案就是——具备差异化思想和掌握差异化操作方法。小艾通过网络学习和同行指导，总结出网店适用的几种差异化运营策略，如图5-2-1所示。

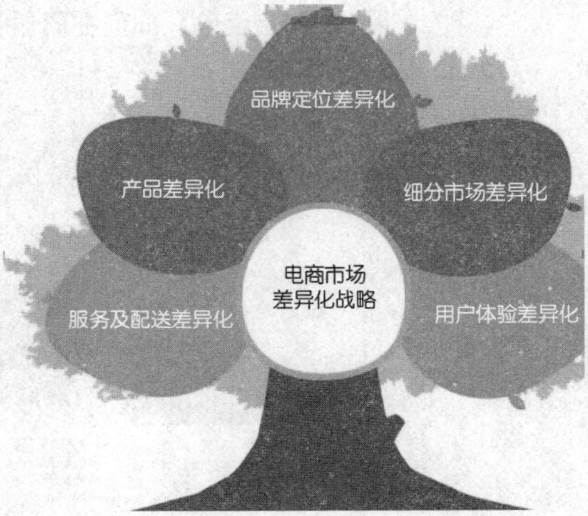

图 5-2-1 差异化运营策略

一、产品差异化

产品差异化是指尝试改变基本相同的产品，使消费者相信产品存在差异而产生不同的偏好。

二、品牌定位差异化

为某个特定品牌确定一个区别于竞争品牌的卖点和市场位置，使商品在消费者的心中占领一个特殊的位置。

三、细分市场差异化

依据消费者的需求和欲望、购买行为和购买习惯等方面的差异，把产品的市场整体划分为若干个消费者群的市场。

四、用户体验差异化

用户体验是指用户访问一个网店或者使用一个产品时的全部体验，包括他们的印象和感觉、是否成功、是否享受、是否还想再来/使用、他们能够忍受的问题和疑惑等。

一个注重个性化体验的时代，能为消费者提供独特的与产品及企业相关的各种体验，这对促进销售与提高亲和力有积极的作用。要让企业网店成为浏览者的体验场地，巧妙地把线上与线下接触结合起来，使浏览者参与进来。

五、服务及配送差异化

产品特征不同，客户服务水平也应不同。当企业拥有多种产品线时，不能对所有产品都按同一标准来配送，而应按产品的特点、销售水平来设置不同的库存、不同的运输方式和不同的储存地点，忽视产品的差异性会增加不必要的配送成本。

知识窗

淘宝经验：如何在同质化产品中找出你的差异化

同质化是指同一大类中不同品牌的商品在性能、外观上相互模仿，以至于逐渐趋同的现象。例如，买家去淘宝网买烟台苹果，却不知道哪个是比较好的。如图5-2-2所示，苹果都差不多，没有办法区分好坏。

图5-2-2　淘宝网搜索的“烟台苹果”

1. 标题差异化

标题在网店SEO中属于最基础，也是最重要的内容。卖家的产品再好，销量再高，但如果没有一个好的标题，不仅会损失大量的访客，更严重的是会导致顾客体验感降低，买家无法第一眼明白卖家卖的是什么，徒增页面的跳失率。

2. 产品图片、描述差异化

现在一件代发的服务做得非常火热，同一产品的同质化竞争变得越来越激烈。所以，想做差异化，需要有一个不错的差异化产品。

产品如何差异化？这就需要卖家在运营的过程中挖掘出那些可以做差异化的部分，如产品独有的功能、不同于其他卖家的宝贝主图、创意描述等，如图5-2-3所示。

图 5-2-3　创意主图与描述的差异

3. 价值差异化

价值的差异化是指除了产品本身的功能、效果外，更多的是来自产品捆绑的附加内涵。例如，最常见的有小礼品、温馨的包装、特别亲切的服务等。如图 5-2-4 所示。

图 5-2-4　价值差异化

在价值差异化中，特别需要注意的是，这种价值需要符合顾客购买当前产品的潜意识期望，就是需要吻合顾客的需求。在添加附加值的过程中要充分考虑这样的附加价值能否很好地吸引到顾客，购买力会有大的提升。

做价值的差异化，应从对产品有需求的顾客方向去思考。

想一想：如果你在淘宝网上买这个宝贝，卖家对你说什么你会立即下单呢？

4. 情怀差异化

人都是容易动情的，如果商家产品的详情页不是在硬销售，而是在描述情怀，买家看到他的故事会感动，继而会有感触，这个时候可能会不由自主地相信这位卖家而去购买。如图 5-2-5 所示。

5. 图片拍摄与美工差异化

拍摄差异化相对来说比较容易，很多商家卖男装衬衫都采用此方法，如图 5-2-6所示。

图 5-2-5　情怀差异化

图 5-2-6　卖男装衬衣的普通图片效果

而真正要做出图片的差异化应如图 5-2-7 所示，用抢眼的黄色背景色，一下子吸引买家注意力，在此基础上又增加了特别的设计，添加了一双女士的手，提高图片的创意。在同等情况下，这就是如何吸引消费者点击的重点所在。

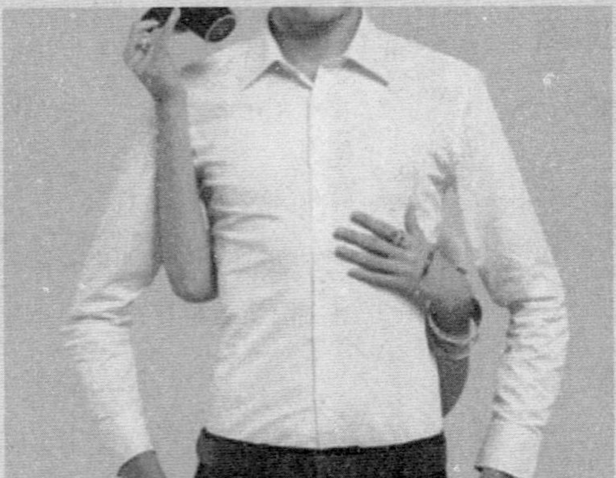

图 5-2-7　衬衣图片差异化效果

6. 推广差异化

在采取任何推广策略前要充分认清自己的顾客在哪里，他们寻找宝贝的习惯是什么，他们喜欢什么样的商家。凡事需从本质入手，如果商家只停留在表面现象去做分析，那么所得出来的推广渠道只会投入更多的无用精力、时间和资金。

7. 原材料、原产地差异化

通过不同的角度去拍摄，让消费者从感官上觉得原材料选择的不一样，商品价值不一般，从而就可以制定出与竞争对手差别较大的价格。

原产地主要是让消费者相信原产地出来的产品是最好的，如阳澄湖的大闸蟹、五常的大米、宁夏的枸杞、海宁的皮衣、阳江的菜刀、新疆的红枣等。原产地是天生的优势，可以把竞争对手区分开来。如果遇到大家都是一个产地的，还可以再细化，如是哪个县的。

另外还有加工的方式，是现代化加工还是手工加工，是纯天然还是含有添加剂，这样商品的价值就可以区分开。

（资料来源：淘宝经验：如何在同质化产品中找出你的差异化．http://www.3lian.com/edu/2016/05－04/293453.html，有删改．）

活动评价：在店铺运营过程中，唯有先拥有差异化的意识，具有远见地部署整套差异化运作方案，才能够做到真正的差异化。差异化的竞争是必然的，商家想在今后的竞争中脱颖而出，就必须实施好店铺的差异化策略。

艾美丽通过研究竞争对手及其他品类网店的差异化运营策略，豁然开朗，她已经深刻体会到真正运营好一个网店的艰辛。今后，她还要持续不断地学习成功运营网店的经验，并研究出适合本公司网店发展的道路。

【合作实训】

实训任务：运用所学知识，寻找适合自己网店的差异化运营策略，并尝试运用。

实训要求：学生以小组为单位，制定运营网店的差异化运营策略，并真实运用到网店运营的细节中。

实训实施：

1. 根据自己网店产品的特点、人群的定位和需求等，制定网店的差异化运营策略。

2. 把制定的差异化运营策略真实运用到自己的网店里，如运用促销策略及修改宝贝的标题、图片、描述等。

任务三　淘宝 SEO 工作

【情境导入】

经过一段时间的忙碌，艾美丽又开始发愁了，她发现每天光顾网店的人很少，成交量就更不用说了。怎样才能把淘宝网上的流量引入自己的店里来呢？还是师兄甄有才有办法，他帮小艾分析了淘宝网流量的基础入口——淘宝自然搜索，即用户搜索带来的基础流量。

淘宝店铺有各种各样的流量入口，但对于绝大多数淘宝卖家而言，淘宝自然搜索流量是不可或缺的一个流量渠道，一方面，绝大多数买家可以通过搜索进入商家店铺，它是淘宝店铺的一个主流流量；另一方面，与其他流量方式相比，它是免费的，而且可操作性强。一般对于一个正常、成熟商家的店铺，淘宝自然搜索流量会达到30%甚至更多。那么究竟什么是淘宝SEO，如何做好淘宝SEO工作呢？

小艾决定分两个步骤学习淘宝SEO：了解淘宝SEO的影响因素，掌握淘宝SEO的工作要点。

活动一　了解淘宝SEO的影响因素

一、淘宝SEO基础

淘宝SEO即淘宝搜索引擎优化，是指商家通过优化自己的商品和店铺信息使自己的信息在淘宝搜索中排名靠前，以便用户关注、购买。

与综合搜索引擎不同，淘宝搜索并不像全网搜索那样需要在整个互联网中抓取、分析、归类数据，淘宝搜索的数据依赖于“卖家”整理归类并进行精准发布，换句话说，卖家商品发布的过程就是淘宝搜索建立商品索引的过程。有了按类目、属性发布的商品，就有了商品索引基础，算法引擎就可以根据商品关键词为买家提供精确的搜索结果。

因此，要做好淘宝SEO工作，就要根据淘宝的一套行为准则处理信息。

二、淘宝SEO的影响因素

影响淘宝网、天猫搜索排名的因素有很多，大概有几十种，包括商品类目、商品属性、商品销量等，但最主要的是以下几种：

（一）反作弊因素

反作弊因素是指商家在店铺经营过程中不能出现作弊违规行为，淘宝有自身的商业运营规则，一旦出现违规、作弊等行为，无论其他方面做得多好，都会影响商家信息的排名。

（二）类目因素

类目因素主要是指宝贝在发布过程中类目选择、属性填写一定要精准，填写有出入会影响宝贝信息的排名。因为类目划分是淘宝商品分类的基础，也是用户查找信息的一项重要依据。

（三）宝贝标题和属性

宝贝标题和属性的设计要在遵循商品特质的基础上，围绕买家搜索关键字来设置和布局。淘宝SEO工作的核心是以关键字搜索为基础的。

（四）时间因素

宝贝离下架时间越接近，排名越容易靠前，淘宝网优先推荐接近下架的商品。在淘宝网商业规则中，商品下架意味着商品的消失，离下架时间接近的宝贝排名靠前，不仅是在给买家机会，也是在给商家机会。

（五）商家因素

主要是考虑商家的类型，一般天猫商家优先。另外还包括卖家服务评级系统（DSR）的评分，店铺动态评分。交易成功后买家可以对本次交易的卖家进行三项评分，例如淘宝网买家可以对卖家的宝贝描述相符、服务态度、物流服务三项进行评价。

（六）服务因素

服务因素是指商家要提高服务质量，表现指标有投诉率、纠纷率、退款率、旺旺响应等一系列的因素。

（七）人气因素

人气因素主要是指商家的转化率、销售量、收藏量、评分、熟客率、流量等因素。

（八）个性化因素

统计分析买家的购物偏好，包括但不限于最优成交价格区间、品牌偏好、属性偏好等影响因素。

（九）商业规则

在淘宝网和天猫各个行业市场中，都会有一些特色服务，提供特色服务的商家和商品将会更容易获得搜索的流量倾斜。例如，天猫电器城推出的“电”字认证，就包含了“送货上门、配送时效展示、顺丰包邮、无忧退换货和全国联保”等系列服务。搜索电器城相关商品时，带有“电”字标认证的商品会被优先推荐。

活动评价：要做好淘宝SEO工作，就要注意避免触犯淘宝反作弊机制规则，选好类目，做好标题关键字、属性描述、卖家服务，提升商品人气、具备个性化等，这些工作之间互相影响、互相制约。

活动二　掌握淘宝SEO的工作要点

淘宝SEO是方方面面综合的系统化工程，不是单纯做好其中的某一个方面或几个方面就能有理想的排名，因此要做好淘宝SEO工作，就需要扎扎实实地做好每个环节的工作，落实到每一个步骤，综合地做好全面工作。

一、做好商家特色服务工作

在淘宝的搜索体系中，商家的特色服务能够给商家的淘宝SEO工作增色，所以在条件允许的情况下商家可以开通“正品保障”“24小时发货”“货到付款”“信用卡支付”等特色服务。

二、熟悉淘宝规则，避免违规作弊行为

在淘宝体系内有禁止发布违规商品等一系列的行为规则，触犯这些规则就会引起淘宝处罚、扣分、店铺降权并影响到宝贝排名。在诸多的规则中，除了错放类目、重复铺货、滥用关键字、商品要素不符、支付方式不符、商品广告不当等，还需要杜绝虚假交易、信用炒作等行为。

虚假交易是指商家通过不正当方式获得商品销量、店铺评分、信用积分等不当利

益，妨害买家权益的行为。虚假交易行为包括但不仅限于以下几种：

（1）自己注册买家账户进行购买。

（2）朋友间不正常的相互购买（建议走线下交易）。公司内部人员不正常的相互购买（建议走线下交易）。通过与他人协商，以不正当方式提高商品销量。

（3）通过第三方炒作平台提高商品销量。

（4）恶意使用不真实的物流单号。通过虚假发货或不发货来进行虚假交易，提高商品销量。

（5）通过搭配套餐方式进行大幅度改价进行炒作销量的行为。

三、做好宝贝发布的类目属性工作

做好宝贝发布的类目属性工作就是要做到准确地选择宝贝所在类目，精准地填写宝贝属性，不要为了吸引客户而违规填写虚假信息，如宝贝品牌、宝贝的认证等信息。下面主要讲解商家比较关注的宝贝类目的选择。

（一）通过搜索宝贝关键词

在发布宝贝选择类目时，通过搜索宝贝关键词确定最合适的类目，如图 5－3－1 所示。

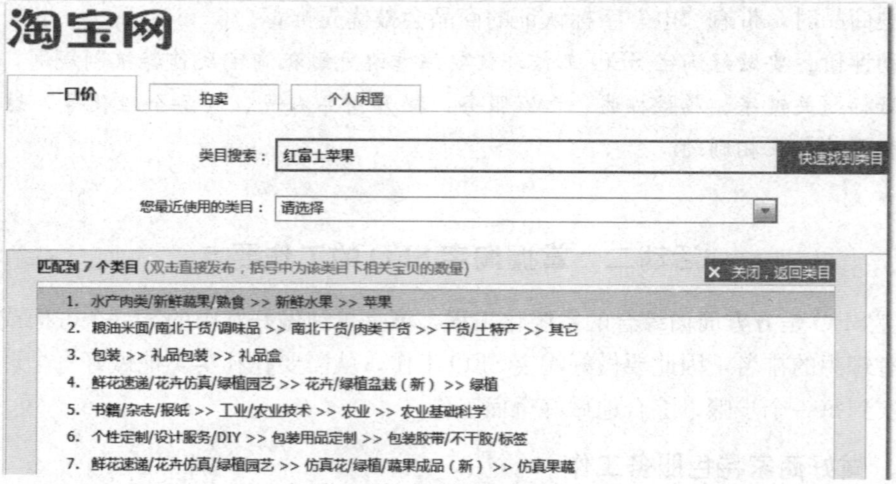

图 5－3－1　类目选择

搜索出相应的类目时，从上到下、由多到少依次列举出市场其他卖家的类目选择，商家应根据最贴近的类目进行选择，切不可投机取巧，故意选择错误类目。

（二）通过竞争对手商品所在的类目

可以利用淘宝高级搜索，通过竞争对手商品所在的类目进行判断。参考竞争对手中做得比较好的商家，使用淘宝高级搜索，设置关键字，卖家昵称设置为竞争对手的昵称进行搜索，如图 5－3－2 所示。通过搜索，可以看到竞争对手的商品分类所在的类目，如图 5－3－3 所示。

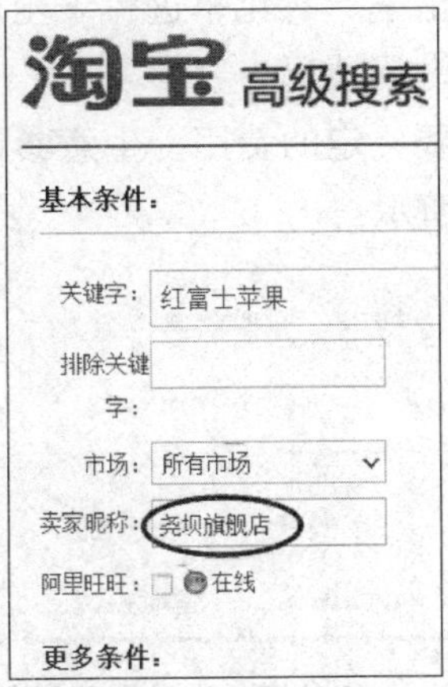

图 5－3－2　淘宝高级搜索

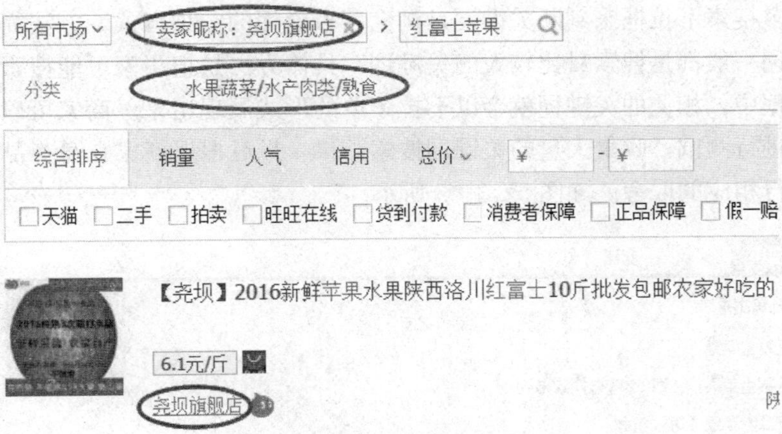

图 5－3－3　淘宝高级搜索类目展示

四、做好淘宝搜索关键词工作

这主要是指标题关键词要符合消费者的搜索习惯，宝贝属性要填写准确，满足消费者的搜索需求。

众所周知，SEO 工作是以消费者关键词搜索为基础的，所以要做好淘宝 SEO 工作，判断关键词、选择关键词、做好标题关键词就显得非常重要。标题涉及的关键词越多，消费者搜到宝贝的可能性就越大，关键词越精准相对购买率可能就越高。如果关键词选错了，那么消费者根本就找不到商家的宝贝。判断和选择搜索关键词可以从以下几个方面做起：

（一）关键词查找工作

1. 利用生意参谋查找关键词

判断和选择淘宝关键词最准确的方式就是利用生意参谋。关键词主要参考展现、点击率、点击转化率以及竞争度这几个维度。生意参谋不仅把全网每天搜索关键词的热度进行排名，同时还把关键词的点击率、转化率进行了全面分析，并分析引流搜索词、行业热词等，便于卖家全面了解关键词情况。

特别注意：使用生意参谋需要一定的费用。生意参谋的电脑和无线的关键词可以单独分开选择查看，如图 5-3-4 所示。

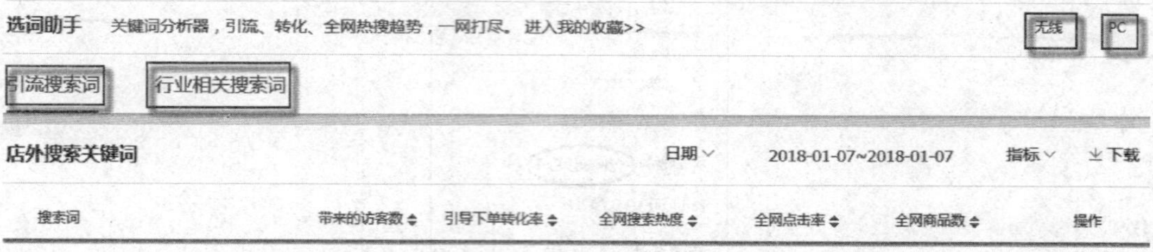

图 5-3-4　生意参谋的电脑和无线关键词搜索

2. 通过淘宝搜索下拉框来判断关键词

通过淘宝搜索下拉框来判断关键词是淘宝商家通用的一种方式，方法简单且能显示出来的关键词一般都是搜索量比较大的关键词。具体方法是把买家可能搜索的核心关键词放在搜索框中，相关的关键词就会以下拉菜单的形式展现出来。商家可以通过换取不同的关键词进行测试，收集大量的关键词搜索结果，最后根据商家自身产品的特点和客户适用度进行相应的取舍。如图 5-3-5 所示。

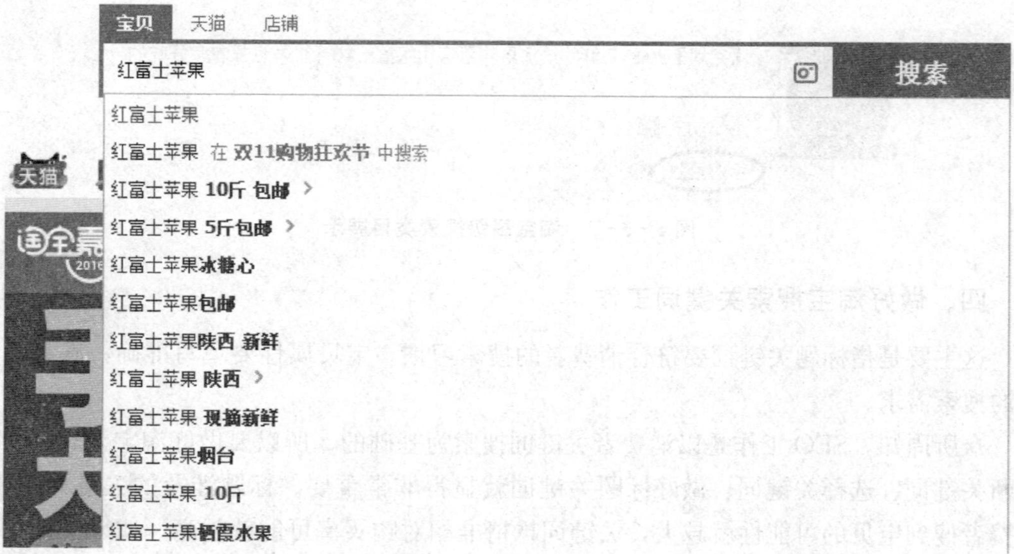

图 5-3-5　下拉菜单关键词查询

3. 通过“您是不是想找”或竞争对手标题来发现关键词

具体方法是通过搜索不同关键词，查看搜索结果，展示宝贝的标题和第一行标题上方的“您是不是想找”，如图 5-3-6 所示。

图 5-3-6　通过“您是不是想找”或竞争对手标题来发现关键词

4. 通过直通车后台流量解析工具或推广计划添加关键词来发现不同的关键词

流量解析工具：单击“直通车后台”｜“流量解析工具”选项，输入核心关键词进行搜索，相应关键词就会呈现在结果栏中。如图 5-3-7 所示。

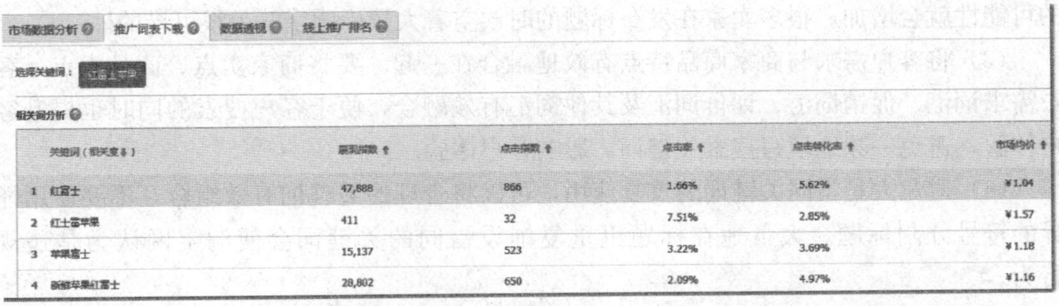

图 5-3-7　流量解析工具

在直通车推广计划中搜索关键词：打开直通车后台，进行核心关键词搜索，也可以发现相应结果。如图 5-3-8 所示。

除此之外，还可以通过阿里指数、看店宝、齐论工具箱等多种渠道收集潜在关键词。

其实通过诸多关键词工具查找到的关键词基本一致，工作的重点是对相应关键词的收集、排列，以及判断、选用、布局。

（二）关键词选用和布局工作

确定关键词以后，需要在标题中合理地穿插相关关键词，在属性中选择对应关键词。其对应的原则如下：

（1）前期可以考虑以长尾关键词为主，循序渐进拉动热门关键词。关键词筛选出来之后，商家应该如何在诸多关键词中做选取呢？选择热门关键词，虽然客户流量可观，但竞争压力太大，排名不一定能够马上做上去；选择长尾关键词，尽管流量可能不多，

图 5-3-8 直通车推广计划

但排名竞争相对比较小，而且可以循序渐进，拉动核心关键词的排名。所以建议商家开新店时重点考虑有一定流量的长尾关键词，由长尾关键词拉动热门关键词提升排名。

(2) 尽量把 30 个字的标题合理使用到位。淘宝标题共计可以写下 30 个汉字，要选择合适的关键词尽量将 30 个字的标题恰如其分，每多放进去一个关键词，客户搜索到的可能性就会增加。很多卖家在发布标题的时候空着大量标题字符是很可惜的。

(3) 将客户需求与商家商品特点有效地融合在一起。要将商家卖点、商品卖点、客户需求词汇、促销词汇、评价词汇及其他词汇有效融合，便于客户搜索的同时也提升客户体验，避免一味地填写搜索关键词，影响客户体验。

(4) 避免大量雷同关键词的重复使用，可以将合理的关键词有效组合，不要使用怪异的符号分割标题。大量地在标题里重复铺设雷同的关键词会使淘宝网认为是违规行为。

(三) 准确书写宝贝属性

宝贝属性是商家发布宝贝时在后台设置填写的信息，发布成功后会在商品详情页面里显示，如图 5-3-9 所示。即便是标题里相关关键词不突出，但在属性填写的时候填写完整，在客户搜索的时候依然可以触动搜索机制，使商家的信息展现在搜索结果里面，所以属性填写的完整有利于强化搜索结果的排名。

五、宝贝推荐和上下架时间

在淘宝网的搜索机制里面，宝贝推荐机制和上下架时间对搜索排名也有不可忽视的作用，因此这两项也是需要考虑的因素。

(一) 做好宝贝推荐工作

淘宝搜索规则下，推荐宝贝会让宝贝拥有更好的排名。但是淘宝网为不同级别的店铺设置的推荐位数量不同，所以在橱窗推荐位有限的情况下应该尽量选择主推商品进行推荐。

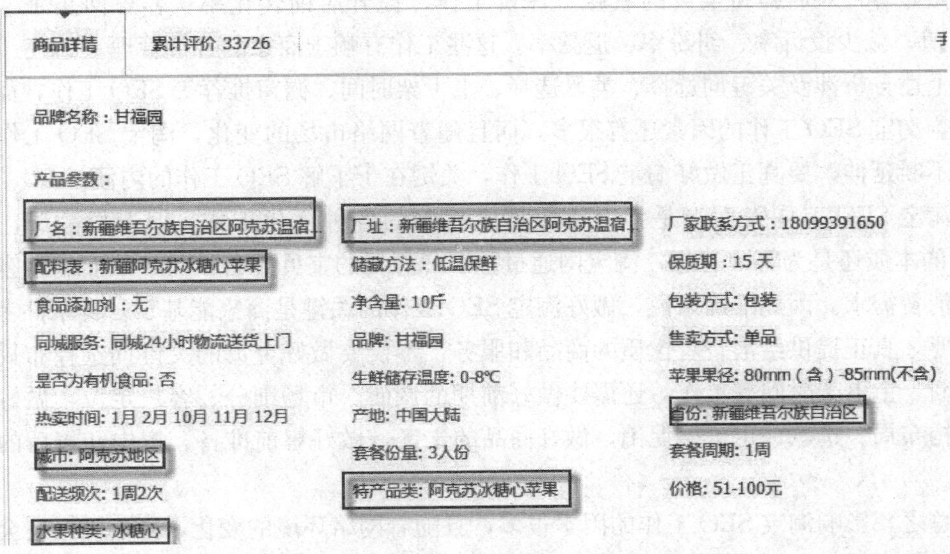

图 5-3-9　宝贝属性中涉及的关键词

（二）做好宝贝上下架时间的工作

为满足买家查找和商家产品展示的需要，在淘宝搜索规则中，在其他因素相当的情况下，宝贝距离下架时间越短越容易排名靠前，一般同店铺同关键词最多 2 件宝贝同时同页排名，这就要求商家做好宝贝上下架时间的工作。

（1）商家要根据行业网络行情来判断买家访问和购买的高峰期，确定相应的上下架时间。

（2）按照时间高峰期来设置宝贝上下架时间。假设行业流量高峰期为周四下午 18:00—19:00，商家就将宝贝的上下架时间设置为这个时段的提前期 17:50 发布。进入宝贝编辑页面可以设定宝贝上架时间。

友情提示：

宝贝上下架时间的注意事项

（1）宝贝上下架的时间在发布的时候可以设定为自动发布，或者可以在合适的时间点选出售中的宝贝，通过下架、上架来实现，在相应的时间点单纯地编辑宝贝确定发布，不会改变宝贝的上下架时间。

（2）宝贝上下架时间仅仅是影响宝贝排名的一个因素，由于部分运营实力比较强的上架 SEO 这方面工作做得都比较好，所以如果商家选择行业统一的高峰期上下架，宝贝排名可能也无法超越那些优质商家，因此上下架时间的安排不仅要结合行业情况，还要结合竞争对手情况合理分配时间。

（3）由于商家同类宝贝比较多，但同一商家的宝贝一般在一页内最多有两个排名，所以可以考虑在一周内不同的日期、不同的时间段合理均分宝贝上下的架时间。

六、做好商家日常服务工作，提高服务水平，提升宝贝人气

做好上述工作后，关键还要做好商家日常工作，提升客户服务水平，加快旺旺响

应，做好客户对店铺和宝贝的收藏、评价工作，提升店铺转化率、客户回头率、店铺DSR值，减少投诉率、纠纷率、退款率。这些工作有赖于商家的日常管理。

上述分析涉及关键词选择、类目选择、上下架时间、橱窗推荐等SEO工作，而事实上影响淘宝SEO工作的因素还有很多，而且随着网络市场的变化，淘宝SEO工作的内容会不断延伸，要真正做好淘宝SEO工作，关键在于了解SEO工作的内涵。

淘宝SEO工作表面上是针对淘宝搜索机制的各种优化工作，但追根溯源，淘宝SEO的本质还是为客户着想，淘宝网通过把客户想要的宝贝排名靠前，从而满足客户最终的消费需求。因此准确来说，做好淘宝SEO工作的关键是商家能基于自身条件考虑市场需要，真正提供给消费者优质的商品和服务，不仅要做好宝贝的关键词选择布局、类目判断、上下架时间等工作，还需要做好前期的调研、市场细分、客户定位，做好商品的结构布局、选款、定价、促销，做好商品的文案，做好售前准备、售中和售后的服务工作。

总之，影响淘宝SEO工作的因素很多，且随着网络环境的变化，影响因素还会不断变化，但淘宝SEO工作的根基在于市场本身、客户本身，真正提供给客户高质量、高服务的产品，真正满足客户需求，是淘宝SEO的内涵所在、本质所需。

活动评价：艾美丽通过对淘宝SEO影响因素的学习、关键词分析与筛选、橱窗推荐与商品上下架时间等方面的学习，深刻体会到网店运营的难度，也意识到只有不断地探索，才能使网店持续发展。

【合作实训】

实训任务：运用所学知识，做好自己淘宝网店的SEO工作。

实训要求：学习淘宝SEO工作的相关知识，并以小组为单位，不断优化所运营的网店，做好网店SEO工作。

实训实施：

1. 百度搜索“SEO”和“淘宝SEO”，通过网络资料更深层次理解淘宝的SEO工作。

2. 根据本任务介绍的方法，判断“某商品”的类目归属。

3. 据任务介绍的方法，查找“某商品”的关键词并进行排列组合，设置宝贝标题，同时关注同行业优质卖家的关键词选择和标题设置。

4. 分析行业买家来访高峰期，做好宝贝上下架发布、宝贝橱窗推荐工作。

5. 利用看店宝（http://www.kandianbao.com/）、老A工具箱挖掘商品关键词、查看关键词排名情况、查看竞争对手宝贝排名、发掘竞争对手宝贝上下架时间、查找竞争对手优质宝贝排名靠前的原因。

任务四　免费推广

【情境导入】

经过前段时间的诸多努力，艾美丽运营的网店已经小有起色，订单量也逐渐增多了，但是发展速度远不如自己想象得好。小艾原以为经营网店是一件比较轻松的事情，只要产品质量好、有价格优势和品牌优势，生意肯定不错。从实际情况来看，提高店铺的流量也是关键，流量少，不可能有大成交量。那么增加店铺流量应该做哪些工作呢？

经过多种渠道的学习，艾美丽了解到增加网店流量离不开各种推广方法。店铺流量的来源有很多，主要包括自然搜索流量（SEO），参加站内站外各种活动的流量，付费的淘宝直通车、钻石展位、淘宝客流量，店铺收藏流量、回头客流量，免费的论坛、微博等社区流量。

考虑到网店当前的信誉和资金状况，小艾打算先从免费推广做起。免费推广网店的方法有很多，如在论坛写精华帖、进行搜索引擎优化、合理运用即时通信工具、添加友情链接、进行微博宣传、利用微信公众号营销、利用电子邮件和淘帮派推广等。

活动一　网络论坛精华帖推广

很多店主都知道在论坛发帖可以给自己的店铺带来流量，有了流量后才能带来成交量。可为什么别人写的帖子可以带来那么多的流量，而自己的却不能？那是因为很多人写的是普通帖子，能带来的流量非常少，只有精华帖才能带来成千上万的流量。

一篇精华帖可以吸引顾客到自己的店铺，是很好的免费推广。那么写出精华帖的要点是什么？

精华帖是在发帖者分享经验以后，获得了大家的认同和肯定，才能为店铺带来不可估量的流量。而不是在帖子里面插入广告或者软文就能带来流量。广告帖不但不能加精，而且一经发现就会被论坛管理员删除，严重的还会被拉黑，大多数看帖的人也对这类帖子很反感。

一、标题：激发用户强烈的点击欲望

帖子的标题是吸引众多用户去浏览内容的关键所在，拥有一个“亮眼”的标题，绝对能使帖子流量暴涨，达到事半功倍的效果。现在论坛资讯堪称海量，好的标题可以让帖子脱颖而出，极大提高被网友点击的概率。

在淘宝论坛的各个栏目中，都有热帖和精华帖，这些是无论阅读量还是回帖量都很突出的帖子。商家可以学习这些热帖、精华帖的标题。为了方便找到较好的帖子做参考，可以进入淘宝论坛的单个版面，查看精华帖的标题。如图 5－4－1 所示。

以下是精华帖标题的一些特征：

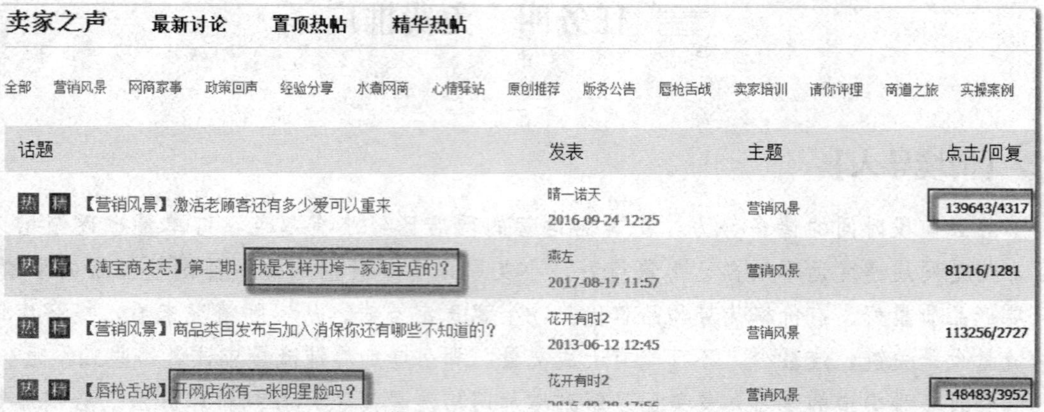

图 5-4-1　淘宝论坛热帖、精华帖

（1）在标题里使用吸引顾客眼球的词语。如“最牛”“惊爆”“秘密”“竟然”“绝对”“100％”“意外”等，套上这些词语的帖子标题都能够大幅提高点击率。

（2）“揭秘”很多人都不知道的事情，人们对秘密的事情总是比较感兴趣。如“揭秘 5 钻卖家月入 30 万”“你不知道的直通车秘籍”“店铺营销密码”等。

（3）根据文章的需要，题目可长可短。最好不要太长，不要超过人的视觉接受能力。

二、正文：言简意赅而言之有物

首先正文必须原创，内容要有主次，重点的内容要详细写。其次帖子篇幅不能过长，内容过多的话，即使内容再好，观点再独特，网友也很难有耐心看完。因此帖子应该注意控制篇幅，言简意赅，要言之有物，保证质量。

三、配图：图片是最好的调剂品

只有文字的文章看着会很辛苦，所以加上一两幅与主题相关的图片会产生更好的阅读效果。当然，某些主题的帖子可以全篇以图为主，配以少量的说明文字，效果同样很好。

四、语气：轻松化、通俗化

如果不是写给专业人士或探讨专业性极强的话题，帖子比较适宜用轻松化、通俗化的语气来书写，这样写出来的帖子更符合绝大部分网友的阅读习惯，而且也更容易营造大家讨论的氛围。

五、排版：段落分明方便阅读

将帖子适当分段，不仅方便网友阅读、引用，也方便自己修改。发帖时就要排好版，颜色、背景、字体、大小都要合适，一定要使网友看着舒服。

六、熟悉论坛规则

精华帖的申请还有相关规则，如果不遵守就会失去加精机会。所以要熟悉论坛内部制度，以保证帖子不会因违规被删除，甚至受到惩罚。

活动评价：很多卖家都有发帖的经历，都想让自己的帖子流量大增，但是很多辛辛苦苦写的帖子都石沉大海没有了消息。发表帖子时要找对版面，可以去网店所在的行业网站与论坛发帖回帖，做论坛营销。同时应注意在论坛流量高的时间段发帖，这时候发帖的回帖率一般都比较高。

活动二　微博推广

小艾在刷微博的时候经常看到网店推广的相关内容。例如，淘宝网在新浪微博就有自己的官方微博，这样可以与购买品牌产品的顾客进行互动，也可以方便快捷地展示网店的最新商品。网店的官方微博如图 5－4－2 所示。

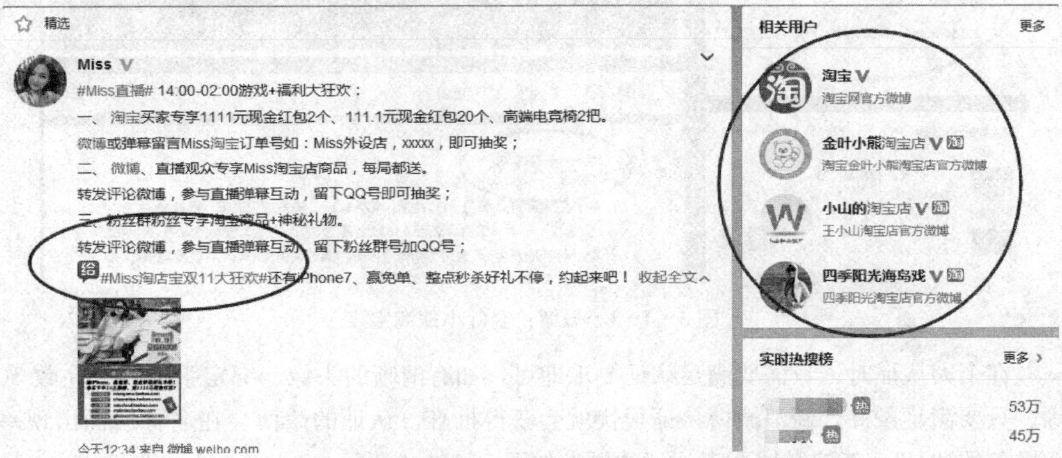

图 5－4－2　淘宝网的新浪微博

一、开通微博

（一）微博设置

注册微博时要强调微博名称和个性域名。网店的官方微博在填写昵称和微博名称时，可注明店铺名称或需要推广的商品品牌，个性域名可选择为品牌名称的全拼。一方面，从用户的角度考虑，让来访者可以一目了然地看到品牌名称；另一方面，从搜索引擎的角度考虑，让关键词对于搜索引擎友好，搜索品牌关键词尽量排名靠前。如图 5－4－3 所示。

（二）微博认证

从营销的角度出发，无论是个人还是企业，一定要对微博进行实名认证，这样不仅能够提升微博的权威性和知名度，还能够带来意想不到的“粉丝收益”，从而便于更好地与粉丝产生互动。新浪微博认证提供了针对个人、企业、媒体、网站等的多种认证方式，可按要求完成认证过程。注意，对于企业的认证，新浪微博收取 300 元/次的认证费用。

图 5-4-3　微博：金叶小熊淘宝店

在个人认证时，只需要满足认证要求即可，如有清晰的头像、绑定手机、关注数 50 等。只要满足条件，新浪微博认证很快就会获得批准。认证的微博会在名称后面出现一个橙色的“V”。新浪微博个人认证的要求如图 5-4-4 所示。

图 5-4-4　新浪微博个人认证的要求

二、微博推广的方法

阿里入股新浪微博后，在新浪微博上进行推广越来越受卖家的推崇。商家既可以将微博账号和淘宝账号绑定开通微博淘宝版，也可以发布微博信息进行宣传，还可以通过微博本身的广告粉丝通、微博置顶、粉丝头条等付费形式推广自己的商业信息。

但需要注意的是，微博是用户信息、观点分享和交流的平台，在微博上尽量少发直接性的广告信息。用好微博有利于商家进行商品展示、品牌推广和客户服务。

(一) 开通微博淘宝版

微博淘宝版是新浪微博为淘宝卖家量身定制的专属版本微博（如图 5-4-5 所示），淘宝卖家进行微博账号绑定后，不仅在微博平台拥有淘宝专属标识，而且有权使用淘宝专属特型微博推广自己的宝贝，甚至还可以使用微博淘宝版专有的微博营销工具。它是淘宝卖家运用微博进行官方推广的新方法。

图 5-4-5　微博淘宝版

但是，开通微博淘宝版是有条件限定的：淘宝卖家的钻级要达到一个钻（包括一钻）以上。

(二) 微博营销策划

(1) 通过寻找微博大号的推荐、经常做转发+关注抽奖等活动增加粉丝。

(2) 发布推广信息（硬广告）。

(3) 植入趣味内容。

(4) 举办转发抽奖、晒图评选等活动。

(5) 策划事件营销。

友情提示：

微博推广注意事项

微博有很多优点，如操作简单，信息发布便捷；互动性强，能与粉丝即时沟通，及时获得用户反馈；针对性强，关注企业或者产品的粉丝都是产品的消费者或者是潜在消费者，企业可以对其进行精准营销。

但是，微博也有短板，进行微博推广时要注意以下要素：

(1) 粉丝数有要求，只有拥有足够的粉丝才能达到传播的效果和目的。

(2) 微博里新内容产生的速度很快，如果粉丝没有及时关注到发布的信息，那就很可能被埋没在海量的信息中。

（3）传播力有限。一条微博通常很简短，仅限于在信息所在的平台传播，同时如果微博内容缺乏足够的趣味性和娱乐性，信息是很难被大量转帖的（除非是极具影响力的名人或机构）。

（4）文笔要求高。在微博有限的展示区域里，如何在保证趣味性、可读性、真实性的前提下将所要传达的商业信息淋漓尽致地传达出来，需要名副其实的商业写手。

活动三　在分类信息平台免费推广

在分类信息网站，包括地方城市的分类信息网站里免费发布信息，能有效提升网店的浏览量和成交率，如果距离不远，这些平台还可以直接上门送货，更有利于提升成交率。58 同城免费发布信息如图 5－4－6 所示。

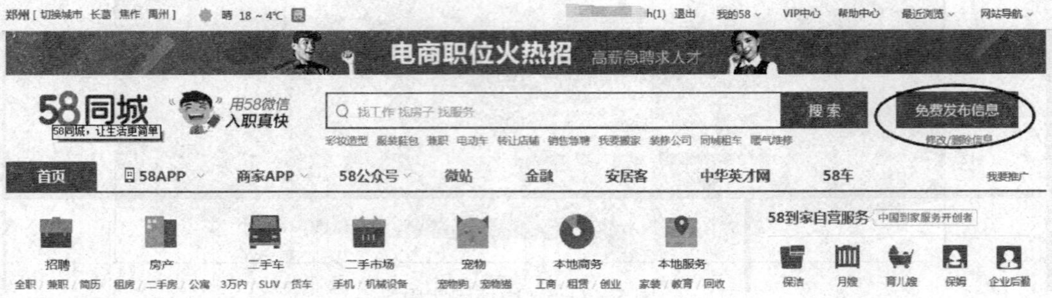

图 5－4－6　在 58 同城免费发布信息

一、分类信息平台的营销价值

分类信息是一种主动广告。常见的分类信息网站有赶集网、58 同城、百姓网、口碑网等。分类信息网站的特点——快准狠、海量性、精准性、便捷性、地理性。

分类信息网站的营销价值主要有以下几点：

（1）获取潜在用户。

（2）提升网店流量与搜索引擎排名。

（3）应用门槛低。

（4）成本相对低。

二、分类信息平台的运用

（一）如何运用分类信息平台做营销推广

（1）免费发布信息。根据网店经营产品的类别，选择合适的分类信息网站，把经营信息、产品信息、店铺网址和联系方式等发布在合适的类目下，如图 5－4－7 所示。

同时，还可以把信息同步到微信朋友圈、微店和手机 QQ 上，如图 5－4－8 所示。

图 5-4-7　免费发布在 58 同城上的推广信息

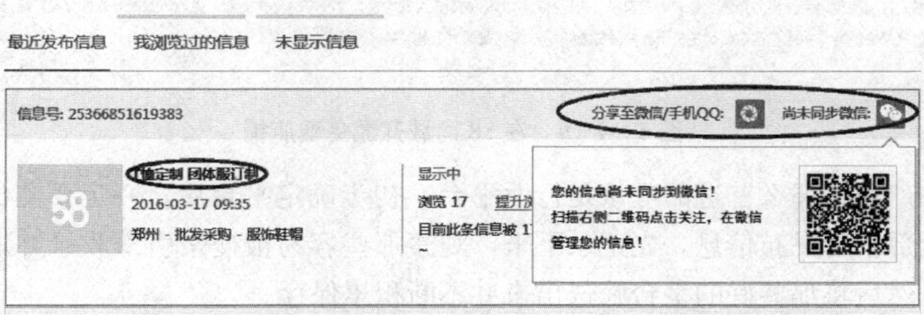

图 5-4-8　信息可同步到其他平台

（2）开通免费店铺。在 58 同城等分类信息网站经过实名认证后，还可以免费开通店铺和微店，更加方便推广网店产品。如图 5-4-9 所示。

（3）报名参加分类信息网站上的活动（付费推广）。

（4）购买分类信息置顶、精准推广等付费服务（付费推广）。

（二）分类信息优化排位的方法

（1）经常刷新。

（2）竞争激烈的行业，开通店铺服务。

（3）增加信誉积分。

（4）购买广告位。

（三）发布分类信息的注意事项

（1）选好分类信息平台。目前互联网上的 58 同城、赶集网、列表网、百姓网等分类信息网站的流量及信息量排名靠前，在这几个网站上推广是比较有效的。商家要根据自已的业务需求和实际情况进行选择，根据企业的人力和财力来选择平台的数量。如果

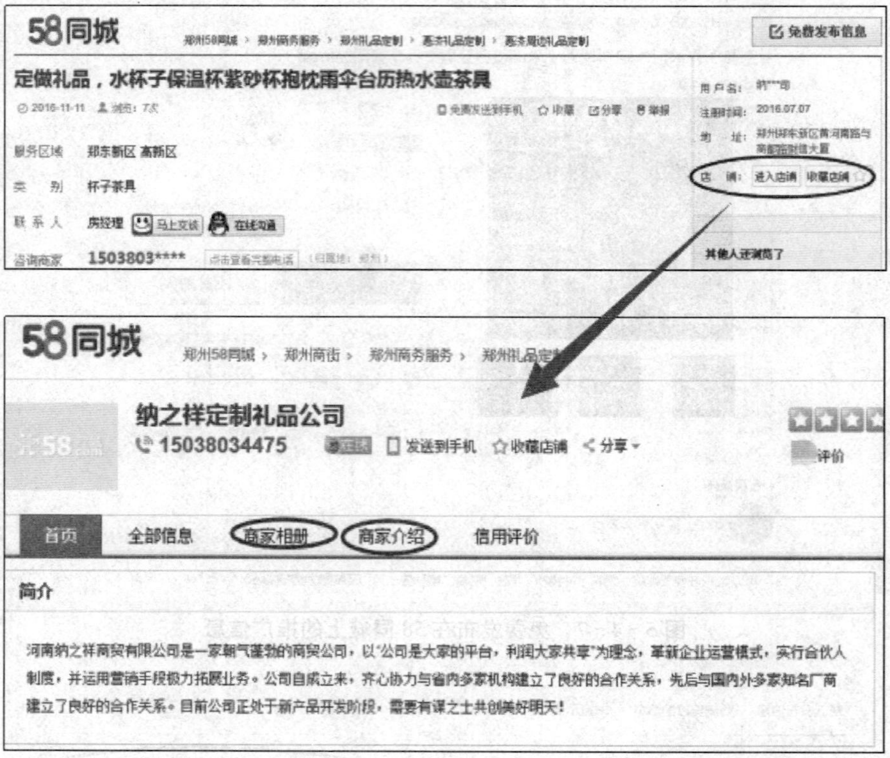

图 5-4-9　在 58 同城开通免费店铺

是行业性的产品，那么首选的应该是行业平台。初步确定平台后，一定要测试，如果是第一次在全部平台发布信息，先记录下来，观察那些容易被搜索引擎收录并取得好的排名的平台，然后将那些好的平台筛选出来并不断积累保存。

（2）选择合适的分类频道发布信息。编辑好内容后，需要抢占频道，一般分类信息网站都有很多频道，为了取得最好的效果，尽量在符合要求的多个频道发布信息，这样能增加搜索结果的命中率。此外可以进行一些外链宣传，帮助商家提升搜索引擎排名。

（3）标题要抓住用户心理并能吸引人去点击。标题要符合用户心理，匹配用户的搜索习惯。用户寻找问题就如同询问一个人一样，不会懂太多搜索引擎关键词、SEO 原理等。例如，用户有问题会直接用一句话去查询，而不是采用关键词。所以商家一定要调研用户的心理及搜索习惯，然后将这些信息融入标题中，但是需要注意的是标题不要太长，一般 15～25 字较为适宜。

（4）内容描述要真实原创、简明扼要、突出优势、排版整齐。

（5）用图片向浏览者全方位展示优势。

（6）了解分类信息网站排名的机制。

（7）遵守分类信息网站的规则。

（8）长期坚持。营销推广不是一朝一夕就能做好的，需要长期坚持。分类信息网站每天的信息量都是十分庞大的，搜索引擎的排名也是不断变化的，今天这条信息有排名，可能过几天就消失了，所以要坚持每天发布信息。

小贴士

分类信息平台的分类及汇总

分类信息类站点的雏形是各地的网络黄页，随着互联网技术的进步，到今天已经有多种不同形式的分类信息网站并存。

(1) 电子商务类：阿里巴巴、中国供销商、慧聪网等。

(2) 网址导航类：hao123、360导航、2345等。

(3) 企业黄页类：中国114黄页、中国黄页网、中国电信黄页、全球黄页等。

(4) 行业门户类：中国工业信息网、中国工业电器网、中国水果网等大型行业门户。

(5) 生活信息类：58同城、赶集网、114分类信息网、百姓网、天天分类、快点8分类信息网、中国分类信息网等。

活动四　QQ推广

一、QQ空间推广

QQ空间推广一般以提高空间人气为目的，以踩他人空间为辅助，两者相辅相成、综合运用，以带来广告效应。这种广告效应是长久的，具有不易被删除、可持续存在的效果。利用QQ空间提高流量，就是去别人的空间留言，使访客来到自己的空间，并在QQ空间添加店铺的广告信息。如图5-4-10所示为某网店在QQ空间的推广。

图5-4-10　QQ空间推广

QQ空间可以当作自己的另一个店铺，大量上传产品图片和产品信息，以及店铺的信息链接等。其不会被删除，也无限制。在QQ空间发表文章或者发布店铺、产品信息的同时，可以在他人的信息中心显示该日志动态信息。这是一种非常有效的产品推广方式，相当于群发。商家只需要多加 QQ 好友和空间好友，其发布的产品推广信息就会有更多的机会被展示。

二、QQ 购物群推广

自己建立购物群，或者通过 QQ“查找”功能搜索多个购物群并加入，在购物群里发布商品信息。如图 5－4－11 和图 5－4－12 所示。

图 5－4－11　在 QQ 查找购物群

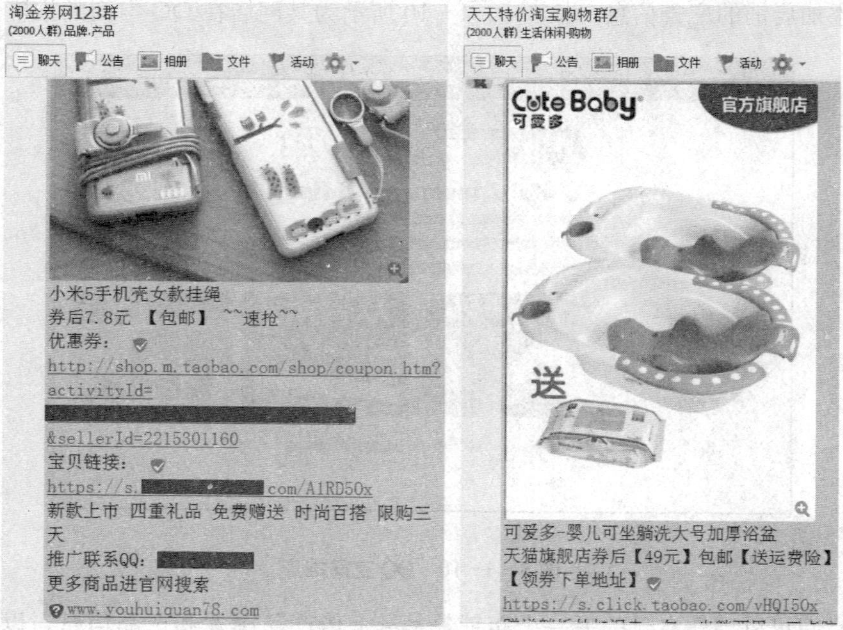

图 5－4－12　在 QQ 购物群中发布推广信息

活动五　微信推广

一、微信的营销价值

微信营销是伴随着微信的火热而兴起的一种网络营销方式。微信营销的价值主要有以下几种：

（1）点对点精准营销。

（2）形式灵活多样，可以通过二维码、位置签名、微信开放平台、微信公众平台、微信朋友圈等多种方式推广信息。

（3）信息发布具有高到达率、高曝光率、高接收率、高精准性、高便利性等优点。

二、微信推广的运用

（一）微信公众平台推广

通过微信订阅号或微信服务号推送最有价值的品牌及产品信息，直达每一个潜在客户，精准推送，阅读率较高。示例如图 5－4－13 所示。

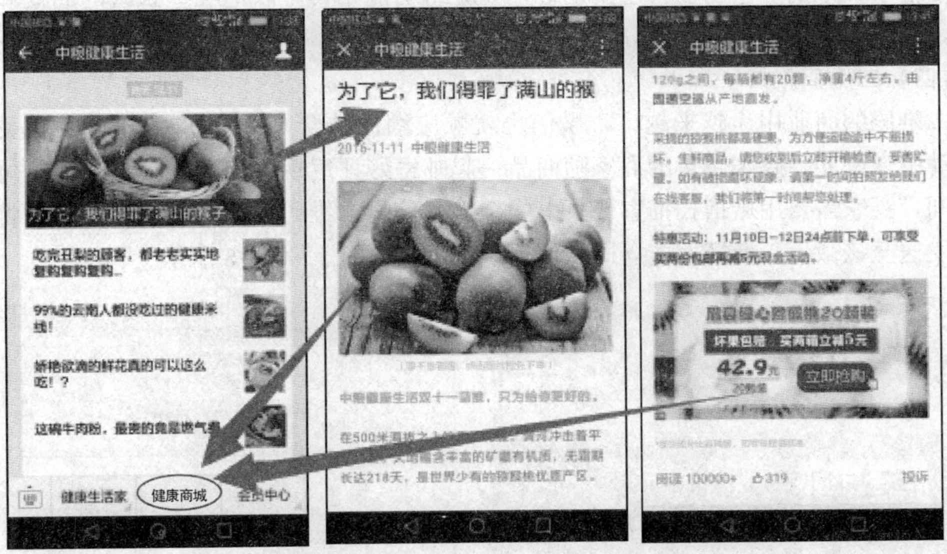

图 5－4－13　中粮健康生活微信公众平台的运用展示

（二）微店推广

建立微店，把网店商品及活动搬家到微店上。通过微信公众平台绑定微店推广产品，或者通过个人微信号推广微店产品。如图 5－4－14 所示的是淘宝网上的杭依阁服饰旗舰店开设的微信服务号和微店。

（三）微信朋友圈推广

通过个人微信号，把品牌及产品信息分享到自己的朋友圈，一般好友营销更值得信任，转化率更高。

(a) (b) (c)

图 5-4-14　杭依阁服饰的三种网店形式

微信个人号的一些功能一定要用好，如分组功能，其可以把一些私密的朋友和客户分开，可以解决多账号的问题，可以错开高频互动时间。

（四）二维码推广

二维码的商业用途越来越广，微信也就顺应潮流结合 O2O 被应用于各种相关的商业活动中。例如，越来越多的商家随商品一起邮寄好评返现宣传页，其与以往支付宝返现不同，买家需要用微信扫描宣传页上的个人微信号二维码，添加微信好友后，将好评截图发送至该微信，商家才能立即微信返现。示例如图 5-4-15 所示。

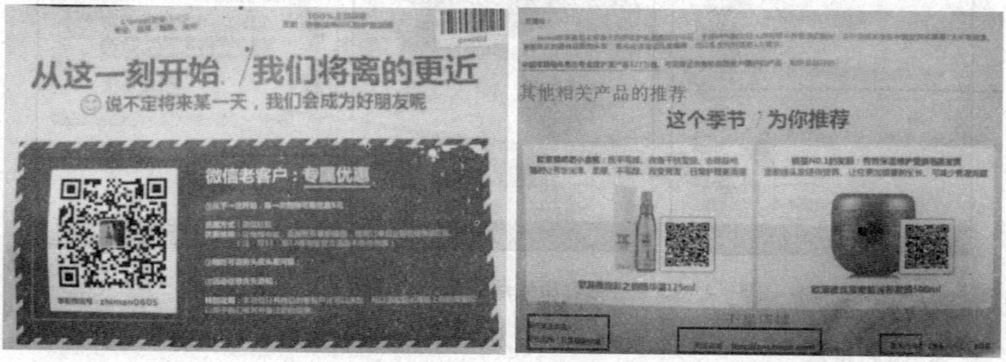

图 5-4-15　淘宝店铺“芝曼专卖店”的微信/手机淘宝等二维码邀请

通常商家还会在微信中友情提示买家：第二次店内购买立减 10 元，第三次店内购买立减 15 元等类似会员的优惠。这样做的最大好处是买家不会立即删除卖家的微信，因此卖家推广的信息阅读率就可以快速提升，有利于提升推广效果，还能促进二次消费。

此外，还有不少商家在宣传页上印上了手机淘宝店铺的二维码和微信公众号的二维码，欢迎买家扫描关注该店铺。示例如图 5－4－16 所示。

图 5－4－16　双凤皮鞋天猫旗舰店微信/手机淘宝/QQ 群二维码邀请

活动评价： 有了这么多免费推广的经验总结，艾美丽开始在分类信息网站发布信息，运用博客和微博写软文，建立并加入了几个 QQ 群，也开始进行了微信推广，忙得不亦乐乎。一个月的推广工作做下来，小艾的网店访客明显增加，成交量也增加了，网店的经营有了一定的起色。艾美丽总结出，只要有客户出现的地方，就存在推广的手段、推广的价值。今后随着互联网环境的变化，网络推广的形式、方式、手段还会不断地发展和革新。

【合作实训】

实训任务： 结合所学知识，尝试运用各种免费推广的方法推广自己的淘宝网店。

实训要求： 掌握各种免费推广网店的方法及技巧，以小组为单位把免费推广网店的方法运用在网店中，完成实训任务。

实训实施：

1. 尝试在淘宝论坛写网店运营经验或其他类别的优质帖子，吸引人气。
2. 针对自己网店的行业商品，查找相应的论坛、社区，对商品进行推广。
3. 了解什么是微博粉丝通、微博置顶、粉丝头条，调研微博上做得比较好的淘宝卖家是怎么样通过微博宣传淘宝店铺的，学习并策划微博推广方案，运用微博推广自己的网店。
4. 选择合适的分类信息平台发布信息。分别在多个分类信息平台上发布自己网店及商品的供应信息，注意分类频道的筛选、关键词的选择和标题的设置。
5. 合理运用 QQ 空间和 QQ 群推广网店产品。
6. 合理运用微信推广网店。有效利用微信朋友圈，搭建微店和微信公众平台，建立网店与它们的关联并推广。

任务五　直通车推广

【情境导入】

经过一段时间的努力，艾美丽运营的网店浏览量增长很快，销量也在稳定增长。可是经理想更快提升网店的流量和信誉度，让小艾考虑在淘宝做付费推广。小艾发现淘宝搜索页的右侧有很多广告位——直通车，很多网店店主入驻且销量很好。小艾决定先加入直通车推广，可是开通直通车有哪些条件？如何有效运用直通车推广呢？

具体概括起来要做3件事：了解直通车的适用性和展示位置，掌握淘宝直通车的操作流程，了解直通车推广过程的注意事项。

活动一　了解直通车的适用性和展示位置

一、直通车简介

直通车是淘宝搜索、天猫付费推广的一种竞价广告系统，类似于百度竞价广告，商家通过直通车后台设置关键词、创意文案、排名出价，用户通过搜索相关关键词查看搜索广告结果，商家按照客户点击付费（CPC）。

二、直通车的特点

当下商家间流量竞争越来越激烈，淘宝直通车基本上已经成为绝大多数卖家引流的必备手段。直通车是建立在付费基础上的流量推广，由于其具有见效快（付费即排名）、针对性强（是建立在买家针对性搜索基础上的广告）、按效果付费（CPC）、收效易统计、效果明显等特点，所以在当下淘宝网的站内推广中颇为流行，与淘宝SEO、钻石展位并列为商家站内引流的“三驾马车”。

三、直通车的适用性

（1）适用对象。直通车适用于淘宝网C店铺信誉等级在2星及以上的卖家，或者天猫卖家。

（2）应用范围。因为直通车是一种付费引流方式，所以适合急于引流、有一定广告预算的卖家。除了正常的引流外，直通车也是目前多数商家宝贝上新前测款、宝贝上架后打造爆款的有力工具。

四、直通车的展示位置

直通车包括全域推广、活动推广和店铺推广三种形式。其中全域推广的直通车形式是卖家设置与推广商品相关的关键词和出价，在买家搜索相应关键词时，推广商品获得展现和流量，实现精准营销，卖家按所获流量（点击数）付费。

电脑端全域推广主要展现在关键词搜索结果页右侧“掌柜热卖”区域的 12 个单品广告位（见图 5－5－1）、关键词搜索结果页的最底端“掌柜热卖”的 5 个单品广告位（见图 5－5－2）、首页搜索文字链点击后搜索结果页中部前 4 个单品位（见图5－5－3）、淘宝网热卖页面、爱淘宝页面位置等。搜索页面可一页一页往后翻，展示位以此类推。

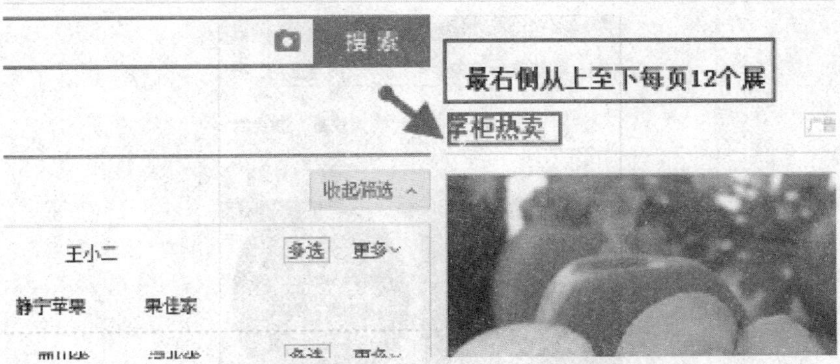

图 5－5－1　关键词搜索结果页【右侧】“掌柜热卖”

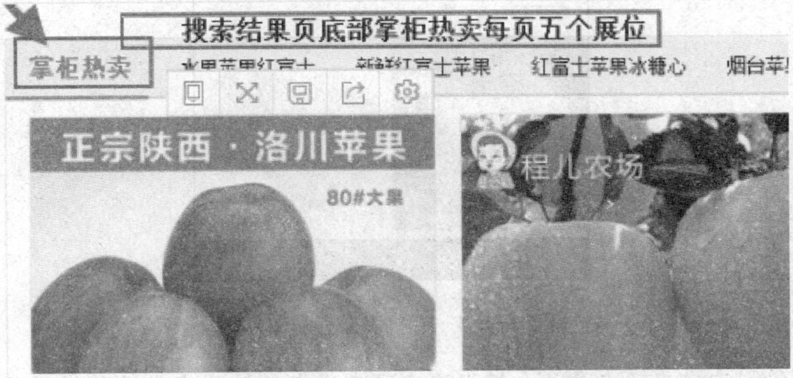

图 5－5－2　关键词搜索结果页【底部】“掌柜热卖”

图 5－5－3　首页搜索文字链点击后搜索结果页【中部】前 4 个单品位

直通车的展现形式为在展现位置打上“掌柜热卖”标识，展示内容包括创意图、创意标题、价格、销量。

直通车移动搜索推广展现位置主要在手机淘宝首屏搜索结果页面上，展现样式醒目，带有“HOT”标识，包邮和销量信息一目了然。如图 5-5-4 所示。

图 5-5-4　手机淘宝直通车展示

活动评价：淘宝直通车展位会根据淘宝网直通车政策的变化而随时调整。直通车的展示位置和展示方式有多种，具体请参考“淘宝直通车营销平台”。

活动二　掌握淘宝直通车的操作流程

艾美丽已经了解了直通车的原理和展示位置，下面来了解商家是如何投放直通车广告的。

一、进入直通车

打开“卖家后台｜营销中心｜我要推广｜淘宝/天猫直通车”，进入“淘宝直通车”界面。首次使用直通车推广需要签订淘宝直通车服务协议并充值，首次充值至少 500 元。

二、标准推广计划操作流程

标准推广计划操作流程主要包括 4 个步骤：新建推广计划、新建宝贝推广、添加宝贝创意、设置关键词和出价。

（一）新建推广计划

推广计划是商家为便于日后推广管理具有相同特质的不同宝贝而做的分组。新建计划非常简单，单击“新建推广计划”，填写计划名称即可。根据计划下分类产品的特点，计划名称可以写作A产品、B产品、促销等。如图5-5-5所示。

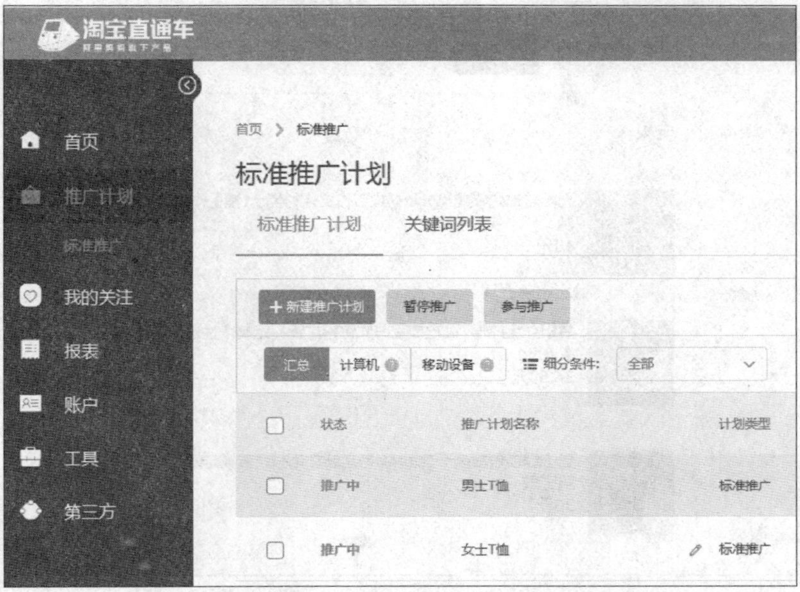

图5-5-5 直通车标准推广计划——新建推广计划

（二）新建宝贝推广

计划新建成功后，打开相应的计划，进入计划管理界面，该计划下推广的宝贝都会呈现出来。如果需要继续添加更多的宝贝，可以选择“新建宝贝推广”，如图5-5-6所示。

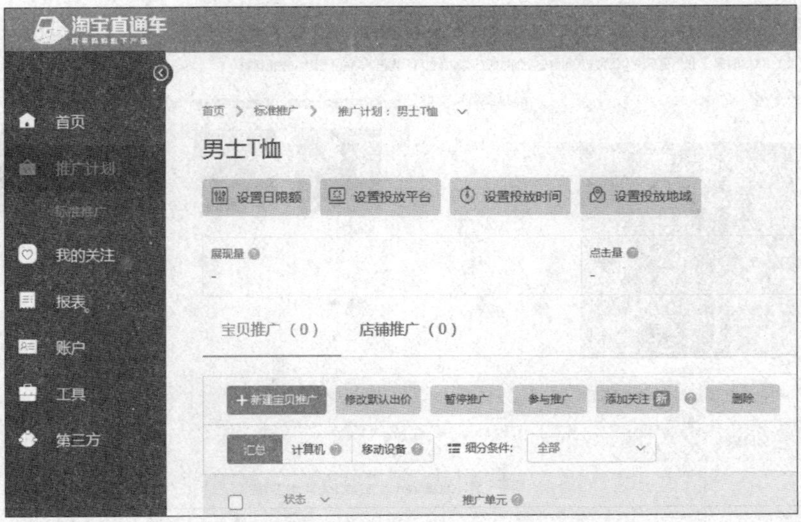

图5-5-6 新建宝贝推广

选择宝贝的时候，系统会自动把店铺正在出售的宝贝列举出来供商家选择，商家只需要在需要添加的宝贝后面单击“推广”就可进入下一步添加创意阶段。如图 5-5-7 所示。

图 5-5-7　选择宝贝

（三）添加宝贝创意

宝贝创意其实就是买家看到的商家投放的直通车广告的商品图片和商品标题。宝贝的创意设置如图 5-5-8 所示，其中广告图片是从商品的五张主图中选择的一张，而广告的标题与宝贝自身标题不同，是要重新拟定的，最多可容纳 20 个汉字。

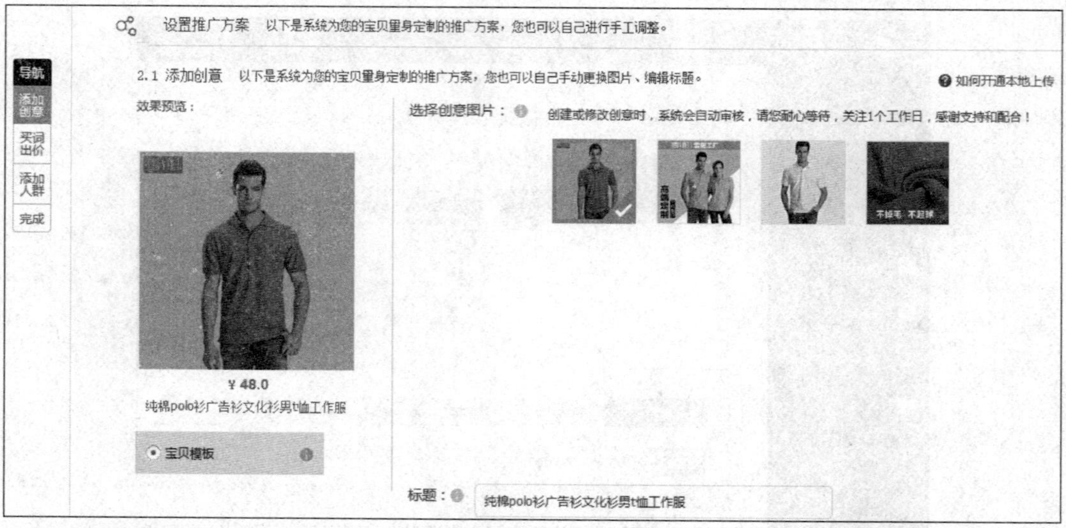

图 5-5-8　设置宝贝创意

(四) 设置关键词和出价

创意完成后单击“下一步”，则进入关键词和出价设定页面，如图 5－5－9 所示。

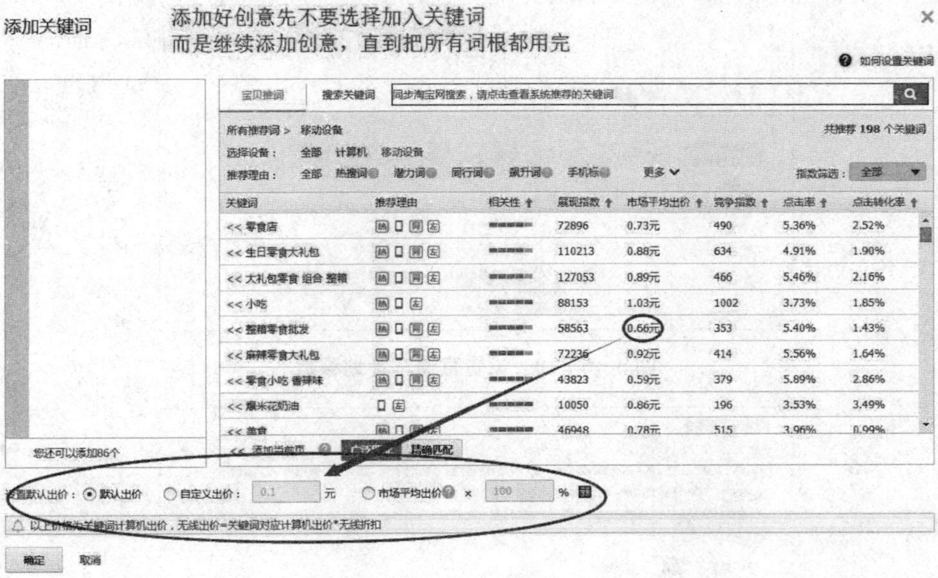

图 5－5－9　设置关键词和出价

设置关键词时可以选择由系统为商家自动匹配的关键词、相关关键词（即商家进行搜索选定）、其他宝贝使用的关键词，商家根据该宝贝的需要选择相应的关键词。商家也可以自己添加关键词。设置出价可以是默认出价，也可以自定义出价。

系统默认每个宝贝最多可以添加 200 个关键词，同时系统为关键词设置的匹配模式为广泛匹配，商家可以自行选择其他匹配模式。

活动评价：直通车的运用需要一定的技巧和经验，要想获得成效，运营者要不断优化关键词、出价和宝贝创意，以保证关键词的展示排名、点击率、转化率等。

活动三　了解直通车推广过程的注意事项

实施直通车投放是有一定技巧的。正确地实施直通车投放不仅能够给商家带来可观的流量点击，而且有利于促进成交。做直通车投放应该关注哪些因素呢？

一、参数设置

灵活地对直通车推广进行准确的参数设置是提高投资回报率的必备工作。如图 5－5－10所示，需要合理设置日限额、投放平台、投放时间、投放地域等。

(一) 设置日限额

日限额是指所有的推广宝贝每天推广的广告预算，当超出这个预算的时候，系统会自动停止该计划下投放的直通车广告。一般情况下，商家应该根据自己的财务预算和目标设置日限额，如图 5－5－11 所示。

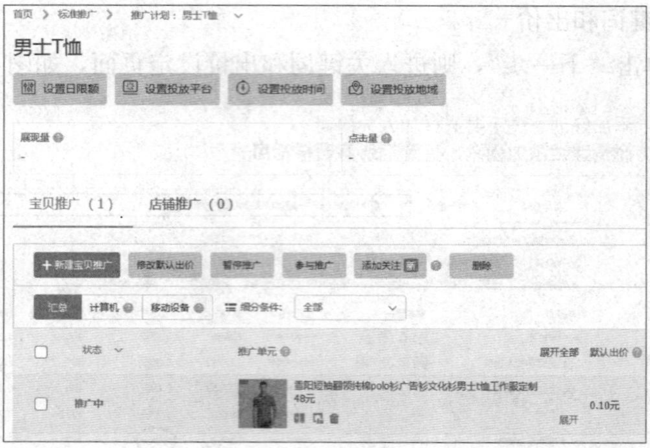

图 5－5－10　设置直通车计划参数

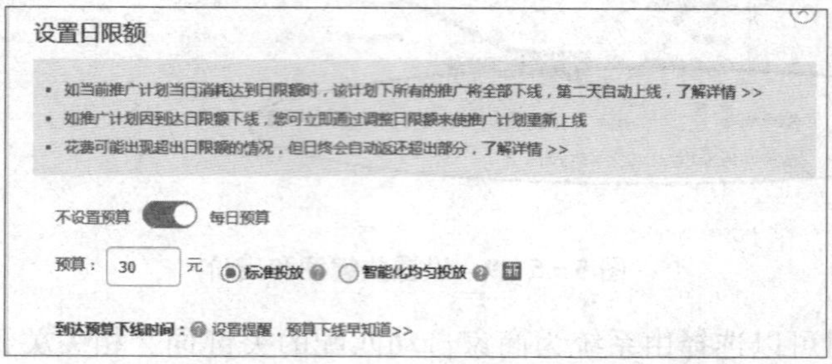

图 5－5－11　设置日限额

（二）设置投放平台

标准推广计划展示位置比较多，可以展示在电脑端，也可以展示在移动端；可以展示在淘宝站内的搜索结果栏，也可以展示在站内的其他位置或者站外的其他位置，如图 5－5－12 所示。商家可以根据自己商品的特点和客户特征进行适当的平台选择。

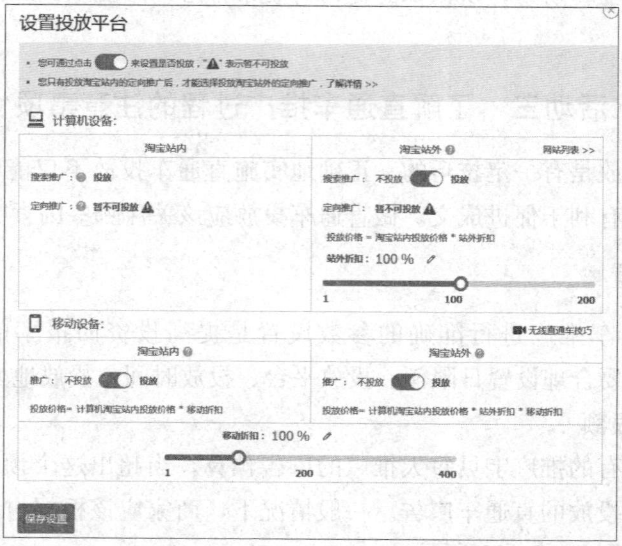

图 5－5－12　设置投放平台

(三) 设置投放时间

设置投放时间指商家根据买家购物习惯时间进行广告投放。其建立在对买家的分析基础上，可以通过量子工具、生意参谋等多个工具及日常客服积累得出买家购物习惯时间。投放时间可以初步设置为全天 100%，后期再逐步更改。如图 5-5-13 所示。

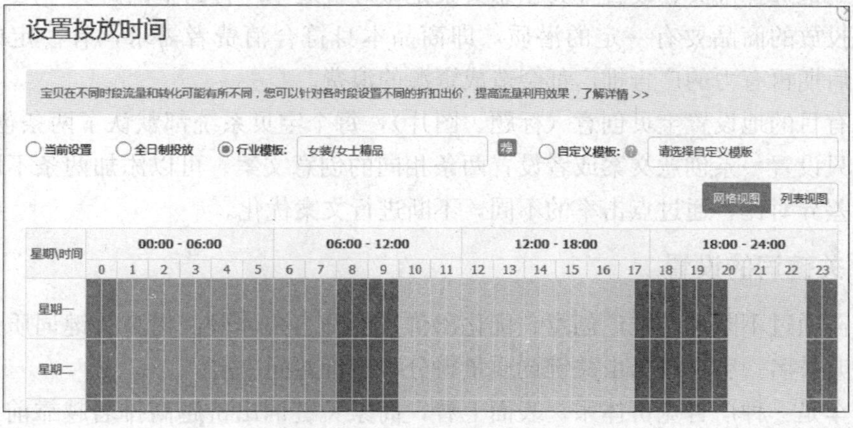

图 5-5-13　设置投放时间

(四) 设置投放地域

商家可以根据客户所在区域进行广告投入，如图 5-5-14 所示。例如，客户主要在江浙沪地区，那么广告可以专门投放在这些区域，这样就可以避免在非客户地区进行广告投入，以提升广告效益。广告区域可以精确到地市级单位，而这些投放区域也可以借助量子工具、生意参谋和日常客户积累分析出来。

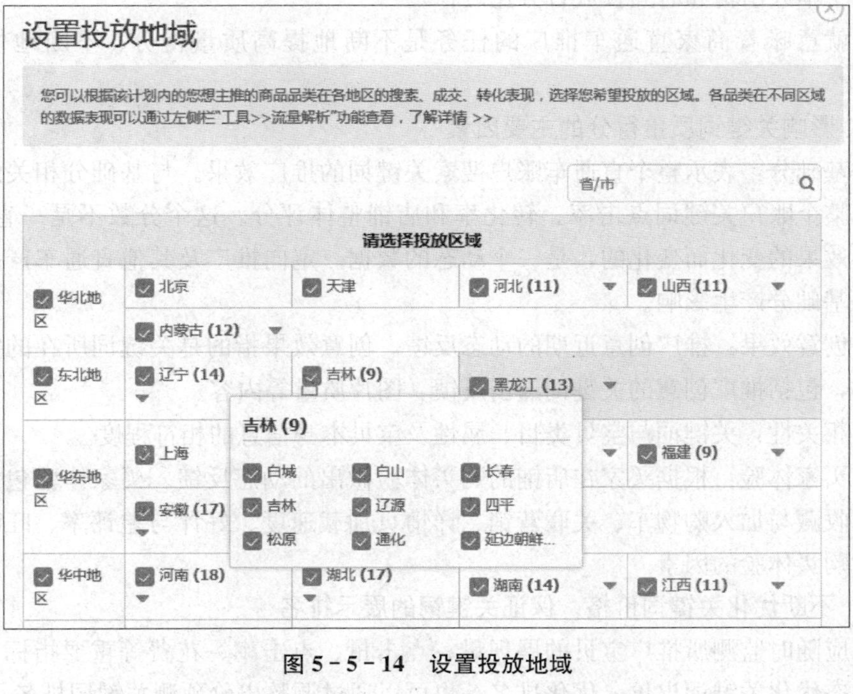

图 5-5-14　设置投放地域

对于投放地域，前期不需要太过在意，可根据邮费投放，后期可根据店铺的客户画像进行重点投放。

二、直通车广告

有计划地选择宝贝、设置宝贝创意文案是做好直通车广告的基础。

（1）投放的商品要有一定的潜质，即商品本身符合消费者需求，有一定的销量基础，否则后期再有力的广告推广都会造成资源的浪费。

（2）有目的地设置宝贝创意（标题、图片），每个宝贝系统都默认了两条创意文案，切忌不要只设置一条创意文案或者设置两条相同的创意文案。可以添加两条不同的创意文案进行差异对比，通过点击率的不同，不断进行文案优化。

三、关键词的设置

商家需通过不断调整推广创意、优化出价、提升客户体验、提高关键词质量得分来有效地提升排名。宝贝排名由关键词质量得分和出价共同决定。

直通车是一种广告竞价体系。表面上看，商家关键词出价越高排名越靠前，买家关注度越高，但事实上直通车排名是由关键词出价和关键词质量得分共同决定的。在商家出价相同的情况下，质量得分越高的商家排名越好。同理，即便是商家关键词出价比竞争对手高，但质量得分太低则排名可能会比竞争对手差。

可以简单理解为：

（1）宝贝推广排名＝价格×质量得分。

（2）直通车点击扣费＝下一名出价×下一名质量得分/本人质量得分＋0.01 元（扣费小于等于本人出价和时间投放百分比之积）。

这也就意味着商家直通车推广的任务是不断地提高质量得分、不断地优化价格因素。

（一）影响关键词质量得分的主要因素

（1）基础分：表示整个直通车账户搜索关键词的推广效果。与基础分相关的因素包括直通车整个账户关键词点击率、转化率和店铺整体评分。这个分数不是一直不变的，而是随着效果的变化而变化的，是一个动态的数据。定向推广及其他直通车产品效果数据不会对基础分产生影响。

（2）创意效果：推广创意近期的动态反馈。创意效果指的是关键词所在的宝贝推广创意效果，包括推广创意的关键词点击反馈、图片质量等内容。

（3）相关性：关键词与宝贝类目、属性及宝贝本身信息的相符程度。

（4）买家体验：根据买家在店铺的购买体验做出的动态反馈。买家体验包含直通车转化率、收藏与加入购物车、关联营销、详情页加载速度、好评与差评率、旺旺反应速度等影响购买体验的因素。

（二）不断优化关键词价格，保证关键词的展示排名

商家应随时监测所推广宝贝的展现量、点击量、点击率、花费等重要指标，根据目标预算动态优化关键词出价，优化排名，也可以通过调整出价预测关键词排名。

活动评价：经过总结，小艾发现直通车这种看似简单的付费推广方法有许多细节需要注意。此外，卖家要注意流量的质量。对于付费流量，一定要通过数据分析工具详细跟踪其质量和效果，如每个流量的来源、入店访问深度、新访客数、入店跳失率、成交转化率等，通过这些数据指标来科学评估付费流量的质量和效果，为后续的付费推广提供参考依据。

【合作实训】

实训任务：通过网络自学的方法，进一步掌握淘宝直通车推广的要领。

实训要求：深入学习直通车的知识要领，为开展直通车推广做好准备。

实训实施：

1. 打开淘宝营销中心（http：//pro. taobao. com），进入淘宝直通车营销平台，掌握直通车广告的相关知识点。

2. 打开淘宝万堂书院（http：//shuyuan. taobao. com），观看学习更多有关淘宝直通车的视频。

3. 掌握淘宝直通车宝贝推广、店铺推广的操作流程和前台展示位置，熟悉各种参数的设置。

4. 掌握影响关键词得分的各种因素。

任务六　钻石展位推广

【情境导入】

运用直通车推广后，经理和艾美丽都觉得付费推广效果不错，想进一步尝试付费推广的第二大热门方法——钻石展位。那么，钻石展位有哪些展现位置？如何开通钻石展位？投放钻石展位需要注意哪些事项？小艾又一次投入学习中。

具体概括起来就是：了解钻石展位的分类、展示位置和适用性；掌握钻石展位投放广告的操作流程及注意事项。

活动一　了解钻石展位的分类、展示位置和适用性

一、钻石展位简介

钻石展位（简称钻展）是淘宝网推出的图片类、文字类、视频类实时竞价展示推广平台，计费单位按照不同的广告形式细分为按展示付费（CPM）和按点击付费（CPC）两种。钻石展位依靠图片等创意吸引买家点击，获取巨大流量。

二、钻石展位的分类

（一）展示型广告

展示型广告以图片展示为基础，以精准定向为核心，是面向全网精准流量实时竞价的展示推广平台，可为客户提供精准定向、创意策略、效果监测、数据分析、诊断优化等服务。

（1）展示位置：包含淘宝网、天猫、新浪微博、网易、优酷等几十家淘内淘外优质媒体的上百个大流量优质展位。

（2）创意形式：支持图片、Flash 等动态创意，支持使用钻石展位提供的创意模板制作。

（3）收费方式：在按展示付费（CPM）的基础上，增加按点击付费（CPC）的结算模式。

（4）投放方式：选择资源位，设定定向人群，竞价投放，价高者得。

（二）移动广告

移动广告是通过移动设备（手机、平板电脑等）访问 App 或网页时显示的广告，形式包括图片、文字、音频等。移动广告突破了电视、报纸等传统广告的覆盖范围，在受众人数上有了很大超越。并且移动广告可以根据用户的属性和访问环境，将广告直接推送至用户的手机上，传播更加精准。

（1）展示位置：网络视频节目（电视剧、综艺等）播放前/后插播视频贴片。

（2）展示形式：视频格式展示，时长 15 秒以内。

（3）定向支持：除钻展常规定向外，还可支持视频主题定向，筛选热门动漫、影视、演员相关视频节目，精准投放。

（4）创意形式：可自主上传视频，也可在创意实验室中制作视频贴片。

（三）视频广告

视频广告是钻石展位为获取高端流量的品牌宣传类产品打造的广告平台。广告主可以通过视频广告，在视频播放开始或结束时展现品牌宣传类视频。

（1）展示位置：主要展现在国内主流视频网站，如 PPS、爱奇艺、优酷等大型视频媒体。广告主要展现在视频开始前的 15 秒内，为视频播放暂停时的广告浮出。

（2）展现形式：以视频格式进行广告内容的展示，展现形式更新颖。

（3）定向支持：针对视频网站提供视频主题定向，根据目前热播剧集的名称、主题进行定向。

（4）创意形式：视频支持 FLV、MPEG 等主流视频格式。

（四）明星店铺

明星店铺是钻石展位的增值营销服务，按千次展现计费，仅向部分钻石展位用户开放。开通明星店铺服务之后，广告主对推广信息设置关键词和出价，当有用户在淘宝网宝贝搜索框中输入特定关键词时，推广信息将有机会在搜索结果页最上方的位置获得展现，进行品牌曝光的同时赢得转化。

（1）展示位置：在淘宝网电脑端、手淘以及 UC 浏览器神马搜索结果页面最上方位置。

（2）展示形式：当搜索关键词触达投放广告的词时，即可在搜索结果页最上方位置得到展示，确保获得流量的精确性。

（3）创意形式：提供多样式创意模板，电脑端模板和无线模板独立，模板由图片和多条文案构成，满足各类消费者的需求。

（3）收费方式：按 CPM 收费，即以千次展现的方式进行收费。

三、钻展的展示位置（资源位）

钻石展位的展示位主要在淘宝网、天猫的首页及各个频道大尺寸展位，淘宝无线 App 端以及淘宝站外的新浪微博、腾讯、优酷等各大优势媒体。

钻石展位可以在钻展后台“资源位”中查看，共分 19 个行业，其中“网上购物”为淘宝站内的资源位，其他为全网资源。如图 5－6－1 和图 5－6－2 所示。

图 5－6－1　钻石展位资源位分类

图 5－6－2　钻石展位资源位示例

四、钻石展位的适用性

钻石展位面向淘宝C店和B店广泛开放，但对商家资质和商品类目有一定的要求。

（一）商品类目要求

店铺主营类目要在钻石展位支持投放的主营类目范围内，如图5-6-3所示。

（表格中所列主营类目的店铺须符合对应条件，其他主营类目的店铺允许申请钻石展位）

钻石展位店铺主营类目准入明细

店铺主营类目	钻展准入条件
国货精品数码	不开放
自用闲置转让	不开放
OTC药品/医疗器械/隐形眼镜/计生用品	不开放
成人用品/避孕/计生用品	不开放
服务市场	不开放
服务商品	不开放
其他	不开放
床上用品/布艺软饰	仅支持符合床品类目要求客户
运动鞋new	仅支持天猫客户

图5-6-3　钻石展位主营类目准入一览（部分截图）

（二）商家资质要求

对于淘宝网C店铺：店铺各项数据良好（如每项DSR在4.5以上、店铺好评率在98%以上、信用等级在三钻以上等）；店铺出售中的商品数量在10件及以上；店铺经营及推广过程行为记录良好，符合其他阿里妈妈认为需要符合的条件。

对于天猫B店铺：店铺各项数据良好（如每项DSR在4.5以上，特殊类目无DSR或者可相应放宽，由淘宝单方决定）；店铺出售中的商品数量在10件及以上；店铺经营及推广过程行为记录良好，符合其他阿里妈妈认为需要符合的条件。

其他商家：具有完全民事行为能力的自然人或者合法存续的法人/其他组织，拥有必要资质或授权，拟推广网站经过合法备案，且符合其他阿里妈妈认为需要的条件。更多关于广告服务用户的具体条件，详见《钻石展位广告服务使用规范》。

活动评价：商家进行钻石展位推广时应合理选择资源位。同时应注意，钻石展位的开通过程包括报名、考试、审核，3个环节缺一不可，考试链接一定要授权给要开通钻展权限店铺的主旺旺ID，授权给其他账号考试无效。

活动二　掌握钻石展位投放广告的操作流程及注意事项

一、钻石展位广告投放的操作流程

钻石展位广告投放操作流程与直通车接近，包括设置计划、设置单元、添加创意。

（一）设置计划

设置计划具体指填写计划名称，设定付费方式、每日预算、投放日期、投放方式、投放地域等。如图 5－6－4 所示。

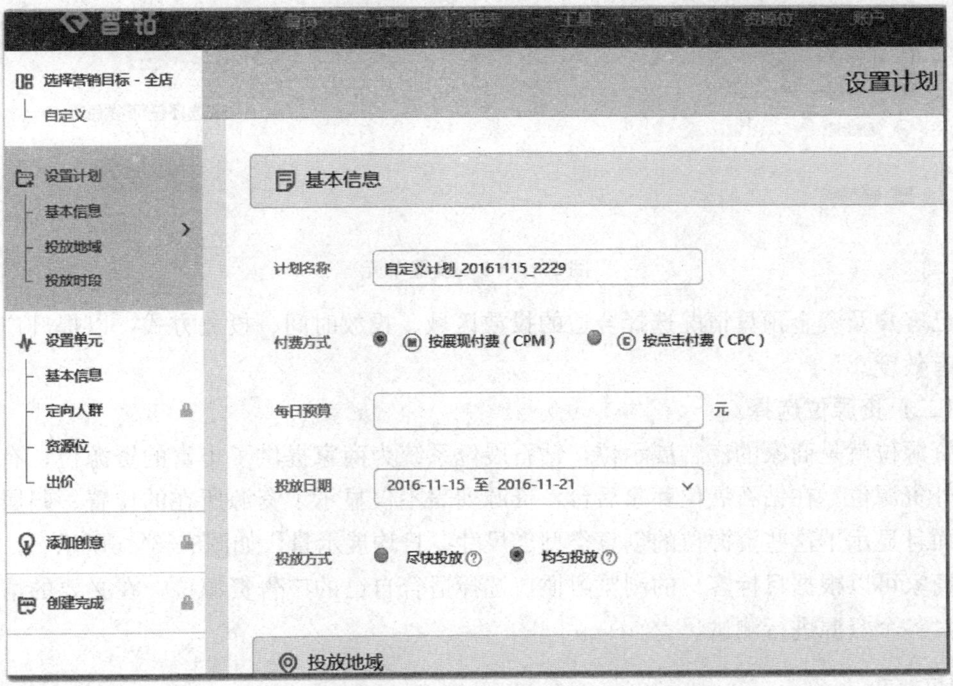

图 5－6－4　设置钻石展位计划

（二）设置单元

一个计划可以添加多个不同的推广单元，在推广单元中需要设置定向人群、资源位和出价。如图 5－6－5 所示。

（三）添加创意

添加创意就是设置钻石展位的创意类型（包括图片、视频文字链等）、上传创意、链接等。

二、钻石展位广告投放的注意事项

（一）计划设置

钻石展位的计划设置与直通车的计划设置类似，即通过对区域投放、时间投放、投放方式进行选择来对广告进行精准化管理，以实现投入回报比的优化设置。商家应该根

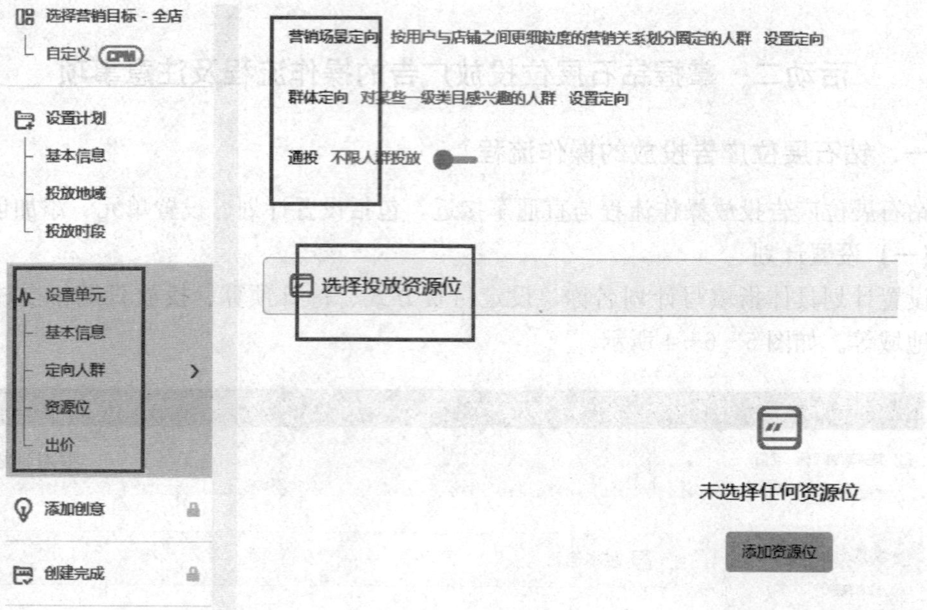

图 5-6-5 设置单元

据自己客户及资金预算情况选择合适的投放区域、投放时间、投放方式，以提升广告投放的有效度。

（二）资源位选择

资源位就是商家的广告展示位，钻石展位系统为商家提供了丰富的资源位，有站内和站外资源位。在钻石展位商家后台，资源列表不仅显示了资源所在的位置、归属的网站，而且显示了这些资源位的创意类型、尺寸、日均展示量，如图5-6-6所示。

商家可以根据目标客户的浏览习惯，选择适合自己的广告资源位，在必要的情况下需要对各个资源进行测试。

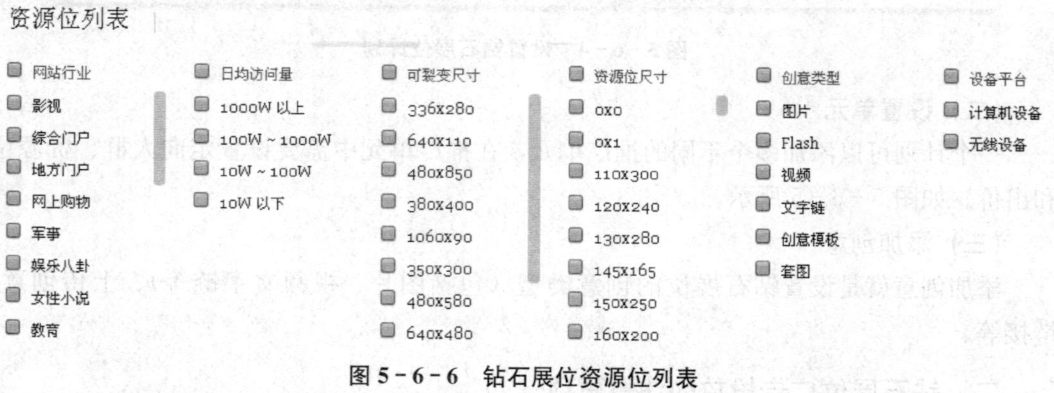

图 5-6-6 钻石展位资源位列表

（三）定向投放

1. 通投和定向投放

（1）通投是指客户的钻石展位广告不区分人群特征全部投放在选择的资源位上。

（2）定向投放是指在既定投放的情况下，对人群特征进行设置，并对该人群特征下广告位投放再次出价，钻石展位广告将会在目标人群出现的时候进行深度展示。这样商家可以通过对计划定向参数的设置来提升钻石展位投放效益。

2. 定向类型

定向投放主要分为群体定向、兴趣点定向、访客定向、相似宝贝定向、智能定向、营销场景定向、通投等多种类型，如图 5－6－7 所示。

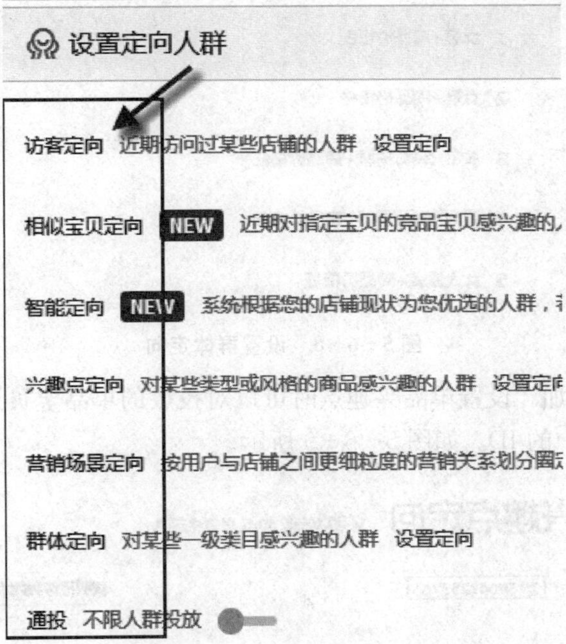

图 5－6－7　定向类型

（1）群体定向。群体定向的目标客户主要是符合 21 种主流商品类型（类目）、有高中低不同价格倾向的人群。该定向综合了消费者历史浏览、搜索、收藏、购买行为，确定消费者当前最可能点击的商品类型和价格偏向。例如，最近搜索过女装的人是卖女装商家的潜在客户，商家只要定向群体为"女装"，最近搜索过女装的人就能优先看到商家的广告。

群体定向中，一个计划最多设置 5 个群体，店铺 ID 一般填写自己的旺旺 ID，系统会推荐出（类目、价格）群体，再根据宝贝的类目和价格进行选择。如图 5－6－8 所示。

（2）兴趣点定向。兴趣点定向可以理解为群体定向的升级版。可以定向到一级类目和少量的二级类目，流量更加精准。此定向适合所有的类目，特别是在小类目中更加凸显流量的高质量。例如，假设现在主推连衣裙单品，那么最近搜索过连衣裙的人就是商家的潜在买家。商家在兴趣点设置选择连衣裙，那么最近搜索过连衣裙的人就能优先看到商家的广告展示，目前兴趣点可选 1 500 个，但是一个计划最多可以设置 50 个兴趣点。

兴趣点定向中，店铺旺旺号一般填写自己的旺旺 ID，以获取推荐兴趣点，再根据宝

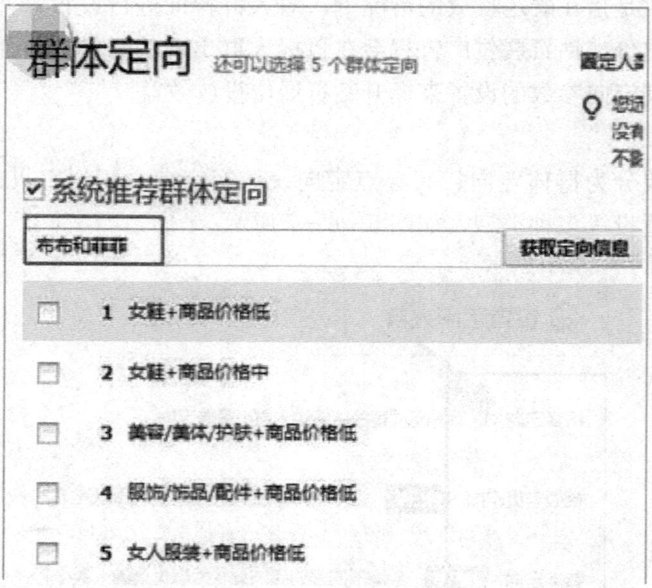

图 5-6-8 设置群体定向

贝的风格属性进行添加。设置单品兴趣点时可以对投放的单品宝贝进行兴趣点推荐，填写的 ID 是宝贝链接中的 ID。如图 5-6-9 所示。

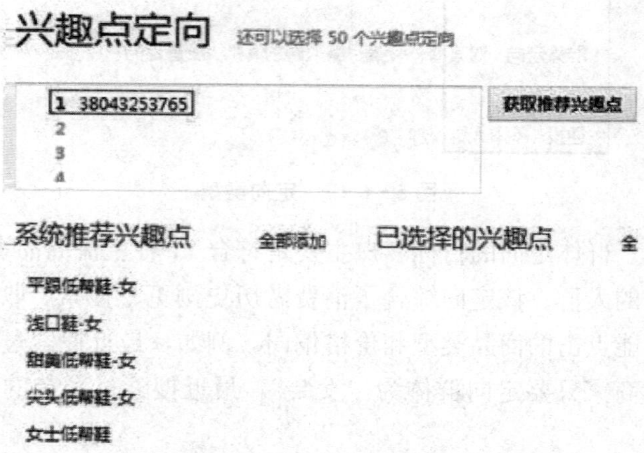

图 5-6-9 设置兴趣点定向

（3）访客定向。访客定向人群精准度相比前两者更高，其投放人群主要是访问过目标竞争店铺的客户。访客定向中，种子店铺一般填写自己的旺旺 ID，而自定义店铺可以根据生意参谋、直通车、淘宝搜索等挑选出有竞争优势的店铺 ID 来填写。如图 5-6-10 所示。

三种定向的差异及应用对比：三种定向人群逐步精准，一般来说定向的精准度为访客＞定向兴趣点＞群体定向，其应用也各有特点。群体定向的优点是可一次锁定较为广泛的人群。当店铺或品牌需要提升知名度、大批量引入客户时，适合使用群体定向。兴

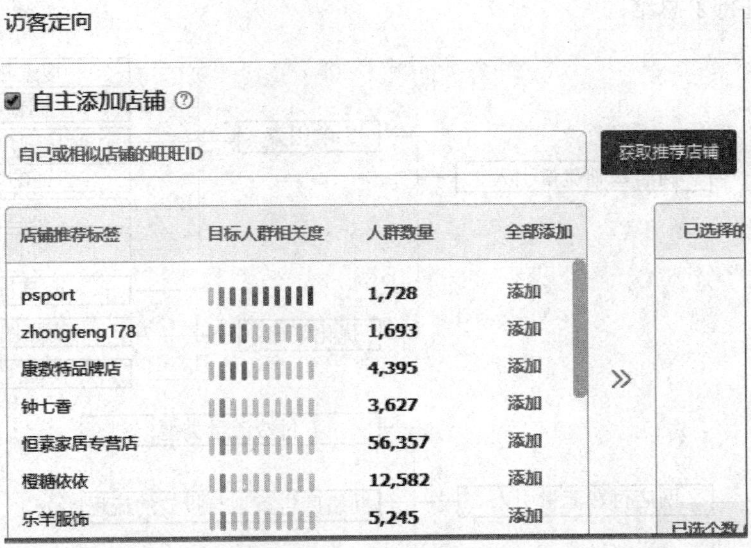

图 5-6-10 设置访客定向

趣点定向的优点是可以一次定向较精准的目标人群，定向直达细分类目。当店铺需要推广关联性单品或者举行单品相关活动时，非常适合使用兴趣点定向。访客定向的优点是可以一次定向较精准的目标人群，维护店铺的老客户并同时挖掘竞争对手的客户和潜在客户。访客定向非常适合日常推广和持续积累客户。

活动评价：钻石展位的注意事项除了以上列举，还包括出价技巧、创意设计技巧、数据分析和数据监测等，大家可以到智钻（http://zuanshi.taobao.com）和万堂书院（http://shuyuan.taobao.com）进一步学习。

【合作实训】

实训任务：通过网络自学的方法，进一步掌握淘宝钻石展位推广的要领。

实训要求：深入学习钻石展位的知识要领，为开展钻石展位推广做好准备。

实训实施：

1. 了解钻石展位投放资源有哪些；查看淘宝各页面资源位显示的商家广告，分析其优劣。

2. 查看各种定向投放的方式，对比几种定向投放方式的差别。

3. 打开淘宝营销中心（http：//pro.taobao.com），了解钻石展位的各种相关知识。

项目总结

艾美丽从提高网店基础流量做起，尝试各种免费推广方法和直通车推广，参加了一些小型促销活动，另外她还对客户的资料进行了整理。经过三个多月的努力，网店的流量稳步上升，积累了自己的客户资源，生意一天比一天好。艾美丽计划在未来的半年内实现 2 钻或 3 钻的经营目标。在网店实践的基础上，艾美丽将网店在运营推广过程中涉及的关键点进行了总结。

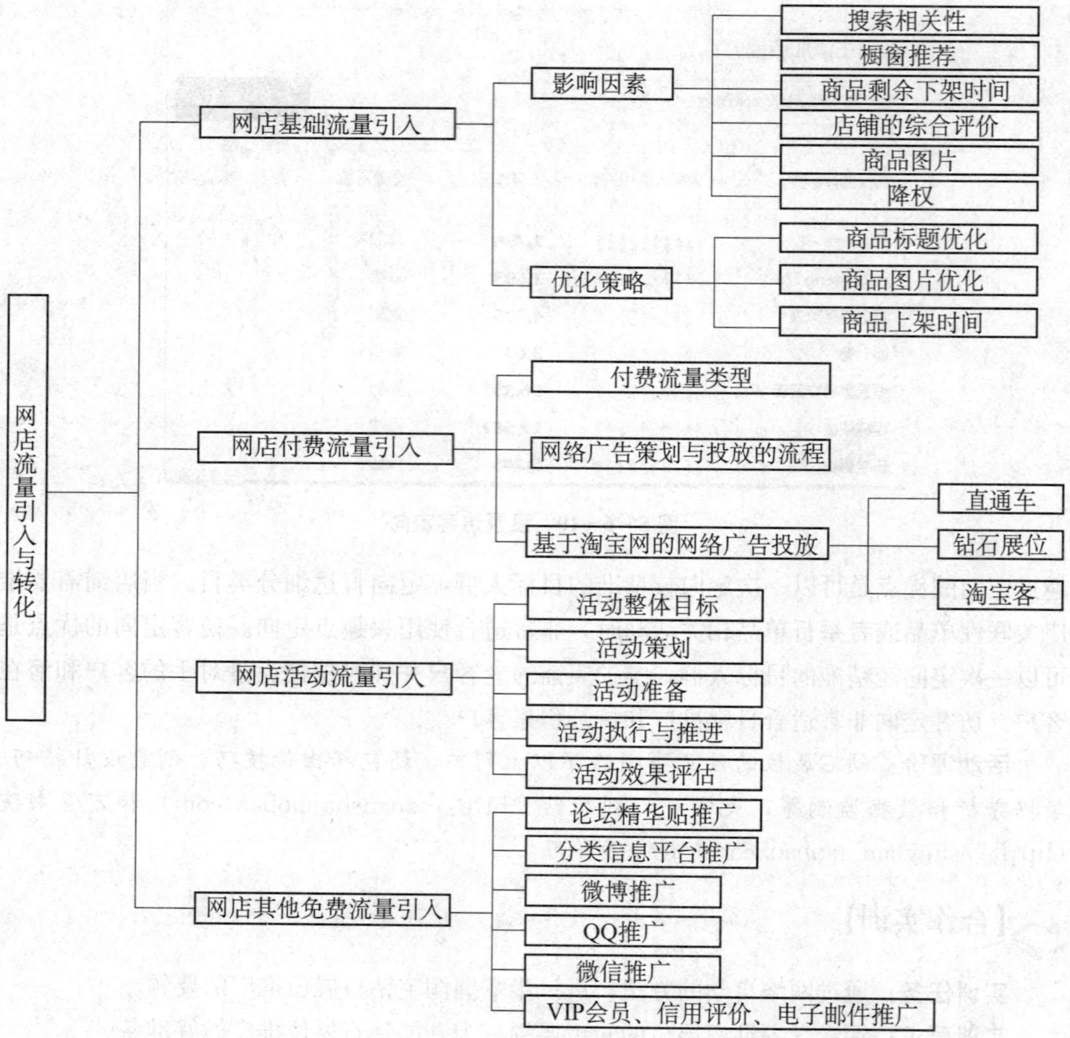

项目检测

一、单选题

1. 钻石展位依靠（　　）吸引买家点击，获取巨大流量。

A. 超低价格　　　　B. 图片创意

C. 精美商品描述　　　　D. 优惠信息

2. 钻石展位是按照流量竞价售卖广告位的，属于钻石展位计费单位的是（　　）。

A. 每千次浏览单价　　　　B. 进入店铺

C. 成交购买　　　　D. 每百次浏览单价

3. 直通车是为淘宝网卖家量身定制的，按（　　）付费的效果营销工具，实现宝贝的精准推广。

A. 成交　　B. 点击　　C. 展现次数　　D. 时长

4. 加入直通车首次需存入(　　)元起的预付款。

A. 300　　B. 500　　C. 1 000　　D. 3 000

5. 直通车关键词最低出价为(　　)元。

A. 0.01　　B. 0.02　　C. 0.03　　D. 0.05

二、简答题

1. 影响淘宝直通车关键词质量得分的因素有哪些?

2. 淘宝网店站内引流的方法有哪些?站外引流的方法有哪些?

三、趣味挑战

结合网店实际，小组成员配合工作，制定网店经营目标（拟达到的信誉级别等），快速提升网店流量和销量。

(1) 综合运用多种免费推广方法。

(2) 积极报名多种活动。

(3) 合理运用付费推广方法。

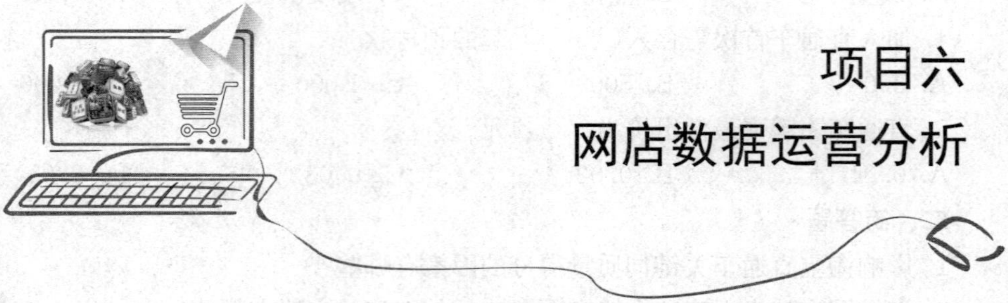

项目六 网店数据运营分析

项目综述

张阳和小丽是一对小情侣，2008 年的时候趁着电子商务时代的风潮，他们在淘宝网上开了一家卖女装的网店。开店初期，网店的日销售额很快就达到了一万元。看到这么好的发展前景，他们在 2009 年组建了一个 20 人左右的团队，并且很快达到了一年近千万元的营业收入。但是令他们困惑的是，在近几年电商发展势头如此好的大背景下，即便他们的营业额每个月有所上升，但是众多同类网店的竞争使得他们的利润额却不如从前。广告投放很多，但是收效甚微，多年的老客户总体消费也止步不前。他们请来了电商专家宁夏老师，宁夏老师一针见血地指出，这是因为他们的网店缺乏数据运营所致。

本项目学习的目的是形成对网店数据运营的基本认知，掌握网店数据分析的主要工具和方法，学会抓住网店运营中的核心数据，提升广告投放的性价比和转化率，增强客户黏性，进而提高网店收入。

项目目标

知识目标

- 了解数据分析在网店运营中的重要性和作用；
- 形成对网店数据运营的基本认知，熟悉运用电商数据分析的基本工具和方法；
- 掌握电商数据运营的核心指标。

技能目标

- 掌握主要电商数据运营的基本方法；
- 具备电商核心数据指标的分析及应用能力；
- 能通过数据分析挖掘业务问题，提出优化建议。

情感目标

- 培养对数据的敏感性，树立数据分析的意识；
- 形成电商数据运营化思维。

任务一　网店数据运营基本认知

【情境导入】

在宁夏老师的指点下，张阳和小丽开始主动查找网店数据运营的相关知识。他们要了解什么是网店数据运营，认识数据分析对网店运营的重要性，熟悉常用的网店运营数据分析工具，找出网店数据运营的核心指标。

活动一　了解数据分析对网店运营的重要性

下面学习两个案例，来了解数据分析对店铺运营的重要性。

案例一　啤酒与尿布

一家超市中，人们发现一个特别有意思的现象：将啤酒和尿布这两个看上去没有关系的商品摆放在一起进行销售，却可以获得很好的销售收益。这是一直在营销和数据挖掘学术界广为流传的一个案例，也是被商家津津乐道的发生在美国大型连锁超市沃尔玛的真实案例。原来，美国的妇女一般在家照顾孩子，经常会嘱咐丈夫回家的时候为孩子买尿布。而丈夫在买尿布的同时又会顺手购买啤酒。这个发现正是沃尔玛通过对用户的购物篮进行了数据分析而获得的。

案例二　亚马逊的“数据读心术”

在电商数据分析领域，亚马逊绝对是行业的领跑者。亚马逊的热卖产品指数就是关于平台产品热度与销量的关键信息，是亚马逊运用数据统计和 API 技术将产品收集整理，为中国卖家提供的海量外贸商品样板仓库数据，是涉及美国站 30 多个热卖分类 100 多万热卖产品的数据。

同时，亚马逊一贯以其精准的推荐、合理的价格、充足的库存和高效率的配货，牢牢占据电商巨头的商业位置。仿佛在顾客还未下单之前，亚马逊就通过它的“读心术”看到了顾客的需求，并为顾客提供了一系列的产品服务。而这一切要归功于亚马逊庞大的大数据分析系统，亚马逊利用其 20 亿用户账户的大数据，通过预测分析 140 万台服务器上的 10 个亿 GB 的数据来促进销量的增长。所以亚马逊的数据分析成熟度远远超过同行。

活动评价：张阳和小丽通过两个案例的学习，明白了从店铺的一般数据运营到大数据运营，数据分析都扮演着重要的角色。尤其当下已经进入大数据时代，企业每天都面对海量、瞬时、非结构化数据，比如客户对网店的各种文字和图片评论、客户的历史记录、客户访问的日志，甚至客户访问时候的地理位置数据和情境数据等。通过对以上数据的深入分析，可以帮助商家获得更精确的客户购买偏好和消费心理等更高价值的信息，进而优化店铺设计和运营策略，提高店铺的利润率。不容置疑，数据分析对网店运营非常重要。

活动二　熟悉常用网店运营数据分析工具

在明晰了数据分析对网店运营的重要性后，张阳和小丽两人开始了解主要的数据分析工具。

网店数据运营分析工具分为内部数据分析工具和外部数据分析工具。

一、内部数据分析工具

（一）用 GA 做分析

GA（Google Analytics）是谷歌公司提供的一款对网站进行数据统计服务的工具。该工具可以对其目标网站的访问数据进行统计分析，为网站拥有者提供访客信息，见表 6-1-1。

表 6-1-1　GA 访客信息列表

● 多少访客在什么时候访问过你的网站？ ● 访客每次访问你的网站一般会访问几个页面？ ● 访客对你的网站访问频率是多少？	● 访客是通过哪些关键词找到你的网站的？ ● 访客的来源主要有哪些？ ● 你的哪些页面是最吸引访客的？

分析内容：

（1）网站流量分析。设置查询时间段之后，就可以分析网站在某时间段的流量来源，如图 6-1-1 所示。

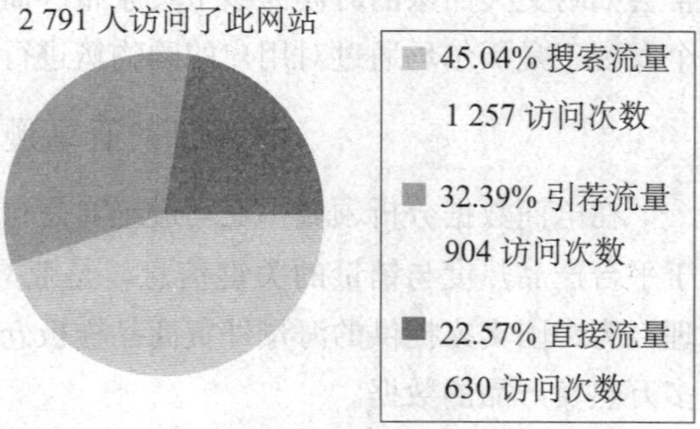

图 6-1-1　某时间段流量分析

（2）用户黏度分析。用户黏度分析主要包括的内容如图 6-1-2 所示。

1）客户平均每次访问页面数有多少？

2）客户每次停留的时间是多少？

3）网站的跳出率是多少？

（3）关键词分析。分析关键词，帮助查看更新的内容中哪个关键词带来的流量比较多。如图 6-1-3 所示。

（二）生意参谋

生意参谋诞生于 2011 年，最早是应用在阿里巴巴 B2B 市场的数据工具。2014 年—2015 年，在原有设计的基础上，生意参谋整合了量子恒道、数据魔方两大数据分析工

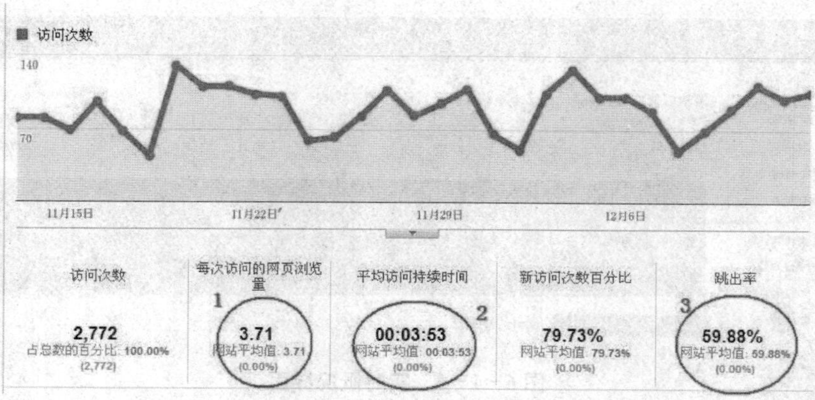

图 6-1-2　用户黏度分析

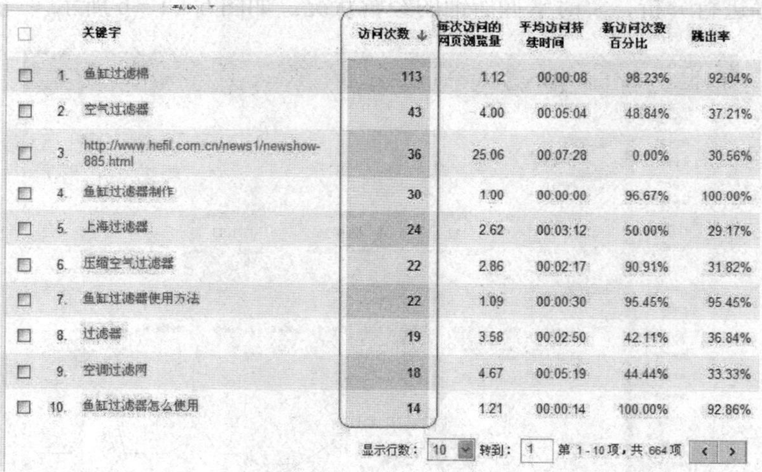

	关键字	访问次数 ↓	每次访问的网页浏览量	平均访问持续时间	新访问次数百分比	跳出率
1.	鱼缸过滤棉	113	1.12	00:00:08	98.23%	92.04%
2.	空气过滤器	43	4.00	00:05:04	48.84%	37.21%
3.	http://www.hefil.com.cn/news1/newshow-885.html	36	25.06	00:07:28	0.00%	30.56%
4.	鱼缸过滤器制作	30	1.00	00:00:00	96.67%	100.00%
5.	上海过滤器	24	2.62	00:03:12	50.00%	29.17%
6.	压缩空气过滤器	22	2.86	00:02:17	90.91%	31.82%
7.	鱼缸过滤器使用方法	22	1.09	00:00:30	95.45%	95.45%
8.	过滤器	19	3.58	00:02:50	42.11%	36.84%
9.	空调过滤网	18	4.67	00:05:19	44.44%	33.33%
10.	鱼缸过滤器怎么使用	14	1.21	00:00:14	100.00%	92.86%

显示行数：10　转到：1　第 1-10 项，共 664 项

图 6-1-3　关键词分析

具，升级为统一为淘宝商家提供数据服务的数据分析平台。通过生意参谋，经营者可以随时查看店铺的各种经营数据，包括实时数据流量、商品排名、店铺行业排名，及时掌握行业竞争动态，对商品、交易、服务和竞品进行有效分析，以优化店铺经营策略，提升店铺的运营能力。如图 6-1-4 所示。

图 6-1-4　生意参谋首页

生意参谋的主要功能有以下几种：

（1）实时直播。可对店铺实时流量、交易数据、流量分布及来源进行分析，揭示热门产品排行榜、客户访问情况，提供店铺经营实时总览，2016 年新增加的数据作战室功能，更是为双十一、双十二活动提供了实时的数据经营指标，让商家随时随地掌握店铺运营情况。如图 6-1-5 所示。

图 6-1-5 实时概况界面

（2）经营分析。主要通过对全店流量概况、流量来源及去向、访客分析、商品分析及交易情况等进行分析，实时掌握店铺的经营状况。如图 6-1-6 所示。

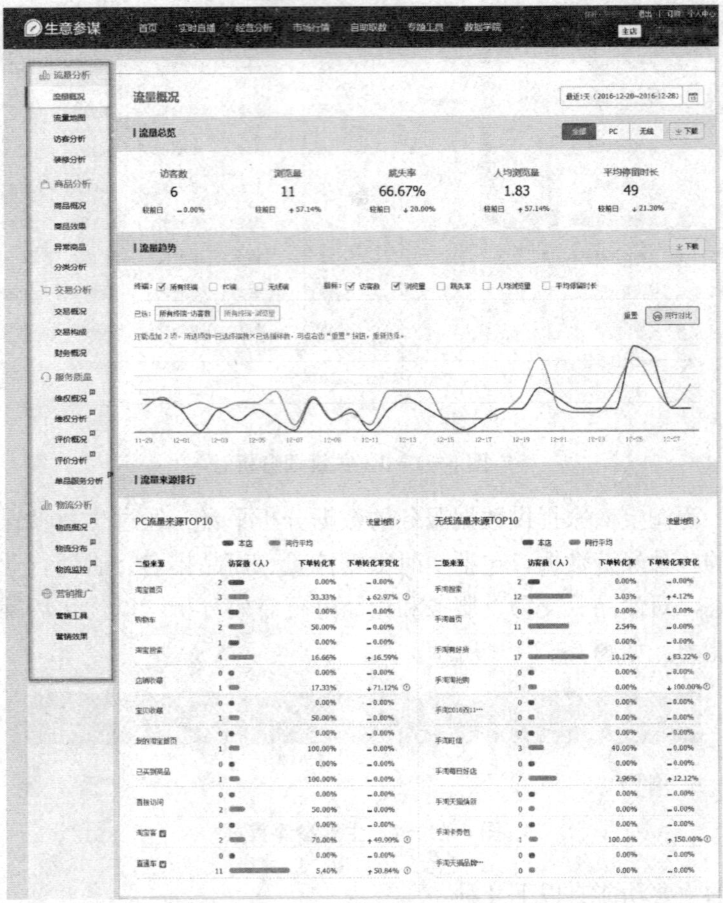

图 6-1-6 生意参谋经营分析界面

（3）市场行情。市场行情即通过行业洞察、搜索词分析和人群画像功能，对行业大盘、品牌、产品属性、买家卖家不同人群进行分析，让店铺经营者实时掌握行业动态，优化运营策略。如图 6-1-7 和图 6-1-8 所示。

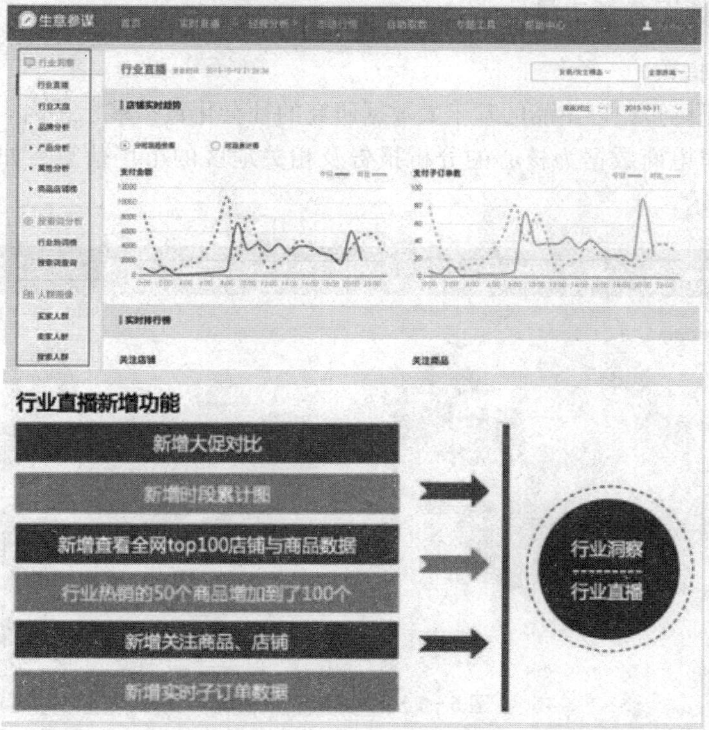

图 6－1－7　行业直播界面

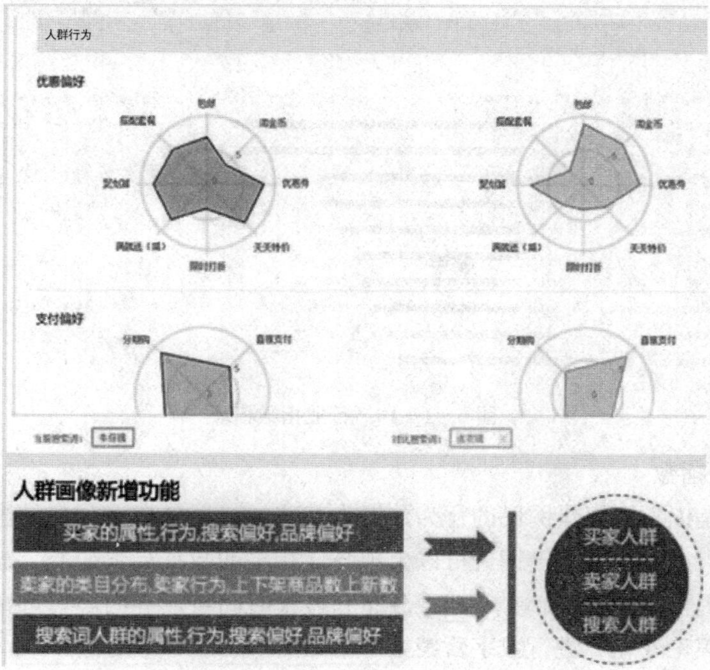

图 6－1－8　人群行为界面

二、外部数据分析工具

（一）阿里指数

阿里指数是阿里巴巴出品的基于大数据研究的社会化数据展示平台，使用者可以从这里获取以阿里电商数据为核心的分析报告及相关地区的市场信息。如图 6－1－9 和图 6－1－10 所示。

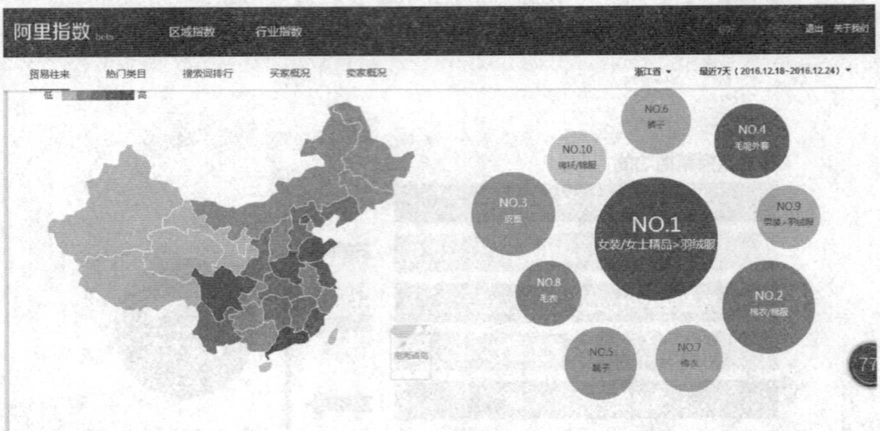

图 6－1－9　区域指数模块

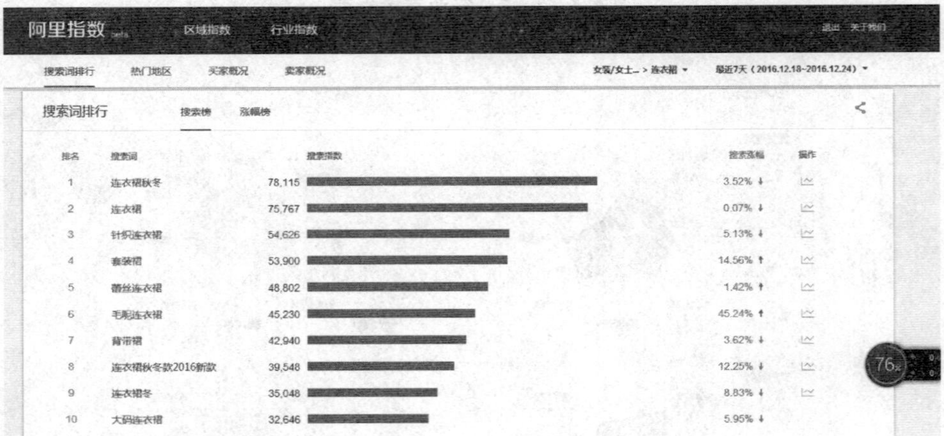

图 6－1－10　行业指数模块

（二）百度指数

百度指数是以百度海量网民的行为数据为基础的数据分享平台，是当下重要的数据统计分析平台。通过输入关键词，可以出现与此相关的数据趋势研究、需求图谱、舆情管家，也可以提供行业整体趋势、地域分布和搜索时间特征等内容，可帮助用户了解相关主题数据及舆论变化，进行数字营销推广。如图 6－1－11 所示。

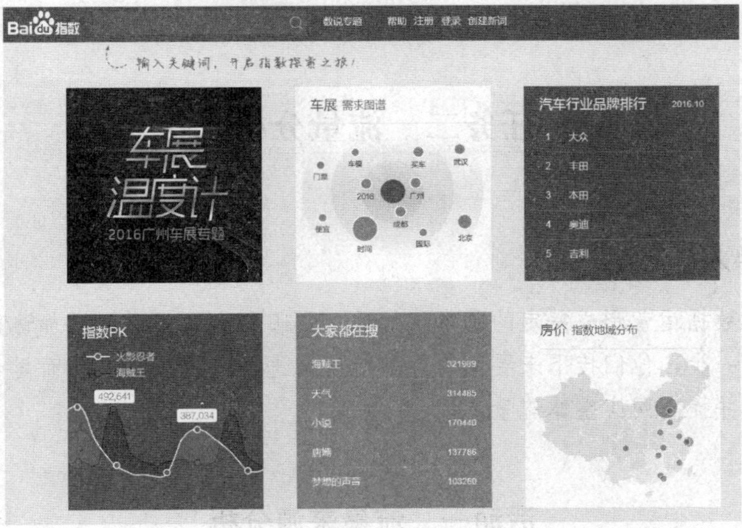

图 6-1-11　百度指数

活动评价： 通过对几种数据分析工具的学习，张阳和小丽分别了解了内部数据分析工具和外部数据分析工具的相关内容。如果将以上工具充分地结合运用，将对店铺数据分析具有事半功倍的效果。

活动三　找出网店数据运营的核心指标

一个网店的数据有很多，有销售数据、订单数据，还有众多客户数据，同时关注和提升所有的数据指标是不现实的，也是不可能的。所以需要找出电子商务运营中重要的数据点有哪些，这些数据点之间存在怎样的关系，这些是张阳和小丽接下来要解决的问题。

张阳和小丽仔细研究了电商运营的相关数据，发现其核心数据有四个：平均收入、访客数、转化率和平均客单价，并得出了它们之间的关系，如图 6-1-12 所示。

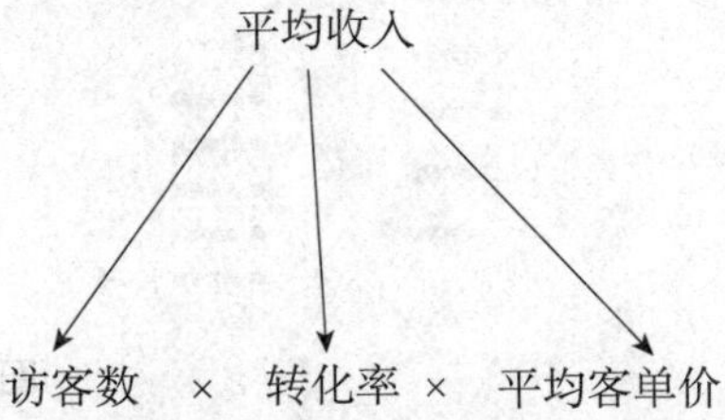

图 6-1-12　核心数据指标关系

活动评价： 通过对电商核心数据的梳理，张阳和小丽成功找到了进行网店数据运营的途径，也就是不断增加流量（即增加访客数），同时加大访客转化率，提高客均单价，从而提高网店的收入。

【合作实训】

选用以上任意一种数据分析工具或者平台，熟悉主要功能模块，选取一个网站进行相关数据分析。

任务二　流量分析及优化

【情境导入】

在对网店数据运营形成一定的基本认知后，张阳和小丽意识到增加访客流量是提高网店收入的第一步，他们接下来要做的就是对店铺进行流量分析，从而思考如何优化流量来源，引进并提高网店整体流量。

活动一　流量来源分析

查看某一商品的流量来源，可以得出该店铺的客户来源渠道有哪些，可以优化流量来源。图 6-2-1 中反映的是活动期间店铺主要流量来源及对应来源的访客数、加购收藏人数、加购收藏转化率，据此可以快速了解哪个渠道对活动的贡献最大，哪个渠道没有达到预期，以便尽快调整经营方向。

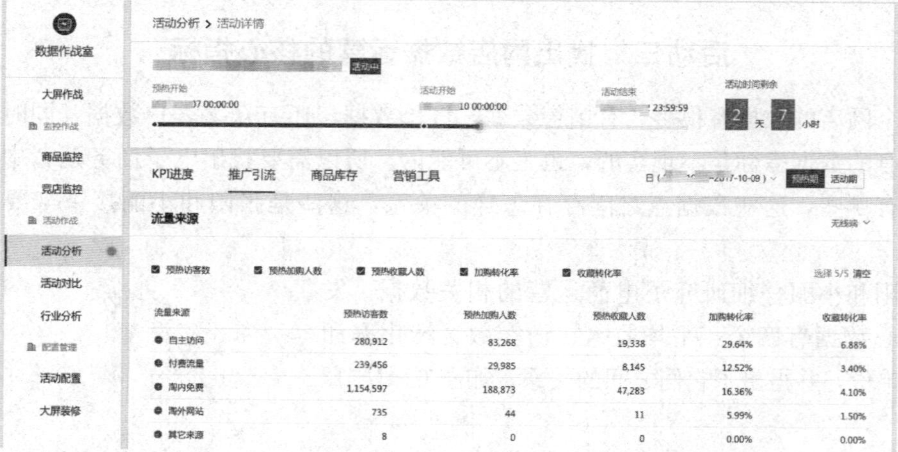

图 6-2-1　某活动期间流量来源

活动评价：店铺的访客流量有访客自主访问和搜索流量两大部分，大部分流量来源为淘宝网内免费流量和自主访问流量。

活动二　店铺流量优化

从网店的流量经营角度来看，根据店铺是否付费获得信息可以将店铺流量分为免费流量和付费流量。

(一) 免费流量——淘宝 SEO

淘宝 SEO 是淘宝内部的搜索引擎优化，在免费的情况下可以为店铺带来一定的基础流量。用户在淘宝搜索框中输入查找的信息，网站将与店铺宝贝的标题进行匹配，例如输入“女鞋”，将出现众多包含“女鞋”关键词的宝贝，同时还有以品牌、款式等各种分类进行检索的选项，以供用户进一步搜索。如图 6-2-2 所示。

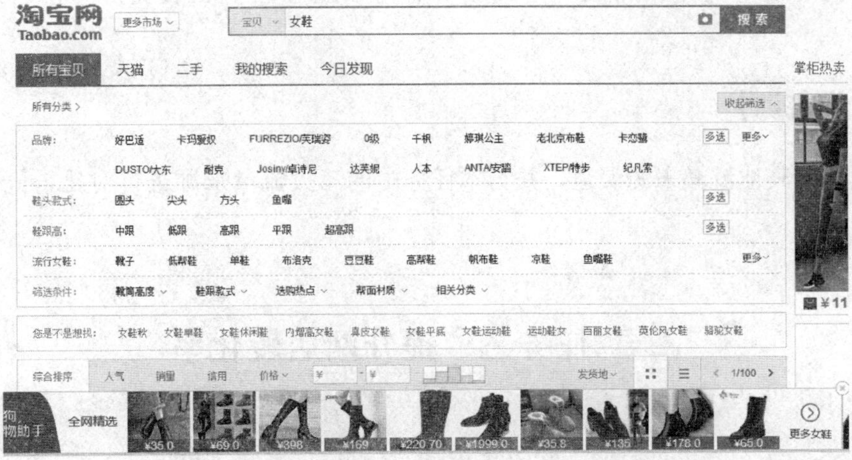

图 6-2-2　淘宝关键词搜索

宝贝的标题设置很关键，淘宝网允许最多用 30 个字来表示宝贝，故需要采用使标题尽可能多地显示商品相关属性的关键词，以让顾客搜索到。

另外，宝贝的上下架时间、店铺权重、商家评分、单品权重等因素对淘宝站内的搜索结果也有一定的影响，所以要综合考虑以上因素。

(二) 付费流量——淘宝联盟

淘宝联盟是淘宝网面向全网的开放式广告平台，是国内领先的大数据营销平台。其依托阿里巴巴集团的核心商业数据和开放的媒体广告资源，对淘宝商家进行大数据营销推广，每天有超过 50 亿的推广流量完成超过 3 亿件商品的推广展现，可为商家带来更多的流量。如图 6-2-3 所示。

图 6-2-3　淘宝联盟首页

（三）付费流量——淘宝直通车

淘宝直通车是为淘宝卖家量身定制的按点击付费的营销工具，可为商家实现宝贝的精准推广，每件商品可以设置200个关键字。淘宝网上搜索结果页右侧的12个广告位、底部5个广告位和中部的前4个单品位，就是淘宝直通车广告。

活动评价： 针对淘宝SEO为店铺带来免费流量，淘宝联盟广告和淘宝直通车广告为其带来付费流量的不同情况，店铺可有针对性地合理优化相关流量，以达到最佳效果。

【合作实训】

查找店铺其他流量来源渠道，并与本任务中的三大流量来源进行对比，分析各自的优势和劣势。

任务三　提升网店转化率

【情境导入】

在成功增加网店流量后，店铺平均每天的销售收入表现与之前的水平还是差不多。张阳和小丽明白仅有流量是不够的，还需要实现较高的转化率，这样才能真正提高店铺收入。接下来，他们将思考如何提升网店转化率。

转化率，即到达店铺产生购买行为的人数和到达店铺的所有人数的比率。计算方法为：转化率＝（产生购买行为的客户人数／到达店铺的所有客户人数）×100%。

根据用户对店铺访问的过程，可将任务分解为视觉营销、提高单品转化、活动运营三个部分。

活动一　视觉营销

用户首次访问店铺时，吸引用户继续访问的最主要因素是店铺带给用户的第一视觉体验，所以良好的视觉营销非常重要。

店铺的视觉营销就是指配合产品结构、各种活动安排、时效性等因素的变化，结合产品定位，从对店铺的整体结构设计，到产品排列，再到模特选择和图片背景设计等方面，加强店铺的整体美感，给用户提供良好的视觉体验。

如图6-3-1所示的某网店首页，页面整体设计简单大方，色彩搭配贴近产品本身，图片精致漂亮。

图 6-3-1　某网店首页

活动评价： 对初次访问的用户，精心设计的视觉感受可有效吸引用户对店铺深度访问，从而提高转化率。

活动二　提高单品转化

当用户浏览网店产品时，最终决定用户是否购买的还是产品的竞争力，如产品属性、产品价格、产品质量、产品特点、产品用途等是否符合用户需求，与同类产品比是否更有吸引力，所以可以通过优化宝贝详情页来提高产品的单品转化率。

宝贝详情页可以从以下方面进行优化，内容见表 6-3-1。

表 6-3-1　宝贝详情页一般包括的内容

内容	作用	特点
店铺活动	营造促销氛围，刺激消费	新款上新预告、主推单品海报
模特图	展示上身效果	清晰、美感、全面展示产品效果
产品图	显示产品全貌	正面、侧面展示产品
细节图	近距离展示产品	呈现材质、色差、产品设计细节
尺码描述	帮助用户选择合适尺码	提供不同用户的试穿体验参数、模特身材参数以供参考
相关推荐或者其他说明	增强用户黏性，提升专业化服务水平	提供其他单品搭配、物流退换货说明等

某网店的产品详情页如图 6-3-2 所示。

活动评价： 不管是哪种来源的用户流量，最终付款都是在宝贝详情页，好的宝贝详情页可以大大提高产品的单品转化率。

图 6-3-2　某网站的产品详情页

活动三　活动运营

淘宝网平台提供的活动有淘抢购、天天特价、淘金币、聚名品、清仓等，这些活动确实能给店铺带来可观的用户流量和订单，但是对店铺报名参加活动有一定的资质要求。网店可以报名参加某个活动，长时间打造几款活动类产品。如图 6-3-3 所示。

在店铺运营中，除了参加官方的活动以外，为了增加客户的黏性，提高访问深度和增加曝光量等，合理的活动和促销手法是必不可少的，最常见的店铺活动方式有打折促

图 6-3-3　活动页面

销、包邮、买赠、秒杀、定金膨胀、红包、会员制度、优惠券等，这类活动也是对所有店铺普遍适用的。

选择活动类型时，必须思考活动的目标人群、投放地点、活动力度以及活动目的，做到信息传达明确、产品清晰和服务完善，不让买家思考时间超过 3 秒钟。活动运营流程如图 6-3-4 所示。

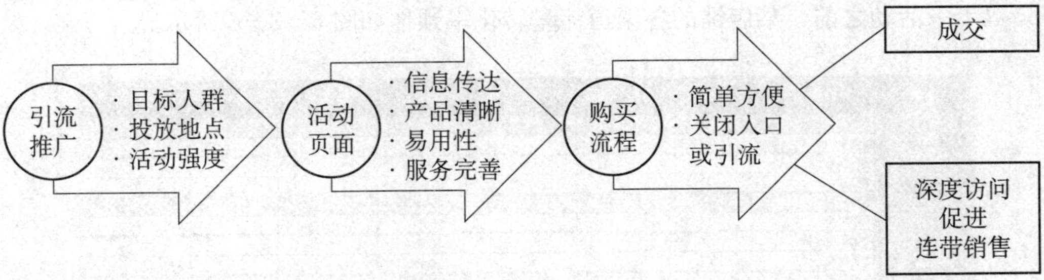

图 6-3-4　活动运营流程

接下来选取某店铺 2017 年的“双十一”活动运营作为案例，对该店铺在“双十一”活动期间的主要数据进行分析。

一、活动期间各时间段数据分析

某店铺“双十一”当天分时段数据情况如图 6-3-5 所示，从销售额来看，前一小时成交占双十一当天成交 52%左右。22 点—24 点成交占比 10%。针对以上数据，分析得出几个结论：0 点疯抢促销力度较大，符合“双十一”这类促销活动一般前两个小时成交占比最高的经验，可以针对前两个小时进行大力度的促销活动，比如买一赠一等；在白天时段成交转化力不足；最后两个小时针对性做营销可以让最后犹豫的客户下单进行购买。

二、活动期间流量来源渠道分析

在活动推广之前，一般会对活动期间的店铺流量来源进行初步的判断，预估各流量来源渠道的成交和转化。通过查看活动期间店铺流量来源渠道的实际数据，并对店铺活

类别	访客数		支付买家数		销售额		客单价	转化率
	访客数	占比	支付买家数	占比	销售额	占比		
0-1点		9.34%		44.84%		52.53%		34.08%
1-2点		3.77%		5.28%		5.02%		9.94%
2-3点		1.58%		1.34%		1.15%		6.04%
3-4点		0.83%		0.92%		0.69%		7.86%
4-5点		0.57%		0.50%		0.43%		6.25%
5-6点		0.74%		1.09%		0.95%		10.40%
6-7点		1.62%		1.42%		0.88%		6.25%
7-8点		2.93%		2.93%		2.34%		7.11%
8-9点		4.35%		3.77%		2.42%		6.16%
9-10点		5.64%		2.85%		2.63%		3.59%
10-11点		5.65%		3.44%		2.50%		4.32%
11-12点		5.07%		1.68%		1.83%		2.34%
12-13点		4.71%		2.26%		2.30%		3.41%
13-14点		4.43%		3.02%		3.03%		4.83%
14-15点		4.73%		2.43%		1.87%		3.64%
15-16点		4.69%		2.10%		1.81%		3.17%
16-17点		4.38%		1.68%		0.57%		2.72%
17-18点		4.00%		1.34%		2.17%		2.38%
18-19点		3.65%		0.92%		0.83%		1.79%
19-20点		4.17%		1.26%		0.89%		2.14%
20-21点		4.95%		1.76%		0.81%		2.52%
21-22点		6.31%		2.26%		1.16%		2.54%
22-23点		6.45%		5.45%		5.97%		6.00%
23-24点		5.43%		5.45%		5.21%		7.12%
总计		100.00%		100.00%		100.00%		7.10%

图 6－3－5　某店铺“双十一”当天各时段成交数据分析

动期间的流量来源进行分析，可以对之前的预估做出检验。

双十一活动之前，某店铺的各渠道流量转化率预估如图 6－3－6 所示。

来源	来源明细	访客数	支付金额	支付买家数	支付转化率	客单价	收藏人数	加入购物车人数
付费流量	汇总				2.06%			
	直通车				1.42%			
	钻石展位				3.19%			
	淘宝客				0.00%			
淘内免费	汇总				8.17%			
	天猫搜索				5.17%			
	淘宝站内其他				15.87%			
	淘宝搜索				5.04%			
	天猫首页				14.29%			
	淘宝其他店铺				12.50%			
	淘宝首页				7.14%			
自主访问	汇总				28.38%			
	购物车				41.69%			
	直接访问				17.88%			
	已买到商品				52.15%			
	宝贝收藏				12.96%			
	店铺收藏				18.37%			
	我的淘宝首页				25.00%			

图 6－3－6　某店铺活动前流量转化率预估

实际的店铺流量渠道来源数据如图 6－3－7 所示。

可以分析得出该店铺实际自主访问流量转化率为 35.98％，实际付费流量转化率为 9.24％，实际淘内免费流量转化率为 14.92％，均高于之前的预估，可见该店铺的“双十一”大促活动很成功。

三、活动期间产品销售数据分析

最后是对店铺活动期间的产品销售进行数据分析，从而判断出活动期间哪些产品的销售占比最好，可在以后的活动推广中继续加大活动推广力度。

图 6－3－8 是某店铺“双十一”当天产品销售情况，从中不难看出最高的产品转化

KPI进度　推广引流　商品库存　营销工具　　预热期　活动期　复盘

流量来源　　无线端

☑ 预热访客数　☑ 预热加购人数　☑ 预热收藏人数　☑ 访客数　选择 5/5 清空
☑ 支付买家数　☐ 支付金额　☐ 支付转化率　☐ 加购转化率
☐ 收藏转化率

流量来源	预热访客数	预热加购人数	预热收藏人数	访客数	支付买家数
自主访问	211,933	90,539	11,481	499,535	179,734
付费流量	106,828	16,926	3,296	471,443	43,608
淘宝客	20,555	4,529	1,216	38,866	6,459
直通车	43,976	8,347	1,338	70,239	7,618
钻石展位	17,845	2,356	503	46,962	2,301
聚划算	24,452	1,694	239	315,376	27,230
淘内免费	693,849	167,642	26,150	1,328,838	198,355
淘外网站	379	18	2	589	19

图 6－3－7　某店铺“双十一”期间的流量来源

率是 33.23%，客单价 30 元，这类低价位类产品虽然支付转化率很高，但是销售占比一般，为 1.14%。而销售占比最大的产品，其支付转化率为 3.33%，客单价为 642 元，这类产品虽然支付转化率不高，却为店铺带来了很高的销售收入，所以今后可加大此类产品的活动促销力度。

双十一当天产品销售占比

商品标题	访客数	支付转化率	客单价	支付金额	销售占比	支付买家数
[redacted]		3.33%	642		11.87%	
		10.83%	275		11.12%	
		5.78%	948		8.77%	
		13.88%	341		6.54%	
		10.85%	520		4.90%	
		10.00%	1392		4.77%	
		16.23%	116		3.72%	
		14.83%	329		2.42%	
		5.52%	650		2.23%	
		13.07%	278		2.19%	
		8.81%	374		1.47%	
		4.17%	1184		1.42%	
		12.54%	178		1.34%	
		8.62%	518		1.33%	
		15.63%	509		1.31%	
		7.32%	1270		1.31%	
		2.00%	1862		1.28%	
		7.14%	717		1.23%	
		1.95%	1175		1.21%	
		10.47%	743		1.14%	
		33.23%	30		1.14%	
		13.51%	263		1.13%	
		10.13%	805		1.10%	
		5.51%	877		1.05%	
		15.18%	118		1.03%	
		12.18%	299		0.97%	
		6.30%	668		0.92%	

图 6－3－8　某店铺“双十一”当天产品销售情况

活动评价：以上是活动运营期间的主要分析维度，除此之外，还可以针对客服相关数据、客户成交地域、短信营销效果、页面跳失等数据进行活动期间的数据分析。

【合作实训】

以小组为单位，调查多个网店产品详情页，并对比分析其转化率高低。

任务四　提高客单价，增强用户黏性

【情境导入】

在同等访客数和流量转化率的情况下，提高客单价可以有效提升店铺收入。尤其是当店铺访问流量比较稳定时候，提高客单价已成为提高收入的常用方式。

客单价，即一定时期内，平均每个客户在店铺消费的金额。计算公式为：客单价＝总成交金额/成交笔数。

提高客单价，就是让每位顾客的平均购买金额增加，客单价可表示成：客单件＝笔单价×人均购买笔数，所以提高客单价可以从笔单价和人均购买笔数两个方向入手。

活动一　提高笔单价

笔单价反映店铺各类商品的平均定价水平，而平均定价水平受店铺的自身定位影响。例如，定位于高端消费人群的店铺，其笔单价要高于定位于普通消费人群的笔单价。虽然每个店铺的笔单价会因店铺属性和用户属性不同而不同，但基本上遵循一定的产品定价策略，要符合一定的店铺产品定价设置。店铺产品定价设置结构如图 6－4－1 所示。

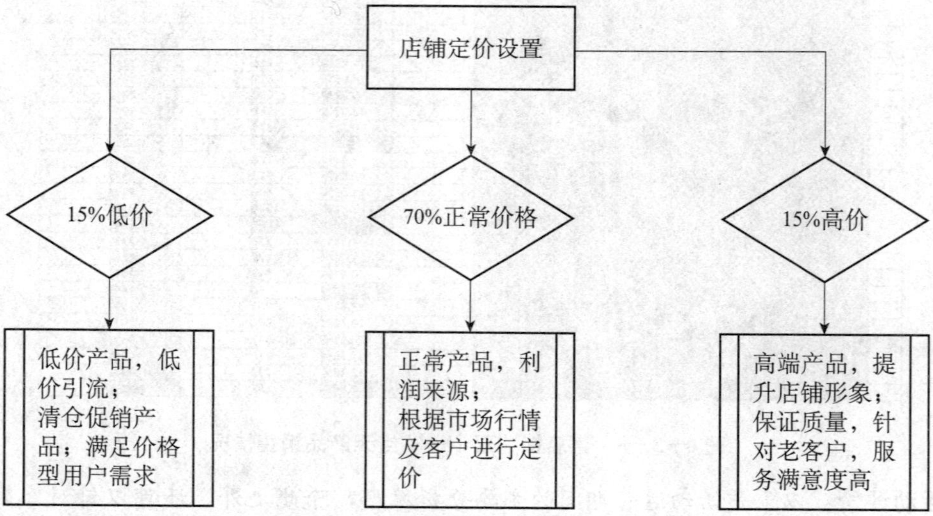

图 6－4－1　店铺产品定价设置结构图

一般而言，15％的低价产品主要体现在清仓产品、促销产品和引流产品，此类产品的流量与其他价位产品共享；70％正常价产品属于中端产品（正常产品），主要根据店铺的购买人群、消费能力而定，也是店铺的主要利润来源；剩下 15％的高价产品属于高端产品，一般价格是中端产品的 2～3 倍。

活动评价：店铺可在其正常的定位水平上，考虑如何适当提高高端产品部分的笔单价。

活动二　增加人均购买笔数

增加人均购买笔数意味着用户要购买不止一件产品，而且是一次买得越多越好。提供关联化产品推荐，可以增加客户多买产品的机会。关联化产品可以是属性相同的产品，也可以是属性相融的产品，还可以是不同属性的产品。将这些产品同放在主推的产品详情页中，可以进行关联销售，以增加网店的人均购买笔数。

例如，一个用户选中一件衣服，价格是 260 元，只要购买 300 元就可以包邮，恰巧该衣服的产品详情页上有一件可以搭配的裤子，价格 60 元。该用户同时购买了衣服和裤子，总共花费 320 元，避免了另外搭配的麻烦，还可以包邮。本例中的衣服和裤子就是店铺为增加人均购买笔数进行的关联产品推荐。

再如，以“韩式喜糖盒”为商品 A，其关联商品为 B，抽取出一张 AB 商品的关联数据图，如图 6－4－2 所示。

热销商品关联　昨日　最近7天　本月　本周　2014-04-09 至 2014-04-15 店铺：旗舰店·视觉设计　销量排名Top20商品：原创新品 韩式喜糖盒 婚礼

数据明细

文弘 原创新品 韩式喜糖盒 婚礼喜糖纸盒 婚庆用品	订单数			比例			客户数	
关联商品B	购买AB	购买A	购买B	购买AB	A订单中买B	B订单中买A	购买AB	买A未买B
见证永恒喜糖盒子创意喜糖盒婚庆用品高档婚礼糖果盒185	2	5	3	33.33%	40%	66.67%	1	4
新品喜帖请帖结婚请柬婚庆用品婚礼结婚用品创意喜帖1001	2	5	22	8%	40%	9.09%	2	3
韩式红包 结婚创意红包利是封婚庆红包大红包袋 千元红包	1	5	5	11.11%	20%	20%	1	4
喜糖盒子 创意喜糖盒 铁盒 结婚用品糖盒婚庆用品糖果盒181	1	5	11	6.67%	20%	9.09%	1	4
结婚创意2012 结婚礼庆用品 结婚请柬信封 韩式请帖信封X01	1	5	2	16.67%	20%	50%	1	4

图 6－4－2　某产品关联订单数据

上例中共有 5 种产品关联，其中前两行的关联组合显示，同时购买“韩式喜糖盒”和“糖果盒 185”的数量是 2，同时购买“韩式喜糖盒”和“创意喜帖”的数量也是 2，并列第一。在这两个关联组合中，购买“韩式喜糖盒”的数量是 5，购买“糖果盒 185”的数量是 3，购买“创意喜帖”的数量是 22。

可见“韩式喜糖盒”在 5 种产品关联中，与“糖果盒 185”和“创意喜帖”两类产品的关联度最高，关联销售较好，故可将“糖果盒 185”和“创意喜帖”两类产品同放在“韩式喜糖盒”的产品详情页中，达到关联销售，增加人均购买笔数的目的。

活动评价：关联推荐是增加人均购买笔数行之有效的方法，虽然通常通过关联订单数来得出产品关联度的大小，但不排除其订单来自同一客户的可能，产品关联度并没有想象中高，因此还需要进一步查看更多的数据，并观察较长时期内的订单销售数据。

【合作实训】

选择两个同类产品的店铺进行客单价对比分析。

项目总结

不容置疑，现在的电子商务运营已经转型为以数据为基础的运营。这点从几大电商巨头的战略布局可以看出，数据成为阿里集团未来三大战略方向之一，而京东商城已经正式启动云计算研发基地，并与中国人民大学合作成立了电子商务实验室，着力电子商务数据分析的合作。可以说，数据分析在电商运营中扮演着至关重要的角色。

通过本项目的学习，学生可以形成对网店数据运营的基本认知，熟悉网店数据分析的主要工具和方法，具备网店核心数据的运营能力，以便将来能够胜任各大电商企业数据分析专员或数据运营专员的岗位，为电商运营提供数据方面的技术支持，成为电商企业核心的高技能性人才。

项目检测

一、单选题

1. 生意参谋最早是应用在(　　)市场的数据工具。

A. 阿里巴巴 B2B 市场　　B. 淘宝网

C. 天猫　　D. 阿里巴巴 B2C 市场

2. 以下能为淘宝店铺带来免费流量来源的是(　　)。

A. 淘宝 SEO　　B. 淘宝广告联盟　　C. 淘宝直通车　　D. 钻石展位

3. 以下不属于电商核心数据运营指标的是(　　)。

A. 平均收入　　B. 访客数　　C. 转化率　　D. 跳出率

4. 对产品信息进行全方位揭示的页面是(　　)。

A. 单品详情页　　B. 店铺首页　　C. 活动页面　　D. 客服页面

5. 一定时期内，平均每个客户在店铺消费的金额是指(　　)。

A. 客单价　　B. 笔单价　　C. 平均单价　　D. 单价

二、多选题

1. 以下常用于对内部数据进行分析的工具是(　　)。

A. 生意参谋　　B. GA　　C. 百度指数　　D. 阿里指数

2. 电商数据运营的核心数据指标有(　　)。

A. 店铺访问流量　　B. 流量转化率　　C. 客单价　　D. 平均收入

3. 网店流量的来源渠道主要有(　　)。

A. 淘宝 SEO　　B. 淘宝广告联盟

C. 淘宝直通车　　D. 口碑和互动营销

4. 下面哪些方法可以提高流量的转化率？(　　)

A. 视觉营销　　B. 活动运营　　C. 提高单品转化　　D. 提高笔单价

5. 宝贝详情页一般包括的内容有(　　)。

A. 模特图　　B. 产品图　　C. 产品细节图　　D. 尺码描述

三、判断题

1. 网店只要有了足够的流量，网店收入就会提高。（　）

2. 增加广告投放是一种获得网店流量的有效方式。（　）

3. 淘宝 SEO 是一种站内的搜索引擎。（　）

4. 店铺可在其正常的定位水平上，考虑适当提高高端产品的笔单价，以提高店铺平均客单价。（　）

5. 关联推荐是增加人均购买笔数的行之有效方法。（　）

四、简答题

1. 简述数据分析对电商运营的意义。

2. 简述电商数据运营的主要思路。

五、趣味挑战

在百度指数搜索框里输入“电子商务”关键词，进行趋势研究、需求图谱、舆情洞察等相关方面的分析，形成数据报告。

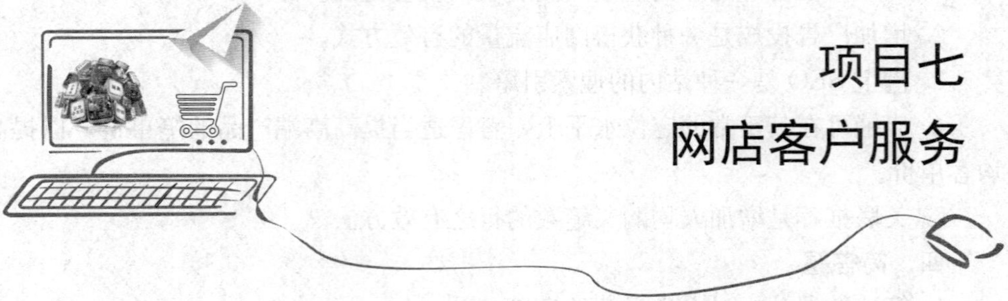

项目七 网店客户服务

项目综述

网店客服是网店的一种服务形式，是网店通过网络提供给客户解答和售后等的服务。目前网店客服主要是通过网店的在线客户服务系统，让网店掌柜更高效地管理网店、及时把握商机消息，从容应对繁忙的生意。网店客服根据交易流程主要分为售前客服、售中客服、售后客服等。

小刘拥有电话客服经验，最近他应聘到一家新的电商公司做在线客服，该公司的主要业务是在网上店铺出售智能手机。目前网上销售电子产品竞争非常激烈，产品性能、价格低廉已经很难博得客户的青睐，提供更好客户服务成为增加客户黏性的重要方式。在开始工作之前，小刘为了能更好地胜任这份工作，做了不少功课，他从产品特性开始，陆续了解客服沟通、网店客户投诉处理方法，以及作为客服人员应具备的基本素质。

小刘将此次学习分为售前客服、售中客服和售后客服三个部分。售前客服主要包括了解产品特性、快捷回复客户咨询、学习沟通技巧；售中客服主要包括迎接问好、疑问解答、产品推荐等；售后客服包括查单查件、退换货售后和投诉等。

项目目标

知识目标

- 掌握网店客服的基本素质；
- 学习售前、售中、售后客户服务的技巧；
- 掌握网店客服售前、售中、售后服务的注意事项；
- 理解客户回访的意义。

技能目标

- 能灵活运用各种客户服务的沟通技巧；
- 能够处理各种客户纠纷；

➢ 会处理各种订单，尤其是退换货订单。

情感目标

➢ 培养诚信的网店客服意识；
➢ 努力建立良好的客户关系，提高客户的购物体验；
➢ 培养良好的客服心态。

任务一　售前客服精心准备迎顾客

【情境导入】

小刘曾经有过这样的经历，到百货公司去买一些电器产品时，同一种产品总有很多种不同品牌的产品，价格也不一样，作为消费者他会对不同产品进行比较，但几乎有半数店员不能明确地回答他的问题，甚至有些店员对产品的使用方法完全不知道。虽然电子电器类产品的更新速度非常快，但销售人员专精于自己销售的产品应是需掌握的销售基本功。

活动一　了解产品特性

一、产品特性

小刘知道公司的主要产品是智能手机，所以他需要了解产品规格参数，如图 7－1－1 所示。

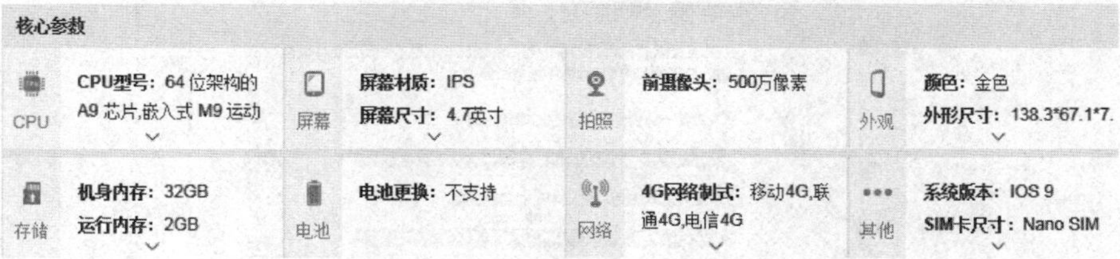

图 7－1－1　手机核心参数

（1）手机显示：包括尺寸、触摸屏类型、分辨率。

（2）手机网络：包括网络类型、网络模式。

（3）手机存储：运行内存 RAM、机身内存。

（4）手机基本参数：品牌、手机型号、机身颜色、操作系统、手机类型、电池类型、核心数、CPU 频率、电池容量等。

（5）手机机身详情：款式、键盘类型、手机厚度。

（6）手机拍照功能：后（前）置摄像头、摄像头类型、视频显示格式。

（7）手机配件：充电器、数据线、说明书、保修卡。

二、使用知识

产品的使用方法小刘也是必须掌握的，如手机操作方法、安全设计、使用时的注意事项及可提供的服务体制。

三、产品的竞争差异

除了了解上述基本信息外，小刘还需掌握公司产品相对于其他同类产品的差异性，如产品的性能优势、价格优势等。公司数据分析部门可为客服人员提供产品与主要竞争者的售价对比表、竞争产品优点与弱点的对比表。

活动评价：通过以上学习我们可以知道，要想做好售前客服，必须熟悉自己所销售产品的特性。

活动二　运用快捷短语回复顾客咨询

网店客服是通过在线客户服务系统与客户进行沟通的，小刘以前做电话客服时会用固定的话术和指定的短语来提高工作效率，于是他想为网店客服编制一些常用的短语。毕竟，网店的客服工作者每天都要回答很多重复的问题，为了减少重复劳动，提高工作效率，在沟通软件里把一些经常用到话语设置成快捷短语，不但可减轻工作量，还避免了因长时间重复回答相同问题而产生的工作厌烦心理。

具体可通过互联网搜索资料并进行归纳，将常用的快捷短语通过“自动回复设置”功能进行设置，以便工作中使用。设置方法如图 7－1－2 所示。

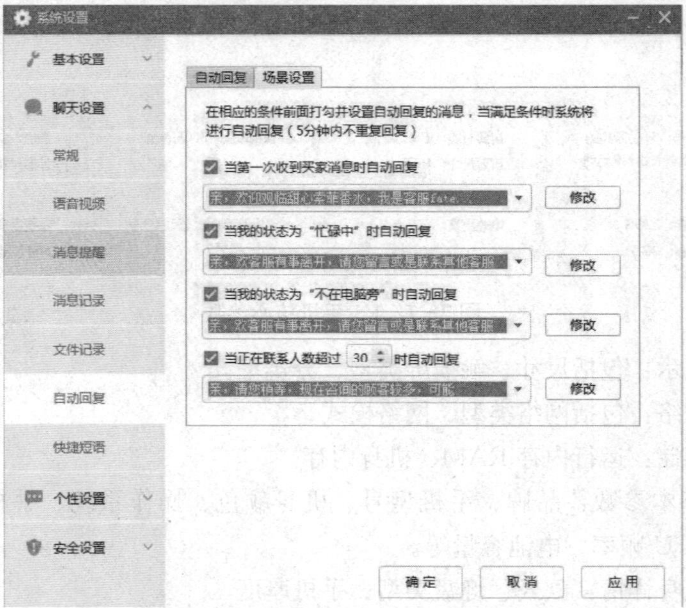

图 7－1－2　自动回复设置

网店客户售前术语的具体内容如下：

一、关于问候

- “您好，欢迎光临××店，客服×××很高兴为您服务，请问有什么可以帮助您？”
- “您好！请问我可以帮助到您吗？”
- “Hello，周末愉快！很高兴为您效劳！”
- “亲，您好！请问有什么可以为您效劳的呢？”
- 如遇元旦、春节、五一、中秋、国庆等国家法定假日，则需要有相应节日问候语如“节日快乐”“新年好”等。

二、关于应答

- “亲，您真有眼光，这可是我们店的主打产品哦！”
- “我能为您做些什么？”
- “您还有什么需要？”
- “不必客气。”
- “没关系，这是我们应该做的。”
- “我明白了。”
- “好的。”
- “非常感谢！”
- “好的，您慢慢挑，有问题再咨询我们！”

三、关于产品

- “亲，我们只是给出建议，但并不能为您做主，需要什么尺寸，衣服能不能穿，还是由您自己决定，毕竟是穿在自己身上，本店只能做到标清楚衣服的尺寸。”
- “本店无法做到让每件衣服适合所有人，衣服是种个性化的东西，请购买前自己把握。”
- “人的想象力是无穷的，本店只保证与图片相符。购买前请仔细看图片/描述/尺码。”
- 当有买家怀疑图片的真实性时，可以这样设置快捷短语：“您好！小店图片实物拍摄，并且没有经过颜色处理，请仔细查看。”
- “本店衣服为实物拍摄，由于显示器和拍摄光线问题，有色差无法避免！（请不要以色差太大为理由要求卖家承担运费退换）”色差是客观存在的，并不在卖家能把握的范围之内，故色差不属于质量问题。

四、关于还价

- “亲，本店都是实价销售，利润微薄，不议价的哦！谢谢！”
- “您好，我们的商品价格已经最低了，不好意思，不能少了。”
- “亲，不议价哦，不过今天我们有些产品正在搞活动，很优惠哦。”

●“新店开张，为赚信用，利润已降到最低，不能再议价了。”

●“抱歉，价格已经最优惠了，不过买满××包邮哦！”

●“亲，小店利薄，不议价了啦。”

●“对不起，本店不可能亏本卖的。”

●“亲，此款是特价商品，不再议价，请见谅。谢谢您的理解，祝您购物愉快！”

五、关于发货

● 如果产品有质量问题，交代买家如何寄回来时，客服人员可以设置快捷短语：“请和我发给你的时候一样，发回的东西不能影响再次销售，具体说就是包装完好，包装盒、塑料袋、产品及所有配件都要完整，一旦有缺少或包装损坏等，将不能退货。所以发货前一定要检查好，确保没问题了再发回来，谢谢！”

● 对于见面交易的买家，可以写快捷短语：“您可以再看看我的店铺（此时加入店铺链接），还有什么需要可以一起下单。”

● 对于直接去银行汇款的买家，客服可以做个分类快捷短语：“汇钱后，尽快短信通知，以便及时发货，我的手机号码是159××××××××。”

● 如果希望顾客多买一些宝贝，可以写快捷短语：“您可以再看看别的（此时加入宝贝链接地址），一起发货，不用另外出邮费的。”

● 如果买家怕路上损坏丢失，可以设置这样的发货提醒：“请您在快递公司或邮局工作人员处领取包裹，一定要当场验收包裹，查看商品表面是否有明显的因摔、撞、挤、压引起的损伤，在确认无误后再签字签收，否则在签收后再提出异议，概不负责。如果有问题请快递人员写下书面证明，并立刻与店主取得联系，如果您的家人、同事、同学、门卫等代签，均视为您已签收。”

六、关于道歉

●“实在对不起，请您原谅！”

●“打扰您了，这是我们的错，对不起！”

●“谢谢您的提醒，我们立即采取措施，尽量使您满意。”

●“请不要介意，我们以后一定努力做好！”

七、关于道别

●“谢谢您的光临！如果还有什么问题，欢迎随时与我联系！期待您下次光临！”

●“祝您购物愉快，天天开心！再见！”

●“多谢关照，有空请再来小店逛逛啦！”

●“请您耐心等待收货，如有问题可以随时与我联系，我一定保证解决您的任何问题！”

●“谢谢惠顾，亲下次光临可以享受本店的会员折扣了哦！”

●“谢谢您惠顾，如有问题请先与我们联系，别轻易差评，我们视评价如生命！没有问题是沟通不了的哦！”

活动评价： 通过把一些经常用到的不同场景的话语设置为快捷短语，既减少了客服人员的重复劳动，又提高了工作效率。

活动三　体验出奇制胜的沟通技巧

小刘整理完客服售前的常用短语后，想到网店客服在与客户沟通过程中也需要一定的沟通技巧，就如他之前做电话客服一样。为了更好地学习网店客服沟通技巧，小刘向一位从事网店客服多年的朋友请教，朋友告诉他网店客服沟通技巧可以分为三个部分。

（1）要树立端正积极的态度和足够的耐心，遇到问题时应积极主动与客户进行沟通，尽快了解情况，尽量让顾客觉得他是受尊重、受重视的，并尽快提出解决办法。

（2）多使用沟通软件中自带的表情图片，无论哪一种表情都会将自己的情感信号传达给对方。例如，在说“欢迎光临!”“感谢您的惠顾”等，都应该送上一个微笑表情，加与不加微笑表情给人的感受是完全不同的。

（3）语言文字方面要少用“我”字，多使用“您”或者“咱们”这样的字眼，让顾客感觉客服人员在全心全意地为他（她）考虑问题。

活动评价： 通过与朋友的沟通学习，小刘掌握了简单的网店客服沟通技巧，希望在日后工作中学以致用，成为一名优秀的客服人员。

【合作实训】

请同学们以小组的方式，结合自己店铺的产品特征，和其他竞争者进行比较，填写表7-1-1和表7-1-2的相关内容。

表7-1-1　　产品与主要竞争者的售价比较

主要产品	付款方式		
	定价	售价	分期付款价
本公司产品			
主要竞争者甲			
主要竞争者乙			

表7-1-2　　与竞争产品的优点、弱点对比

主要产品	优点	弱点
本公司产品		
主要竞争者甲		
主要竞争者乙		

任务二　售中客服釜底抽薪增订单

【情境导入】

在学习了售前客服技巧后，小刘又被调配到售中客服岗位接受相应的岗位培训。售中客服的工作主要是围绕交易过程展开的，需要做好以下工作：迎接问好、疑问解答、产品推荐、促成订单、确认订单、正面评价引导、礼貌告别。

活动一　迎接问好

迎接问好是在线客服人员销售过程中的第一个工作流程。小刘原以为迎接问好就是简单地打招呼而已，非常容易做到，可是经过一段时间工作，他发现迎接问好有很深的学问。首次问好是否得当，将会决定本次交易是否可以顺利地进行。如果首次问好反应过慢、较为随意或出现差错，则会造成顾客心里反感或不悦，导致顾客直接丢失。

随着社会的进步、工作节奏的加快，客服人员应在迎接问好过程中以快速、热情为出发点，在第一时间给顾客留下美好的购物体验。这样才会给顾客留下良好的印象，继而有心情和客服人员在线交谈，为促成订单打好前战。

在迎接问好的过程中，首次客服响应速度对搜索权重有所影响，响应时间的快慢直接决定顾客停留与否。在产品同质化日益严重的现状下，服务对店铺来说是重中之重。如果由于在线客服人员长时间不能响应而导致顾客另选商家，是一个很大的损失。

客服人员的首次响应速度也直接影响着客服团队的服务质量和店铺的转化率。例如，顾客问：老板在吗？卖家五六分钟之后才回答：在。买家很可能已经不在了，去别人家购买了。相反，如果卖家第一时间反映，给予顾客快速、积极的迎接问好，同时做出正面答复，使顾客愿意留下来与其进行前期的沟通，这样既可以放慢顾客“奔走”的脚步，更有很多机会留住顾客，以便促成订单成交。

活动评价：首次响应速度会直接影响顾客的去留。很多看似简单的事情，也是常常被忽略的细节，这些被忽略的点点滴滴交织在一起，就会成为大问题。因此，商家应从迎接问好做起，做好服务的第一步。

活动二　疑问解答

在销售过程中，顾客都会对产品及服务提出一些疑问，此类问题是无法避免的。在网络购物中，在线客服人员只能通过文字表述来解答顾客的疑问，这不仅需要在线客服人员及时解答顾客提出的疑问，而且需要解答的过程耗时最短，回答最正确、有效，更需要对产品、物流等相关信息有全面的认知和了解。

成功的在线客服人员会对顾客做到有问必答，在解答顾客所提出的疑问时进行一定的引导，同时也可以在顾客提出的疑问中听出顾客内心存在的其他想法。如图 7-2-1 所示的案例中，可以看到顾客进行了两次询问，一次是针对物流时效问题进行的提问，另一次是针对产品规格进行的提问。作为在线客服人员，可以把这两个问题看作是顾客的正常询问，但是如果深入考虑，不难看出顾客内心可能存在两个需求点：一是急需使用这个产品，二是顾客对更大规格的产品有需求。通过这种思考，可以得到两个解决方案：如果顾客真的着急，是否可以更换掉默认快递方式，选择速度更快的快递方式；顾客对更大包装规格的产品有需求，可实际情况是没有可选择的商品，那么如何让顾客愿意选择现有的规格呢？当班的在线客服人员可选择从用量、保质期和新鲜度上来消除顾客的疑虑，引导顾客选择现有的产品。若在服务过程中单纯机械地回答顾客的问题，不能感受到顾客的其他隐性需求，很多订单也许就会白白地流失。

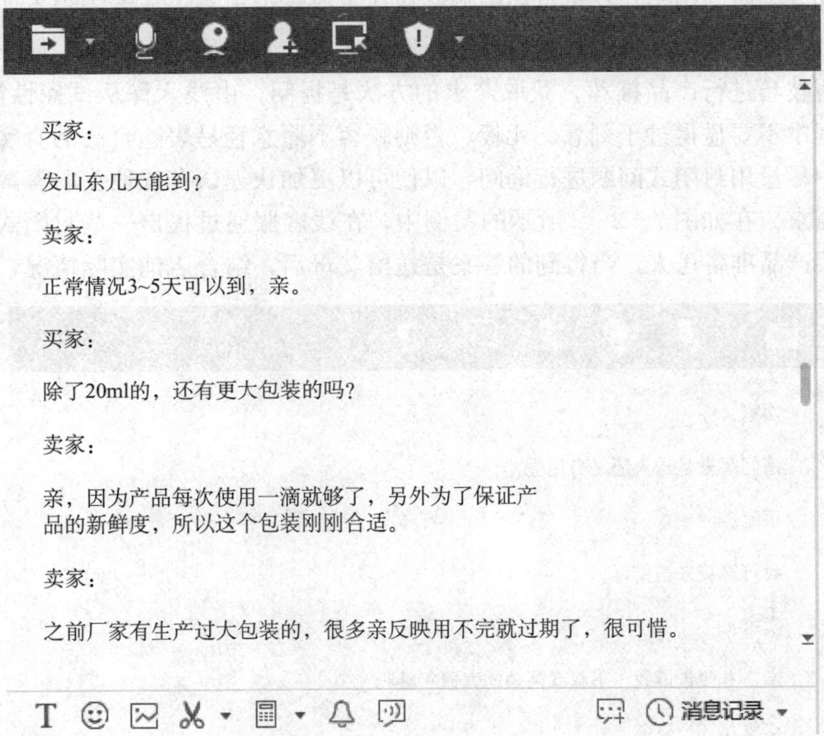

图 7-2-1　产品答疑库存案例

活动评价： 网络购物受限于见不到实物，除了以上列举的简单疑问外，在购物前期，顾客还会对产品提出很多问题。所属不同类目的店铺，在线客服人员遇到的问题也会有所不同，这就要求在线客服人员对店铺的产品非常熟悉，以保证在解答产品及物流的疑问时，做到正确无误、快速、有效。总之，客服人员在疑问解答过程中，必须要做到热情接待、有效沟通、合理解答，旨在使交易顺利达成。

活动三　产品推荐

顺利完成产品答疑后，在线客服进入一个新的工作流程——产品推荐。通过产品推荐可以帮助顾客快速锁定所需产品，提高服务效率，促进订单成交；也可以利用关联营销技巧，关联更多顾客所需的产品，提高客单价。

善于推荐的在线客服会非常重视这个有利于提升交易转化和快速提高客单价的过程。这些在线客服成功的秘密是：在与顾客的沟通中，真正能够领悟到顾客所需，加上平日积累的销售技巧，形成了一个完整的闭环，以达到提高效率、提升客单价的最终目的，同时也大大降低了店铺的运营成本。

善于推荐的客服首先要从了解顾客需求入手。在网络交易中，了解需求不是等待顾客明确告知其需求，因为在交易过程中顾客往往不愿意说出需求或者需求不明确。针对这种情况，在线客服的处理方式是想办法获取顾客需求和明确顾客需求，便于日后更好地利用销售技巧进行产品推荐。获取需求的方法是提问，由浅入深从试探性询问开始，在询问过程中不要显得过于刻意、死板，否则顾客不愿意轻易表达自己的真实想法。在询问过程中尽量用封闭式问题进行询问，以便可以更加快速、有效地获取答案和了解顾客的真正需求。在如图 7－2－2 所示的案例中，在线客服通过提出一些封闭式问题，确认顾客购买产品准备送人，当得到的答案是送给父母后，结合店铺实际情况，可以快速

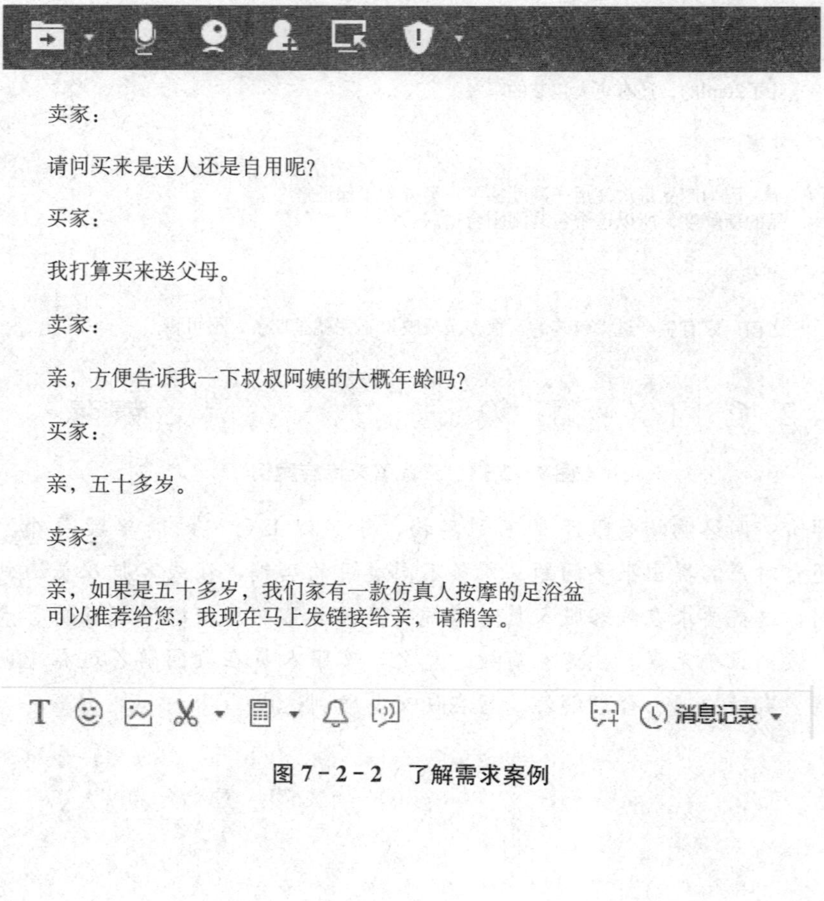

图 7－2－2　了解需求案例

锁定店内哪些产品更适合推荐给顾客，保证顾客不会因为所推荐的产品与之想法差异过大而流失。接下来，可以再次利用同样的方法对顾客需求进行深入挖掘，逐渐贴近顾客最终的真实需求。整个沟通过程针对性强，大大缩短了整体服务时间，提升了成交率。

了解到客户需求后，在线客服的销售工作实际上才真正开始。在这个流程中，不但要求客服对产品进行有效推荐，而且在推荐成功后也可以顺势进行其他相关产品的关联销售。有效推荐可以促进店铺提高转化率，关联营销则可以更好地提升客单价、提高店铺的营业额。

关联营销也叫连带销售，其本质就是建立在交易双方互利互益的基础上，将店铺中与顾客所购买产品具有关联性或相关性的产品销售给顾客，实现售出两件或者两件以上产品的目标。关联销售还可以帮助在线客服提高转化率，降低推广成本，增加产品曝光率。

有些产品并非店铺独家生产、销售，同款或同类产品遍布全网，那么如何做到在销售中让本店产品充分发挥自身优势，在众多同款或同类产品中脱颖而出呢？在与竞品进行比较时，精明的商家通常会遵守“人无我有，人有我优”的原则。在进行同类产品的比较时，在不打击、不诋毁竞争对手的前提下，充分利用“人无我有”的原则——同类产品不曾拥有的功能而本店产品拥有，强化突出自己产品的优势部分，让顾客认可本店产品。在进行同款产品的比较时，在突出产品特点的同时，充分利用“人有我优”的原则——同款产品拥有的功能而本店产品也拥有，同时突出店铺的其他优势，如更早的发货时间、更快的运输速度、更好的售后服务保障等。提升顾客的体验度和信任度，打消顾客的顾虑，让顾客认可本店产品。

活动评价：有效推荐不是直接把产品功能、规格、价格等信息简单地告知顾客，在线客服需要抓住顾客咨询这个契机，利用最大的优势，将产品合理、有效地进行推荐。做好有效推荐的前提是要全面掌握和明确产品的特点、自身的优势和买家的需求。

活动四　促成订单

经过“漫长”的前期接待和产品推荐过程，看似“火候”已够，实际上则是“万事俱备，还欠东风”，这股东风便是售前最终的临门一脚——促成订单，这也是优秀的在线客服必备的一项技能。

在促成订单过程中，在线客服往往会遇到顾客进行议价、索取赠品、进行产品真伪识别等情况。同时，店铺是否拥有完善的售后服务保障和安全快速的物流运输等，也是在此流程中顾客所普遍关注的问题。在促成订单过程中，产品品质、售后保障及物流等是前期采购、运营过程中就已确定和设立完成的，在交易流程中不宜被随意更改或根本无法更改，仅需要在线客服快速、有效地给予顾客正确回答即可。相比较而言，在促成订单流程中议价环节更显得复杂，不易于处理。在议价过程中，交易双方轻易不会摊出底牌，需要双方在沟通中不断试探性地来明确对方可以接受及承受的价位，才便于促成订单的成交。

议价是交易过程中必不可少的环节，有些顾客的议价行为只是单纯性地试探，随口一问，能够便宜更好，不能便宜也罢；而有些顾客非常享受议价过程带来的快感；还有些顾客的的确确是想便宜点购买到商店。针对不同的顾客，在线客服需要在与顾客沟通的过程中及时做出明确判断，以便利用有效的方法来应对。

了解顾客心理价位最关键。客服可以先了解一下顾客的心理价位预期，无非两种结果：一是顾客的心理预期价位与产品实际价格相差不大，另一种是顾客心理预期价位与产品实际价格相差较大。不管是哪种结果，在线客服都要冷静面对，不能被顾客牵着走，需按照店铺的规定或自己可承受的底线来坚持产品的最终价格。

在顾客预期与产品实际价格相差不大的情况下，可以利用赠送礼品、发放优惠券等方式变相降价，满足顾客的心理预期值，保证店铺利益最大化。同时需要让顾客感受到并非所有顾客都可以享受这样的优待，让顾客明白这样的优待来之不易。

在顾客心理预期值与产品实际价格相差较大的情况下，可以采用强调产品品质过硬、品控严格、利润空间小等方式来说明，争取得到顾客认可。另外，在线客服还可以对店铺产品的差异化进行更多的阐述，如材质、工艺、功效、功能等。强调性价比，也是近年来炙手可热的一种处理议价的方式。这些方式都可以让顾客转移其过于关注的价格问题，从而使顾客满意。但不管使用哪种方式，都不推崇在线客服使用直接打击竞品的销售方法。因为打击和暴露竞品存在的问题、缺陷的方法使用不当，则可能造成顾客对同类产品的不信任，这样既无法使自己的产品销售更顺畅，也可能会起到反作用，使顾客顾虑增多而放弃选择本店产品。

活动评价：在销售过程中，在线客服不要“闻价色变”，听到顾客议价就立刻紧张起来。在线客服需要在第一时间正确掌握顾客议价行为的虚实——顾客只是简单地探探口风而询问是否可以优惠，还是真的已经拥有了明确的目标，必须在某个价格段内才会成交。如果是虚的，只要礼貌、委婉地拒绝顾客即好；如果是实的，就要结合前面提到的方法进行有效处理。在线客服在议价过程中禁忌“一口回绝”顾客，如果直接回复顾客“本店概不议价”，这样会给顾客不好的购物体验。在给出顾客优惠的时候也应该有条件地让步或逐步让步，在整个议价博弈过程中，应该让顾客觉得自己通过不懈努力才换取到这样一个结果，感觉来之不易。

活动五　确认订单

小刘通过认真学习，认识到确认订单也是客服的一项重要工作，需要细心、耐心。为了体现在线客服在销售过程中全面、周到的服务，避免出现不必要的售后问题，客服需要对每一笔付款订单进行再次确认。订单确认不仅是核对订单地址，还包括核对产品信息。

客服需要在收到订单后第一时间根据库存情况进行确认。如果订单状态是“等待买家付款”，在线客服可以引导买家付款，通过和客户沟通，了解客户情况，根据不同情况进行催付。在订单得到确认以后，客户根据订单的金额选择付款方式，客服需要查看支付情况，如支付成功，订单状态将改为“已付款，未发货”。

如果所有货物都有库存，需要客服根据订单进行发货，填写快递单后将订单状态修改为“已发货”。如果发现库存不足，仓管人员会示意客服联系客户，征求客户的意见，再继续处理订单。

订单管理还有一个重要的内容就是确认客户发货地址。在客户拍下商品后，客服需要登录平台后台查看发货地址是否准确，如果有误需联系买家重新填写。因为买家已付款后，下一个动作就是等待卖家发货。在网上交易中有不少订单因为买家地址留错或商品拍错，导致出现退换货情况，所以在线客服在发货前需要和买家核对订单信息，包括收货地址信息和产品信息。

个别客户在购买产品时看到产品图片大致相同、价格不同时，就会忽略其他因素，而选择便宜又看似相同的产品，收货后才发现，并非是自己所要购买的产品。所以，要求在线客服针对顾客订单内所购买的产品进行确认，同时对附带的赠品、承诺的事项等进行确认。这样既可以避免因顾客疏忽、购买出现差错而造成退换货的情况，同时也可保证在线客服所承诺内容有备注，以免造成“违背承诺”的投诉发生。

随后，客服需要对顾客的地址信息进行核对，确保顾客所选择的物流或店铺推荐的物流可以到达顾客填写的收货地址。另外，在交易过程中，是否对物流做出特殊约定，也要进行相应的备注。如果在核对地址过程中，客户对收货地址进行变更，在线客服除了接受地址变更要求并及时进行信息修改外，还应该更加仔细核对变更后的收货人姓名和电话，避免出现差错而延误投递或产品被退回的情况。

活动评价： 订单处理的效率关系到顾客的购买体验，所以客服人员必须及时处理各种订单。在服务中多一份细心、耐心，便可大大减少出现退换货等售后问题。在线客服不要贪图一时方便，而漏掉工作中的环节，给自己日后的工作带来更多的麻烦或不可弥补的错误。

活动六　正面评价引导

在网络交易中，存在交易双方相互评价这一环节，顾客给店铺评价，可以反映出顾客对店铺服务、产品品质、物流等方面的满意程度；店铺给顾客评价，可以体现出店铺对顾客的重视程度。为了避免店铺的评分评价过低而导致顾客流失，也为了避免过多的负面评价引起“蝴蝶效应”给店铺日常的运营及参加活动带来麻烦，在线客服应对顾客的评价内容应做出引导，尽量保证在店铺的评价记录及数据中呈现满意的方面居多。

在线客服要积极引导顾客对本店铺的服务、产品、物流等做出好评。当然负面评价也是无法绝对避免的，店铺得到负面评价的时候也不要懊恼，要通过负面评价的内容获取店铺目前可能存在而被忽略的一些问题，通过这样一个反馈渠道，对真实存在的问题或不足进行改正，利用这些信息帮助店铺优化产品、服务等指标。

当在线客服收到满意的评价内容后，可以继续保持现有的服务态度、方式，并不断提高自己的服务水平，让自身的工作能力和服务意识有更大的进步，可以将这些对于自身服务认可的评价内容转化为日后工作的一种动力及标准。若得到的评价内容是负面的，在线客服需要进行自查，如果顾客反映的情况客观存在，在日后工作中要尽量避免和改正；如果反映的问题不在工作范畴内，那么需要反馈到相应的部门，同时做好评价解释，协调相关部门处理顾客提出的问题，并要感谢顾客给出的中肯意见。还有一种情况，就是交易双方存在某种误会，或因其他原因造成顾客不快，顾客带着不满的情绪进行评价，这些评价内容可能过于主观，甚至偏颇，在线客服收到这类评价后应该向顾客解释清楚提出的问题，委婉地划清责任，尽量得到顾客的谅解，争取做到彼此最大程度上的满意。这样可以展现出店铺处理问题态度的原则，提高顾客对店铺的信任感。

活动评价：在线客服在对订单确认后进行正面评价引导的环节是万万不能省略的，在线客服要引导顾客对产品、服务、物流等方面给予 5 分好评和优质的评价内容。若出现不满意的情况，请顾客随时与在线客服联系进行处理，客服要力争做到让顾客满意为止。

活动七　礼貌告别

孔子在《论语·子张》中说："有始有卒者，其惟圣人乎!"这句话的意思是做事要贯彻始终、坚持到底，不要半途而废。在线客服需要做事有始有终，在完成评价引导后需要做的工作是有礼貌地与顾客告别。

在线客服在与顾客告别时，不能简单地说声"再见"即为完成，在线客服应该将"顾客是上帝""顾客是衣食父母"的精神发挥得淋漓尽致，所以需要像对待亲人一般对待店铺的每一位顾客。礼貌告别流程如图 7－2－3 所示，在线客服可以先提醒顾客签收时的一些注意事项，然后提醒顾客如果有任何问题可以随时与在线客服联系，如果出现售后问题请其记得联系在线客服……诸如此类的叮嘱，是万万不可缺少的，这样做可以体现在线客服服务的完整性，表现出礼貌性，也可以减少纠纷。

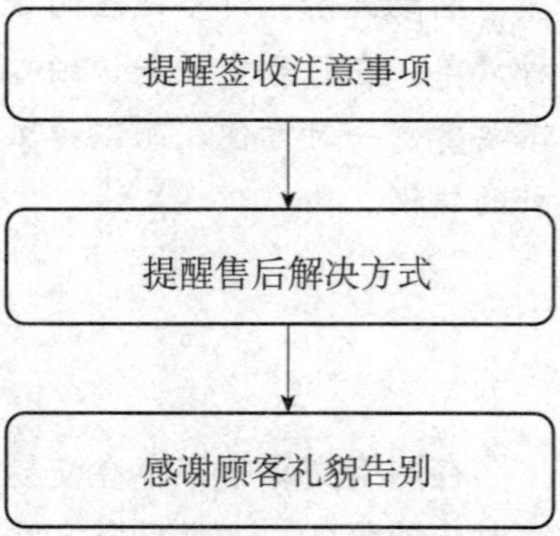

图 7－2－3　礼貌告别流程图

店铺一定要针对顾客在签收后或使用中出现的问题十分负责任地进行处理。最后与顾客进行真诚地告别，在感谢顾客光顾的同时，也对顾客进行简单的祝福，让顾客与店铺共同开心、快乐地"成长"！至此，完整的销售流程就顺利结束了。

活动评价：通过礼貌告别，使顾客心里始终记得有在线客服的存在，在遇到问题时可先与客服沟通，以减少或避免其直接发起售后、维权等操作。

任务三　售后客服完美善后

【情境导入】

通常情况下，从顾客完成付款动作那一刻起，大多数顾客会对物流、商品质量、退换货等一系列问题更感兴趣，所以要妥善解决客户这些顾虑，做好查单、查件，退款、退换货，售后和投诉以及评价管理等工作。

活动一　查单、查件

物流状态一般分为两种：未发货状态和等待买家收货状态。当处于“未发货”状态时，顾客经常会向客服咨询以下问题：什么时候发货？发什么快递？几天可以到达？……作为客服，在日常销售和工作过程中，有必要整理一套标准的与物流相关的话术，以便在顾客提出上述问题时，快速地进行回复。

当处于“等待买家收货”状态时，卖家发货后，快递在途中或者已经抵达消费者手中时，经常会出现各种与物流相关的问题，导致顾客必须向在线客服进行咨询。常见的引起查单、查件的售后问题包括：物流显示已签收，但并非本人签收；疑难件无法派送；超区件无法派送；不可抗力的自然灾害；节假日及特殊活动派件时间延长；快递丢失或破损等。

作为专业客服，遇到顾客因以上问题而产生疑虑或者不满时，首先应该摆正心态。很多顾客只是对不懂、不清楚的问题进行咨询，客服需要做的是耐心倾听、快速反应，打消顾客的疑虑，并帮助顾客解决物流产生的具体问题。解决方法如下：

第一，物流显示已经签收，但并非本人签收。在整个线上交易过程中，此情况出现频次较高，有可能是快递人员送到物业、门卫那里，也可能是由于收件人在快递派送时间无法签收而由其他人代签收了。碰到这种情况，顾客向在线客服咨询时，在线客服首先需要表明负责的态度，向顾客说明这是常见问题，然后积极联系快递公司，查询实际收件人，并对买家做出反馈。

第二，疑难件无法派送。此情况可能是由于快递过程中联系不到顾客、地址错误等原因，造成没有办法送达快递至顾客手中，而顾客由于长时间收不到件或者查看物流状态显示为疑难件，便因此咨询客服。当碰到此类情况时，客服要注意及时收集买家的更新信息，如确认手机号码、核准收件人地址，以及明确可收快递时间等，并及时反馈给快递公司，督促其及时送件。

第三，超区件无法派送。有些买家所在地相对偏远，没有设置物流配送服务网点，或未开通快递送货上门服务等，在这种情况下如果出现售后问题，则需要确定以下细节：是否可以加钱送货或转其他快递，如果可以，为了提高客户满意度，则可以选择这种方法解决问题；客户是否可以自提，在路途不远的情况下可以和客户协商解决。特别需要注意的是，在做售前工作时，必须注意核对快递是否可以到达所寄地址。

第四，不可抗力的自然灾害。由于洪水、暴雪等气候原因造成的特殊情况，属于不可抗力情况。当出现这种非人为因素造成不能及时派送快递时，一方面要密切关注事态的发展；另一方面应当及时和收件人取得联系、说明原因，并把最新动态共享给顾客，如果确实非商家能解决的，则需努力寻求顾客谅解，并跟进最终的解决处理方案。

第五，节假日及特殊派件时间延长。在整个电子商务“节日”期间，如双十一、双十二等规模较大的促销活动期间，在短时间内产生大量的商品交易，经常有快递爆仓现象发生，顾客有可能对比预期晚到达的快件进行咨询。作为客服，应该如实回答快递未按约定时间到达的原因。当然，售前客服更应该在特殊节假日期间做好提醒工作，降低售后服务的压力。

第六，快递丢失或破损。由于快递或者第三方不可控因素导致快件在运送过程中丢失和破损等也是经常遇到的情况。当顾客因出现上述情况而进行咨询时，容易出现急躁不满的情绪，客服此时就需要先安抚顾客情绪，然后及时和快递公司确认情况。如果情况属实，就需要及时回复顾客，并做好后续的补救工作。

活动评价：物流虽然不是电商公司能够控制的，但也是交易完成的必要组成部分，所以客服要非常熟悉物流各环节的情况，帮助客户及时解决出现的各种问题。

活动二　退款、退换货

由于网上购物，客户只有在货物到达手里才能看到商品，之前都是通过图片了解商品的，所以难免会出现商品不合适或者不满意的情况，出现退换货情况。

一般来说，在退款和退换货环节需要注意的问题可以分为以下几部分：

一、了解退款和退换货原因

电商无法杜绝退款、退换货的现象，但可以最大限度地降低退款、退换货概率，或者提升买家在退换货环节的客户体验，从而弥补买家的不满。要做到这一点，在线客服一定要了解买家退款、退换货的原因。一般有以下几个原因：

（一）物流原因

关于物流原因，前面已经进行了分析。一般来说，造成退款、退换货的具体物流原因主要有逾期不达、货品丢失、商品破损、物流服务等。为了减少因物流而产生的售后问题，在线客服需要特别注意物流异常情况的提醒，并及时关注物流信息。

（二）商品原因

好的商品质量能减少售后服务的成本，很多售后服务人员因为商品本身的问题承担了很大的压力而心生抱怨，正确的心态应该是意识到售后本身也是商品的一部分。商品的问题包括两方面：一是商品的质量问题；二是与使用方法相关。

商品的质量问题主要包括：商品的保质期问题，产品材质与描述不符或有色差，收到的产品有污损等。基于产品质量问题产生的退款、退换货问题，在线客服需要保持良好心态，主动热情地和顾客协商解决问题，还要注意让客户提供照片或者其他形式的举证，这些将是解决售后问题的关键细节。

除了商品质量问题外，顾客还会因为对产品的使用方法不了解而产生退款、退换货。如部分卖家出售比较新奇特的商品，由于详情页介绍不够完整，或者所购商品没有中文介绍，导致一些顾客收到货物后不能第一时间掌握其使用方法，会向客服咨询，如果未得到及时回复，就可能引发退款和退换货。还有一些商品有特殊使用的注意事项，如果在详情页没有特别标识，顾客就会按照“我以为”的做法，导致使用产品后产生一些不良结果，如图 7－3－1 所示。

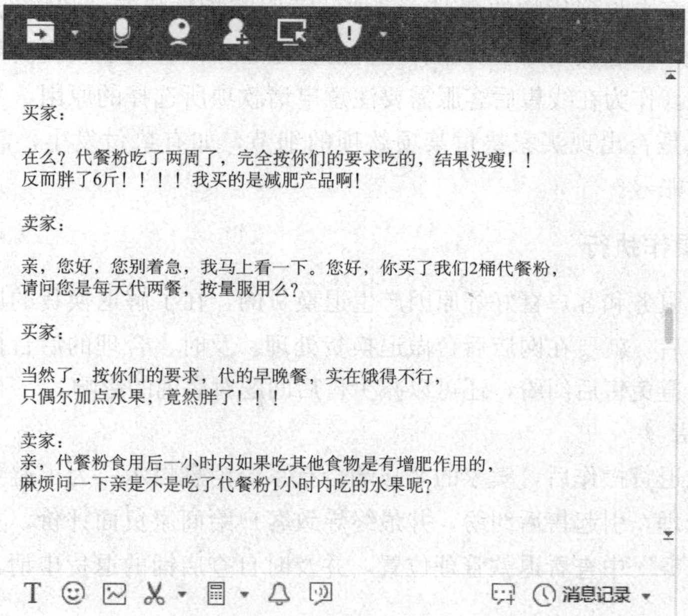

图 7－3－1　商品特殊使用注意事项案例

由于使用方法不当而产生的售后问题，在处理过程中需要注意：一是在线客服要掌握产品的相关知识；二是对于特殊使用方法，在线客服可以在完成交易时，主动向客户讲解，避免出现收到货物对产品使用方法不懂而产生售后问题。

（三）主观原因

除了对物流和产品本身不满以外，还有一些客户的主观判断也会造成退款、退换货问题，比如对交易过程中客服人员的服务态度不满、收到的商品不喜欢、拍错了号码和颜色等。遇到这些问题时，在线客服能做的就是引导消费者讲清事实，并且引导客户换货或者转让商品，从而降低退款、退货率。

二、细节确认

了解了退款、退换货原因之后，作为在线售后客服要注意整个退款及退货环节的细节问题。只有把控好细节，才能降低整个环节出现的问题和损失。一般来说，需要注意的细节主要包括两个部分：一是退货细节确认；二是退款细节确认。

（一）退货细节确认

在交易订单发生退货问题时，在线售后客服首先要注意商品的状态，即商品是否影响二次销售。在退货前和客户确认，需要退回的商品是否影响二次销售，包括是否剪标、洗过、已经使用等。对确定不影响二次销售的商品，可以直接走标准退货流程。在收到退货后，也需要检查商品的完整性。对影响二次销售的商品，在线客服需要注意安抚顾客情绪，讲清处理缘由，尽可能地满足客户需求，提出处理意见。

（二）退款细节确认

在交易发生退款问题时，需要注意退款的形式，是全额退款还是部分退款。全额退款多数发生于买家未收到货物的情况，需要注意跟踪货物状态，和物流公司保持联系，避免钱货两空。一些退款是由于货品有差价需要返还，或者买家收到商品有问题，需要补退差价的情况。作为在线售后客服需要注意申请款项所选择的原因，并且还要注意在整个售后过程中是否出现买家垫付某项款项的细节，如有垫付发生，需要及时联系沟通，并确认打款账号。

三、后台操作执行

由于产品、服务和客户喜好等原因产生退换货的，在了解退换货的原因，并且确认了退换货的细节后，就要在网店后台做退换货处理。及时、合理的后台操作，不但可以提升客户体验，避免售后纠纷，还可以减少售后问题对店铺的影响。

（一）退换货

在买家完成退货操作后，卖家的客户端会有系统消息提示。为了避免漏掉对应的信息，导致延误处理，引起售后纠纷，并最终导致客户给商家负面评价，卖家需要在工作平台的“客户服务”中查看退款管理位置，并及时自查店铺的退货申请，给出相应的解决方案。

（1）退货。对于已经产生的退货申请，客服一般有两种处理结果：一是同意退货，给买家提供解决方案，并且处理对应的退货申请；二是拒绝退货。当然，在拒绝时一定要提前联系买家做出协商，避免产生不必要的麻烦。

（2）换货。对于买家有意换货的情况，一般有两种处理方式。一是由客服在沟通时引导买家，直接申请退货，重新拍下一件想要换的产品。客服及时发出新品，并等待客户寄回要退的产品。此种方式的换货处理的操作流程与上面提到的退货处理流程相同，即买家寄回货品，卖家确认退款。二是由客服在订单中备注换货，指导顾客寄出想换的产品，并在退货包裹里面加入换货信息卡。此种方式需要买家在信息卡上注明买家ID、订单编号和换货明细，并且要买家留下换货退回产品的物流运单号，以便卖家可以及时跟踪所退货物的物流信息。卖家收到退货后，由仓库发货员做换货登记，并且发出要换的货品。仓库发货员发货后，需要把对应的换货信息和物流单号反馈到客服部门，由客服将新发生的单号留言告知买家。待买家收到货物后，客服需要及时跟进，明确没有问题后，引导买家给予好评，从而完成换货的整个售后服务流程。

退换货流程如图 7-3-2 所示。

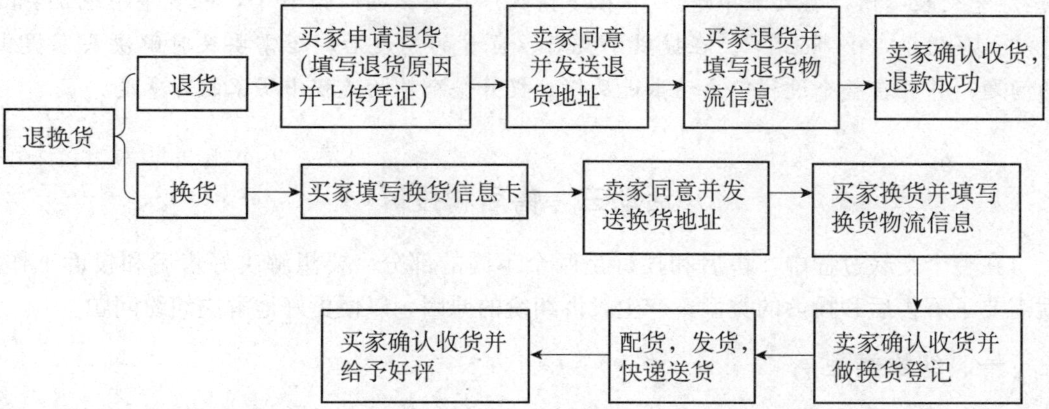

图 7-3-2　退换货流程图

（二）退款

在电子商务交易的售后过程中，引起退款的原因一般是少发漏发、快递中途丢失、产品有损坏、客户未收到货物、有差价产生等。卖家应不管是哪种原因引起的退款，都需要第一时间与买家沟通，明确原因，并给出解决方案。

如需退款，买家需要在后台申请退款，卖家在确认金额以及退换货原因无误后即可同意退款。需要注意的是，客服在引导买家申请退款时，需要特别注意全额退款和部分退款的区别。买家在申请退款时，选择已经收到货物，申请部分退款，并且申请金额应与卖家协商完毕的金额一样。卖家后台确认无误后即可同意该退款，款项随后到达买家账户。买家在操作全额退款时，需要选择未收到货物，申请退款，卖家后台确认无误即可同意该退款，款项随后到达买家账户。

在很多情况下，买家在申请退款时，没有和客服取得联系，而是直接在后台申请退款，并且在申请退款订单中没有说明原因或者上传对应的凭证。针对这种情况，卖家需要及时与买家取得联系，而不要随意拒绝买家的退款申请。如果客服联系不上买家，在线售后客服可以在拒绝时填写拒绝原因，并注明买家需要配合的方式，表明处理态度，并上传对应的凭证，再点击拒绝退款。如果客服与买家取得了联系，双方达成共识，买家确认取消退款，此时卖家可拒绝之前买家后台发起的退款申请，备注清楚拒绝原因。同时，客服也需要上传和买家协商的聊天记录。

退款流程如图 7-3-3 所示。

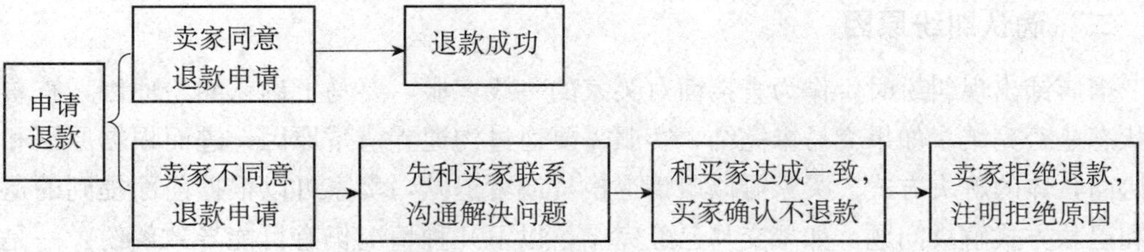

图 7-3-3　退款流程图

活动评价：不管是退换货还是退款，卖家都需要有积极处理问题的态度。俗话说得好："先处理心情，再处理事情。"在很多情况下，买家的心情好了，很多事情也就会随之"大事化小，小事化了"。在提供了良好、负责的态度后，还需要及时解决买家提出的问题，并且在整个过程中主动跟进反馈，提升整个购物流程中买家的好感度。

活动三　售后和投诉

在整个交易过程中，售后和投诉是两个不同的部分。要想解决好售后和投诉工作，就需要了解售后和投诉的类型，产生投诉纠纷的原因，以便更好地解决纠纷问题。

一、纠纷类型

（1）在整个交易完成后的0～15天内，买家可以申请售后和投诉。通常申请售后和投诉的要求分为4种：退货退款、仅退款、换货、维修。

（2）买家申请售后介入的原因一般是：商品破损、颜色/款式/图案与描述不符、配件破损、假冒品牌、功能故障、效果不好/不喜欢/不想要、做工有瑕疵、大小尺寸与商品描述不符、商品材质不符或存在异味等。当买家碰到上述问题时，由于交易已经完结，而且买家不确定卖家是否会承担责任，所以经常会选择申请售后。当卖家发现有买家提出售后申请时，应该主动和买家沟通，调查买家申请售后的原因，并争取协商解决问题，避免因为上述问题而造成不必要的麻烦。

（3）交易完成后，为了维护自己的利益，买家除了可以申请售后外，还可以对卖家的行为发起投诉。投诉类型分为以下6种：

第一种是卖家违背承诺。即承诺给买家的没有做到，具体包括卖家产品页面的描述、客服给予买家的承诺，以及卖家开通的承诺保证服务。例如，卖家答应给买家的赠品没给，这就是典型的违背承诺。

第二种是卖家拒绝买家使用信用卡付款。拒绝使用信用卡付款指卖家已经加入信用卡支付服务，但是拒绝履行该服务。卖家开通"信用卡支付"服务后，此时买家使用信用卡时，卖家需要支付交易金额的1%作为交易服务费，而买家只需支付交易金额就行。如果投诉成立，卖家将被扣4分。因此，在投诉处理中建议卖家客服和买家协商撤销投诉，如果存在违规情况则不支持申诉。

第三种是卖家未按约定时间发货。第四种是未按成交价格进行交易。第五种是违反支付宝交易流程。第六种是卖家恶意骚扰买家。

二、确认纠纷原因

当店铺出现纠纷时，作为直接面对买家的一线客服，要马上确认纠纷原因，查看交易状态是否完结。如果交易未完结，客服需要通过沟通弄清楚原因，进而根据原因和买家协商具体的解决方式。买家可以申请退换货或者退款，卖家可以根据前面提到的退换货和退款方式解决问题。如果交易已经完结，以下几种情况仍有可能导致纠纷：一是物流原因，二是产品原因，三是售后协商原因。

三、解决纠纷问题

买家收到快递需要申请售后时，有一部分买家会联系客服解决，有一部分买家会直接给中、差评，或者直接通过发起售后解决问题。这时候，卖家要调整心态，主动与买家沟通。在沟通过程中，有的卖家会因为急躁而引起一些不必要的麻烦，比如在联系买家沟通协商处理问题时，多次联系买家，容易被买家投诉恶意骚扰，甚至把一些本可以解决的售后问题上升为纠纷问题。所以卖家在与买家沟通时要注意避免为了解决问题而造成恶意骚扰买家。

卖家以下行为容易被判定为恶意骚扰：通过电话、短信、邮件等方式频繁联系买家，影响买家正常生活；向买家邮寄冥币、寿衣等让人产生反感物品的行为。如果买家投诉，店家会依据违规严重程度受到处理，店铺会被扣分。所以面对投诉的买家，卖家一定不要强硬去处理，否则会让事件恶化。

及时的沟通和妥善的解决可以避免发生纠纷，如果卖家在聊天工具上留言给买家，买家没有及时回复，则可以电话联系买家了解具体原因，避免因问题处理的延误而导致纠纷。买家发起售后申请时的客服沟通案例如图 7－3－4 所示。

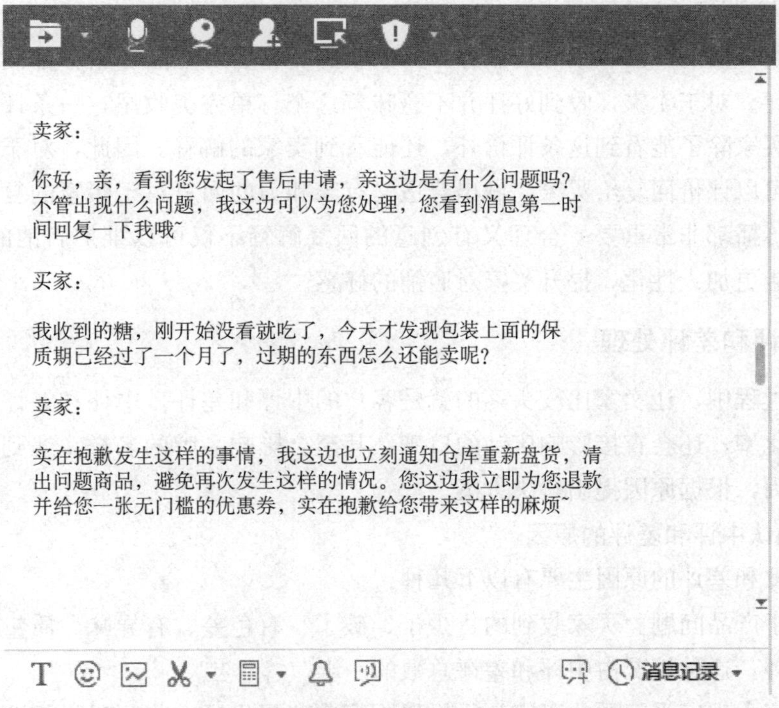

图 7－3－4　买家发起售后申请，客服沟通案例

在解决售后纠纷投诉的处理过程中，买家和卖家若没有协商一致，卖家就要注意自查是否有违背承诺或者违背交易规则的情况，以免被扣分。若存在违背承诺或者违背交易规则的情况，卖家必须和买家协商做出相应的补偿以解决问题。若不存在违规承诺情况，而且是严格按照正常交易流程进行的交易，那么在举证过程中，卖家可以根据买家的投诉原因，提供相关的聊天记录凭证以及相关的物流信息凭证，并陈述相关的事实进行举证。

活动评价：在整个售后环节，一旦出现纠纷，在卖家发起售后申请或者发起投诉卖家时，卖家都要优先联系买家，主动与买家协商。只有保持为买家解决问题的态度，才能有效处理店铺纠纷，避免事态恶化，影响店铺服务，造成店铺纠纷生效或者被扣分。

活动四 评价管理

在整个交易过程中，最后一步就是买家和卖家互相评价。在评价时，一般会分为好评、中评和差评，不同的评价有不同的积分规则。买家评价后，作为卖家也要做出相应的回评解释。小刘本次的任务是专门学习如何针对店铺买家的好评、中评和差评分别进行对应的操作。

虽然很多人认为评价解释不那么重要，但是一个新客户进入商品页面还是会先去看看已有的评价。好评是店铺的必备利器，可有效帮助店铺完成临门一脚的交易；反之，如果不好好处理中评和差评，则会"吓跑"一部分客户。

一、好评处理

卖家提供优质的产品和用心的服务，买家收到货物后对产品和服务都满意时一般都会给卖家好评。对于卖家，收到好评并不意味着这个订单完美收尾，一条评价在页面中展示，其他买家除了能看到这条评价外，还能看到卖家的解释。因此，对于给好评的买家，卖家也可以评价回复给买家，做出合适又有亲和力的回复对于买家的复购以及店铺形象的口碑传播都非常重要。合理又有创意的回复解释不仅可以维护店铺的客户黏度，还可以让网店更加人性化，提升买家对店铺的好感。

二、中评和差评处理

在销售过程中，让卖家比较头疼的就是客户的中评和差评。中评和差评不但直接影响产品的转化率，还会直接影响店铺的口碑，甚至会影响品牌的名誉。遇到中评和差评要先分析原因，根据原因提出解决方案。

（一）确认中评和差评的原因

导致中评和差评的原因主要有以下几种：

（1）关于产品问题。买家收到的货少了、破了、有色差、有异味、质量不好等导致的中评和差评，这种情况占中评和差评总数的一半。

（2）买家主观感受问题。买家觉得尺码不标准、买贵了、收到后不想要了、没有想象中的好等买家主观感受不好而导致的中评和差评。

（3）服务售后相关问题。售前售后态度反差大、回复不及时、退货退款无法达成共识产生纠纷、出现问题客服不予处理等店铺服务的原因导致的中评和差评。

（4）恶意中评和差评等。与交易无关的同行或者职业差评师想要勒索而给的中评和差评。

（二）解决方法

当店铺出现中评和差评时，卖家一定要第一时间通过买家的评价内容判断出是什么原因导致了中评和差评，并且根据原因，快速给出解决方案。

（1）因为产品问题导致中评和差评的解决方法。卖家要联系买家核实产品的具体问题，根据产品问题的轻重程度以及买家的意向，给买家退换货或者部分退款补偿。问题解决后，引导买家修改中评和差评。问题解决了，买家一般会改善对店铺服务的评价，修改中评和差评。

（2）因为买家主观感受而导致中评和差评的解决方法。这种情况一般是因为买家收到产品后感觉没有预期中的好，不符合自己买单的价值。这时卖家可以联系买家提出补偿，如补偿可以直接抵现的店铺优惠券或者红包来弥补买家的心理落差，并引导买家修改中评和差评。

（3）因为店铺服务而导致中评和差评的解决方法。这种情况，卖家首先要确定是快递服务还是店铺客服的原因，为店铺后期服务的提升和改进明确方向。若是快递的原因，卖家一定要先对买家表示歉意，并且及时和合作快递对接；若是客服原因，卖家一定要及时针对客服问题做出改进。不管是哪种原因，都要确保后期不再发生类似情况，最好给买家适当的补偿，可以是直接抵现的优惠券或者现金补偿来平息买家的不满，进而让买家修改中评和差评。

（4）恶意中评和差评的解决方案。卖家在处理时一定要收集到有力证据。对于符合条件的恶意差评，卖家可以对买家发起恶意评价的维权来维护店铺的声誉。维权成立后，会删除对应的中评和差评。

（三）处理中评和差评的注意细节

卖家客服再修改中评和差评时还需要注意以下一些细节：

（1）在修改评价前需要查看买家和卖家之前的聊天记录，以及买家的评价内容，对买家的性格有一个大概了解，根据买家性格采取其最能接受的态度和方式进行沟通，选择对应的解决方式。

（2）买家如果答应修改，要保证时效性，要及时跟进。

（3）避免与反应过激的买家有言语冲突，最好是安静倾听，尽量协调。

（四）中评和差评的回复解释

很多时候，店铺里总有部分中评和差评是无法修改或删除的，原因可能是联系不上客户，或者和客户协商不一致。

活动评价：绝大多数买家会通过之前下单的买家对产品的评价来判断产品的真实情况、使用后的效果，以及卖家的服务态度，最后才会决定是否下单。所以，维护好店铺的评价对于产品的转化率具有至关重要的作用。

项目总结

网店的客服在网店的推广、产品的销售以及售后的客户维护方面均起着极其重要的作用，不可忽视。对于网店而言，客户看到的产品都是图片，既看不到产品的本身，也看不到商家本人，因此往往会产生怀疑和距离感。这个时候，客服就显得尤为重要。客户通过与客服在线上的交流，可以逐步了解商家的服务态度等。客服使用软件发送一个表情笑脸或者一个亲切的问候，都能让客户真实地感受到是与一个善解人意的人沟通。这样可帮助客户降低开始的戒备心态，从而在客户心目中逐步树立起店铺的良好形象。

项目检测

一、单选题

1. 推荐店铺最热销商品时，客服正确的做法是(　　)。

A. 推荐店铺最热销商品，因为好评多顾客容易接受

B. 推荐店铺利润最高的商品，因为利润高赚得多

C. 引导顾客说出需求，推荐顾客所需要的商品

D. 推荐店铺最热销的商品，因为交易记录最多

2. 顾客对商品价格有异议时，想让客服优惠一些，客服的正确做法是(　　)。

A. 满足顾客的需求，答应顾客的提议，爽快地给顾客优惠

B. 婉转地拒绝顾客，用商品的卖点引导顾客，突出商品的价值，转移顾客对价格的关注度

C. 直接拒绝顾客，告知顾客店铺一概不议价，这样不浪费时间

D. 直接告诉顾客不可以优惠，并向客户致歉

3. 售后工作是一次交易的最后过程，也是(　　)的开始。

A. 保修　　B. 安装　　C. 再销售　　D. 关怀

4. 下列选项不属于老客户维护的是(　　)。

A. 发货关怀　　B. 讨价还价　　C. 签收关怀　　D. 使用关怀

5. 顾客收到货后觉得衣服颜色不喜欢，要求退货，客服此时的处理方式是(　　)。

A. 以无质量问题回绝顾客

B. 要求顾客承担寄出运费

C. 要求顾客承担寄回运费

D. 告知顾客需保证产品不影响二次销售才能办理退货

6. 对于恶意评价，要做好评价解释的原因是(　　)。

A. 证明此评价为恶意评价，避免影响该产品销售

B. 可以提高店铺好评率

C. 可以让小二知道是非黑白

D. 可以屏蔽恶意评价

7. 在处理售后纠纷时，话术技巧是很重要的，在与顾客交流时，客服不能说的话有(　　)。

A. 这个不属于我们的问题，我们不能负责

B. 亲的货被快递公司遗失了，请找快递公司索赔

C. 退得货你没填单号，导致退款速度慢，这不是我们的错

D. 以上全部都是

二、多选题

1. 参加活动的时候，顾客关注的问题包括(　　)。

A. 产品情况　　B. 物流情况　　C. 售后情况　　D. 纠纷情况

2. 产品手册内容包括(　　)。

A. 品牌和款式　　B. 图片和价格　　C. 尺码和颜色　　D. 数量和材质面料

3. 店铺里包含的活动有(　　)。

A. 满就送，满就减　　B. 搭配套餐，搭配宝

C. 店铺 VIP，淘宝 VIP　　D. 限时折扣，优惠券红包

4. 下面属于产品知识范畴的是(　　)。

A. 规格型号　　B. 风格潮流　　C. 材质面料　　D. 功效功用

5. 在淘宝网对常见的老客户进行营销常利用的工具是(　　)。

A. 微博　　B. 微信　　C. 直通车　　D. 钻展

6. 对店铺不利的评价，下面客服所做的评价解释，不恰当的是(　　)。

A. 顾客在评价中写到快递速度慢且服务不好。客服解释快递公司不是他们开的，所以干涉不了快递公司的事，请买家多担待

B. 顾客在评价中写到快递速度慢，首先向客户抱歉，然后提出改进措施

C. 顾客在评价中写到价格太贵，客服通过解释高质量来提高客户的认可率

D. 顾客在评价中写到东西还不错，就是价格太贵了。客服解释一分价一分货，要便宜，去别家买

三、判断题

1. 在与顾客沟通时，应注意不要有意打断顾客，在不打断顾客的前提下，适时地表达自己的意见。(　　)

2. 打折是让顾客回头的唯一方式。(　　)

3. 物流因素不受商家控制，所以商家无法避免商品的物流纠纷。(　　)

4. 客服不需要事先了解仓储物流，顾客买了以后再说。(　　)

5. 售后客服只需要了解退款/退换货流程和纠纷维权规则，对产品相关知识不需要掌握。(　　)

6. 客户至上、用心服务指的是客服岗前心态，要求客服要用心为顾客服务，这仅仅适用于客服不适用于其他岗位。(　　)

7. 任何能提高顾客满意度的内容都属于客户服务。(　　)

8. 客服必须做到不可以直接拒绝顾客的各种要求，只能用婉转的方式说明拒绝理由。(　　)

四、简答题

1. 简述客服岗位的重要性。

2. 简述售后工作的重要性。

3. 顾客从店铺买了一件衣服，收到货后发现衣服上有一个破洞，于是给了店铺一个中评，评价内容为：“衣服质量不错，但是有一个破洞”。遇到这样的问题，售后客服应该如何处理？

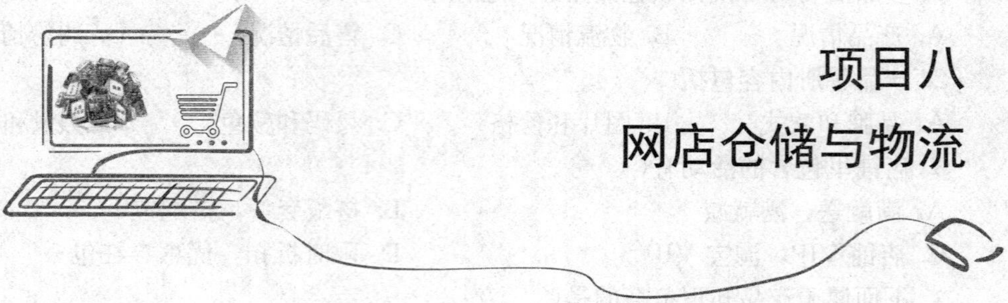

项目八
网店仓储与物流

项目综述

互联网的发展为网络购物提供了足够多的便利条件，从商品展示到咨询洽谈，从出价购买到支付货款，交易双方通过互联网可以轻松地完成绝大部分的交易环节。然而，除了虚拟物品以外，实物商品的运输和配送环节还是必须与线下的物流公司合作完成的。

本项目从货物的入库管理、装箱打包、物流配送等环节来介绍网店的物流管理工作流程。

项目目标

知识目标

- 了解仓储管理的基本流程；
- 熟悉各种不同的物流方式；
- 掌握不同打包方式的特点。

技能目标

- 熟悉商品发货的基本流程；
- 能够进行正确的打包；
- 能够根据货物包装计算运费；
- 能够顺利完成发货。

情感目标

- 热爱网店中的物流岗位；
- 商品分类和产品编码要细心；
- 快递选择要合理。

任务一 网店物流发货流程认知

【情境导入】

小刘来到公司，经过三个月的实习，完成了对客服岗位的学习和实践。为了对产品业务流程更熟悉，同时也提升自己的工作能力，他特向公司申请到了订单处理岗位。物流是电子商务交易中必不可少的一个环节，虽然能由电商主体完全控制，但物流的好坏影响着客户的购物体验和电子商务交易的成败，所以物流环节也是电子商务交易必须管理的一个环节。

一笔完整的交易包括售前、售中和售后流程，物流工作又分为物管和物流两个部分。从商品验收入库、编写货号、仓储管理等售前环节，到售后打印货单、凭单出库、装箱发货、追查快件等，物流工作都贯穿始终，形成一个完整、连贯的工作流程。

当一个订单产生后，物流人员可以通过网店后台的“交易管理”中“发货”选项来查看未发货的订单以及发货中的订单，也可以查看已发货订单的记录。如图 8-1-1 所示。

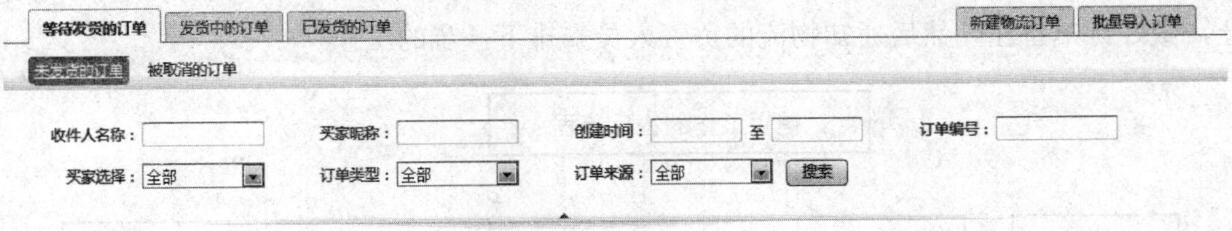

图 8-1-1 查看发货记录和已发货订单

在“物流工具”里可以设置运费模板，针对不同重量的产品以及不同的地区设置不同的费用。在编辑宝贝详情页时，可以在编辑页面里按照不同产品的重量选择对应的运费模板，非常简单明确地让买家看到邮寄到当地的快递费用，如图 8-1-2 所示。

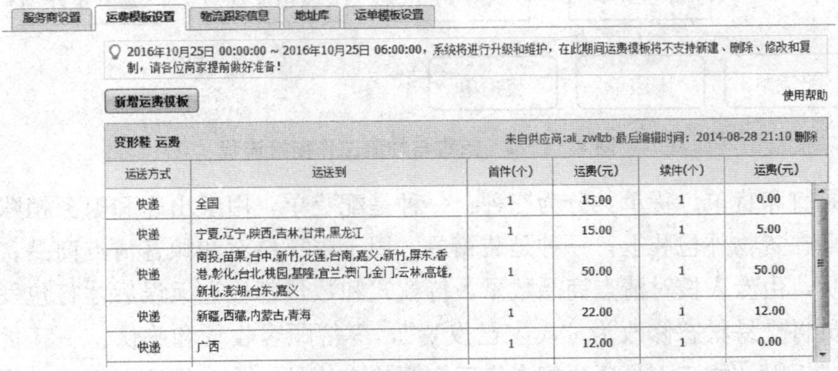

图 8-1-2 设置运费模板

通过“智选物流”平台，如图 8-1-3 所示。可以对店铺物流情况进行监控，包括对在途包裹、退货包裹的监控，对在线时效异常、快递异常件的监控等。还可以查看物流指数，分析商家物流绩效。通过查看店铺目前的发货状况，与同行的发货和到货的速度对比，从而了解目前店铺的物流速度是否正常，可以有效地把控 DSR 里面发货的满意度情况。发货速度是影响店铺评价的一个很重要的指标，会影响到很多的售后问题，所以要时刻关注店铺的发货速度问题。

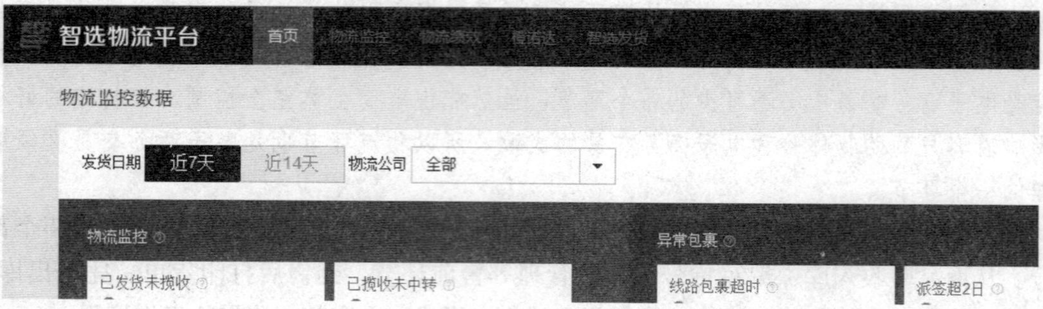

图 8-1-3　查看智选物流平台

在工作流程的衔接上，物流承担的是部分售前的准备工作。商品入库编号以后，是由负责销售的部门来完成发布商品、推荐商品、在线接待等工作。商品一旦销售出去，接下来的工作流程如图 8-1-4 所示，负责销售的人员要确认订单、确认付款和收货地址，做好订单备注，然后通知物流的负责人员安排下一步的工作。

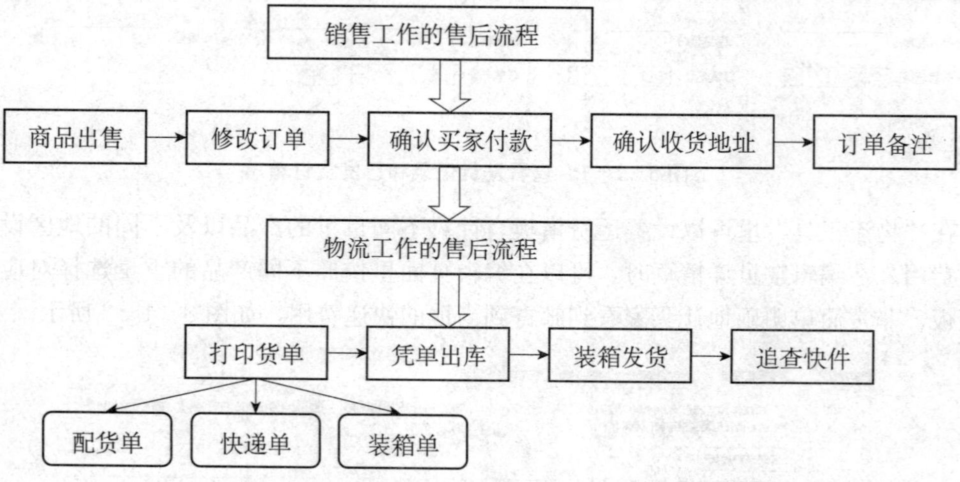

图 8-1-4　销售与物流工作衔接流程

首先是打印货单。货单共分为三种：一种是配货单，用于出库和财务销账；一种是快递单，贴在货物外包装上；一种是装箱单，用于内部核对和顾客清点商品。库房凭配货单来配货，由专人核对清点商品数量，待款式和数量都检查无误后才打包发货，并通知销售人员将交易状态修改为“卖家已发货”，等待顾客收货和确认。一旦货物出现延时、丢失或损毁，物流人员还要配合售后客服追查快件，并向物流部门提出索赔，妥善解决问题。

活动评价：经过培训，小刘熟悉了网店物流发货的基本流程，认识到物流环节主要包括仓储、打包、配送等基本的工作。在每一个环节都有相应的业务流程和注意事项，各环节之间会相互影响，要做好物流工作必须熟悉每个环节。

任务二　仓储管理

【情境导入】

小刘通过在物流岗位的实习，发现物流是影响电子商务交易成败的一个关键性因素，而且在企业物流中，仓储管理是一个基本的环节。在电子商务公司发展到一定阶段的时候，都会设立专属的物流部门来对库存商品进行系统化和规范化的管理。小刘为了更好地掌握仓储管理的流程，特意向公司申请到仓储管理岗位实习。在这里，他借助公司的 ERP 系统对进出库的货物进行管理。ERP 系统是一个在全公司范围内应用的高度集中系统，数据在各业务系统之间高度共享，所有数据来源只需要在某一个系统中输入一次，保证了数据的一致性，可以实现即时交易管理、动态库存管理和财务管理。

活动一　仓储管理的基本流程认知

仓储管理的基本流程主要包括以下几点：

一、入库

入库是商品储存的开始，主要指货运物流公司的车到达仓库后，仓库管理人员着手收货，包括接运提货、装卸搬运、检查验收、办理入库手续等一系列作业环节所构成的操作过程。

二、储放

货物进仓后需要明确指出货物的存放位置（最好的方式是提前指定。一旦大货到仓时会加快货物储放的速度）。储放的具体位置会直接决定后续仓库工作流程的速度和效率。

三、补货

通常的 B2C 仓库会将仓库的区域分为零库和整库，即单款商品（SKU）储放的货架和整箱商品存放的区域。这样的规划有利于减少订单拣货路径的长度，并加快拣货员的拣货速度。补货也被称为“仓位补货”，因零库货架上的商品不足，而需要从整库的整箱商品中拣取并存放于相应的零库货架上，俗称“调拨”。

四、拣货

拣货也称“分拣”，是指为了找到订单中的商品，从库区中提取货物。通常会有两种拣选方式，即“摘果式”（根据每个订单需要的产品拣好货，然后打包发货）和“播种式”（根据当天订单产品数量将所有产品从货架上拣出，再在分拣处按照每张订单分拣每个包裹，然后打包发货）。不同的卖家可以根据自己类目的特性及仓库实际情况、每天订单发货量、人员配备等来选取适合自己的拣货方式。

五、出货

出货包括订单校验、订单打包、出库交接等流程。当拣选的订单与货物一同送到包装台前时，需要对订单内所含的商品与所拣选的商品进行校验，确认发货订单商品的正确性。之后，在后台进行打包配货，并进行出库、与快递公司交接等操作。

活动评价： 作为仓库管理人员，要熟悉仓库基本流程的每一个环节，能够快速完成各种货物的入库、储存、出库，保证货物在流通领域的顺畅流通。在库存管理期间，要采用合理的方法进行分拣和补货，在保证货物数量的同时更好地保证货物质量。

活动二　仓储成本管理

仓储管理是电子商务发展的核心。简而言之，店铺在维持正常营业和高速发展的需求下，既要保证库存成本最小化，又要保证库存量满足销售发货量的时速要求。这是对电子商务运营的考验，相当多的新商家因为缺乏仓储管理的经验，导致出现大量产品积压而爆款却不够卖的现象。这种问题的解决方法比较复杂，在不同发展阶段，不同经营类目的企业，都需要根据自身的供应链和运营能力去调整和改变。

仓储管理的成本包括以下 4 种：

一、仓储持有成本

仓储持有成本是指为保持适当的库存而发生的成本，它可以分为固定成本和变动成本。固定成本与一定限度内的仓储数量无关，如仓储设备折旧、仓储设备的维护成本费用、仓库人员工资等。变动成本主要包括资金占用成本、仓储维护成本、仓储运作成本、仓储风险成本等。

二、订货成本

订货成本是指企业为了实现一次订货而进行的各种操作的费用，包括处理订货的差旅费、办公费等支出。

三、缺货成本

缺货成本，指由于库存供应中断而造成的损失。这种现象在淘宝卖家中普遍存在，尤其在顶端卖家与小型卖家中比较突出，究其原因是供应链环节出现的问题，当货物的供应跟不上销售的节奏时就出现了断链。其中包括原材料供应中断造成的停工损失、产品成品库存缺货造成的延迟发货损失（卖家退款及淘宝条例中规定的赔款等）和丧失销售机会的损失（商誉损失、错失销售旺季等）。

四、在途库存持有成本

在途库存持有成本不像前面讨论的三项成本那么明显，然而在某些情况下，卖家必须考虑这项成本。从理财的角度来看，在途运输商品仍是卖家的库存，它甚至包括买家确认收货后再产生退货的成本。因为这种在途商品交给买家之前仍然属于卖家所有，运输方式及所需的时间是储存成本的一部分。卖家应该对在途库存持有成本进行分析。

活动评价：进行仓储成本管理能够有效地减少仓储成本，降低物流成本，从而有效降低电子商务交易的成本。

活动三　仓储规划

为了提高货物在仓库内进出的效率，有效利用仓储空间，有必要对仓库进行合理的规划。制定仓储规划时，要考虑货物的重量、储存期限和其他一些特殊因素。

仓储规划要考虑商品的移动性。如果货物的体积或者重量比较大，就必须把这些大件的商品放置在尽量靠近仓库的出货区。在规划过程中必须考虑以下 3 个要素：仓库的层数、空间使用计划和商品流动性。

理想的仓库设计是一个单层建筑，这样就能避免垂直搬运货物。通常作业瓶颈产生在垂直搬运设施处，如电梯和传送带。仓库设计应该使空间利用率最大化。尽管传统的仓库设计高度已达到 20～30 米，但大多数电商企业的仓库层高为 6～9 米。过高的层高设计会加大成本投入，其中的产出比需要卖家自己衡量。如果考虑到层高较高，为加大空间使用率，可以采用一些阁楼式货架。

活动评价：无论使用什么方法，最开始都要预测在一定时间内，仓库内每种商品的基本库存和安全库存数量。一个控制库存的优选原则是预留 10%～20%的额外空间来应付增加的库存量、新商品和新的业务机会。

活动四　入库及分拣作业

入库是商品储存的开始，是仓库接到商品入库通知单后，经过入库准备、接运提货、装卸搬运、检查验收、办理入库手续等一系列作业环节所构成的整体过程。在处理订单时，作业人员需要对货物进行分拣，并将分拣完毕的货物放置在发货区域。

一、入库作业流程

入库主要包括以下几个环节：入库准备、商品接运、商品验收、入库交接、办理入库凭证，如图 8-2-1 所示。在实际应用中，由于仓储中心业务的多样性，可能有多种多样的入库方式。各种入库模式都有共同特点：商品入库都需要依据；商品入库前需要做好准备工作，即组织准备和工具准备。

图 8-2-1　商品入库流程

当货物达到仓库时，仓库需要明确货物的存放位置，提前指定货位可以加快货物储存的速度。存放的具体位置会直接决定后续仓库作业流程的速度和效率。尤其是大型卖家的商品接运环节是非常重要的。这时，物流公司会把整箱的货物堆积在仓库入口处，一旦没有提前安排交接人员和储放位置，就会立刻造成通道堵塞、交接混乱，造成不必要的损失。

二、分拣作业流程

在处理订单时，作业人员需要对货物进行分拣，并将分拣完毕的货物放置在发货区域。订单分拣是仓库作业的一项重要工作。每个订单，都要对分拣出来的商品进行打包，并按照要求进行包装，如有特殊包装需求，则需在订单备注等处特别注明。订单分拣的基本流程如图 8-2-2 所示。

图 8-2-2　订单分拣的基本流程

在打印订单前，要对订单进行分类，同类的订单可以放在一起，并对订单中的商品顺序进行排序。如仓库面积较大，则可以选择最优的拣货路径来打印订单，以便拣货员能够以最短距离拣取订单中的所有商品。通常，打印订单与打印物流单是同步进行的。现在有些卖家的订单客单件为 1～2 件，这时可省略打印订单环节，直接把商品所存放的库位编码打印在物流单处，但还是建议同时打印。

拣货员在订单分拣区中拣货完毕后，会将商品、订单与物流单交付至订单校验台，进行商品校验工作。订单校验的目的是确保每张订单的购买商品与实际拣选商品的品种和数量保持一致，一旦发生错误，可以立刻检查。

活动评价： 分拣作业的目的是满足订单的个性化需求，电商卖家的分拣作业直接影响发货效率和订单的正确性。

活动五　网店日常仓储管理

对于网店日常运营岗位来说，只需要简单地了解商品入库流程，即与岗位相关的那部分内容即可。

一、检验商品

当供货商将商品运抵至仓库时，担任收货工作的人员必须严格认真地检查，看商品外包装是否完好，若出现破损或邻近失效期等情况，要拒收此类货物，并及时上报相关主管领导。

确定商品外包装完好后，再依照订货单和送货单核对商品的品名、等级、规格、数量、单价、合价、有效期等内容，仔细检查商品的外观有无破损和明显的污渍，做到数量、规格、品种都准确无误，质量完好、配套齐全后方可入库保管。

二、编写货号

每一款商品都应该有一个货号，即商品编码。编写货号的目的是方便网店进行内部管理，在店铺或仓库里找货、盘货都更方便。最简单的编号方法是“商品属性＋序列数”，具体做法如下：

（1）将商品区分类别，如饰品可以分为：头饰、耳环、项链、手链、戒指、手镯、胸花（胸针）、吊坠（挂件）、脚链、手机小饰品、毛衣链等。

（2）把每一类别的名称对应写出其汉语拼音，确定商品属性的缩写字母，如头饰（toushi）缩写为“TS”、脚链（jiaolian）缩写为“JL”、胸花或胸针（xionghua 或 xiongzhen）缩写为“XH”或“XZ”、吊坠或挂件（diaozhui 或 guajian）缩写为“Z”或“GJ”等。

（3）每一类的数字编号可以使用两位数、三位数或者四位数，视该类商品的数量而定，但也要有发展的眼光，因为商品款式可能会越来越多，要留有发展的余地。例如，可以采用 01～99 或者 001～999 的方式来编号。例如，TS－001 就代表头饰类的 001 号款式，JL－001 就代表脚链类的 001 号款式。

如果销售的是品牌商品，厂家一般都会有标准的货号，就不需要再编写货号了，只需要按照原样登记。但是，要学会辨认厂家编写的货号，因为货号其实就是商品的一个简短说明。例如，一台 TCL 品牌的电视机，货号为 L46P10FBEG，代表这是一台 P10 系列 46 英寸的全高清液晶电视，采用蓝光技术，兼有互联网电视功能，屏幕使用的是黑钻屏，如图 8-2-3 所示。

TCL产品命名规则

举例：
L——液晶电视
46——屏幕尺寸
P10——产品系列
F——全高清
B 或BD——蓝光技术
E——互联网电视
G——黑钻屏
S——超窄边
D——地面数字一体机

图 8-2-3 货号编写规则

服装类商品款式繁多，因此编写货号的规则往往更加复杂。例如，李宁品牌的产品每款都有对应的货号，我们只要了解李宁品牌编写货号的规则，今后一看货号就知道是什么商品，顾客咨询时就能马上明白他们指的是什么商品。第一个字符代表产品大类，用数字表示，1 代表服装、2 代表鞋类、3 代表器材。第二、三个字符代表产品小类，用英文字母表示，如 FD 代表服装中的风衣、RW 代表鞋类中的跑鞋、WS 代表器材中的女士袜子等。第四个字符代表生产年份，用数字或英文字母表示。2006 年以前用数字表示，如 4 代表 2004 年、5 代表 2005 年等；2006 年以后的年份用英文字母表示，如 A 代表 2007 年、B 代表 2008 年、C 代表 2009 年。第五、六个字符代表该大类和小类的流水号，用数字表示。第七个字符也是数字，用奇数和偶数分别代表男款和女款。第八、九个字符代表颜色，用数字表示，如果一个款式的服装既有红色的，也有黑色的，那么用－1 代表红色、－2 代表黑色。

三、入库登记

商品验收无误并编写货号以后，即可登记入库，要详细记录商品的名称、数量、规格、入库时间、凭证号码、送货单位和验收情况等，做到账、货、标牌相符。

商品入库以后，还要按照不同的商品属性、材质、规格、功能、型号和颜色等进行分类，然后分别放入货架的相应位置储存，在储存时要根据商品的特性来保存，注意做好防潮处理，以保证仓管货物的安全。

做入库登记时要保证商品的数量准确，价格无误；在商品出库时，为了防止出库货物出现差错，必须严格遵守出库制度，做到凭配货单发货，无单不发货。

活动评价：货物在仓库存放时需要进行合理的规划，把货物放到指定的位置，可以是整箱存放，也可以是散装存放。当卖家的供货量比较小时，还可以直接放到货架上。存放位置直接决定卖家的拣货顺序，卖家应尽量争取降低货物在舱内移动的次数，以降低整体的仓库移动成本。

任务三　货物打包

【情境导入】

小刘完成了仓储岗位实习后，又来到了流通加工部负责发货。他发现发货这一物流过程包括“包装—保管—运输—配送”四个环节，通过这一物流过程，把货物完好地送到顾客手中，待顾客签收并表示满意后，商家才能顺利地收到货款。为了保证货物在运输过程中完好无损，货物打包是至关重要的，既要起到很好的保护作用，又要合理利用空间，为企业节约成本。

发货的第一个环节就是对商品进行合理的包装，一般把包装分为销售包装和运输包装两大类，本任务所讲的包装指商家为了保障货物的安全而做的运输包装。

一、分类包装

将不同的货物进行分类包装，不仅可以显示物流工作的合理性，还能够在一定程度上增加物流的安全性，同时，不同的包装材料因为重量不同，也会对物流成本产生影响，继而影响整个经营成本。

只要尺寸合适，纸箱几乎可以作为所有商品的外包装。虽然其购买成本是包装材料里较高的，但其防护作用也比较好。

大部分不易损坏的商品可以使用快递公司提供的一次性塑料快递袋来包装，如不怕挤压的服装、毛绒玩具、床上用品、暖宝宝、靠垫等。

一些重量不轻，而且对防震要求又很高的商品，最好采用木板条装订的箱子来包装，如针式打印机、电视机、跑步机等。

还有一种特殊类的商品要采用特殊的包装。例如，在网上销售油画、水粉画一类的书画作品，一般都很少会装裱后再寄出。因为装裱的玻璃画框在运输途中容易被损坏，所以，最好采用建材店里出售的 PVC 管材来包装此类商品。因为管材的圆筒外形和 PVC 的硬度可以保证画卷不会被折压。

二、隔离防震

在货物之间的空间放置一些填充物，目的是给货物多一层保护，不让它们在包装里左右摇晃，可以大大减少因长途运输而产生的货损，增加物流配送的安全性。

合理的包装除了能保证货物的安全外，还会因为运输重量的不同使邮寄费用产生变化，而邮寄费用也是经营成本的一个重要组成部分。所以，网店对纸箱和填充物的选择也要遵循一定的原则。以下是纸箱和填充物的选用要求：

(1) 纸箱的尺寸应该比货物的外形尺寸略大，留有足够的缓冲空间来放置填充物，以便达到良好的隔离和防震效果。

(2) 填充物的选择标准是体积大、重量轻，如报纸团、海绵、白色硬泡沫、气泡膜、珍珠棉等都是很好的填充材料。

纸箱的大小和填充物的重量都会对快递费用产生不同程度的影响，所以，只要参照上面的两点建议进行选择，就可以尽量地控制货物的包装重量。

三、打包要点

给货物打包是一个简单的技术活，但是随意的包装和规范的打包，其结果会有很大的差别。要使发出去的货物有一定的安全保障，就要做到以下几点：

(1) 避重就轻：商品和纸箱内壁的四周应该预留 3 厘米左右的缓冲空间，并用填充物将商品固定，以达到隔离盒防震的目的。

(2) 严丝合缝：用填充物塞满商品和纸箱之间的空隙，使纸箱的任何一个角度都能经受得住一定程度外力的冲撞。

(3) 原封不动：纸箱的所有边锋都要用封箱胶带密封好，既可以防止商品泄漏和液体侵入，还可以起到一定的防盗作用。

(4) 表里如一：安全工作从纸箱内部延伸到外部，在纸箱封口处贴上 1～2 张防盗封条，可以起到一定的警示和震慑作用，有效地防止内件丢失。

活动评价：不管采用哪一种包装方式，店铺运营者都应该从物流中遇到的问题和顾客的反馈中总结经验和教训，不断改进运营店铺的包装方式。因为，这样既能保证货物安全，又能节约物流包装成本。

任务四　物流配送

【情境导入】

小刘学习完发货流程后，最后来到物流配送部门负责具体配送工作。电子商务的发展需要具备两个重要的基本条件，一是货款的支付，二是商品的配送。电子商务交易的绝大多数商品都是有形商品或实体物品，交易能否成功很大程度上取决于实际物流的操作，即能否及时安全地将商品送达到顾客手中。

商品在出售以后，商家除了要为货物提供安全的包装以外，还需要与一家或几家物流公司合作来完成运输和配送这些重要的环节，接下来就来了解不同的物流部门有哪些特点，分别适合配送哪些商品。

一、邮局发货

中国邮政和快递是网店卖家合作最好的物流部门。选择邮局发货的主要原因是网点多，因为很多顾客所在的村镇没有快递网点，但中国邮政是全国网点最多的，它的网点已经覆盖到了很多偏远的地区和农村。

中国邮政设有挂号信、平邮包裹、E 邮宝和 EMS 等多种邮寄方式，不同的邮寄方式产生的费用也不同。

二、快递发货

平邮包裹的到货周期较长，顾客通常需要 7～15 天才能收到购买的商品。由于网上交易大多都是第三方支付平台代收货款，顾客在没有收到货物之前不会确认收货并通知第三方平台放款给卖家，因此，到货周期也决定了商家的回款周期。

而快递公司运货速度一般较快，周边城市一般可以做到今发明至，国内大中城市的到货时间也只有 2～3 天，而且，快递公司是采用门到门收发货的方式，同时还提供网上查询物流进程的服务，因此，很多卖家和顾客都不约而同地选择快递这一物流方式。

（一）门到门收发货

商家在包装好货物以后，可以通过互联网搜索到自己周边地区设有网点的快递公司的官方网站，然后在快递公司的网站上查找当地快递公司的联系方式，只要打电话通知快递公司，他们便会安排最近网点的服务人员上门来收件。每天有稳定发货量的商家，通常都有长期合作的快递公司，他们一般不需要电话通知便会每天按时来收件，非常方便，省时省力。

网店的发展离不开快递公司的支持，所以当店铺每天都有一定的包裹数时，就需要联系一两家固定的快递公司进行长期合作。固定的合作模式可以降低一定的快递成本，也可以让快递公司在协定好的固定时间段前来取件，以保证店铺每天的正常发货速度。通过签订合作协议，可以规定每月结款或者固定时间段结款，当因快递公司的运输问题出现售后问题时，商家可以根据协议向快递公司提出索赔，保障自己的利益不受损失。

（二）在线查询物流进程

快递公司除了提供上门收发货的服务外，客户还可以在快递公司的网站查询物流的派送进程，只要输入物流单号，即可查看物流进程。或者在电商平台，通过查看自己订单中的“查看物流”，即可以看到如图 8-4-1 所示的查询信息，里面有详细的收件、运输和送件的信息。

图 8－4－1　在线查询物流进程

三、货运发货

货运发货包括公路运输、铁路运输和航空运输三种类型，短途一般采用公路运输和铁路运输，长途采用铁路运输和航空运输。由于货运公司的发货方式相对于邮政和快递发货方式来说了解的人较少，我们在这里详细介绍一下。

（一）货运公司的计费单位

货运公司与中国邮政和快递公司的计费方式有很大区别，中国邮政一般以 0.5 千克为一个计费单位，快递公司通常以一千克为一个计费单位。货运的总运费是由一个计费单位乘以单价来决定的，而货运公司的计费单位虽然是千克，但这个千克数却不是用磅秤计量出来的，而是通过计算“体积重量”确定的，有的时候，这个千克数甚至是用米尺“量”出来的。

“体积重量”的标准公式是：货物的体积重量（千克）＝货物的体积［长（cm）×宽（cm）］/6 000，也就是说，6 000 立方厘米体积的货物相当于 1 千克重来计算运费，换算过来，1 立方米体积的货物要按照 167 千克计算运费。按照物理重量和体积重量择大计费的原则；如果货物的比重小而单位体积偏大，比如棉花、编织工艺品等，那么应当测量货物的体积。根据以上千克计算出体积重量，然后将货物的实际重量和体积重量做比较，“择大录取”作为计费重量，乘以每千克的运输价格就得出了应收运费。

（二）货运公司与快递公司的比较

以一台体积是 2.1 立方米、实际重量是 15 千克、体积重量是 35 千克的古筝为例，比较一下快递公司和公路货运在价格、时间和便利程度上的差异。

（1）上海—江苏、浙江（短途）。

快递公司：一般是 1～1.5 元/千克，因为古筝属于“泡货”，所以它们会计算体积重量，再根据城市大小等因素，一般每件的价格在 30～50 元，今发明至并且会送货上门。

货运公司：一般 0.6 元/千克，运费是 25 元（包含保险）。到货时间为 2～3 天，不提供上门服务，买家需要自己到货场提货。

对比结果：就近途而言，还是使用快递发货比较好，虽然价格贵一些，但是采用货运公司发货的话，买家需要自己去提货，如果自己没有车，会增加提货费用，反而比快递发货更贵了，而且还要花费更多的时间和精力。

（2）上海—北京（长途）。

快递公司：一般是8元/千克，计算体积重量的话，运费要在200元以上。所以买家几乎都无法承受，到货时间为2～3天，提供上门收货和送货的服务。

货运公司：一般是1元/千克，算体积重量的话，运费是40元。到货时间为4～5天，不提供送货上门服务，需要自行到货场提货。

对比结果：如果货物体积较大，重量较重，路途也较远，就可以考虑发货运公司，即使买家需要自己提货，价格还是在可以承受的范围之内。

（3）货运公司和中国邮政的比较。

以上海—北京为例，重量为22千克的货物为例，几种发货方式比较见表8-4-1。

表8-4-1　几种发货方式比较

发货方式	发货费用	到货周期
EMS	254元+包装等	2天
快递包裹	79元+挂号费3元+包装等	4～6天
平邮包裹	46元+挂号费3元+包装等	较长
货运公司（公路运输）	25元	4～5天

活动评价：物流公司的费用高低及服务态度影响到电商企业对物流公司的选择，而物流费用的高低会影响到电商企业商品的交易成本，所以作为电商企业应该根据货物的重量和体积综合比较各物流公司的物流费用及运输速度，选择最为合适的物流公司。

项目总结

物流是电子商务交易的最后一个环节，也是最贴近顾客的环节，更是体现优质服务的环节，把这个工作环节做好，可以有效地提高顾客的满意度。本项目介绍了基本的物流发货流程、仓储管理、货物打包和物流配送等几个任务，作为电商企业的物流岗位工作者，必须了解这几个任务介绍的相关知识，为做好电子商务交易打好基础。

项目检测

一、单选题

1. 快递公司采用(　　)的方式，同时还提供网上查询物流进程的便利。

A. 门到门　　B. 门到站　　C. 门到港　　D. 站到岗

2. 物流费用是按照(　　)计费的。

A. 货物的数量　　B. 货物的重量

C. 数量和重量较大者　　D. 数量和重量较小者

3. 快递发货可以实现(　　)。

A. 门到门收发货　B. 桌到桌收发货　C. 场到场收发货　D. 站到站收发货

4. 一般淘宝店铺首选的物流方式是(　　)。

A. EMS　B. 快递　C. 平邮　D. 货运公司

二、多选题

1. 打包的要点包括(　　)。

A. 避重就轻　B. 严丝合缝　C. 原封不动

D. 表里如一　E. 结实美观

2. 仓储的基本流程包括(　　)。

A. 入库　B. 储放　C. 补货

D. 拣货　E. 出货

3. 分拣的方式包括(　　)。

A. 播种式　B. 驶入式　C. 摘果式

D. 驶出式　E. 抓取式

4. 检验商品需要检验商品的(　　)。

A. 品名　B. 数量　C. 单价

D. 有效期　E. 商品规格

5. 制定仓储规划时，要考虑的因素有(　　)。

A. 货物的重量　B. 货物的数量　C. 储存期限

D. 货物的储存条件　E. 货物的销售价格

三、判断题

1. 物流费用按照货物的重量计费。(　　)

2. 快递费用的高低会影响电商的成本。(　　)

3. 仓储与物流发展的好坏直接影响电商的发展。(　　)

4. 电商可以一件代发，所以电子商务都不需要仓储。(　　)

5. 仓库存的货物越多越好。(　　)

四、简答题

1. 打包有哪些要点和注意事项?

2. 物流工作的售后流程是怎样的?

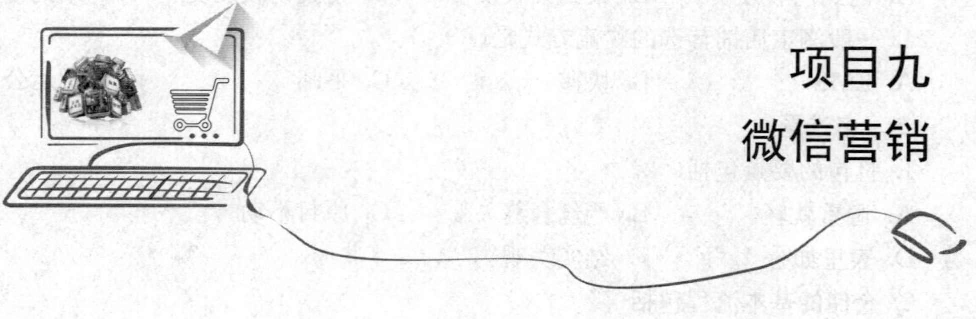

项目九 微信营销

项目综述

郑州某有限公司是一家生产婴幼儿辅食的生产型企业，生产的系列宝宝面有无添加、营养全、易消化等特点，一经推向市场就受到客户认可，目前在商超渠道同类产品市场占有率超过70%。随着微信等社交工具的广泛应用，2015年腾讯官方发布微信数据：微信用户数达到6亿，日活跃用户在2亿，每天总访问时长达到14亿小时，成为国内第一大社交媒体。该公司看到了微信的巨大客户群体，决定开通微信公众号，集聚粉丝，进行粉丝互动、粉丝激励、粉丝转化等活动，设计微信商城开展微信营销。公司成立专业的运营团队，有专门的文案负责公众号文章编辑，专业的运营设计线上线下活动激励粉丝、转化粉丝，专业的美工进行微信商城设计装修。经过半年的运营，该公司微信公众号粉丝达到一万人，公众号文章阅读次数累计超两万，微信商城交易额破五万元，微信营销效果初步体现。

项目目标

知识目标

- 了解微信公众号的种类与区别；
- 了解公众号文章的特点与排版规则；
- 掌握公众号吸粉的方法和技巧；
- 掌握粉丝激励和转化的技巧；
- 掌握微信的生态与玩法。

技能目标

- 会注册开通公众号；
- 能够熟练利用微信公众号进行文章编辑和推送；
- 能搭建装修微信商城；
- 能设置微信商城的营销插件；

➢ 能够独立完成微信营销策划。

情感目标

➢ 培养学生敢于创新的意识；

➢ 培养学生创业精神和创业意识。

任务一　微信生态及概述

【情境导入】

公司决定开展微信营销后，派公司市场部人员进行微信的调研与生态研究，首先查阅资料和书籍，了解微信的上线时间和发展历程，微信公众平台的发展历程和最新的功能，收集市场上微信的一些运用和插件。

市场部接到总经理布置的任务后开始展开工作，把任务分解成两个部分，一是了解微信的生态及概况；二是研究微信公众号的种类与区别。

活动一　了解微信的生态及概况

对于刚刚涉足微信营销的人来说，需要急迫解决的是了解微信应用的相关问题。对微信用户群进行定位，了解微信总体市场规模、微信用户特点等基础知识。

一、微信的生态及概况

微信（WeChat）是腾讯公司于 2011 年 1 月 21 日推出的一个为智能终端提供即时通信服务的免费应用程序，由张小龙所带领的腾讯广州研发中心产品团队打造。微信支持跨通信运营商、跨操作系统平台通过网络快速发送免费（需消耗少量网络流量）语音短信、视频、图片和文字，同时，也可以使用通过共享流媒体内容的资料和基于位置的社交插件“摇一摇”“漂流瓶”“朋友圈”“公众平台”“语音记事本”等服务插件。

2016 年微信月活跃用户数量突破 6 亿，微信支付用户数达到 4 亿人，微信已覆盖 90%以上的智能手机，并成为人们生活中不可或缺的社交软件。用户覆盖 200 多个国家，微信用户普遍年轻，平均年龄在 26 岁。97.7%的用户在 50 岁以下，86.2%的用户在 18～36 岁。绝大部分微信用户的职业为企业职员、自由职业者、学生、事业单位员工这四类职业。80%的中国高资产净值人群（High-net Worth）都使用微信。如图 9－1－1至图 9－1－3 所示。

图 9-1-1　微信用户男女比例示意图

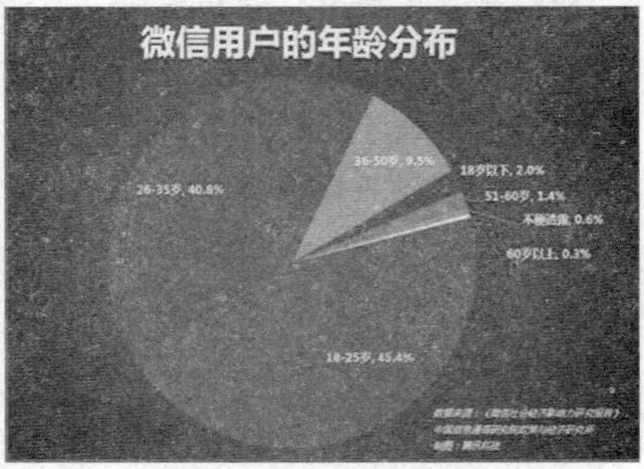

图 9-1-2　微信用户年龄分布示意图

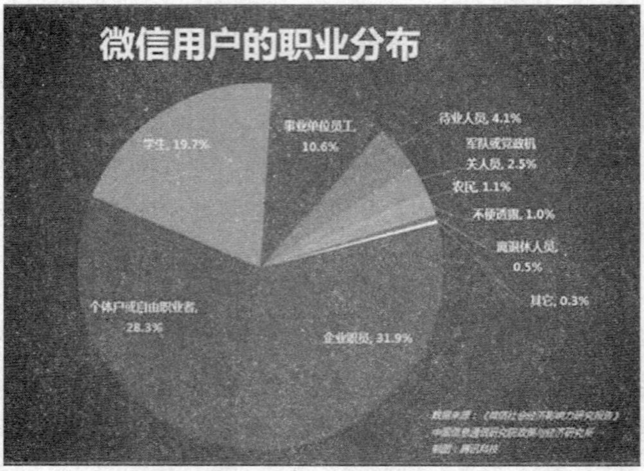

图 9-1-3　微信用户职业分布情况示意图

二、微信的特点

微信相比于其他的社交软件，具有以下特点：

（一）连接性

用户是谁？用户在哪里？如何给用户画像？如何与用户互动？这些在过去令人无能为力的问题，因为微信的介入变得简单。微信的连接经历了三个阶段：一是连接人与人的“人联网”阶段；二是连接线上线下的 O2O 阶段；三是“连接一切”的万物互联阶段。

下面针对第一阶段连接人与人的力量举个例子，某人一次在火车站偶遇初中同学，20 年没见面的老同学很亲切，一番寒暄后互留了微信就匆忙赶车了，在火车上聊天时就想建立一个初中同学微信群，可两个人的微信好友中一共只有七八名当年的初中同学。于是他们就先建立了一个小范围的群，在群里建议大家将认识的还保持联系的初中同学都拉进来，没想到在短短两天时间里就把分布在全国各地的同学拉进来了，班里一共 72 人，进群有 65 人，这让人不得不感叹微信的连接力量之强大。

（二）互动性

微信为人们提供了很多功能，都可以作为互动的工具，如摇一摇、红包、企业红包、裂变小游戏等。互动性主要体现在用户之间、企业与用户之间的互动。例如，郑州某大型商场，在门口促销，让顾客在商场进口处拿出手机打开蓝牙摇一摇，可以随机摇到商场顶楼餐饮区的商家提供的优惠券，这种营销方式为很多有选择性困难的用户提供了很好的建议。在互动过程中商城微信公众号实现了粉丝增加，一般拿到哪家优惠券的客户就会到哪家餐厅就餐，也增加了餐厅的收益。

（三）传播性

传播性主要体现在微信朋友圈、微信群、微信公众号的传播。试想传统的传单式的营销手段和网络相比，哪个传播速度更快？答案肯定是借助于网络，借助于无线网络，借助于微信。一些能引起共鸣的文章，在被人分享出去以后，会被大量转发，这种传播的效果是惊人的，记得2015年吴晓波先生有一篇文章《去日本买只马桶盖》（见图9－1－4），传播速度迅速，阅读量达到千万次只用了不到一周时间，一千万的阅读带来的传播力不亚于春晚的广告，所以随着这篇文章的疯传，使得佛山地区马桶盖的销量翻了一番。

（四）娱乐性

微信本身是一款娱乐性的社交软件，自身就有娱乐的基因，另外，基于微信开发的很多功能也能体现娱乐功能，如幸运大抽奖（见图9－1－5）、积分兑换插件，微信红包、小游戏等功能。

图9－1－4　公众号“吴晓波频道”发出的文章

图9－1－5　微信幸运大抽奖

（五）营销性

微信具有支付功能，线上线下收付款功能，服务号还有微信小店、实体店铺等功能，这本身就能说明微信具有营销的特性和基因。借助于微信开展营销活动都可以称为微信营销，社交工具中具有营销属性的目前仅有微信。

活动评价： 通过这次活动，可以认识并了解微信的特点和微信的使用群体。

活动二　研究微信公众号的种类与区别

微信公众号是微信的一个功能模块，个人和企业都可以打造一个微信公众号，实现和粉丝间的沟通与互动。公众平台通过认证后具有二维码订阅、消息发送、品牌传播等特色功能，是企业进行营销推广的有效手段，从事微信公众平台运营的个人或企业被称为自媒体，靠自己的影响力来进行宣传和销售。

一、服务号

服务号，顾名思义是为了加强服务所设计的，企业和组织可以加强对自己消费者的服务功能，偏向服务改进，适合于企业或者组织机构使用。服务号每月可以推送 4 条消息，有高级接口功能，如多门店、微信小店、微信连 WiFi、微信支付、企业红包、多客服、开发功能等，显示位置在微信对话框，便于粉丝发现与互动。如果是企事业单位，需要连接自己的客户和消费者，进行优惠信息推送、闭环销售、查询查阅等，建议选择服务号。

微信服务号实施成功案例：九阳电器是一家老牌的家电企业，所生产的系列豆浆机占国内近七成的市场份额，每天服务于千万家庭。但企业老总一直为一件事情发愁，那就是九阳电器卖出去了很多豆浆机，但从不知道豆浆机卖给了谁，而且客户在使用过程中有什么建议和改进意见，九阳厂家是完全不知道的。以往九阳电器只能靠区域经销商进行小范围调查，所得到数据不直接、不准确，而且经销商经常更换，给数据的累积带来很大难度。当微信公众号出现后，九阳电器开发了自己的公众号，通过公众号与消费者建立了联系，让买过豆浆机的消费者扫码进入，加入公众号可以进行延保和专业服务。目前，九阳公众号已有百万粉丝，他们根据地区分配产品工程师和营养师，可以更好地为消费者服务，新款机器也可以在粉丝中进行宣传和试用，消费者的诉求也可以在服务号进行传达，真正建立起与消费者的联系。九阳公众号界面如图 9－1－6 所示。

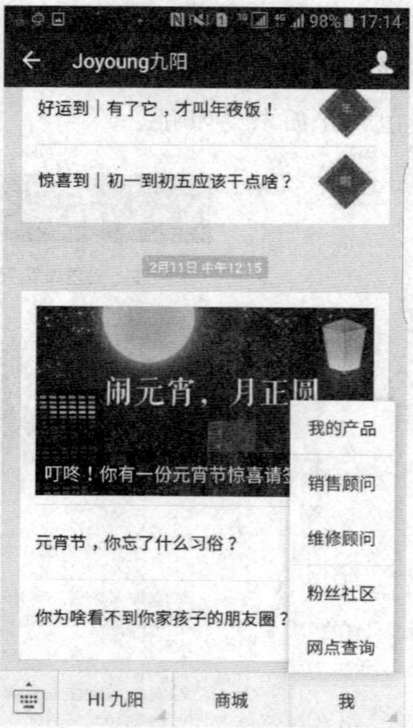

图 9－1－6　九阳公众号界面

二、订阅号

订阅号是具有媒体性质的公众号，可为用户提供细分的内容服务，如有些订阅号提供养生方面的知识，有的提供育儿知识，有的提供读书感或是杂谈等。订阅号功能很少，仅限于文字编辑和推送，但每月可以有 30 次消息推送，注意是每月 30 次而不是每天 1 次。因此传统媒体和个人想建立自媒体一般选择订阅号。在公众号出现早期，很多人选择订阅号。

三、企业号

企业号可为企业或组织提供移动应用，帮助企业建立与员工之间的联系和与上下游企业之间的联系，以及企业之间的联系。

活动评价：通过这次活动，可以了解公众号的类型和适用对象。

任务二　微信公众号的申请与开通

【情境导入】

该公司领导了解了微信的生态和微信公众号的类型以后，决定开通自己企业的公众号，并选择使用服务号。公司开展微信营销的第一步是申请开通公众号，选择适合公司情况的公众号类型进行注册开通，设置公众号名字，设计公众号自定义菜单，设计公众号自动回复内容，开通公众号相关功能。

可将任务划分为三个步骤，一是申请注册服务号；二是设计公众号自定义菜单；三是设置公众号自动回复内容。

活动一　申请注册服务号

在申请服务号之前应该确定一名服务号运营者，要用其身份证进行注册和认证。运营者要对公众号的运营和内容传播承担相应法律责任，且每次登录公众平台进行操作需要运营者进行审核，后期开通微信认证，还需要运营者手持身份证照片。微信认证时，企业需要提供营业执照、组织机构代码证（三证合一情况只需要营业执照）。

就郑州这家母婴用品企业来说，它们选定了一名市场部工作人员作为运营者，开始申请微信公众号。

(1) 在电脑上登录微信公众平台界面，单击右上角红色框内的立即注册。如图 9－2－1所示。

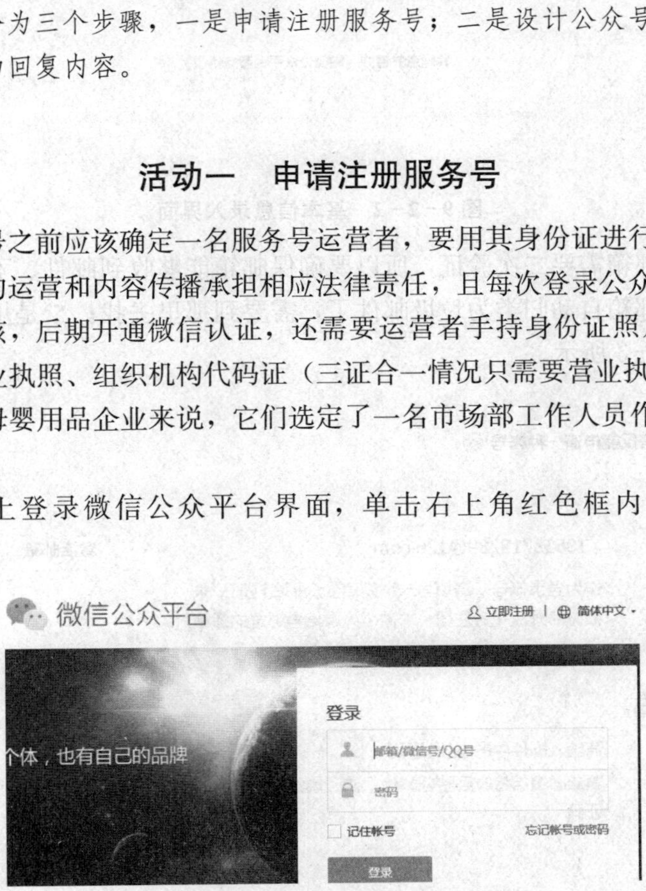

图 9－2－1　微信公众平台注册界面图

（2）注册账号使用事先准备好的邮箱，如图 9－2－2 所示。

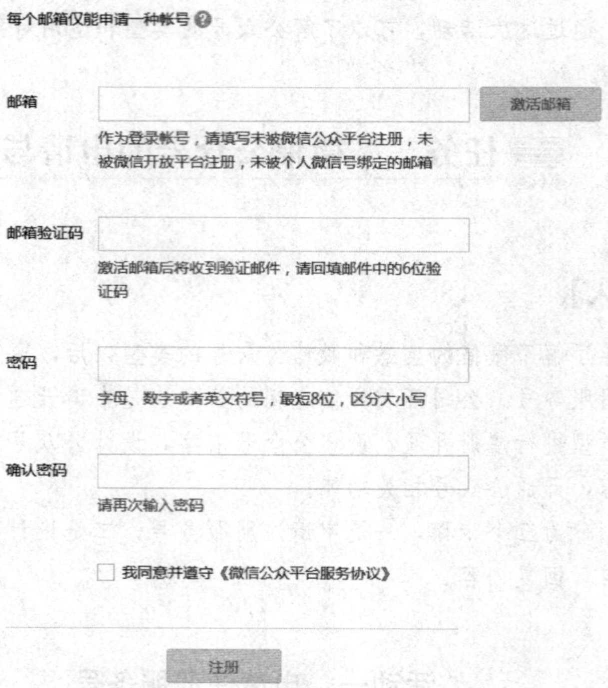

图 9－2－2　基本信息录入界面

（3）输入的邮箱需要二次验证，所以要确保邮箱能够收到邮件。不能收到邮件有两种可能，一是被邮箱自动归类为垃圾邮件了，需要到那里去找；二是填写的邮箱地址不正确。如图 9－2－3 所示。

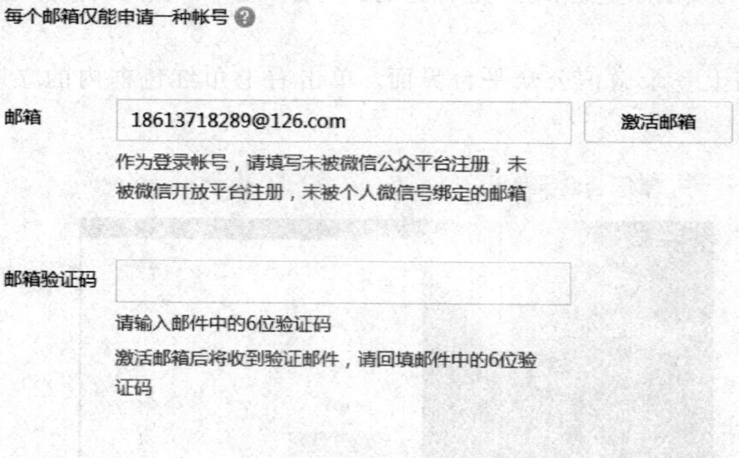

图 9－2－3　邮箱激活信息提示

（4）在图 9－2－4 所示的界面中选择需要申请的类型，注意，类型一旦选定将不可更改，只能重新申请，所以在选择之前一定要按照前文说明的情况，选择适合自己企业的公众号类型，此处选择服务号。

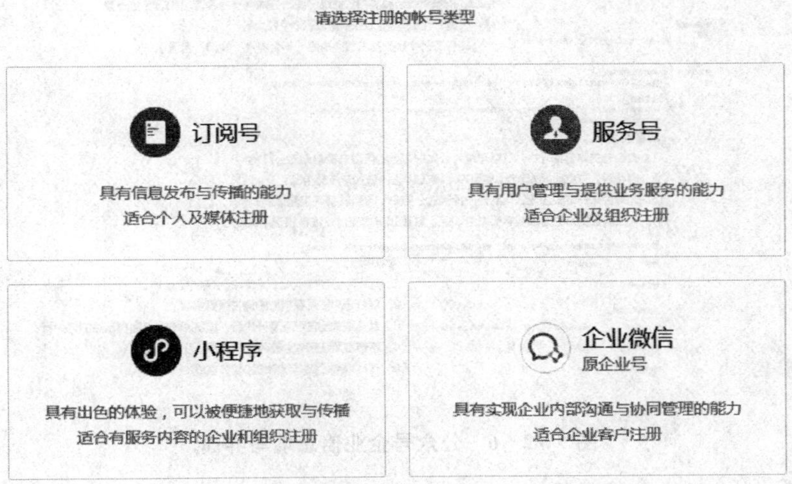

图 9－2－4　公众号类型选择界面

（5）选择主体类型，如果是个人申请就选择个人，如果是企业选择企业。在这里郑州母婴用品公司，需要选择企业类型主体。如图 9－2－5 所示。

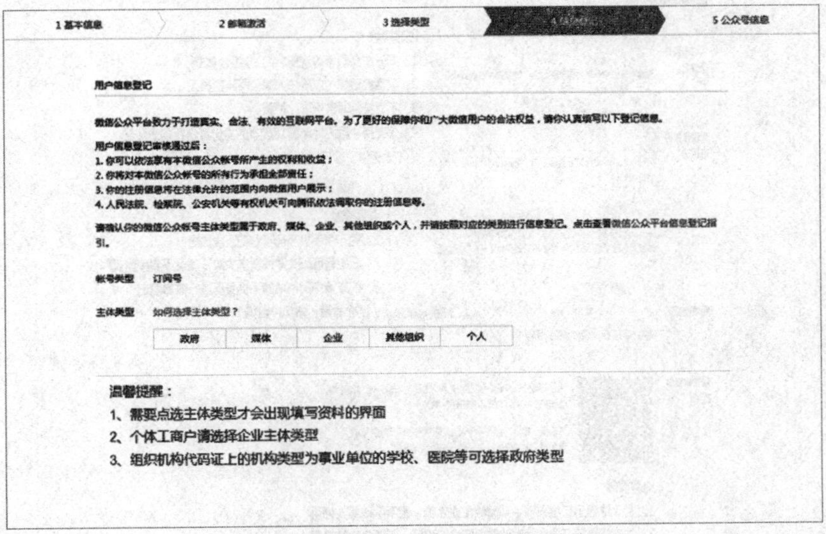

图 9－2－5　公众号主体类型选择界面

（6）选择企业主体后，需要填写公司信息，包括名称、营业执照号、组织机构代码证号码（三证合一情况只需要营业执照号）和经营范围。在进行微信认证的时候，核实的信息要与填入的信息一致，进行微信认证还需要填写对公账户和开户许可证。如图 9－2－6 所示。

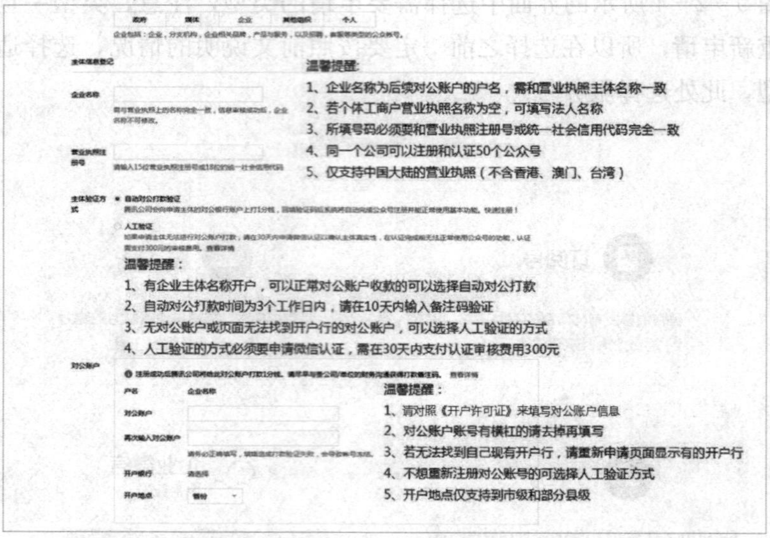

图 9-2-6　公众号企业信息填写界面

（7）填写运营者信息。注意一个运营者最多可以运营 5 个公众号，需要用绑定运营者银行卡的个人微信号进行刷码验证，以后登录公众平台都要经过运营者的同意后才能登录，因此一定要认真选择运营者。如图 9-2-7 所示。

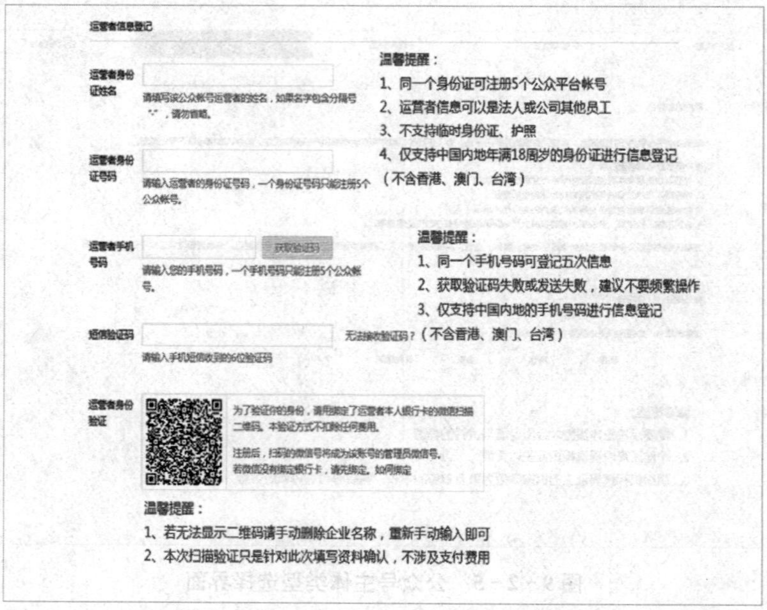

图 9-2-7　公众号运营者信息及扫码界面

（8）填写公众号名称（如图 9-2-8 所示），名称按照无重复规则，先注册的占有，但能够进行申诉和追回。例如，你持有某个品牌商标，但这个品牌的公众号被抢注了，你可以用持有的商标追回公众号。公众号的命名规则应该是简单易记，越短越好。目前有些认证的公众号像域名一样，可以交易和买卖，如 2015 年西安的大学生创办的大学生兼职公众号“找事”就卖出了30万的高价。公众号名字在每年认证的时候可以修改一次，可以提前认证，认证费为300元。

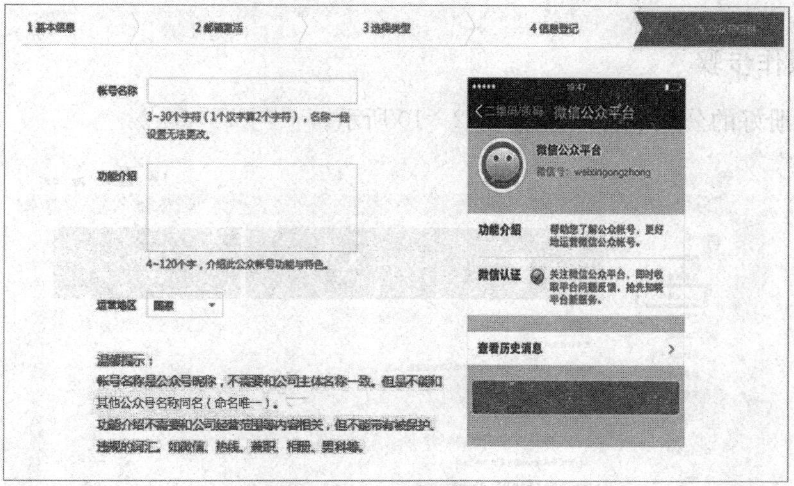

图 9-2-8 公众号信息界面

(9) 进入自动对公打款验证，注意以下事项：

1) 在3个工作日后查询对公账户收入款项，10天内将收到的打款验证码（6位数字）填写到登录后首页的验证框内。

2) 10天内未填写或3次填写错误则验证失败，需重新提交资料再次注册。

3) 验证通过前，暂时无法使用公众平台的群发功能和高级功能等。

4) 验证通过后，公众平台即审核通过，可立即使用。如图9-2-9所示。

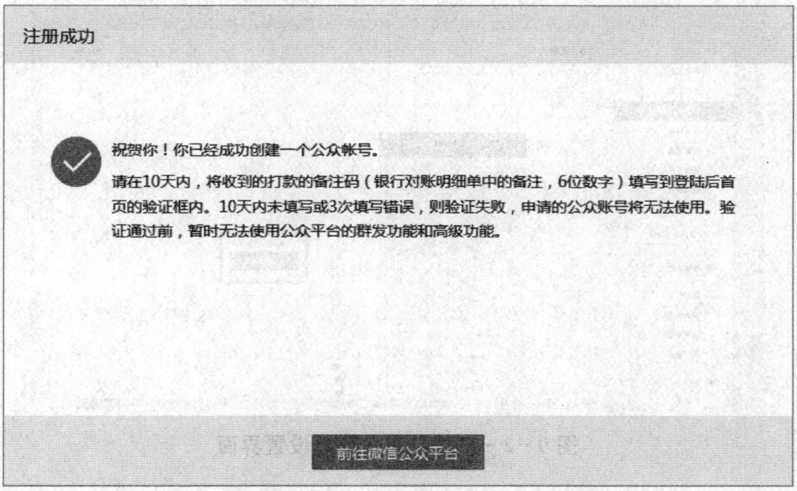

图 9-2-9 公众号注册成功界面

活动评价： 在注册公众号的过程中，需要提前确认注册类型、公众号名称、运营者，确定后再进行注册和认证。

活动二　设计公众号自定义菜单

一、操作步骤

登录注册好的公众平台，如图 9 - 2 - 10 所示。

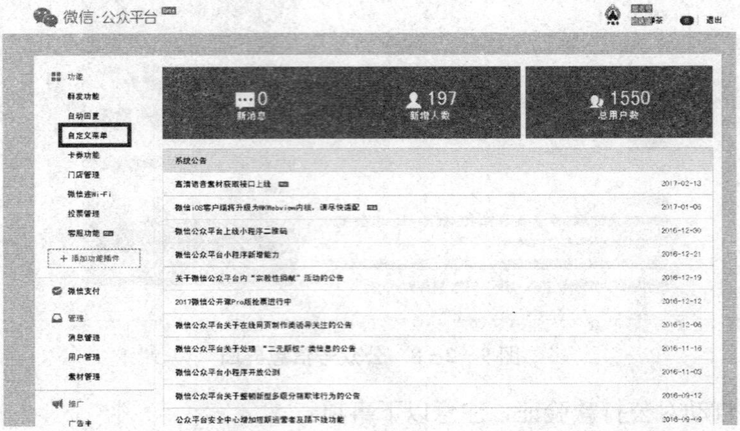

图 9 - 2 - 10　公众平台登录界面

单击左侧功能栏红色框内的“自定义菜单”，进入如图 9 - 2 - 11 所示界面。单击“添加菜单”按钮就可以添加自定义菜单，主菜单最多可以设置 3 个，每个主菜单下最多可以设置 5 个子菜单。

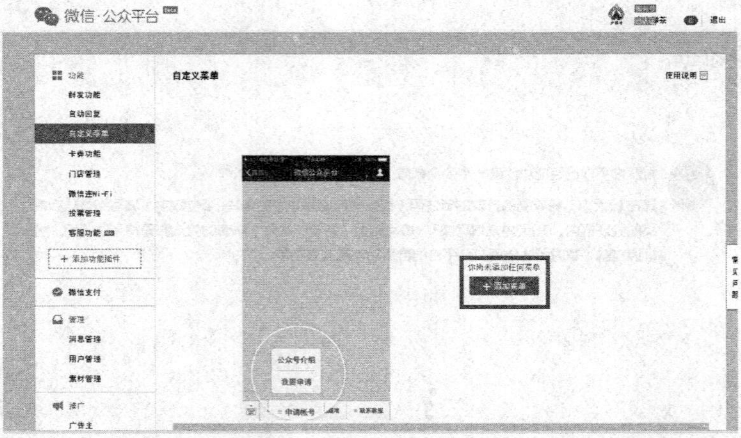

图 9 - 2 - 11　自定义菜单设置界面

二、自定义菜单设计原则

目前人们对公众号自定义菜单设计有一些误区，有些人认为自定义菜单越多越好，还有人设计主菜单时没有主次，让用户进入公众号后不知道看哪里，界面没有核心，分类不规则，看起来很乱，导致公众号看上去很不上档次，因此我们归纳了以下几条原则：

（一）公众号的菜单规划上要先予后取

大部分用户进入公众号后不是来买东西的，而是来取东西的，因此运营者要先予，就是要先给用户东西。这个东西到底是什么，运营者根据自己的情况来决定，可以是礼品，可以是知识，可以是电子书，可以是预期，可以是其他等。有了这个思维后，运营者在菜单的设计上就比较容易了。一定要让用户进来后第一眼能够看到他想取的东西，取完了，满意了，用户一般会看其他的菜单都是做什么的。当我们设计菜单的时候，把予的菜单设计好了，也同时应该把取的菜单设计在其一起或者附近，即运营者给用户好处后，该用另外一种方式收用户钱了，如果是商城，课程、会员等就是变现的菜单。这样当用户想购买产品的时候，可以很方便地找到并且付钱。

（1）予的菜单设计有3种方式。第一种直接设计到主菜单第一栏，如领取新手包；第二种是自动回复，当用户关注公众号后会自动回复一个链接；第三种是用户回复关键词，弹出领取链接。

（2）取的菜单设计只有一种，就是一级菜单最右边，就是第三栏。如果第三栏有更重要的可以放在第一栏、第二栏，但必须放在一级菜单上。

（二）公众号菜单不是越多越好，要越精越好

很多公众号，里面的内容都挤得满满的，从某种程度上是想向用户表达“我的公众号内容丰富，要啥有啥”，体现大而全的风格特点。其实这样的公众号的效果往往达不到预期，毕竟现在大家的时间都很忙，所以站在用户服务的角度，能够让用户少点就少点，能够一个菜单解决的问题绝不用第二个菜单。要把所有的菜单进行整理和选择，选取必需的，浓缩精华，把真正能够给用户带来价值的菜单选出来，然后再根据业务重心设计核心菜单的位置和先后次序。

公众号不能装所有的业务，公众号的理念特别是服务号的理念和微信小程序差不多，一个业务代表一个公众号，业务多的可以多申请几个公众号，让用户进公众号明白自己的意愿。业务关系简单了，菜单设计上也就很容易了，这样针对的用户也就明确了，运营起来更轻松。那么具体怎么设计呢，下面举些例子。

比如你是做菜馆的，那么公众号的主要核心业务就是订餐，因此公众号就设置3个菜单即可，第一栏写选菜，第二栏写今日特价，第三栏写我的订单。第二栏可以根据自己的情况来灵活调整，但第一栏和最后一栏不能变。

再比如，你是卖包包的，那么公众号的核心就是销售包包，因此公众号的菜单也可以设置为3个，第一栏写选包包，第二栏做包包搭配知识，第三栏做我的订单。不需要写很多多余的，比如有的人写的新品包包，包包推荐，今日最新，特价优惠等，不是必须要的子菜单统统可以去掉。如果必须要，可以放在商城里面的页面上，不必要占一个子菜单位置，因为只要多一个子菜单，用户就要点两次。

（三）业务主菜单能够做完的，绝不用子菜单

3个主菜单其实已经占用了用户大部分时间和眼球，如果运营者再设计更多的子菜单，用户的注意力就被分散了，如果分散得太多，用户可能直接就退出了。这样即便产

品很好，知识很丰富，内容很棒，但用户也没找到。如果用户连续几次没有找到自己需要看的，基本会果断退出，甚至取消关注。在公众号菜单设计上，不要把用户想得太聪明，应尽量把所有的业务核心都集中在 3 个主菜单上，能够用主菜单做完的，绝不用子菜单给用户提供障碍。

活动评价：公众号自定义菜单，要根据公众号的内容和公众号的功能进行统筹设计。

活动三　设置公众号自动回复内容

单击公众号高级功能可看到如图 9－2－12 所示的界面，里面有两种模式，一种是编辑模式，这也是我们最常用到的模式；另一种是开发模式，下面我们单击进入编辑模式。

图 9－2－12　自动回复设置界面

进入编辑模式后可看到默认开启的状态，单击“设置”按钮，开始设置自动回复功能。如图 9－2－13 所示。

图 9－2－13　编辑模式开启界面

进入自动回复设置界面，可看到左边有 3 个自动回复功能按钮，分别是被添加自动回复、消息自动回复、关键词自动回复。如图 9－2－14 所示。

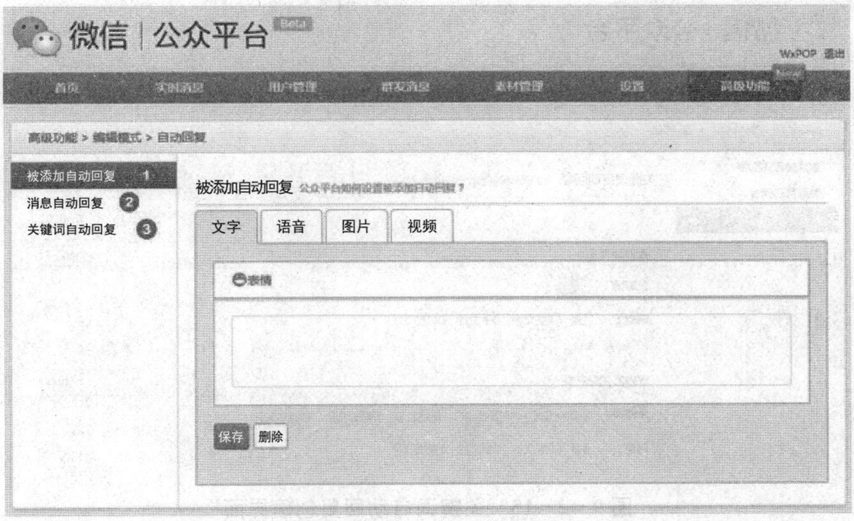

图 9－2－14　自动回复创建界面

一、被添加自动回复

这里是给新关注用户设置欢迎信息的地方，每当有新用户关注官方微信账号时，系统就会自动发送这里的内容给用户。这里的设置很重要，所有用户都是通过欢迎信息来了解如何使用平台账号的。例如，提示用户输入“电话”就可以找到公司的联系方式，输入“帮助”可以查看所有引导的关键字。

欢迎信息尽量不要把所有信息或设定好的所有关键字都写出来，因为一开始信息量太大会吓跑用户，所以放些主要的查询关键字就可以了，如帮助或快速查询内容的符号等。欢迎信息尽量不要超出一屏（现在主流是 4 英寸屏手机，所以建议以 4 英寸手机屏幕效果为主）。还有不能是一整篇文章，最好多分段，最长的那段不要超过 3 行，多空行，适当添加些 QQ 头像点缀，不要显得太枯燥。这里可以放一些艺术字等，让欢迎信息更具有个性，如情人节时可以用玫瑰花或红心图标拼出两个心形出来等。

二、消息自动回复

如果用户发送一些没有在后台设定好的关键字或无效信息时，系统会发送这里的内容给用户，用于提醒和帮助并引导用户使用正确的关键字进行查询。这个功能就如同网站 404 错误页面一样，提示没有该信息，并引导用户回到正确的使用途径上。所以这里也是必须要设置的，否则当用户发送一些平台没有设置的关键字，系统是不会反馈任何信息给用户的，这样会给用户一个错觉：“你的账号不能用了”，从而导致取消关注。

三、关键词自动回复

这里是微信公众平台的内容中心，所有需要实现交互的内容都在这里添加，设计者可以设定关键字绑定之前做好的素材内容，用户可以通过关键字来精准查找他们需要的信息。如图 9－2－15 所示。

图 9－2－15　关键词自动回复创建界面

图 9－2－15 中的“添加规则”是用来添加新的关键字内容规则的。“展开”是用来打开已经添加好的内容规则的。单击“添加规则”或“展开”都会出现如图 9－2－16 所示的界面。

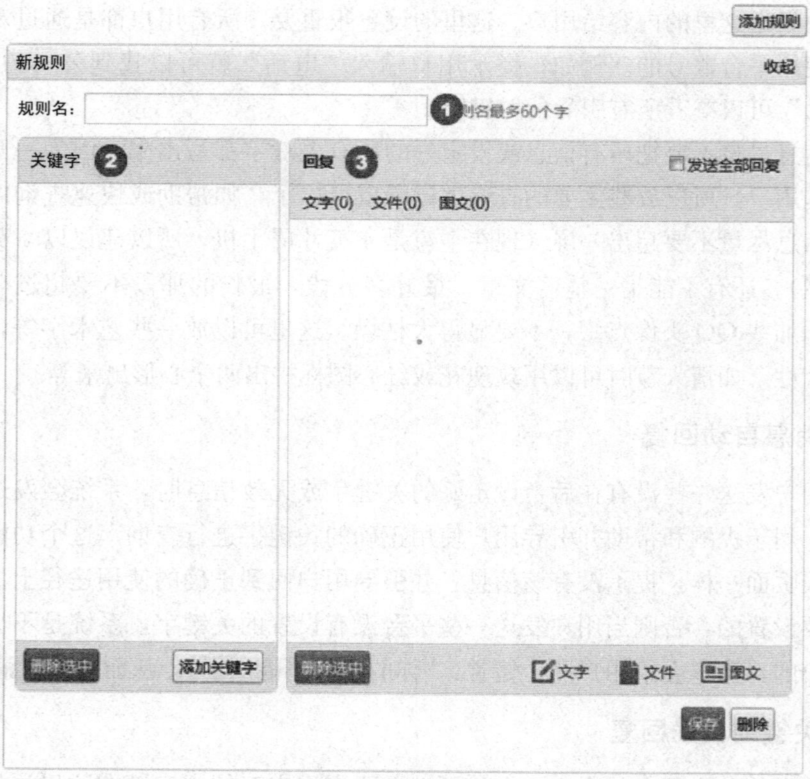

图 9－2－16　自动回复创建界面

（1）规则名。首先要给这个规则命名，主要是方便管理识别使用。

（2）关键字。这里添加的关键字就是提供给用户搜索查询使用的内容，记住不要把所有不相关的关键字添加进去，一定要与右边内容相关，否则会影响用户查找精准信息的体验。单击“添加关键词”会显示下面的窗口，每次输入关键字后直接回车就可以继续输入更多关键字，这个操作可以大大加快关键词录入速度。

（3）回复。这里主要是放关键字对应的回复内容，分别有文字、文件、图文。文字就是纯文字内容，文件就是音频、图片、视频内容，图文就是图文消息。这里除了文字外，文件和图文都需要在素材管理里先编辑好，才能直接在这里调用。回复消息最多可以添加 5 条，如果添加回复内容超过 2 条，系统会随机抽取其中一条回复给用户的。

（4）发送全部回复。在回复框的右上角有一个“发送全部回复”的勾选项，只要勾选了添加的几条消息就都会同时发送给用户。最后一定要记得点击“保存”。

添加好关键字后，可以看到关键字后面出现“全匹配”和“已全匹配”字样。如果关键字后面显示“全匹配”，只要用户输入的文字里面包含这个词，就都可以匹配到，并反馈对应内容给用户。如图 9－2－17 所示，把“电话”设置为“全匹配”，当输入“如何联系你们，电话多少?”这句话由于包含了“电话”两个字所以匹配成功，平台就会反馈消息。如果关键字后面显示“已全匹配”，代表用户一定要不多不少输入该关键字才能反馈对应内容。如图 9－2－17 所示，把“传真”设置为“已全匹配”，当输入“传真号码”，那平台就不会反馈任何消息。

图 9－2－17　设置匹配效果界面

活动评价：自动回复是公众号最基础的功能，设置出彩会为公众号加分。

任务三 微信公众号推广策略

【情境导入】

公司注册好了服务号，并完成了最基础的自定义菜单设置和自动回复，选好了运营团队，每天坚持进行文章更新等工作，但公众号粉丝还是较少，文章阅读量少，急需加强公众号推广，让更多的粉丝关注到公众号，因此公司决定进行公众号推广和宣传。

将本任务划分为两个活动，第一个是线上推广，第二个是线下推广。无论是线上还是线下都要先明确公众号的性质、受众群体和目标客户群，只有这些确定了才能在推广上不走弯路，快速准确地进行推广和"吸粉"。

活动一 线上推广

就目前的公司情况和公司所销售产品来分析，由于是母婴产品，因此目标客户群应该确定为0～3岁小孩的父母，所以要在线上和线下找到这类群体所在的地方，去和他们交朋友，让他们关注企业的公众号，进而成为企业品牌的消费者。所以第一步去找群体所集中的地方。

在线上可以利用以下一些工具：

(1) 论坛。在互联网上有很多论坛，母婴类的论坛也有很多，如宝宝树、辣妈帮等，推广人员应该先注册5～10个账号，在论坛中发帖、回帖，成为论坛的活跃分子，和论坛其他用户建立联系，这样就很容易将自己的公众号推广给其他人。另外在公众号名下面有签名档，可以利用签名档宣传公众号，当别人看到你的文章或留言很有道理时一般会看签名档，然后关注你的微信公众号。另外还可以在论坛中写一些连载小说，写到最后几期的时候不再在论坛投放，改去公众号投放，这样一直追小说的读者就会去关注公众号。

(2) QQ群。目前有很多育儿群、辣妈群、宝妈群，可以申请加入，然后利用自己的专业知识去帮助这些宝妈解决实际问题，从而推广公众号。另外还可以利用QQ群的群共享功能，例如在QQ群里上传一份小儿推拿经络图，当有的宝妈遇到小儿发烧或拉肚子的情况时，自己可以按摩穴位减轻孩子病痛，这样当他们看到穴位图就可以看到公司的公众号，很多人一般会关注公众号。

(3) 微信个人号。因为公众号没办法主动加好友，但微信个人号是可以的。可以尝试先加个人号之后再往公众号上面转移，这样的方式也很有效果。但目前微信官方对于个人号加好友有限制，所以速度会慢一些。

(4) 微信群。在微信群宣传正能量，宣传对群友有帮助的信息，成为一个群的意见领袖，就能影响一个群的人关注。

（5）公众号插件。如投票插件、微代言插件、分销插件等，在微信公众号造势，形成传播和推广。例如，进行萌宝大赛，让宝爸宝妈进行投票宣传，随着自己孩子票数的增加，公众号的粉丝也在增加。还有一些积分兑换的插件，拉好友关注公众号就能得到积分，积分可以兑换奖品，以增加拉好友的积极性，快速增加粉丝。

（6）微博。微博是向外的，让用户主动加关注，被加关注不需要认证。可以申请与公众号名称一样的微博账号，利用微博的关注向微信导流。

（7）直播平台。在花椒、映客上开直播间，直播一些育儿知识或者小儿疾病防治等知识（可以聘请专家），得到观众认可，就可以转化粉丝。

（8）微信公众号互推，要选择目标客户相近的公众号，或者互补的公众号。

活动评价：线上推广的方法和平台具有多元化，需要根据公众号的受众群体具体分析使用哪种方法进行推广。

活动二　线下推广

线下同样要找到目标群体集中的地方，采取地推、交换礼品、线下活动等方式。母婴用品客户群集中的地方就是商场母婴专柜、公园游乐场等地方，还可以借助以下工具：

（1）产品外包装。利用外包装二维码，引导用户关注，如九阳豆浆机外包装都有他们官方二维码，下面会有一句话“关注我们，获取更好服务”，这样就可以吸引更多用户扫码关注。

（2）海报宣传页，这是最常见的宣传工具。

（3）实体店铺。可以在实体店铺做相关推广活动。

（4）公司宣传册。

（5）与线下活动相结合。借助线下的场景工具，如摇一摇触发器、商业路由器可以扫码加关注并无线上网。

活动评价：线下推广方式较少，类似于传统的渠道推广。

任务四　微信商城介绍与开通

【情境导入】

公司公众号通过一段时间的运营和推广，已经有了1万多名粉丝，是比较精准的潜在客户，因此公司决定进一步发挥公众号的电子商务功能，准备在公众号上加入微信商城，做粉丝的激励和转化，拓宽消费者购买产品的途径，方便消费者购买，形成闭环销售。

此任务可划分为两个步骤，一是选择微信商城系统；二是开通有赞微信商城并绑定公众号。

活动一　选择微信商城系统

一、微信商城的功能

微信商城（又名微商城）是基于腾讯微信公众平台推出的一款基于移动互联网的商城应用服务产品。具有以下功能：

（一）会员系统

完善的会员管理系统，包括自动保存密码、会员等级、积分管理、积分兑换、导入导出等功能。

（二）支付功能

支持微信支付、财付通、快钱、银联、货到付款等多种支付方式，解决了商家因单一支付方式给消费者带来的不便。

（三）购物车/订单/结算功能

完善的购物车和订单生成系统，在线结算方便快捷。

（四）自定义菜单

拥有商品分类、资讯中心、新品促销等版块，分类清晰，除了微信自定义菜单还扩展到内页中自定义菜单。

（五）产品管理系统

强大的产品管理系统，具有自定义参数、导入导出等完善功能。

（六）促销功能

多种促销规则、积分赠送、会员优惠等让商城具备超强营销力。

（七）抽奖功能/投票功能

微信商城可同时进行多种即时抽奖活动，可以发起多种图文和柱状的投票活动。

（八）分佣系统

充分利用微信的社会化人际关系特点，以流量、推荐会员、购买抽佣的形式为营销工具。

二、挑选微信商城的原则

目前运用微信商城可以有两种方式：一是自己基于微信开放平台进行开发，这种方式比较慢，耗资多，系统稳定性差；二是利用现成的第三方平台，第三方平台可免去开发的麻烦以及服务器等费用，系统稳定，升级简单，可持续性强，但数据安全性差。在挑选微信商城的时候应该遵循以下原则：

（一）看微信商城的购物体验能否留住顾客

判断微信商城购物体验的好坏，要看它有没有在用户浏览习惯、版面美观性、商品陈列科学性、购物合理性、支付流畅性等方面上下功夫。

（二）看微信商城的促销工具是否新鲜多变促交易

促销功能是微信电商系统的重头戏，是促成交易的强有力的手段。像“订单满额免运费”“订单满额加价换购”“订单满额减价”等促销方案，都是一个成熟的微信商城系统所必备的。微商在应用的过程中既可单独使用也可以几种联合使用，还可以配合积分兑换等功能策划出更有创意的促销活动。

（三）看微信商城的营销推广工具能否带来流量和订单

微商城所研发的分佣系统推广是使用最广泛的推广工具，推广原理是利用微信强关系链的社交化特性，实现客户主动帮商家推广商品，由此带来精准客户和实际订单。

（四）看微信商城与外部系统能否实现无缝对接

微信商城系统实现了很强的对接能力，能提供 API 接口，方便对接企业内部 ERP 系统、CRM 系统、电商和进销存系统，甚至任何编程语言都可进行二次开发。微信商城系统与企业内部系统的对接是微商实现真正意义上的落地式 O2O 的前提。

（五）看微信商城的运行是否稳定，系统是否安全

企业一定要选择有智能防火墙、灾难恢复、数据安全保障等配置的微信商城系统，否则，稳定性和安全性无从保障，并会带来难以预料的隐患。

（六）看微信商城是否具备独立性

选择独立的微信商城系统，商户间是彼此分离的，数据在服务器上也是独立放置，安全性更高。

目前市场上最好的第三方微信商城系统是有赞微商城、微店、微信小店（官方）、微盟、点点客等，就用户体验来说，比较好的商城系统是有赞微商城。

活动评价：根据自身特点选用适合自己的微信商城系统。

活动二　开通有赞微商城并绑定公众号

有赞，基于 SaaS 模式，向商户提供强大的微商城系统和完整的移动电商解决方案。目前旗下包括有赞微商城、有赞收银、有赞小程序、有赞供货商、有赞微小店、有赞批发等产品，以及线下门店 O2O 解决方案、全员开店移动分销解决方案等。目前，有赞服务范围已覆盖 300 万商户、500 万购物达人和 3 亿消费者。

相对于其他的微信商城系统来说，有赞微商城最大的特点是能无缝对接微信公众平台，能免费使用微信后台的文章编辑与推送功能、自定义菜单、粉丝互动统计、微信营销插件，无须自己开发，另外系统稳定，触发交易量大。

开通有赞微商城店铺步骤如下。

(1) 登录有赞官方网站（https：//www. youzan. com）注册账号并单击“创建店铺”，如图 9－4－1 所示。

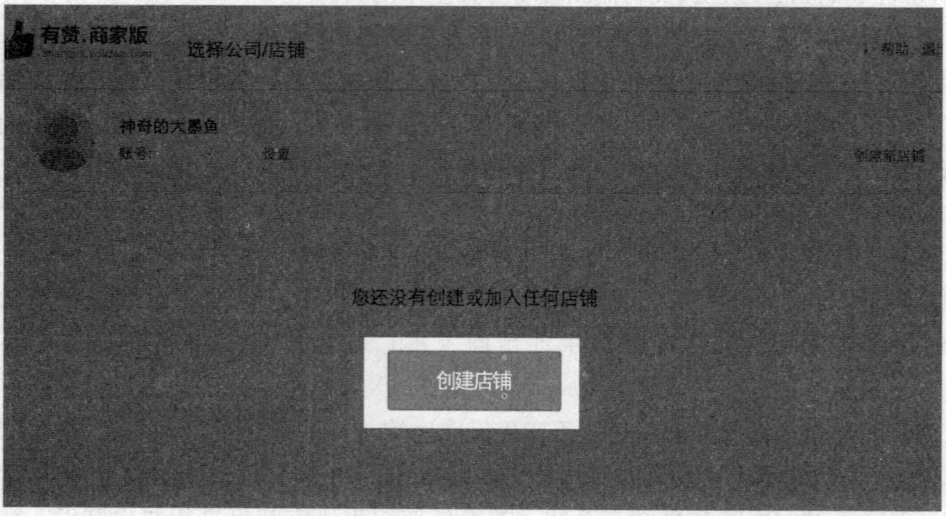

图 9-4-1　有赞微商城注册界面

（2）填写店铺信息。“主营商品”处需慎重选择自己经营的商品类目，后期不能修改。如图 9-4-2 所示。

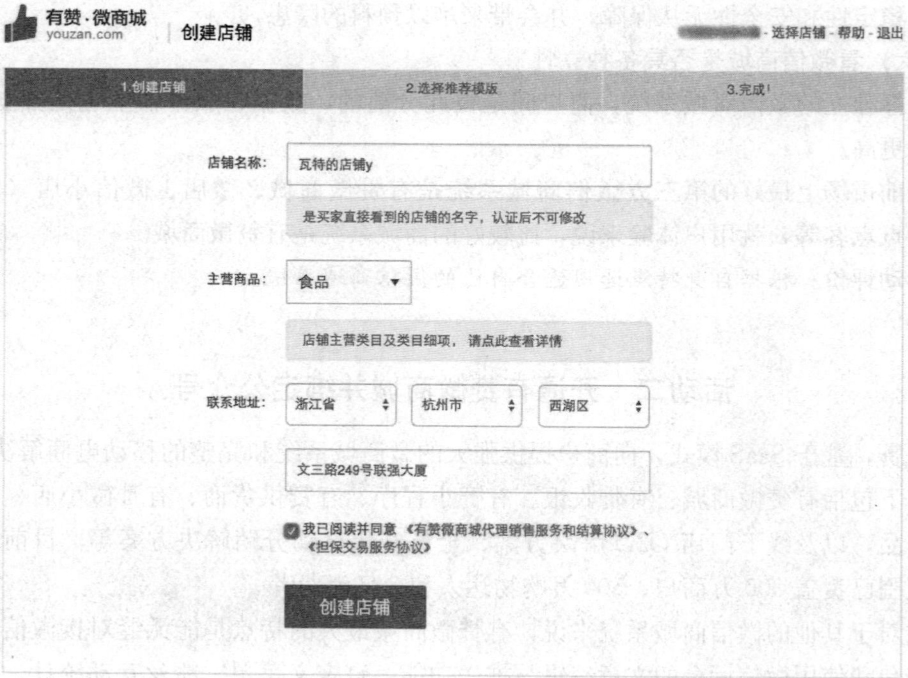

图 9-4-2　填写店铺信息

（3）选择推荐模板。按照行业特点，有赞微商城提前帮商户装修了店铺以及上架了一些默认商品，供商户测试购买流程。如图 9-4-3 所示。

图 9-4-3　开通模板选择界面

（4）开店完成。此时可绑定微信公众号，但也可以马上装修店铺，后期再进行绑定。同时，可扫描商户的店铺二维码，在手机上预览自己的店铺。如图 9-4-4 所示。

图 9-4-4　绑定公众号界面

店铺已经创建完毕，单击设置公众号，填入公众号登录名和密码，完成公众号绑定操作。至此公司就有了自己的微信商城，并与公众号绑定打通。

活动总结：有赞微商城是目前市场上少数可以提供与微信接口的微信商城。

任务五　微信营销插件及其玩法

【情境导入】

公司开通微信商城后，通过微信公众号的消息推送与粉丝形成了互动，并有一些转化，但力度不大，此时公司管理层要求借助双十一举办一次微信商城的活动，需要进行粉丝互动、粉丝激励、分享转发等活动，有好玩的小游戏或者插件进行辅助，所以要用到有赞微商城上面免费的营销插件。

登录有赞微商城的后台，在应用和营销菜单下，设置以下营销功能和插件，并仔细阅读这些功能的说明，理解它们的用法和使用场景。

一、投票功能

为商户提供投票和后台信息采集，如图 9-5-1 所示。例如，最萌宝宝比赛，可以达到以最小成本获得最佳效果。

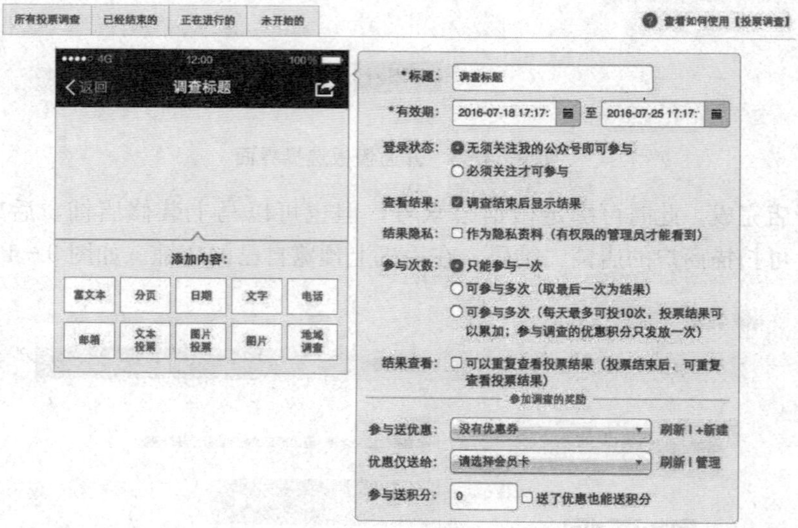

图 9-5-1　投票功能设置界面

二、粉丝签到

养成顾客签到的习惯，签到可以送积分，积分可以在其他营销活动中兑换奖品，达到一定天数可以赠送一些奖品。此方式可以增强客户黏度，如图 9-5-2 所示。

三、大转盘

可以设置中奖概率还有奖品，增强客户黏度。

四、刮刮乐

类似于大转盘模式，用户刮开虚拟卡片，可以获得奖品或者积分，此方式可增强客户黏度，如图 9-5-3 所示。

图 9-5-2 签到设置界面

图 9-5-3 刮刮乐设置界面

五、降价拍

类似于拍卖模式，如 100 元的体验卡，每过一分钟降价 10 元，最低降至 1 元，仅限十件。配合宣传，可以起到吸引大量客户参与和关注，如图 9-5-4 所示。

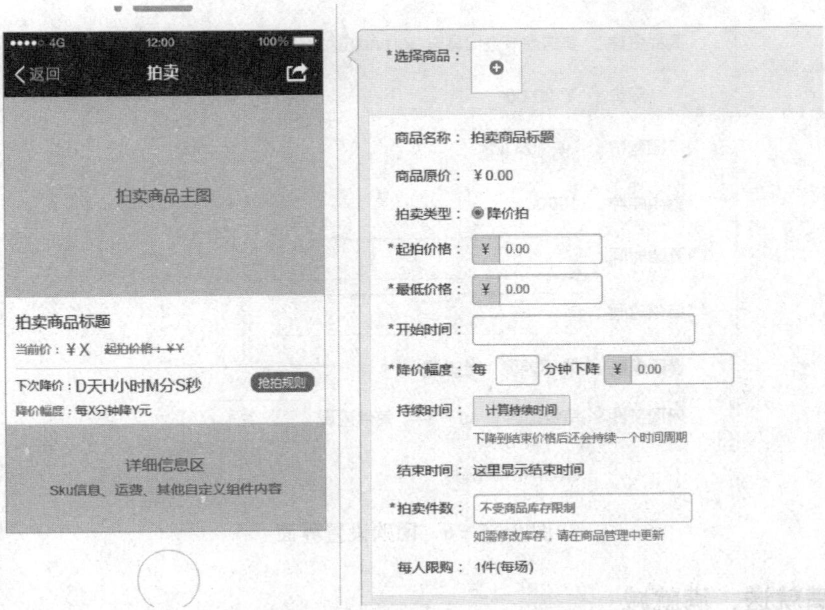

图 9-5-4 降价拍设置界面

六、疯狂猜猜猜

可以设置题目，可以配合音乐来出题，让用户参与和选择答案，如图 9－5－5 所示。

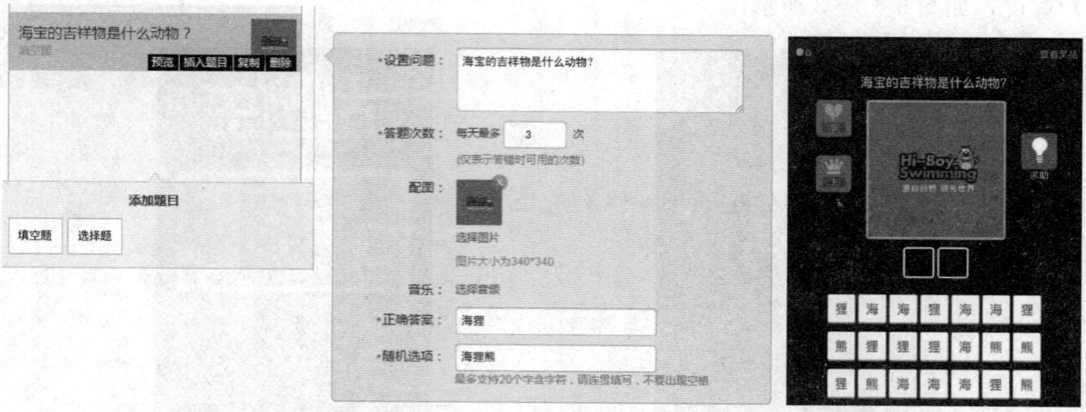

图 9－5－5　疯狂猜猜猜设置界面

七、团购

选择商品参与团购，在一定时间内打折。可以设置参团返现，即销售达到多少件后，每件返现××元。如图 9－5－6 所示。

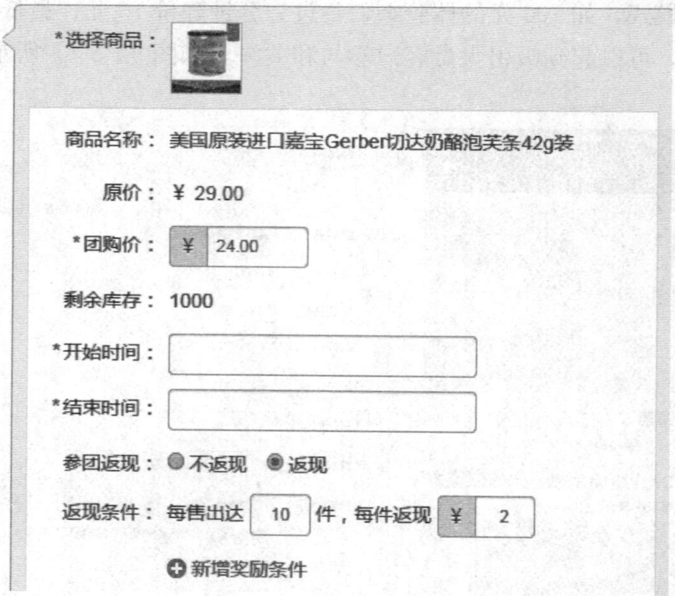

图 9－5－6　团购设置界面

八、满就送，满就减

达到设置的条件，下单后可以赠送设置好的优惠(线上购买月卡、赠赠品)，如图 9－5－7 所示。

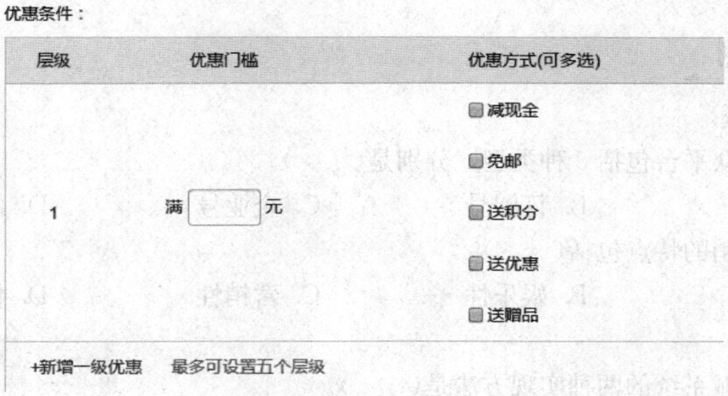

图 9-5-7　满减设置界面

九、订单返现

买家在本店的前几笔订单可以享受一定的返现，如图 9-5-8 所示。

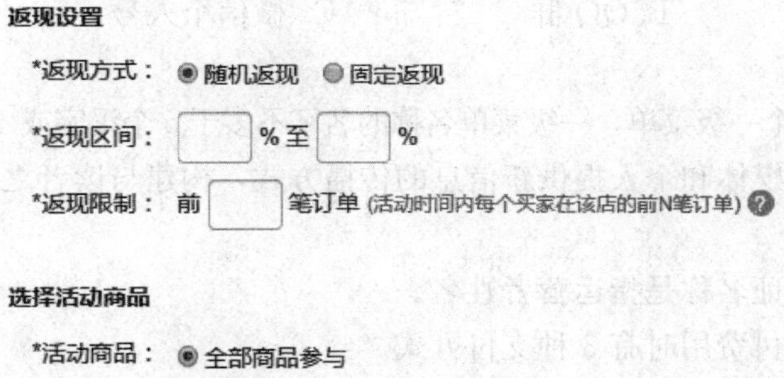

图 9-5-8　返现设置界面

十、销售员

二级分销模式，可以让公司员工和顾客销售自己微信商城上的商品，采取提成模式，使用最低的成本达到销售的目的。

十一、我要送礼

微网站上购买的商品可以赠予朋友。送礼的方式可以是一个人购买 10 件，把这 10 件分享到朋友圈，让好友来抢（不是百分之百抢到，有一定概率），此方式也可提升客户对品牌的认知度。

活动评价：要想用好以上工具进行“吸粉”和转化，需要不断地总结经验，做出合理的推广计划。

项目总结

经过公司市场部门上下协作，微信营销工作有了起色，微信公众号粉丝量稳步提升，粉丝活跃度高，文章阅读量大。通过几次微信商城活动，微信商城交易额也有了明显提高，闭环效应初现，公司微信营销取得了初步成功。

项目检测

一、多选题

1. 微信公众平台包括 3 种类型，分别是(　　)。

A. 服务号　　B. 订阅号　　C. 企业号　　D. 微店

2. 微信营销的特点包括(　　)。

A. 互动性　　B. 娱乐性　　C. 营销性　　D. 传播性

E. 连接性

3. 微信商城系统的两种实现方法是(　　)。

A. 自主开发　　B. 购买　　C. 第三方系统　　D. 文件创建

4. 微信公众号的两大类推广方法分别是(　　)。

A. 地面推广　　B. 线上推广　　C. 活动推广　　D. 线下推广

5. 微信公众号的线上推广可以利用的工具包括(　　)。

A. 论坛　　B. QQ 群　　C. 微信个人号　　D. 微博

二、判断题

1. 最多创建 3 个一级菜单，一级菜单名称的名字不多于 5 个汉字或 10 个字母。(　　)

2. 服务号是为媒体和个人提供新信息的传播方式，构建与读者之间更好的沟通与管理模式。(　　)

3. 运营者身份证名称是指运营者姓名。(　　)

4. 微信认证支付费用时有 3 种支付方式。(　　)

5. 微信认证年审是不需要费用的。(　　)

三、简答题

1. 简述微信公众号推广的方法。

2. 简述微信商城系统的挑选方法。

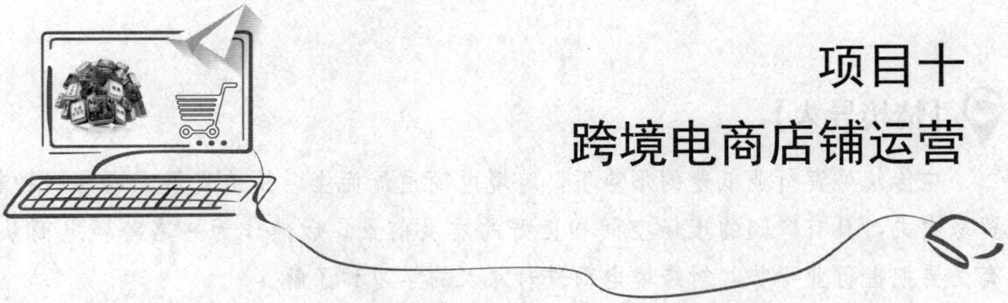

项目十
跨境电商店铺运营

项目综述

欣然原本是一家女装网店的经营负责人，近期她发现跨境电商已成为公众和媒体关注的焦点，加上国家设立了众多电子商务综合试验区，并加大了对跨境电商的扶持力度，这让欣然捕捉到了一丝商机，对跨境电商产生了浓厚的兴趣。于是，她辞掉了原有的工作，应聘到了××跨境电商公司从事运营工作。在运营部的这段日子里，她对跨境电商有了深入的了解，认识到跨境电商和传统电商的区别，了解了跨境电商的特点，弄清楚了跨境电商的平台框架、运营管理规则等，从而对跨境电商有了全面的认识。

随着对跨境电商的不断了解，欣然意识到跨境电商将成为未来几年的发展方向，潜力巨大，坚定了从事跨境电商的决心。

项目目标

知识目标

- 掌握跨境电商的基本概念；
- 了解跨境电商的特点和分类；
- 了解进口跨境电商的运营管理机制。

技能目标

- 能够分辨不同跨境电商平台的类型；
- 能够运用直通车、平台活动、店铺活动等手段推广跨境电商店铺。

情感目标

- 培养诚实守信、认真负责的经营理念和创新精神；
- 培养举一反三、触类旁通的学习能力。

任务一 初识跨境电商

【情境导入】

在传统外贸行业低迷的形势下，跨境电商逆流而上，快速发展，成为一种新兴国际贸易模式，具有广阔的市场空间和良好的发展前景。欣然作为一名跨境电商从业人员，有必要把握行业形势，对跨境电商进行深入的学习和了解。

本任务主要包括 3 个方面内容：掌握跨境电商的基本概念，了解跨境电商的特点和了解跨境电商的分类。

活动一 掌握跨境电商的基本概念

跨境电子商务（简称跨境电商）是指分属不同关境的交易主体，通过电子商务平台达成交易、进行支付结算，并通过跨境物流送达商品、完成交易的一种国际商业活动。

传统电商与跨境电商的区别：传统电商的交易双方一般属于一个国家，由国内的卖家在线销售给国内的买家；跨境电商是不同国别或关境地区间的买卖双方进行的交易，业务模式更复杂，多了国际物流、出入境清关、国际结算等业务。

活动评价：近几年跨境电商行业发展迅猛，并成为主要的外贸模式之一，市场空间和发展潜力巨大，成为新的投资热土。

活动二 了解跨境电商的特点

跨境电商是随着信息技术和互联网的发展而快速成长起来的，相比较传统的国际贸易，呈现出自己独有的特点。跨境电商具有以下特点：

一、多边化

跨境电商贸易过程中相关的信息流、商流、物流、资金流已由传统的双边逐步向多边的方向演进，呈网状结构。跨境电商可以通过 A 国的交易平台、B 国的支付结算平台、C 国的物流平台，实现与其他国家间的直接贸易。而传统的国际贸易主要表现为两国之间的双边贸易，即使有多边贸易，也是通过多个双边贸易实现的，呈线状结构。

对商户来说，跨境电商构建的开放、多维、立体的多边经贸合作模式，极大地拓宽了进入国际市场的路径，大大促进了多边资源的优化配置与商户间的互利共赢。对于消费者来说，多边化的跨境电商模式使他们非常容易地获取其他国家的信息并买到物美价廉的商品。

二、数字化

传统国际贸易大多以实物产品或服务为主，随着信息网络技术的深化应用，数字化产品（软件、影视作品、游戏等）的品类和贸易量快速增长，且通过跨境电商进行销售或消费的趋势更加明显。并且整个交易过程都可以实现在网络中完成，如信息的共享、资金的流转、商品的流通等，这些都能以计算机数据代码的形式出现并传输，因而是无形的、数字化的。

三、直接化

传统的国际贸易主要由一国的进（出）口商通过另一国的出口商进口（进口商集中出口）大批量货物，然后通过境内流通企业经过多级分销，最后到达有需求的企业或消费者手中，通常进出口环节多、时间长、成本高。跨境电商可以通过电子商务交易与服务平台，实现多国企业之间、企业与最终消费者之间的直接交易。与传统国际贸易相比，实现了去中介化，砍掉了中间的层层进出口环节，避免了交易中的信息不对称，带来的是交易便利、成本降低、交易时间短、效率高。同时厂家也能掌握自己产品品牌和定价，得到来自终端市场的数据反馈，以便更好专注产品升级。传统外贸与跨境电商的区别如图 10－1－1 所示。

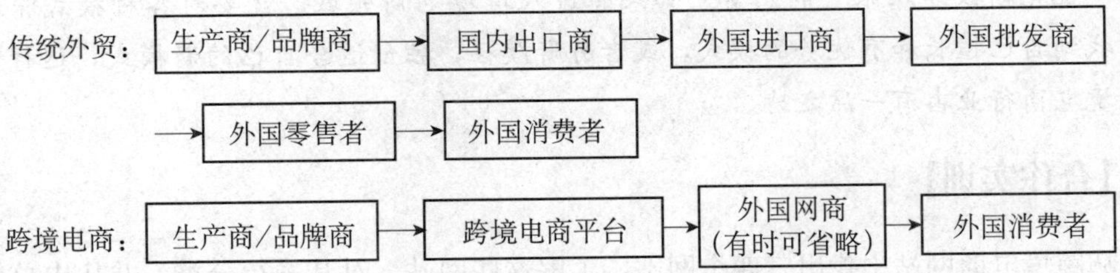

图 10－1－1　传统外贸与跨境电商的区别

四、小批量

跨境电商实现了单个企业之间或单个企业与单个消费者之间的交易。

五、高频度

由于网络和物流的便捷，传统外贸“集装箱”式的大额交易已经日益减少，跨境电商实现了单个企业或消费者能够及时按需采购、销售或消费，因此相对于传统贸易而言，交易双方的交易频率大幅提高。许多中小进口商往往将大额采购分割为中小额采购，将长期采购变为短期采购，以便分散风险。

活动评价：跨境电商具有不同于传统外贸的诸多特点，其作为推动经济一体化、贸易全球化的技术基础，具有非常重要的战略意义。跨境电商不仅冲破了国家间的障碍，使国际贸易走向无国界贸易，同时它也正在引起世界经济贸易的巨大变革。

活动三　了解跨境电商的分类

跨境电商可以从不同的角度进行分类，比较普遍的是按进出口方向划分，可以分为进口跨境电商和出口跨境电商两类。

(1) 进口跨境电商是海外卖家将商品直销给国内的买家，一般是国内消费者访问境外商家的购物网站选择商品，然后下单，由境外卖家发国际物流给国内消费者。

(2) 出口跨境电商是国内卖家将商品直销给境外的买家，一般是国外买家访问国内商家的网站，然后下单购买，并完成支付，由国内的商家发国际物流至国外买家。

除了按进出口方向划分跨境电商外，还有其他的划分方式。从交易模式上划分，跨境电商可分为B2B跨境电商和B2C跨境电商。从平台的经营范围上划分，可以分为垂直型跨境电商和综合型跨境电商。垂直型跨境电商是在某一个行业或细分市场深化运营的跨境电商模式，通常网站旗下商品都是同一类型的产品，如蜜芽主要经营母婴类商品，格格家主要做进口食品。综合型的跨境电商则可以看成是很多垂直电商的集合，覆盖的商品范围更加广泛，如亚马逊、洋码头、京东全球购等。

活动评价： 经过多年的经验积累，我国的跨境电商发展模式也逐渐多样化，已经形成了“乱花渐欲迷人眼”的态势。如果想进入跨境电商领域，就要对各种模式深入了解，找到自己擅长和有优势的模式，或者另辟蹊径，独创适合自己的新模式，这样才能在跨境电商行业占有一席之地。

【合作实训】

从跨境电商网站中找出三四个网站，了解这些网站，对其进行分类，并从中总结出跨境电商网站与国内传统电商网站的区别。

任务二　跨境进口——以万国优品为例

【情境导入】

通过前面的学习，欣然了解到跨境电商有进口跨境电商和出口跨境电商之分。随着人们生活水平的提高、消费观念的改变，人们对进口商品的需求日益增多，进口跨境电商平台也如雨后春笋般蓬勃发展。为进一步了解进口跨境电商，欣然以郑州万国优品保税进出口有限公司（以下简称万国优品，http://www.wgyp.com）为例，对其店铺运营进行深入学习，熟悉进口跨境电商店铺运营的特点和管理机制。本任务主要包括了解万国优品平台、学习进口跨境店铺平台框架。

活动一　了解万国优品平台

万国优品于 2014 年 1 月上线，是在海关监管下运营的郑州首家新型跨境电商平台。万国优品对入驻的商家和商品进行严格把关，其平台上的商家和商品均在海关进行备案，目前已集聚百余国家万种优质商品，包括进口母婴用品、营养保健、家居电器、食品饮料、个护彩妆、服饰鞋帽、运动户外、奢侈品等品类商品，实现了境内消费者无需出境即可直接购买保真、低价、快捷、合法的原装进口商品，同时也为海外商家提供中国海关总署特批的 E 贸易跨境零售通关渠道。

万国优品的跨境电商店铺有以下通关模式：

一、保税备货

一般出区清关需 3 个工作日左右，物流发货速度为 2～5 天（偏远地区除外），如图 10－2－1 所示。

图 10－2－1　保税备货通关模式

二、保税集货

发货时间根据商家集货时间而定，买家下单前向商家咨询，如图 10－2－2 所示。

图 10－2－2　保税集货通关模式

三、快件清关

快件清关模式如图 10－2－3 所示。

图 10-2-3　快件清关模式

四、跨境直邮

客户在平台店铺下单购买后，由商家在海外进行采购，通过国际物流运输至国内，经海关检验后送达客户手中。商家需要给客户提供国际物流单号，全程可追踪，但到货时间较长，大概需要 15～30 天。

五、一般贸易产品

商品按照一般贸易的方式完成报关报检，缴纳相应税费后进入国内，在万国优品平台上进行销售。对于国内现货，商家 48 小时内发货。

活动评价： 万国优品由于采用了多样化海关通关模式，如集货通关、备货通关、快件清关等，成为众多进口跨境电商平台之中的一个典型代表。

活动二　学习进口跨境店铺平台框架

万国优品跨境电商店铺平台有平台前台、平台后台、商家中心、用户中心及订单流程五大组成部分。

一、平台前台

跨境电商店铺前台的设置主要为消费者服务，便于消费者在线购买跨境产品。前站功能指的是平台的前台功能，是方便用户使用的功能界面。平台前台是面向网站访问用户的，是网站浏览者打开网站看到的页面内容，如产品信息、商户信息等，直接关系用户的体验。前站功能的设计主要围绕商品展示、商品订购、信息发布、会员设定、积分管理、产品推广、虚拟社区、支付系统等。如图 10-2-4 所示。

二、平台后台

万国优品的平台后台如图 10-2-5 所示。平台后台的各个板块详解如下：

(1) 为了对商品组合、定价方法、促销活动以及资金使用、库存商品经营性指标做出全面的分析和计划，实现企业的经营目标，商品管理坚持商品齐全和商品优选的原则。后台商品管理结构如图 10-2-6 所示。

(2) 店铺管理主要指对网络门店的各项指令的菜单管理，这些菜单围绕商品销售与服务进行，其管理重点是环境、商品与信息展示。后台店铺管理结构如图 10-2-7 所示。

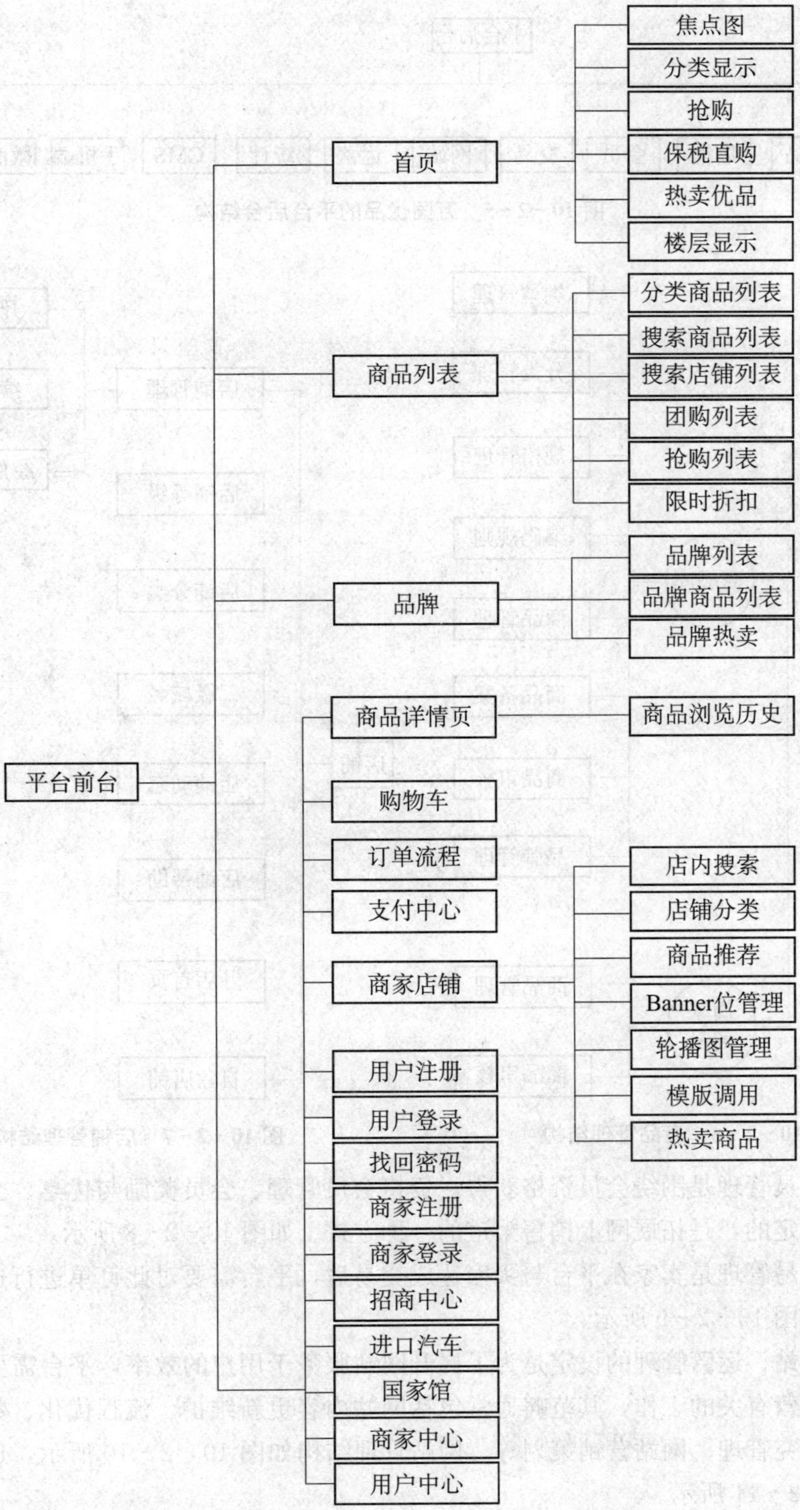

图 10-2-4　万国优品的平台前台结构

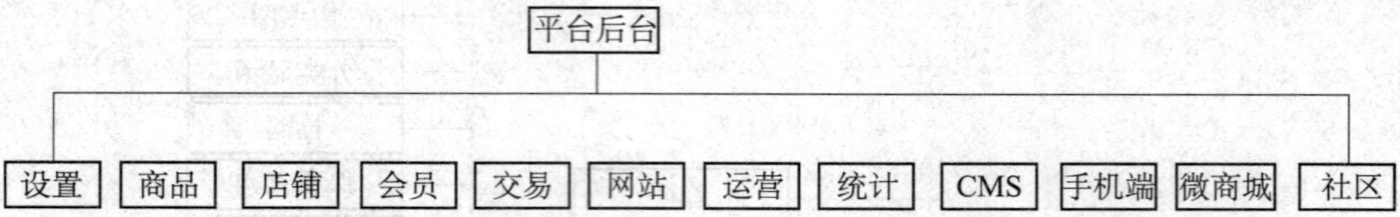

图 10－2－5　万国优品的平台后台结构

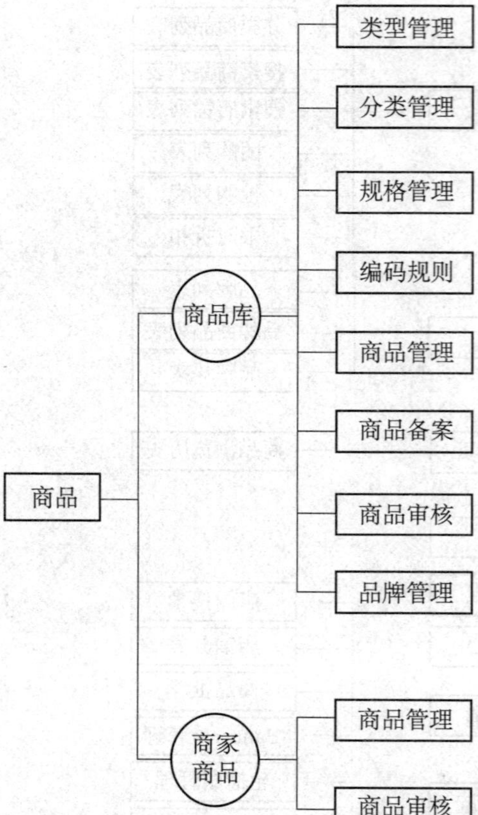

图 10－2－6　商品管理结构

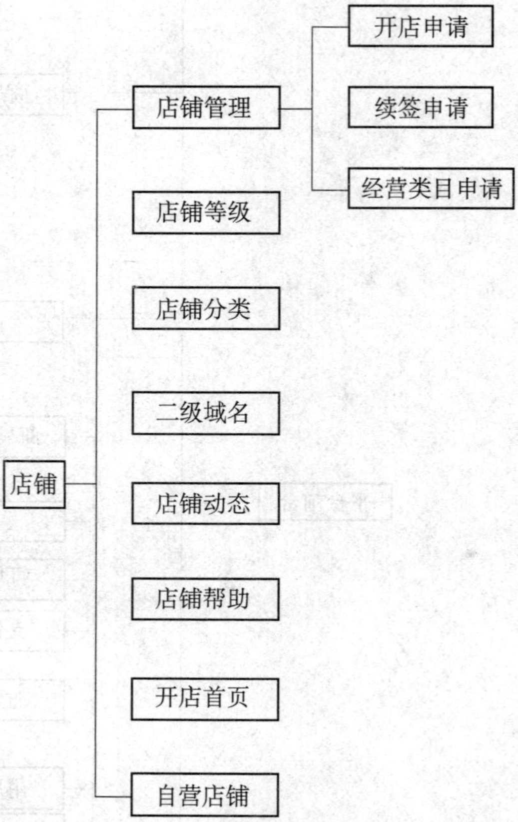

图 10－2－7　店铺管理结构

（3）会员管理是围绕会员资格获得、资格会员管理、会员奖励与优惠、会员分析与保持等来设定的，是拓展网上销售渠道的一种方式。如图 10－2－8 所示。

（4）交易管理是卖家在平台与买家达成交易后，平台需要对此订单进行追踪式的综合管理。如图 10－2－9 所示。

（5）网站、运营管理的设定是为了提升网站服务于用户的效率，平台需要从事与后期运作、经营有关的工作，其范畴通常包括网站内容更新维护、流程优化、数据挖掘分析、用户研究管理、网站营销策划等。网站管理结构如图 10－2－10 所示，运营管理结构如图 10－2－11 所示。

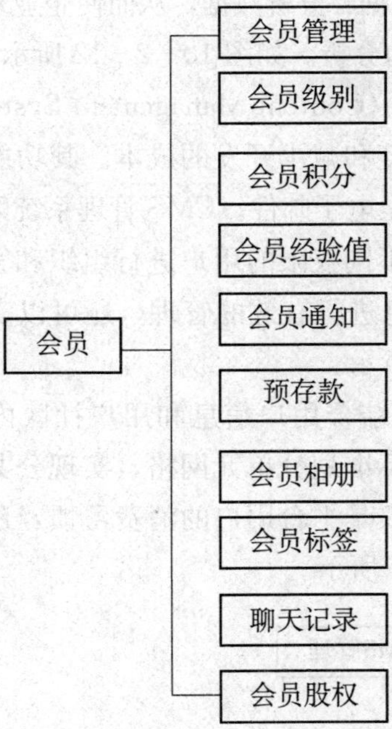

图 10-2-8　会员管理结构

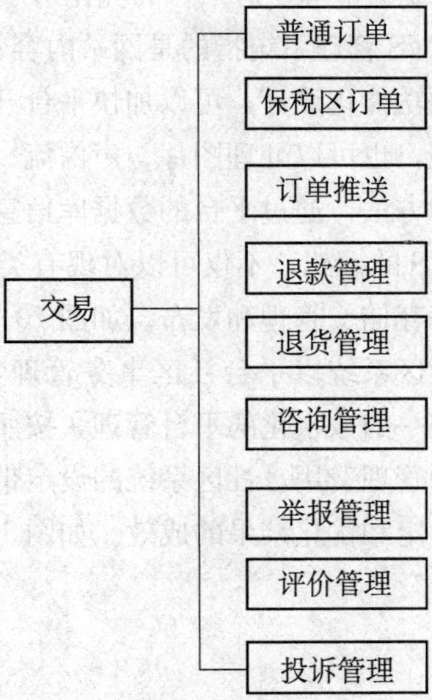

图 10-2-9　交易管理结构

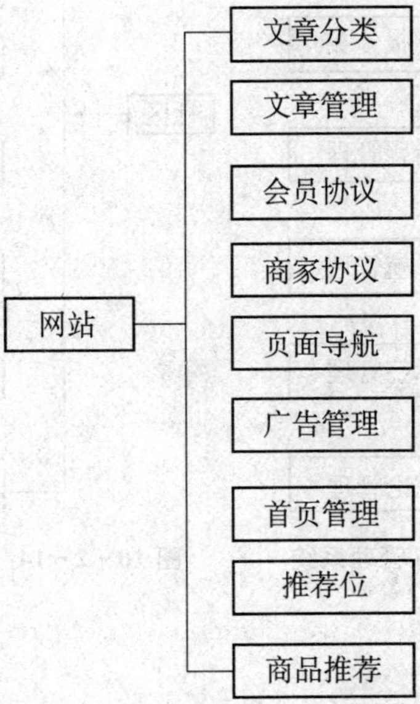

图 10-2-10　网站管理结构

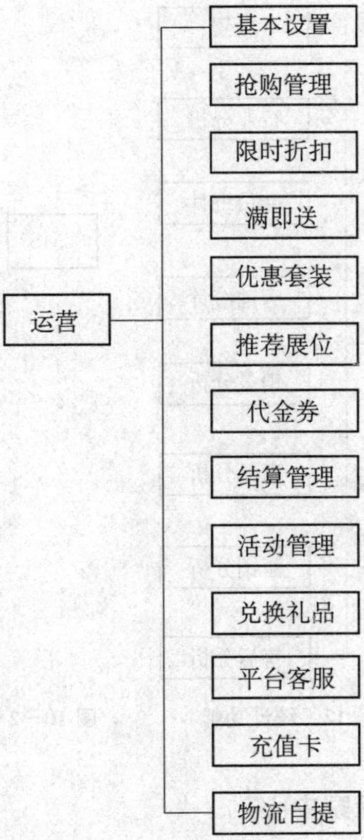

图 10-2-11　运营管理结构

（6）统计功能的设定是为了收集数据、整理数据、分析数据，从而使企业对平台的用户形成更直观的了解，对平台的优化形成更深刻的分析。如图 10－2－12 所示。

（7）CMS 管理系统指的是网站内容管理系统（Content Management System），它是基于模板的功能化设计，可以加快平台开发的速度和减少开发的成本。其功能并不只限于文本处理，也可以处理图片、声像流、图像甚至电子邮件。CMS 管理系统采用统一的信息组织的方法，通过平台的数据库信息，针对不同权限的用户进行组织和管理。利用成熟的 CMS 的框架，不仅可以对现有类型的信息进行有效的管理，还可以实现各类信息的数据库存储、管理和发布。如图 10－2－13 所示。

（8）社区系统以平台社区事务管理为核心，结合用户信息和用户社区内产生的活动，依托统一的数字化的平台管理，按照一定的标准划分单元网格，实现公共咨询，降低对用户的管理费用。社区系统的设定带动的不仅是平台用户的消费习惯，还是整个平台的产品设定和优化结果的成效。如图 10－2－14 所示。

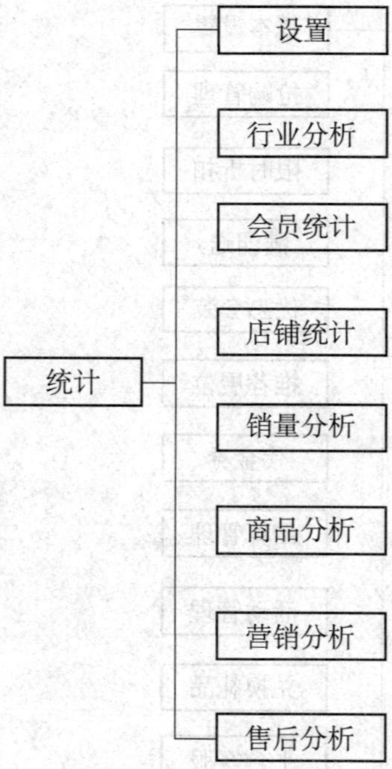

图 10－2－12　统计功能

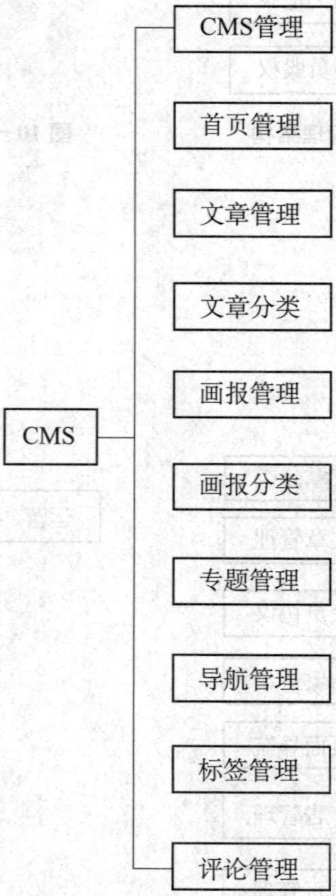

图 10－2－13　CMS 管理系统

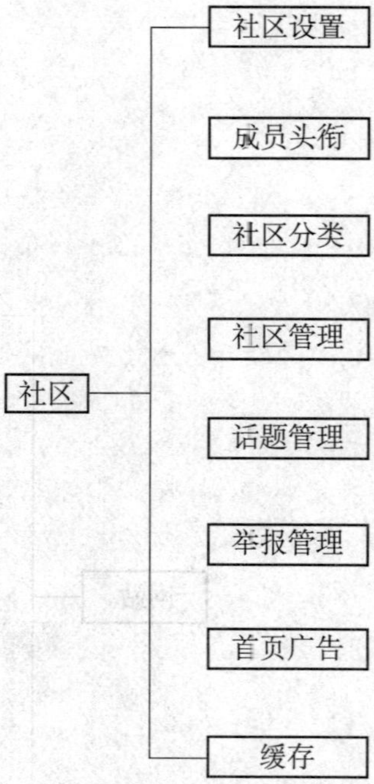

图 10－2－14　社区系统

三、商家中心

商家中心指为用户提供商品和服务的店铺，如图 10－2－15 所示。

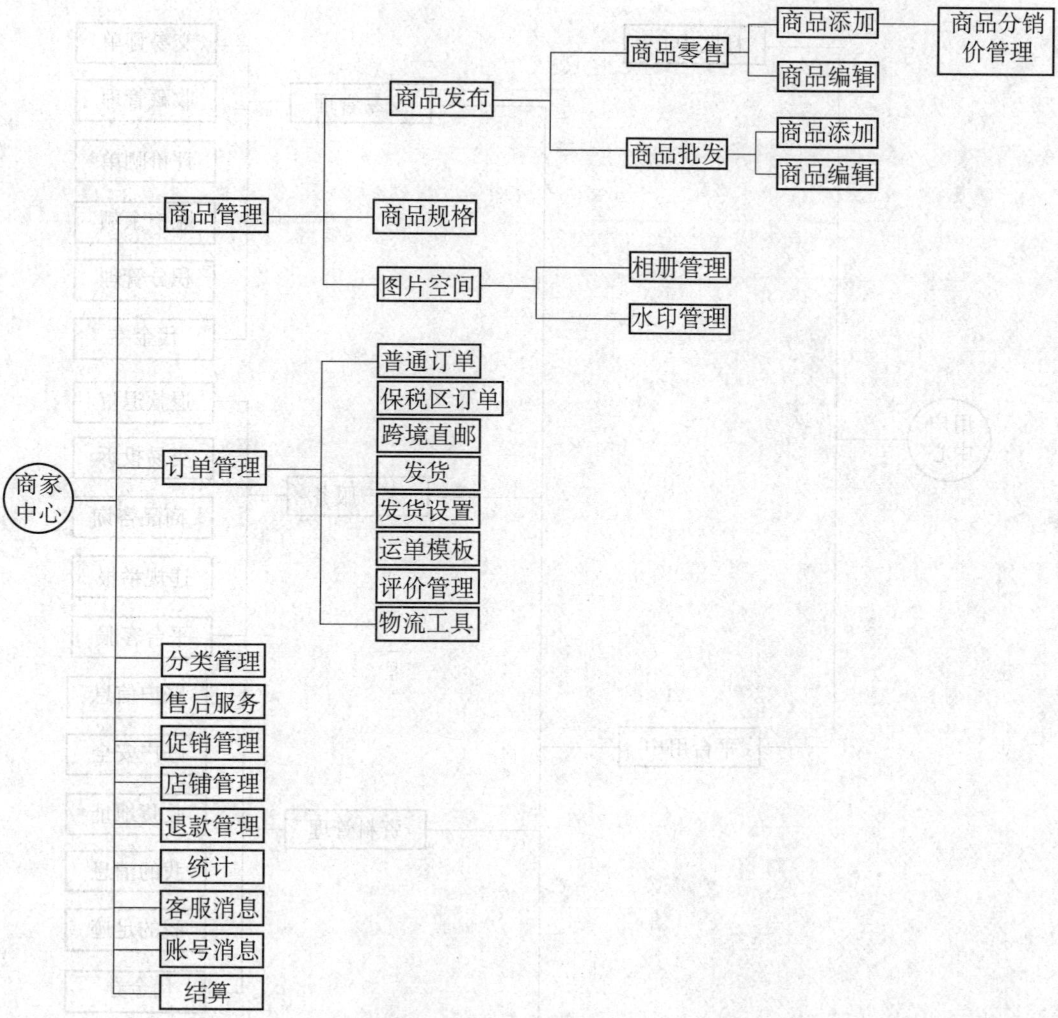

图 10－2－15　商家中心

四、用户中心

用户中心指的是会员中心，包含社区中心和平台用户，其功能主要涵盖会员卡管理、积分管理、会员活动、会员沟通、礼品管理等。如图 10－2－16 所示。

五、订单流程

订单流程是商家或平台在发货过程中物流配送的重要流程，良好的订单流程设置，能够缩短订单处理周期，提高订单满足率和供货正确率，提高客服水平，降低物流总成本，提升企业竞争优势。如图 10－2－17 所示。

活动评价：跨境电商网站的平台框架大致相似，主要包括平台前台、平台后台、商家中心、用户中心和订单流程这五个部分，但不同的网站也会有一些差别，我们必须多了解、多比较才能对跨境电商平台涵盖的内容有更深入的掌握。

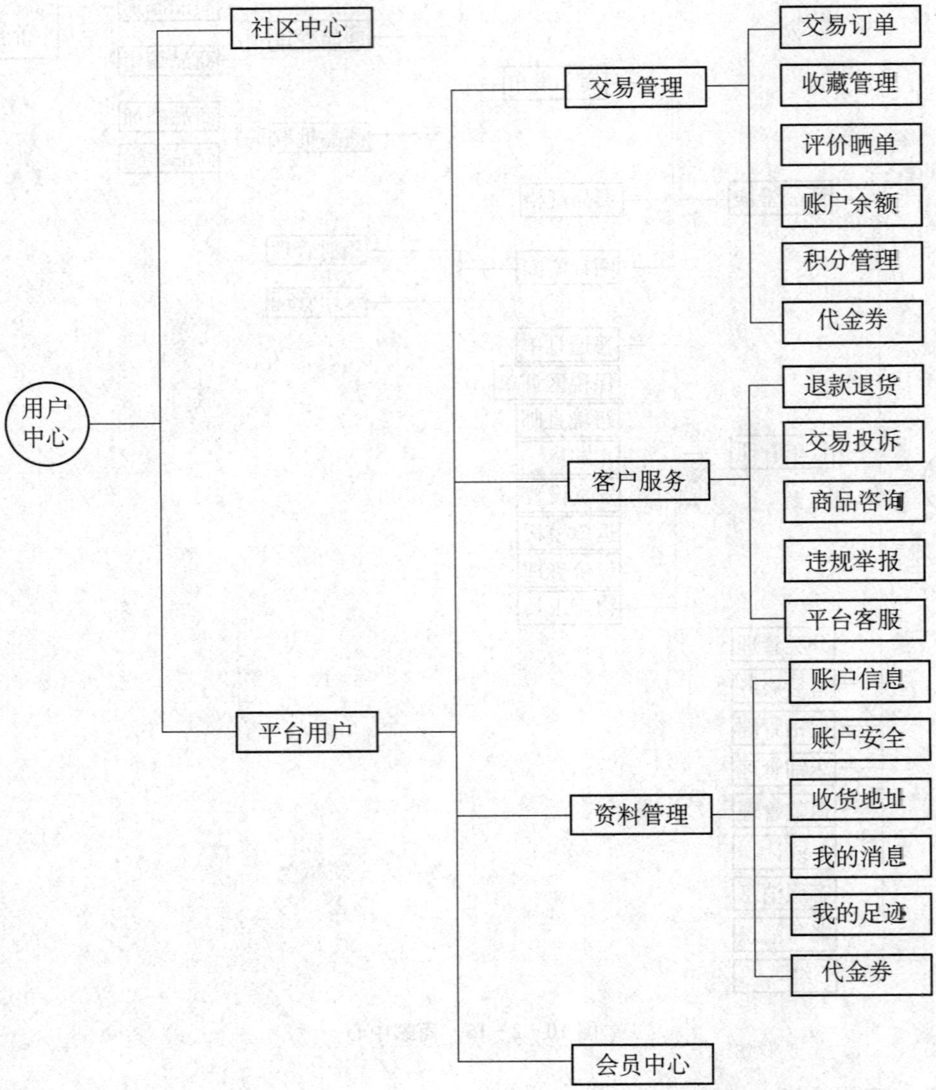

图 10－2－16　用户中心

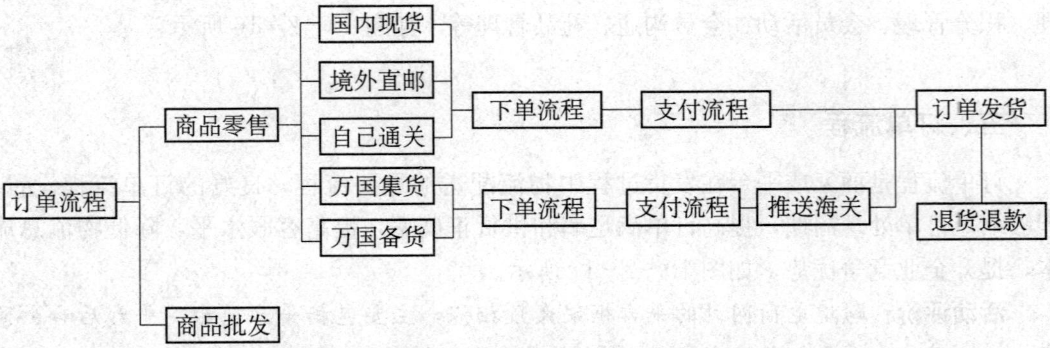

图 10－2－17　万国优品 2.0 版本的订单流程

任务三 跨境出口——以全球速卖通为例

【情境导入】

欣然从工作中了解到出口为跨境电商的主角，占据了绝大部分的市场份额。欣然想好好研究出口跨境电商，但出口跨境电商的平台众多，如 eBay、亚马逊、速卖通、Wish、敦煌网等，选择哪个平台学习呢？通过比较和同事的推荐，欣然选取了在出口跨境电商中发展速度较快，并且市场份额较大的网站全球速卖通进行深入研究，了解出口跨境电商的特点及运营机制。

本任务主要包括五个方面的内容：了解速卖通平台、学习入驻规则、入驻速卖通平台、营销推广和选择物流。

活动一 了解速卖通平台

全球速卖通（以下简称速卖通）是阿里巴巴旗下面向全球市场打造的跨境电商出口平台，被称为国际版“淘宝”，于 2009 年成立，2010 年 4 月正式上线。经过几年的迅猛发展，每天海外买家的流量已经超过 5 000 万，目前已经覆盖 200 多个国家和地区，在 45 个国家购物类 App 中排名第一。

速卖通主要针对海外的个人或中小型买家，覆盖 3C、服装、家居、饰品等共 30 个一级行业类目，其中优势行业主要有服装服饰、手机通信、鞋包、美容健康、珠宝手表、消费电子、电脑网络、家居、汽摩配件、灯具等。

速卖通是阿里系列的平台产品，整个页面操作采用中英文版，简单整洁，适合初级卖家上手，如图 10-3-1 所示。另外，阿里巴巴一直有非常好的社区和客户培训体系，商家可以快速入门。

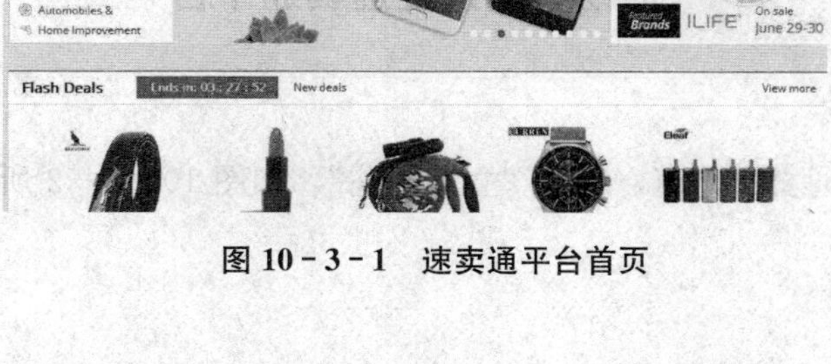

图 10-3-1 速卖通平台首页

活动评价：与 Amazon、eBay 相比，速卖通虽然是后起之秀，但是由于其发展速度较快，在国际跨境电商市场中已经占有较大份额，是国内卖家初试跨境电商的不错选择。

活动二　学习入驻规则

一、入驻资质

卖家必须为合法登记的企业用户，并且能够提供速卖通入驻要求的所有相关文件，不接受个体工商户和个人等入驻。

二、经营范围

每个速卖通账号只准选取一个经营范围，并可在该经营范围下经营一个或多个经营大类。

三、资料准备

入驻速卖通平台的店铺类型主要有三种：官方店、专卖店、专营店。这些店铺在企业认证时必须提供以下资料：

（1）企业营业执照副本复印件。

（2）企业税务登记证复印件。

（3）组织机构代码证复印件。

如企业营业执照、税务登记证、组织机构代码证“三证合一”，只需提供有组织机构代码、税务登记证号的营业执照复印件即可。

（4）银行开户许可证复印件。

（5）法定代表人身份证正反面复印件。

除了提供以上材料外，不同类型的店铺，对于品牌的资质要求会有所差异，因此在申请时也会有不同的要求。例如，专营店可以选择提供由国家商标总局颁发的商标注册证（R 标）、商标注册申请受理通知书复印件（TM 标）或以商标持有人为源头的完整授权、合法进货凭证这三者中的任何一个；官方店则需要提供商标注册证和商标权人出具的独占授权书。

活动评价：要想在速卖通平台上快速发展，卖家除了要了解入驻规则外，还需要了解其他相关的规则，如发布规则、交易规则、评价规则、售后规则等，这样才能做到“知己知彼，百战不殆”。

活动三　入驻速卖通平台

一、注册账号

（1）登录速卖通卖家频道，单击“立即入驻”，如图 10－3－2 所示，进入速卖通注册页面。

图 10-3-2　速卖通卖家频道

(2) 在注册页面，首先需要填写企业法人的电子邮箱，并进入邮箱激活。如图10-3-3所示。

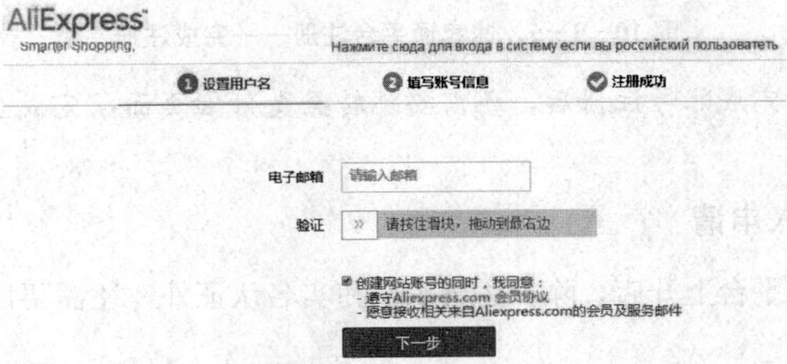

图 10-3-3　速卖通平台注册——设置用户名

(3) 设置登录密码并填写详细信息，如登录密码、英文姓名、手机号码、联系地址、经营模式和在线经验等。如图 10-3-4 所示。

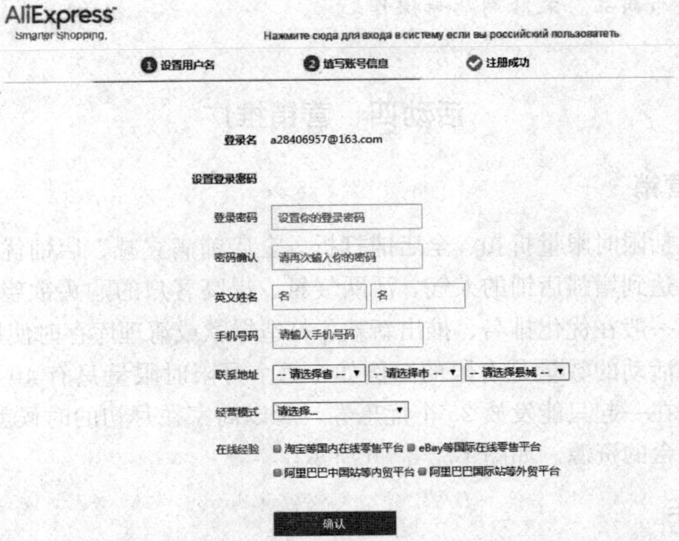

图 10-3-4　速卖通平台注册——填写账号信息

（4）速卖通平台会向手机发送验证码，通过验证即可完成注册。如图 10－3－5 所示。

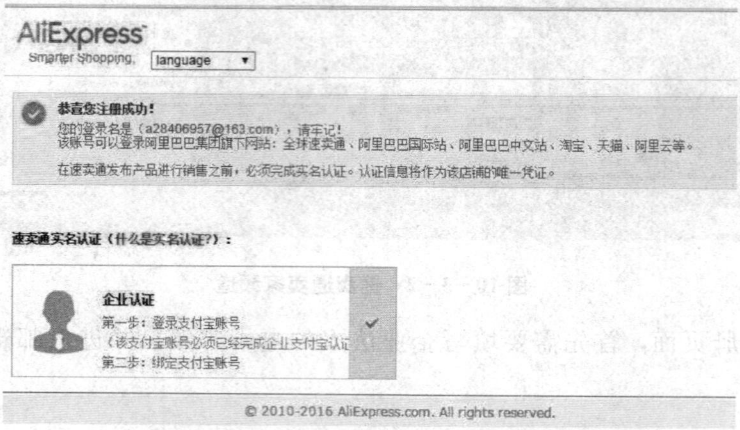

图 10－3－5　速卖通平台注册——完成注册

友情提示： 在完成账号注册后，还需要跳转至支付宝页面，完成企业实名认证，并绑定支付宝账号。

二、类目准入申请

要想在速卖通平台上开店，除了注册账号和实名认证外，还需要以下三个步骤才能发布商品。

（1）申请加入经营类目，提交相应的资料，签署协议。

（2）交纳技术服务年费。

（3）申请商标资质权限。

活动评价： 店铺入驻是网上开店的第一步，接下来就可以开启速卖通之旅，进行店铺信息完善、发布商品、装修网店等操作。

活动四　营销推广

一、店铺营销

店铺营销包括限时限量折扣、全店铺打折、全店铺满立减、店铺优惠券等活动。通过这些活动可以达到增强店铺的人气、活跃气氛、提高客户的购买欲望、提高客单价和转化率的效果。一般在优化排名、推出新款、打造爆款或清理库存时使用。

店铺的每类活动的数量是有限的。例如，每个月限时限量只有 40 个活动，领取型和定向发放型加在一起只能发放 25 个优惠券，所以商家在月初的时候就需要仔细规划，否则就浪费了平台的资源。如图 10－3－6 所示。

二、直通车

直通车是为速卖通卖家量身定制的营销推广工具，能够实现快速提升店铺流量，按

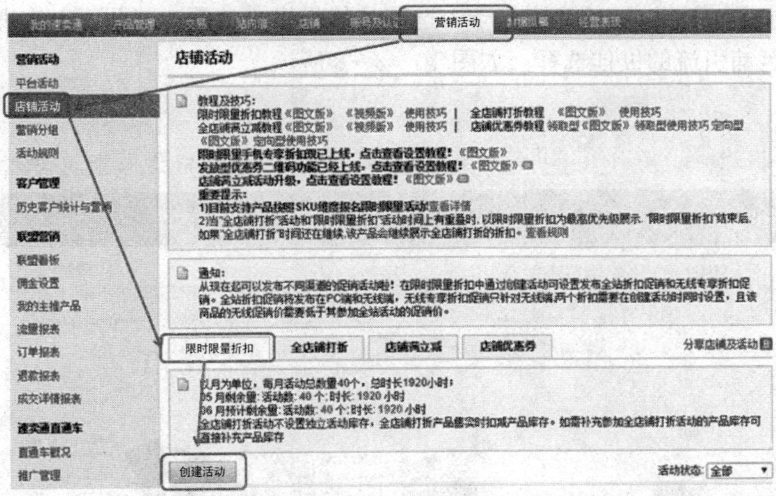

图 10-3-6　卖家后台店铺活动页面

点击付费。它的最大价值在于为卖家引流，很多卖家会用它来测试新品或者打造爆款。

友情提示：直通车竞价排名竞争激烈，往往需要较高的投入，可以通过控制每天消耗的金钱数额来避免一下子花掉太多的推广费。

三、平台活动

速卖通会在全网定期组织一些活动，这些活动会引入大量流量，吸引消费者集中消费，为卖家带来大量的人气和订单量。因此报名平台活动是每个速卖通卖家几乎都要参与的。

Super Deals：它占据着速卖通平台的首页推广位，免费推广“高质量标准，超低出售价”的产品。目前活动主要针对有销量的、高折扣的促销产品进行招商。Super Deals 是卖家推广自身品牌的最佳展台，适合打造爆款。如图 10-3-7 所示。

图 10-3-7　Super Deals 活动

Flash Deals（原 GaGa 秒杀）：是速卖通平台的限时秒杀活动，在卖家中有非常高的认知度。参加 Flash Deals 的商家由于入选商品的价格非常低，因此可以实现超高的流量涨幅，是为店铺引流的极佳选择。如图 10－3－8 所示。

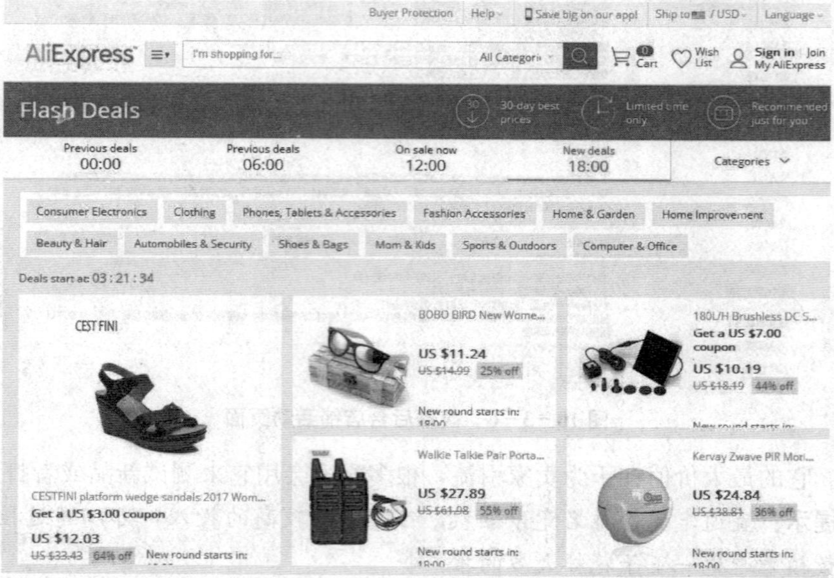

图 10－3－8　Flash Deals 活动

无线抢购：无线抢购是速卖通推出的第一个无线端营销活动。作为无线端最重要的营销频道，此活动的入选商品享受无线端最大的曝光倾斜，在速卖通 App 端首屏占有最重要的固定曝光和流量入口。

除此之外，还有俄罗斯团购、巴西团购、特色品牌专区、速卖通平台大促、平台定期或不定期的主题活动、直播等，卖家应抓住这些机会，完成店铺跨越式的增长。

温馨提示：由于每期活动的运营资源有限，所以并不是所有报名产品都会入选并获得推广，卖家应该仔细阅读活动规则，发布高质量的商品，给出好的参选条件，如免运费或者更低的价格、折扣以便提高入选率。

四、SNS 推广

做外贸一定要知道国外客户喜欢上哪些社交网站，以便利用社交平台为店铺或商品引流。

常用的 SNS 推广平台有 Facebook、Twitter、VK、Pinterest、YouTube、ITAO 等。卖家可通过造势、积粉、分享图文、分享购物等来拓展店铺或产品的知名度以获得更多消费者。

活动评价：店铺推广的途径方法非常多，每种营销手段都不是孤立的，只有把它们结合起来使用，才能把店铺做好。

活动五　选择物流

目前市面上可供选择的国际物流方式多种多样，大致可归纳为以下几种类型：

一、邮政物流

邮政物流包括各国及中国、中国香港邮政局的邮政航空小包，以及中国邮政速递物流旗下的 ePacket（e 邮宝）等。由于其覆盖范围最广，成本最低，因此成为中小卖家使用最多的物流方式。但是也有一些不足之处：配送时间是所有物流方式中最长的；丢包、破损等情况经常发生；绝大多数邮政物流包裹重量限制在 2 千克以内。

二、商业快递

目前市场上较为主流的商业快递有 EMS、DHL、UPS、FedEX、TNT、SF Express 快递等。商业快递的速度快，服务好，丢包率低，打破了邮政小包只收 2 千克包裹的送货限制，便于跨境电商扩充品类。但是商业快递运费较贵，且价格资费变化较大。一般跨境电商卖家只有在客户强烈要求时效性的情况下才会使用，且会向客户收取运费。

三、专线物流

专线物流是与当地商业快递合作，通过航空包舱方式运输到国外，再通过合作公司进行目的国的派送，也是常用的运输方式。常用的专线有：Special Line-YW（燕文专线，如图 10－3－9 所示）、Aramex（中东专线）、欧洲专线、中俄专线等。

优势：集中大批量货物发往目的地，通过规模效应降低成本，因此价格比商业快递低，速度快于邮政小包，丢包率也比较低。

劣势：相比邮政小包来说，运费成本偏高，而且在国内的揽收范围相对有限，覆盖地区有待扩大。

图 10－3－9　燕文物流网站

四、海外仓

在除本国地区外的其他国家建立海外仓库，卖家在销售目的地进行仓储、分拣、包装及派送的一站式控制及管理服务。

优点：速度快，成本低，退换货方便，极大提升买家的购物体验。

缺点：适用的产品有限，最好是库存周转快的热销单品，否则容易积压货物。同时，对卖家在供应链管理、库存管控等方面提出了较高的要求。

活动评价：物流是制约跨境电商发展的瓶颈，也是大部分新手卖家的工作难点。了解各种物流方式的特点，结合自身情况，选择合理的物流是解决这一难题的关键。

【合作实训】

登录 eBay、亚马逊、Wish、敦煌网等出口跨境电商网站进行分析，了解各网站的特点及运营机制。

项目总结

本项目主要介绍了跨境电商的基本概念、特点及分类；进口跨境电商的平台框架和运营管理机制；出口跨境电商的入驻规则和流程，以及运营推广方式、物流选择等，从而实现对跨境电商知识的了解和掌握。

跨境电商正处于发展的黄金期，需要一大批相关专业人才，但现状是发展过快导致了人才供不应求，跨境电商人才缺口严重。在校生可以通过学好跨境电商来增加就业机会。

项目检测

一、单选题

1. 天猫国际网站属于(　　)。

A. 进口跨境电商　　B. 出口跨境电商
C. B2B 跨境电商　　D. 垂直型跨境电商

2. 以下属于出口跨境电商的网站是(　　)。

A. 网易考拉海购　　B. 小红书　　C. 蜜淘网　　D. Wish

3. 每个速卖通账号只准选取(　　)个经营范围。

A. 1　　B. 2　　C. 3　　D. 4

4. 卖家建立海外仓的优势在于(　　)。

A. 质量有保障　　B. 配送时间短，用户体验度高
C. 不会积压商品　　D. 提升对员工的管理和控制力

5. 我国做出口跨境电商的中小卖家最常使用的物流方式是(　　)。

A. 专线物流　　B. 商业快递　　C. 邮政物流　　D. DHL

二、多选题

1. 跨境电商的特点有(　　)。

A. 直接化　　B. 小批量　　C. 高频度　　D. 多边化

2. 跨境电商商品的通关模式有(　　)。

A. 备货模式　　B. 集货模式　　C. 快件清关　　D. 跨境直邮

3. 速卖通平台入驻的店铺类型主要有（　　）。

A. 官方店　　B. 个体户店　　C. 专卖店　　D. 专营店

4. 速卖通平台店铺营销的活动包括（　　）。

A. 限时限量折扣　　B. 全店铺打折　　C. 全店铺满立减　　D. 店铺优惠券

5. 万国优品商铺平台的组成部分包括（　　）。

A. 平台前台　　B. 平台后台　　C. 商家中心　　D. 纠纷处理

三、判断题

1. 跨境电商是指分属不同地区的交易主体，通过电子商务平台达成交易、进行支付结算，并通过跨境物流送达商品、完成交易的一种国际商业活动。（　　）

2. 出口跨境电商是国内卖家将商品直销给境外的买家，一般是国外买家访问国内商家的网站，然后下单购买，并完成支付，由国内的商家发国际物流至国外买家。（　　）

3. 综合型跨境电商是在某一个行业或细分市场深化运营的跨境电商模式。（　　）

4. 要想入驻速卖通平台，必须完成企业实名认证。（　　）

5. 跨境电商平台活动会引入大量流量，为卖家带来大量的人气和订单量，卖家应该积极参加。（　　）

四、简答题

1. 跨境电商平台有哪些分类方法？

2. 目前跨境电商可供选择的物流方式有哪些？每种物流方式有哪些优缺点？

五、趣味挑战题

结合自身实际，找到合适的货源，尝试在 eBay 上注册卖家账号，并在此平台销售商品。

参考文献

1. 王利锋．网店运营实务．北京：人民邮电出版社，2015.

2. 刘春青，甘志兰．网络零售实务．北京：清华大学出版社，2016.

3. 葛存山．网店运营与推广．北京：人民邮电出版社，2015.

4. 全国电子商务运营技能竞赛组委会，北京博导前程信息技术有限公司．网店运营实务．北京：中央广播电视大学出版社，2016.

5. 吴凌娇，宋卫．网上创业．北京：高等教育出版社，2013.

6. 阿里巴巴商学院．电商运营．北京：电子工业出版社，2016.

7. 阿里巴巴商学院．网店客服．北京：电子工业出版社，2016.

8. 方玲玉，李琳娜．客户服务与管理——项目教程．2 版．北京：电子工业出版社，2014.

9. 唐玮婕．短信、还是微信?．文汇报，2013（7）.

10. 谢晓萍，等．微信力量．北京：机械工业出版社，2015.

11. 王丽丽．网络营销实务．北京：中国水利水电出版社，2015.